응운공여대사유망록
應雲空如大師遺忘錄

동국대학교 불교기록문화유산아카이브사업단(ABC)
본서는 문화체육관광부 지원으로 동국대학교 불교학술원에서 간행하였습니다.

한글본 한국불교전서 조선 22
응운공여대사유망록

2014년 6월 20일 초판 1쇄 인쇄
2014년 6월 30일 초판 1쇄 발행

지은이 응운 공여
옮긴이 이대형
펴낸이 김희옥
펴낸곳 동국대학교출판부

주소 100-715 서울시 중구 필동로 1길 30
전화 02-2260-3483~4
팩스 02-2268-7851
Homepage http://www.dgpress.co.kr
E-mail book@dongguk.edu
출판등록 제2-163(1973. 6. 28)
편집디자인 꽃살무늬
인쇄처 서진인쇄

© 2014, 동국대학교(불교학술원)

ISBN 978-89-7801-400-7 93220

값 20,000원

이 책의 무단 전재나 복제 행위는 저작권법 제98조에 따라 처벌받게 됩니다.

한글본 한국불교전서 조선 22

응운공여대사유망록
應雲空如大師遺忘錄

응운 공여 應雲空如
이대형 옮김

동국대학교출판부

응운공여대사유망록應雲空如大師遺忘錄 해제

이대형
동국대학교 불교학술원 조교수

1. 개요

『유망록遺忘錄』은 19세기에 활동한 응운 공여應雲空如 대사(1794~?)의 문집이다. 그의 스승은 율봉 청고栗峰靑杲(1738~1823)의 맥을 이은 용암 혜언龍岩慧彦 대사(1783~1841)다. '공여'라는 칭호를 하사한 이는 당대 저명한 관리이자 순조의 장인인 김조순金祖淳(1765~1832)이다. 김조순과 왕래한 편지와 제문이 여기 실려 있다. 『유망록』은 19세기 불교계의 사상적 조류와 사회적 위상을 잘 담아내고 있다.

2. 저자

스님의 칭호는 '공여 귀일자 응운 인전空如歸一子應雲仁全'이라고 「윤성대사潤成大師 제문祭文」에 기재되어 있다. 그런데 '인전仁全'이 아니라 '인전仁專'이라 표기된 곳도 두 곳이 있어 일관되지 않는다. '인전仁全'이 열 곳이니 이것을 기준으로 삼을 수 있을 텐데, 또한 법명이 표기된 곳을 살펴보면 모두 무언가를 지우고 다시 쓴 흔적이 있다. 왜 수정했는지 정확히 알 수 없으나, 일단 법명을 바꾸었기 때문일 가능성이 높다. 이와 관련해서 「화엄전 응향각 기문(華嚴殿凝香閣記)」에는 법명이 '전유展有'라고 표기되어 있다는 점이 주목된다. 여기에는 수정한 흔적이 없다. 해당 기문에 갑오년이라는 간지가 나오는데 이것이 1834년을 가리킨다면 그 당시에는 '전유'라는 법명을 사용하였고, 이후 '인전'으로 바꾸었다고 추론할 수 있다. 그리고 이러한 추론이 어긋나지 않는다면 공여 대사가 살아 있을 적에 『유망록』을 찬술하고 교정했다고 할 수 있다.

생몰년은 명시된 곳이 없는데, 「윤성 대사 제문」에 "도광道光 6년 병술丙戌"(1826)에 33세라 하였으니, 1794년에 태어났음을 알 수 있다.

문집에 행장은 없으므로 여러 기록에서 스님의 행적을 알려 주는 대목을 살펴보아야 한다. 우선 「몽유시에 대한 화답시와 서문(和夢遊詩序)」에 다음과 같은 구절들이 보인다.

余自在家日	나는 집에 있던 날부터
不事佽暢轂	병거兵車를 일삼지 않고
芳年十四五	꽃다운 나이 열네댓 살 때에
口盡書香馥	입으로 책의 향기를 다했는데
含淚讀蓼莪	눈물 머금고 육아편 읊으니
難見家事睦	집안의 화목 보기 어렵고
弟兄又不在	형제 또한 남지 않아서
知我無福祿	나의 복 없음을 알고는
漂泊八區時	사방팔방 떠돌아다닐 때
何嫌水箕陸	물이고 땅이고 뭘 꺼리랴
癸酉冬十月	계유년(1813) 겨울 10월에

海印從僧俶　해인사에서 비로소 승려 되어
　　　　　　…(중략)…
次年春正月　다음 해 봄 정월에
西明松燭煜　서명사에서 솔 등잔을 밝히고

　15세에 부모 잃고 형제도 없이 방황하다가 1813년 20세에 해인사로 출가하였다. 그런데 이와 어긋나는 기록이 있다. 스님의 스승인 용암 혜언龍岩慧彥 대사에 대한 기록인「용암전龍岩傳」이 또한 스님의 행적을 간접적으로 보여주는데 여기서는 임신년, 즉 1812년 가을에 조계산에 있다가 가야산에서 열린 용암 대사의 무차대회에 참석했고, 용암 대사께 선학을 받았다고 했다.
　1814년 21세에는 서명사에서 지냈는데, 삼남에 흉년이 심하게 들어서 "해서로 갔다가 다시 관동으로, 이천 리를 지팡이로 걸었고(海西又關東。二千里節速。)" 강원도 평강군 백련암에서 겨울을 지냈으며(平康白蓮庵。夜燎三冬燭。) 금강산 유점사, 오대산 태백산 등 만 리 길을 돌아다녔다.(楡岾香爐殿。無煙可逢燠。五臺太白頭。一筇萬里錄。)
　1816년 23세와 1817년 24세 때에는 호남을 돌아다녔다.(丙子丁丑間。無依欲呷噢。湖南五十州。旋踵幾踣踘。)
　1818년 25세 3월에는 용암 대사가 방출하여 지리산에서 교학을 익히게 하였다.(「용암전」)
　1826년 33세 3월 20일에는 원주와 강릉의 목사를 만났고 가을에 김조순金祖淳을 만났다.(丙戌三月念。東見原江牧。秋謁永安公) 김조순은 정조正祖와 긴밀한 관계에 있었고 순조의 장인이 되었으며 문장도 뛰어난 인물이다. 그가 스님에게 '공여空如'라는 호까지 붙여 준 것으로 보아 각별한 관계였다 하겠다.「영안부원군께 보내는 답서(答永安府院君書)」에서는 '공여'라는 호를 붙여 준 데 대한 견해를 피력하고 있다.

1827년 34세 여름에는 북쪽으로 길을 나서 함흥에 있는 낙민루에 오르는 등 관서 지방을 두루 다녔고 묘향산 보현사를 거쳐 가을에 구월산에 들어갔다가 다시 한양으로 향했다.(丁亥夏五月. 北登路無鞅. 閑上樂民樓. 南看白鷗浴. 關西四十州. 每食逢黍粟. 妙香普賢寺. 滿山皆械樸. 秋入九月山. 四顧無骨肉. 仍向漢城府.)

이후 일이 여의치 않아 조령鳥嶺을 넘으니, 밀양 수령이 불러 주었고 약산의 화엄법회에 참여하였다.(東南踰鳥嶺. 節頭山簇簇. 招我密陽倅. 是知多緣夙. 藥山華嚴會. 懇禱慧日勗.) 약산은 여러 곳에 있으나 밀양 부근인 것으로 보아 안동시 임하면에 있는 산을 가리키는 듯하다.

1835년 42세에는 용암 대사의 명으로 가야산에 들어가『화엄론華嚴論』을 간행하였다.(「용암전」)

『유망록』을 통해 알 수 있는 행적은 위와 같다. 이외에 「풍수지리에 대한 설(地理說)」을 보면 강항姜沆(1567~1618)의 『수은집睡隱集』에 있는 「지리지설地理之說」을 보고 작성한 것을 알 수 있다. 문問은 물론이고, 대對 부분에서도 공통되는 문장 표현들이 보인다. 왜 강항 문집을 읽었는지 자세히 알 수 없으나, 강항이 전라도 영광 출신이라는 점으로 미루어 공여 대사도 그쪽 출신이 아닐까 추측해 본다.

계보에 대해서는 「용암전龍岩傳」에 기재되어 있다. 율봉 청고栗峰靑杲의 문인으로 월송月松 선사가 있고 그의 조카가 용암 선사라 했는데, 용암의 제자가 응운이다.

3. 서지 사항

동국대학교에 소장되어 있는 필사본이 유일본이다. 필사자와 필사연대는 미상이고 불분권不分卷으로 1책 74장이다. 무계無界로 반엽半葉 10행이며 한 행에 23~25자로 되어 있다. 주석은 협주 쌍행雙行이다. 크기는 34.7×22.2cm이고, 저지楮紙로 되어 있다.

「사행강목 서문事行綱目序」은 공여 대사의 스승에 대한 기록이므로, 스승을 명시하지 않았지만 율봉栗峰의 문인이라고 한 점 등으로 보아 용암 혜언龍岩慧彦임을 알 수 있는데, 거기서 저자는 스승을 모신 지 23년이 되었다고 했다. 1812년에 용암 대사께 선학을 받았다고 했으니 그해부터 스승으로 모신 것으로 계산하면 「사행강목 서문」은 1835년 무렵이 된다. 「용암전」도 1835년에 끝나고, 「법제 봉민 제문祭法弟奉旻文」과 「영천암 영각기문靈泉庵影閣記」도 1835년에 쓴 글이다. 「향로암 중수기香爐庵重修記」에서 "去丙丁兩年間"이라 했는데 이것이 1836년과 1837년인지 그 이전인지에 따라 달라질 수 있으며, 이것 외에는 1835년 이후라고 명시된 글은 없다. 이러한 점들로 보아 『유망록』은 1835년 무렵에 찬술된 것으로 보인다.

『유망록』 149쪽에는 '김해은金海隱'이 기증했다는 표식이 있다. 문헌 앞부분이 아니라 149쪽에 표시해 둔 이유는 무엇일까. 동국대 인장도 같이 찍혀 있는데, 아마도 처음 기증받을 때는 여기가 처음이었던 것을 기증받고 나서 이후에 바로잡았을 가능성이 있다.

김해은金海隱은 『유망록』 이외에 『동아요초東亞要抄』 4책과 『조선고분변천朝鮮古墳變遷: 신문발췌집新聞拔萃集』을 동국대학교 전신인 중앙불전中央佛專에 기증했고, 『조선불교사대강朝鮮佛敎史大綱: 조선불교종파변천사론朝鮮佛敎宗波變遷史論』을 편찬했다. 『조선불교사대강』의 표지에는 '불사대강佛史大綱'이라 했고, '신재愼齋'라는 표기가 있다. 아마도 김해은의 호가 아닐까 생각된다. 『동아요초』는 광무光武 3년(1899)부터 1915년경까지 신문 기사를 오려 붙인 것이다. 『조선고분변천』도 1900년대 신문을 발췌한 것인데, 내용은 이광수가 쓴 「혼인론婚姻論」, 야기 소사부로(八木奘三郎)가 쓴 「조선고분朝鮮古墳의 변천變遷」, 숭양산인嵩陽山人(장지연張志淵의 호)이 쓴 「기자봉강箕子封彊」, 숭양산인이 쓴 「가야고변加耶考辨」, 최남선이 쓴 「조선불교통사朝鮮佛敎通史에 대對하야」, 이광수가 쓴 「신생활론新生活論」, 곽종태郭鍾泰가 쓴 「조선군명부朝鮮郡名賦」, 최남선이 쓴 「고길전동오박사故吉田洞伍博士」, 숭양산인이 쓴 「대정육년시사大正六年詩史」 등이다. 『조선불교사대강』은 김해은이 편집한 유인본油印本으로서 송광사松廣寺에서 불기佛紀 2947년(1920)에 간행한 것이다. 이외에 「불교결佛敎決疑 第三三回問書를 읽고—特히 楡岾寺 東國經院에—」라는 글이 잡지 『불교佛敎』 52호(불교사佛敎社, 1928. 10) pp.85~88에 실려 있다. 1921년에는 석왕사釋王寺 주지로서 불교개혁을 위한 주지들의 총회에 참석한 바 있다.[1] 그리고 금명 보정錦溟寶鼎의 『다송시고茶松詩稿』에 병인년(1926년) 9월 18일에 지어진 시 〈김해은이 범어사 강원으로 가므로 송별하며(金海隱赴梵魚寺講院臨別)〉가 있어, 보정과 교분이 있었음을 알 수 있다. 응운 공여와 김해은의 관계는 추후 밝혀야 할 과제이다.

4. 내용과 성격

『유망록』은 산문 89편이 실려 있는 문집이다. 문체별로 분류되어 있지 않은 것으로 보아 찬술된 순서에 따라 배열한 것으로 생각된다. 시는 「몽유시에 대한 화답시와 서문(和夢遊詩序)」에 있는 〈몽유시에 대한 화답시(和夢遊詩)〉 110운韻뿐이다.[2] 권선문 22편, 서序 13편, 제題 2편, 논論 2편, 설

---

[1] 『동아일보』 1921년 3월 17일자.
[2] 저자는 서문에서 110운이라 했으나 실제는 109운이다. "원미지는 강릉에 있어서 〈몽유춘夢遊春〉 시 70운을 부쳤다. 백락천은 이에 100운으로 화답하였고……원미지가 70운을 백거이에게 부치고, 백거이가 30운을 더하여 화답하였으니, 나는 10운을 더하여 화답하노라.(元微之在江陵. 以夢遊春詩七十韻寄之……元微之以七十韻. 寄白居易. 白居易增三十韵和之. 余增十韵以和之.)"

說 6편, 서書 7편, 첩牒 1편, 상량문 1편, 전傳 1편, 기記 10편, 소疏 1편, 축사祝詞 2편, 답문答問 2편, 변辨 1편, 제문 3편, 발跋이 1편, 예수문預修文 1편 등이다.

1) 도교적 성향이 강한 삼교일치론

조선시대 스님들이 대개 유불선 삼교의 일치를 주장하는데, 공여 대사의 경우 논리적으로 일치를 주장하는 데서 나아가 유자들의 문헌이나 도교 문헌을 인용하는 태도를 보임으로써 삼교 일치를 실천하고 있다.

논리적으로 유불선 삼교의 일치를 주장하는 글은 「삼교양진보감 서문(三敎養眞實鑑序)」, 「삼교사적론三敎事迹論」, 「삼교성명설三敎性命說」, 「오계를 오상에 배치한 설(五戒配五常說)」 등이다.

「삼교양진보감 서문」은 공여 대사가 찬술한 『삼교양진보감』의 서문이다. 『삼교양진보감』은 현재 발견되지 않았으나 서문으로 미루어 내용을 짐작할 수 있다. 서문에서는 "가르침은 비록 셋이나 이치는 동일하다. 유교에서는 '하나의 태극'이라 하고, 도교에서는 '천하의 어미'라 하고 불교에서는 '일심'이라 하니, 그 어찌 다른 것이겠는가."라고 하며 삼교일치를 주장했다. "삼교의 성현들은 각기 성명性命을 말하여 인심을 교화하였는데……참을 길러 얻은 자는 불생불멸의 이치를 투철하게 깨우치고, 무극태극 가운데 천하의 어미를 맡아 지니게 된다. 삼교의 성현들이 잘한 일은 저기에 있지 않고 여기에 있다."라고 했다. 유불선이 각기 성명을 말하는 방식은 다르나 참된 일심을 기르라고 한 점에서 동일하다고 주장하고 있다. 그런데 삼교 이전의 상황을 서술하는 부분을 보면, 삼황三皇과 오룡五龍과 육기六紀 등을 활용하고 있는데, 이는 『춘추위春秋緯』 등 위서緯書에 바탕을 둔 내용으로서 도교적 성향이 강하다.

「삼교사적론」은 문답식으로 구성되어 있다. 도교의 우화등선羽化登仙과 불교의 열반이 치국평천하의 도에 무슨 관여가 있는가 하는 물음을 설정하고 이에 대한 답변을 기술하고 있다. 답변은 유불선 각기 다름이 있지만 대의는 같다고 했다. 다름이란 "충효는 세속을 가르치는 가르침이 되고, 도덕은 몸을 유지하는 방법이 되고, 자비는 만물을 기르는 행위가 된다."는 것이다. 여기서 '자비'에 무게를 두고 있는 것을 볼 수 있는데, 대의에 대한 설명 역시 불교 위주로 귀결하고 있다. 유학은 "작게는 몸을 삼가고" 나아가 "각자 마땅함을 얻어 백성들을 공평히 다스려 모든 일이 함께 빛나게 할 따름이다."라고 했고, 도교에 대해서는 "천지와 더불어 장수하지만 이는 다만 자신이 이로울 뿐이다. 천지의 조화를 도둑질하여 그 도를 얻은 것이니 적합한 자가 아니면 백에 한둘도 이룬 자가 없다."라고 하여 부정적인 평가를 가하였는데, 불교에 대해서는 "참된 근원에 몸을 응하여 이문理門과 사문事門이 하나와 다수를 서로 꿰뚫어 지혜의 경계가 원적圓寂하니 무슨 법인들 두루하지 않겠나? 다만 그릇에 차이가 있고 격식이 각기 달라 시종과 점돈漸頓이 근기에 따라 다르다." 하였고, "유교와 도교, 구류九流와 칠략七略이 모두 불법佛法의 교해教海에 들어와서, 각기 근원을 얻지 않음이 없다. 어찌 유교와 도교, 즉 있음을 말하고 없음을 말하는 가르침으로서 불성의 바다에 만법을 포함하는 이치를 의심할 수 있겠나?"라고 했다. 삼교의 사적이 다르지만 불법의 이치에 포함된다고 주장함으로써 불교 우위의 입장을 보여주는 것이다.

「삼교성명설」은 역시 문답식 구성으로『삼교양진보감』과 관련한 질문에 유불선의 성명性命에 대해 규명한 글이다. 삼교의 가르침을 "유학은 생생生生, 도교는 섭생, 불교는 무생無生"이라 구별할 수 있다고 하여 그에 대해 설명하고서 "삼교를 세상에 마련함에 기름(養) 아님이 없다. 다만 두텁고 얇음이 같지 않을 뿐이다."라고 했다. 그러나 "성명性命에 대해서는 진실과 허망의 차이가 있다."고 하여 불교적 견지에서 차이를 개진했다. 도교에서 말하는 성명은 초보자에게나 절실하지 유교와 불교에서 닦는 성명 공부와는 거리가 있다고 하였다. 이 역시 불교를 위주로 하면서 도교를 폄하하고 있는데, 그러나 표현 면에서는 도교적 색채가 강하다. 처음에 질문을 설정할 때『삼교양진보감』에서 "명에는 명의 꽃받침(命蔕)이 있으니 참된 숨(眞息)이 그것이다."라고 한 것이 그렇다.

「오계를 오상에 배치한 설」은 태천 현감泰川縣監 이윤성李潤性이 용산에서 함께 지낼 때 공여 대사에게 유교의 오상만 한 이치가 불교에 있는지 물은 데 대한 답변으로 작성된 것이다. 이에 대해 오계가 오상에 부합한다고 개진하고 있는데, 주목되는 것은 오상을 오행五行으로 풀이하는 대목이다. 사실 이것은『변정론』에서 인용한 것이라 공여 대사의 독자적인 견해는 아니지만 이것을 인용했다는 사실은 공여 대사의 도교적 성향을 보여준다.

공여 대사의 도교적 성향은 도교 서적을 인용하는 데서 분명하게 드러난다.「적천사 옥련암 수리 권선문(磧川寺玉蓮庵修葺勸善文)」과「나한전 중수 권선문羅漢殿重修勸善文」에서『태상감응편太上感應篇』에 나오는 '해백삼奚百三' 이야기를 인용하였다.

「풍수지리에 대한 설」은 풍수지리에 대해 문답식으로 구성한 글인데, 풍수지리가 믿을 만한가 그렇지 않은가 하는 물음에 대해 "마음을 얻고 못 얻는 데" 있을 따름이라 하여 마음이 근본이고 지리는 말단임을 표명하고 있다. 풍수지리를 불교 입장에서 해명한 글인데 서술 과정에 있어서는 곽박郭璞과 청오자靑烏子, 진박陳搏 등 도교 인물들과『홍낭紅囊』·『금낭錦囊』등 도교 서적들을 거론하여, 도교에 긍정적 태도를 보여준다.

「김 승지에게 올리는 글(上金承旨書)」에서도 "명당明堂과 곡대曲臺의 법, 좌구명左丘明·자하子夏·한유韓愈·맹교孟郊의 책, 엄중淹中과 직하稷下의 학문, 황제黃帝·노자老子·장자莊子·묵자墨子의 책, 삼청 삼동三淸三洞의 글, 구부 구선九府九仙의 책 상자, 진인이 되는 은밀한 비결, 영보 도명靈寶度命 의식, 용궁 바다에 감춰 둔 보물, 영취산靈鷲山 화수華水의 문건들을 모두 머릿속에 담으셨습니다."라는 표현에서 도교를 섭렵한 흔적을 보인다. 물론 상대방의 학식이 광대함을 칭찬하는 글이고, 또한 「변정론 서辯正論序」에서 인용한 표현들이라서 한계가 있기는 하지만 본인의 의사도 그에 부합함을 보여주는 것이다.

　위의 내용들이 도교를 거론하면서도 조금은 부정적인 방향으로 흘렀는데, 그렇지 않고 적극적으로 긍정하는 글도 보인다. 「칠성전 불량계 서문七星殿佛粮稧序文」과 「산신각 권선문山神閣勸善文」, 「칠성각 권선문七星閣勸善文」 등이 그렇다. 칠성전이나 산신각에 관한 글들은 19세기『다송문고茶松文稿』와 20세기『경허집鏡虛集』에 언뜻 보일 뿐 다른 스님들 문집에서는 쉽게 찾아보기 어렵다. 칠성전 등이 사찰 안에 있지만 도교적 신을 모시는 공간이기 때문에 별다른 언급이 없었던 것이다. 공여 대사를 비롯하여 금명 보정錦溟寶鼎이나 경허 모두 19세기 이후의 인물들이라는 공통점이 있다. 그러므로 19세기 이후에 불교계에서 그만큼 사상적 개방성을 보이는 것으로 이해할 수 있겠다.

　「칠성전 불량계 서문」에서는 "우리 믿음 강한 계원들은『칠성경七星經』을 구해 읽고 소홀히 하지 말지어다."라고 하여 도교적 성격의 경전을 읽으라고 권유하고 있다.『칠성경』이라고 할 때는 대장경에도『불설북두칠성연명경佛說北斗七星延命經』과『칠성여의수비밀요경七星如意輪秘密要經』 등이 있고, 도교에는『태상현령북두본명연생진경太上玄靈北斗本命延生眞經』을 비롯하여『태상북두이십팔장경太上北斗二十八章經』 등이 있다. 불교와 도교의 칠성경 계통 문헌들은 칠성의 명칭과 본명성本命星 등의 내용과 부적이 있다는 점 등이 일치한다. 다른 점은 불경을 설한 주체는 부처이고 극락왕생을 목표로 한다면, 도교의 경우는 태상노군太上老君이 설하고 신선 경지에 이르고자 함이 목적이라는 점이다. 이들을 비교할 때 도교의 것을 불교에서 흡수한 것으로 보이며, 또한 일부 사찰에서는 '북두칠성연명경'이라 할 때에 불경인『불설북두칠성연명경』이 아니라『태상현령북두본명

연생진경』을 가리키기도 한다는 점에서 도교적 성격을 부인할 수 없다.[3]

「마음을 가다듬는 글(攝心文)」과 「마음을 비워 도에 합치하는 글(虛心合道文)」은 『동의보감』을 초록한 글인데, 앞의 것은 『동의보감』 가운데 「도를 배움에 빠르고 늦음이 없다(學道無早晚)」와 「인심이 천기에 부합하다(人心合天機)」 일부를 초록하였고, 뒤의 것은 「도를 배움에 빠르고 늦음이 없다(學道無早晚)」 앞에 있는 글이다. 순서를 바꾸었고 내용도 불교에 맞게 약간 가감을 하였다. 『동의보감』 가운데 불교와 통하는 부분을 초록하였지만 도교적 성향이 완전히 제거되지는 않았다. "요즘 사람들은 욕망을 좋아하여 정을 잃고 생각에 빠져 신神을 손상하며 피로하여 기氣를 소모시켜 진양眞陽을 잃어버리니", "형체를 잊고 기氣를 기르며, 기를 잊고 신神을 기르며, 신을 잊고 허虛를 기른다." 등의 구절 등이 그러하다.

이상의 내용들을 보자면 유불선 삼교 일치를 주장하고 불교 본위의 논리를 전개하는 것은 여타 스님들과 다를 바 없으나 그 과정에서 도교 인물과 문헌들을 인용하여 적극 활용하는 것은 독특하다.

2) 인용을 활용한 글쓰기

글쓰기 할 때 다른 문헌을 인용하는 것은 당연한 일이다. 그러나 공여대사의 『유망록』에는 일반적 수준을 넘어서는 과다한 인용들이 보인다. 나아가 많은 부분을 인용하면서도 인용한 흔적을 남기지 않아 오해를 일으킬 소지도 있다.

「삼교성명설」의 경우에 『화엄경』과 함께 도교 서적인 『대통경大通經』 등

---

[3] 안진호安震湖가 1938년에 법성원法性院에서 간행한 『북두칠성연명경』은 불경이 아니라 『태상현령북두본명연생진경』이라 한다. 서경전, 「大藏慶과 道藏에 나타난 七星經의 比較考察: 佛敎의 延命經과 道敎의 延生眞經을 中心으로」, 『논문집: 인문사회계열편』 16(1982. 10), p.44 참고.

을 활용하는 정도는 일반적 경우라 할 수 있다. 그러나 「인과 차별에 대한 설(因果差別說)」같은 경우는 공여 대사의 글이라 할 수 없고 『업보차별경業報差別經』을 요약한 것에 가깝다. 공여 대사의 문장은 처음에 "공여空如야, 너는 인과因果를 아느냐?(空如。 爾知因果耶。)"라고 하여 질문을 던지고, "이와 같은 업으로 이와 같은 갖가지 공덕을 얻게 되니, 선악의 업보業報는 내 마음의 선·불선善不善에 있는 것이다. 이 모두는 빛나는 입의 성스런 말씀(金口聖言)이니, 공여空如야! 너는 힘쓸지어다.(以如是之業。 得如是之種種功德。 其善惡業報。 在於吾心之善不善。 此皆金口聖言。 空如。 爾其勉旃。)"라고 하여 마무리하는 대목뿐이다. 『업보차별경』은 『대정장大正藏』 1책 891면에서 895면까지 5면 분량으로 실려 있는데, 이 가운데 대략 892면 전체와 895면 그러니까 2면 정도의 내용을 인용하여 작성한 것이다.

「인과 차별에 대한 설」에서 『업보차별경』을 인용하는 방식은 두 가지로 구별된다. 이는 『업보차별경』의 내용이 열 가지 불선업을 행하여 외악보外惡報를 얻거나 열 가지 선업을 얻어 외승보外勝報를 얻는다는 부분과 그 외 불탑에 예를 올리는 등의 행위로 열 가지 공덕을 얻는다는 부분 둘로 구별되는 것과 관련된다.

첫째, 외악보와 외승보에 해당하는 부분은 원문을 대체로 그대로 인용하고 있다. 부처께서 수가장자首迦長者에게 선악의 업보에 대해 설명하는 첫 부분 "일체 중생들은 업업에 매이고(一切衆生。 繫屬於業。)"부터 "최상의 청정한 과보를 받는다.(受於上妙淸淨果報)"까지가 이에 해당한다. 삭제해도 의미에 지장을 주지 않는 것들은 삭제하고 같은 의미의 어휘로 교체하는 정도의 차이가 있을 뿐이다. 예를 들면 다음과 같다.

> 復有十業, 能令衆生, 得少病報 : 一者, 不喜打拍一切衆生 ; 二者, 勸他不打 ; 三者, 讚不打法 ; 四者, 見不打者, 心生歡喜 ; 五者, 供養父母及諸病人 ; 六者, 見賢聖病, 瞻視供養 ; 七者, 見怨病愈, 心生歡喜 ;

八者, 見病苦者, 施與良藥, 亦勸他施; 九者, 於病苦衆生, 起慈愍心; 十者, 於諸飲食, 能自節量。 以是十業, 得少病報。
復有十業, 能令衆生, 得醜陋報：一者, 好行忿怒; 二者, 好懷嫌恨; 三者, 誑惑於他; 四者, 惱亂衆生; 五者, 於父母所, 無愛敬心; 六者, 於賢聖所, 不生恭敬; 七者, 侵奪賢聖資生田業; 八者, 於佛塔廟, 斷滅燈明; 九者, 見醜陋者, 毀呰輕賤; 十者, 習諸惡行。以是十業, 得醜陋報。
復有十業, 能令衆生, 得端正報：一者, 不瞋; 二者, 施衣; 三者, 愛敬父母; 四者, 尊重賢聖; 五者, 塗飾佛塔; 六者, 掃灑堂宇; 七者, 掃灑僧地; 八者, 掃灑佛塔; 九者, 見醜陋者, 不生輕賤, 起恭敬心; 十者, 見端正者, 曉悟宿因。以是十業, 得端正報。

위 『업보차별경』의 대목이 『유망록』에는 다음과 같이 되어 있다. 차이 나는 부분에는 밑줄을 그어 표시했다.

復有十業。能令衆生。得少病報。一不喜打拍一切衆生。乃至五供養父母及諸病人。六見賢聖病。瞻視供養。七見怨病愈。心生歡喜。八見病苦之人。施與良藥。九於病苦之人。起慈悶心。十一切飲食。能自節量。以是十業。得少病報。
復有衆生。好行忿怒。好懷嫌恨。誑惑他人。於父母所。無愛敬之心。於賢聖所。不起親近之心。侵奪賢聖資生之田業。於佛之塔廟。斷滅燈明。見醜陋之人。毀呰輕賤。以如是等諸惡行。得醜陋報者。
復有衆生。於一切人。不瞋不怒。見貧寒者而施衣。洒掃僧堂佛塔。愛敬父母師僧三寶。以如是等善業。得端正報者。

두 문헌의 서술을 비교해 보면 행문行文에 큰 차이는 없으나 「인과 차별에 대한 설」이『업보차별경』의 표현을 별다른 수정 없이 발췌하고 있는 것을 볼 수 있다. 그런데『업보차별경』에서 하나부터 열까지 순서를 밝혀 놓은 것에 대해 수용한 경우도 있고 그렇지 않은 경우도 있어 일관되지 않다. "<u>見病苦者</u>"를 "<u>病苦之人</u>"으로, "<u>十者, 於諸飮食</u>"을 "<u>十一切飮食</u>"으로 바꾼 것처럼 의미 차이가 없는 어휘를 교체한 경우도 있고, 세 번째 문단의 경우 "<u>於一切人</u>"처럼 의미를 부연한 경우도 있는데 이런 경우는 드물다. 대개는 축약 양상을 보인다.

「인과 차별에 대한 설」에서『업보차별경』을 인용하는 두 번째 방식은『업보차별경』에서 열 가지 공덕을 얻는 행위에 대해 설명하는 부분으로서 원문의 구조를 바꾸는 방식이다. 그 이유는 위에서 인용한 구절들과 일치시키고자 하기 위함이다. "또 중생이 불탑과 사당에 참배한 인연으로" 이하가 그러하다.『업보차별경』과「인과 차별에 대한 설」의 해당 문장 표현을 예시하면 다음과 같다.

<u>若有衆生</u>, 禮佛塔廟, <u>得十種功德：一者</u>, 得妙色好聲；<u>二者</u>, 有所發言, 人皆信伏；<u>三者</u>, 處衆無畏；<u>四者</u>, 天人愛護；<u>五者</u>, 具足威勢；<u>六者, 威勢衆生</u>, 皆來親附；<u>七者</u>, 常得親近諸佛菩薩；<u>八者</u>, 具大福報；<u>九者</u>, 命終生天；<u>十者</u>, 速證涅槃。是名禮佛塔廟得十種功德。
<u>若有衆生</u>, 奉施寶蓋, 得十種功德：一者, <u>處世如蓋</u>, 覆護衆生；二者, 身心安隱, 離諸熱惱；三者, 一切敬重, 無敢輕慢；四者, 有大威勢；五者, 常得親近諸佛·菩薩大威德者, 以爲眷屬；六者, 恒作轉輪聖王；七者, 恒爲上首, 修習善業；八者, 具大福報；九者, 命終生天；十者, 速證涅槃。是名奉施寶蓋得十種功德。
<u>若有衆生</u>, 奉施繒幡, 得十種功德：一者, 處世如幢, 國王·大臣·親友·知識恭敬供養；二者, <u>豪富自在</u>, 具大財寶；三者, 善名流布, 遍至諸方；四者, 形貌端嚴, 壽命長遠；五者, 常於生處, 施行堅固；六者, 有

大名稱；七者, 有大威德；八者, 生在上族；九者, 身壞命終, 生於天上；十者, 速證涅槃. 是名奉施繒幡得十種功德.

復有衆生. 以禮佛塔廟之緣. 得妙相好. 聲有所發. 人皆信伏. 處衆無畏. 天人愛護. 威勢具足. 一切衆生. 皆來親付. 得見佛菩薩. 具大福德. 命終生天. 速證涅槃. 而得如是之報.

復有奉施寶盖. 而得恒作轉輪聖王之報.

復有奉施繒幡. 而得具大財寶善名流布於遠方之報.

『업보차별경』에는 "若有衆生"이라 하였는데 「인과 차별에 대한 설」에서는 앞부분과 일치시키기 위해 "復有衆生"이라 수정하였다. 문단 마지막 부분에서 "是名~"이라고 하여 정의하는 부분도 앞부분과 일치시키기 위해 모두 "得~報"라는 표현으로 수정하였다. 그러다보니 원문에서는 열 가지 공덕을 말하고 있는데 여기서는 대부분 생략되고 말았다. 『업보차별경』에서는 '열 가지'라는 점으로 앞뒤 부분들의 일관성을 유지하고 있는데 「인과 차별에 대한 설」에서는 세부 항목들을 제거하면서 '열 가지'라는 일관성이 사라졌고 그것을 메꾸기 위해 '復有'로 시작하여 '得~報'로 마감하는 문장 구조로 일관성을 마련한 것이다.

「수미산과 곤륜산에 대한 설(須彌崑崙兩山說)」도 기존의 문헌을 적극 활용하여 작성한 글이다. 『석가방지釋迦方志』「중변편中邊篇」과 『경률이상經律異相』권1 「도리천忉利天」을 인용하였다. 이외 저자가 인용임을 밝힌 문헌으로 「흥기행경 서興起行經序」와 『석가씨보釋迦氏譜』가 있다. 저자의 견해는 마지막에 다음과 같이 언급된다. "그렇다면 곤륜산이라는 명칭은 수미산과 거리가 멀다. 수미산은 사주四洲의 중심에 있고, 곤륜산은 사주의 남쪽이요 남주南洲의 정중앙에 있거늘, 혹자가 수미산을 곤륜산이라 지목하니, 진실로 슬프도다."

다른 문헌을 차용하여 글을 쓰는 방식은 편지를 작성할 때도 적용된다. 「김 승지에게 보내는 글(上金承旨書)」은 『변정론』과 『법원주림法苑珠林』 그리고 삼국시대 위魏나라 조식曹植의 「양덕조에게 보낸 편지(與楊德祖書)」를 차용하였다. 조식의 글은 불전이 아닌데 이처럼 불전이 아닌 문인들의 글을 차용하기도 했다.

「풍수지리에 대한 설」은 조선 선조 때 학자이자 의병장인 강항姜沆(1567~1618)의 『수은집睡隱集』에 있는 「지리지설地理之說」을 차용하였고, 「영안 부원군 풍고 김 선생 제문(祭永安府院君楓皐金先生文)」은 당나라 백거이白居易의 「원미지 제문(祭微之文)」을 거의 그대로 차용하였다. 「금강산 마하연 중창 상량문金剛山摩訶衍重創上樑文」과 「금강산 마하연 기문金剛山摩訶衍記文」, 「영안 부원군의 관음점 축사(永安府院君觀音占祝詞)」는 최치원의 「대숭복사 비명 병서大嵩福寺碑銘竝序」를 차용하였고, 「보림 대사의 보살계 첩(寶林大師菩薩戒牒)」은 최치원의 「신라 가야산 해인사 선안주원벽기新羅迦耶山海印寺善安住院壁記」를 차용하였다.

「풍수지리에 대한 설」이 차용한 「지리지설地理之說」은 대책對策이므로 질문과 답변이 구분되어 있다. 질문이 앞에 나오므로 앞부분을 비교하면 다음과 같다.

問。地理之說。始於何代。周公之卜間水東瀍水西。衛文公之降觀于桑。卜云其吉。禮家之所謂卜葬地者。亦猶今術士之風水耶。若以爲介介可信。則浮屠泓, 郭景純等。皆有人天之眼。宜爲祖父極擇吉土。而其子孫未聞有顯者。其身或不免酷禍。何耶。若以爲介介不可信。則東北有大坎。而張說之富貴果止一世。應出折臂公而羊祜之隆馬果得三公。种放之墓。知有代代名將。韓信之墳。知其後當赤族何歟。程朱二先生之見。宜無不同。而程子只取其向陽。朱子屢遷其先墓何歟。三世火葬。猶得大官。不信風水。世爲館閣。其故何歟。中朝之世用天壽。我朝之各陵異阡。何者爲得耶。近來術士。倍於平時。果有具眼歟。伊欲卜宅卜葬。無憾於死生。其道何由。

空如子入歸一場。物不隨。俗不顧。超然獨立於是非之外。以華藏刹土。爲本分家鄕。以毘盧遮那。爲法身本師。閑臥一眞法界。
有一俗儒。來問余曰。地理之說。始於何代。周公卜㵎[4]水東瀍水西。衛文公降觀于桑。卜云其吉。此聖賢之說如是。禮所謂卜葬地云云者。豈非今世俗術士之風水歟。若以爲介介可信。則泓禪師郭景純等。皆有人天之眼目。宜爲其祖父。極擇吉地。而其子孫。未聞有顯者。或不逃命。在日中之禍。此何以其信。若以爲介介不可信。則東北之坎。臂折之公。种放之墓。有代代名將。韓信之墓。知後赤族。其如合符節之驗如是。此何以其不信。三世火葬。大官猶得。不法地理。世爲舘閣。或有只取其向陽之賢。或有屢遷其先墓之君子。此何以然也。中朝之世用天壽。我東方之各陵異阡。何取何捨。余不知此義。子爲余而言。其可信乎。其不可信乎。

'공여자'로 시작되는 첫 단락은 속세와 구별되어 있는 자신의 상황을 간략하게 보여주었고 지리에 대한 문답은 두 번째 단락부터 시작된다. 원문과 비교해 보면 생략한 부분도 많지만 자신이 부연한 표현도 앞에서 본 설說에 비하면 꽤 많다고 하겠다. 그리고 표현도 변화시킨 부분들이 많이 보인다. "그 몸이 혹 가혹한 화망을 피하지 못함은(其身或不免酷禍)"을 "혹 명을 피하지 못하고 대낮에 화망에 걸리기도 했으니(或不逃命。在日中之禍。)"로 고친 것은 "곽박郭璞이 동진東晋 원제元帝 시대에 명성을 날렸으나 왕돈

---

[4] 「지리지설」에는 '間'으로 되어 있으나 『서경』「낙고洛誥」를 볼 때 '㵎'이 맞다. 공여 대사가 아무렇게나 차용한 것은 아니라는 점을 보여준다.

王敦에게 죽임을 면하지 못하였다.(郭璞鳴於晋元之世。而不能免王敦之誅。)"는 뒷부분의 서술과 관련된다. 문맥에 어긋나지 않으면서 표현을 바꿀 수 있었던 건 그만큼 원문에 대한 이해가 깊다는 것이며, 공여 대사의 학식이나 문장력 또한 얕지 않음을 말한다.

　질문에 이어지는 대답 부분은 원문을 생략한 것이 많고 수정한 부분도 꽤 보인다. 원문의 요지는 "인사는 근본이고, 지리는 말단이다.(人事本也。地理末也。)"라고 하겠는데, 이것을 공여 대사는 "인심은 근본이고, 지리는 말단이다.(人心本也。地理末也。)"라고 하여 '마음'을 강조하는 것으로 바꾸었다.

　다른 문헌에서 차용한 것이 많다 보니 오류도 종종 보인다. 「용암전龍岩傳」에서 익종대왕, 즉 순조純祖의 아들 효명 세자孝明世子가 용암 대사를 북한산에 머물게 하면서 말했다는 부분은 『변정론辯正論』 권3 「십대봉불 상편十代奉佛上篇」에서 인용한 것이다. 표현이 동일하므로 익종대왕의 발언으로 보기 어렵고 그러한 뜻의 말을 한 것으로 이해할 수 있는데, 여기서 "진晋나라 제왕齊王 대유大猷와 진왕秦王 홍도弘度와 안평왕安平王의 지절志節과 의양왕義陽王의 이사입신理思入神과 하비왕下丕王의 독지경술篤志經術과 송宋나라 임천왕臨川王 의경義慶과 팽성왕彭城王 의강義康과 남초왕南譙王 의선義宣과 건안왕建安王 휴인休仁 등은 글재주를 품고서 크게 불경佛經을 익혔소."는 오해의 소지가 있다. 『변정론』을 보면 안평왕은 "절개가 있고 행동이 엄하다.(志節峻擧)" 하고, 의양왕은 "이치를 생각함이 신의 경지에 들었다.(理思入神)" 하였으며, 하비왕은 "경술에 독실하게 마음을 기울였다.(篤志經術)"라고 협주를 달아 설명한 것인데, 그것을 바로 앞에 있는 '진왕秦王 홍도弘度'의 경우처럼 서술하여 독자에게 오해를 일으킬 여지가 있게 했다. 아울러 송나라 왕들을 거론한 후에 "글재주를 품고서 크게 불경을 익혔소."라고 한 언급은 송나라 왕들에게만 해당되는 것이고, 앞의 진나라 왕들에 대해서는 "이들 왕들은 훈업勳業을 돕고 불교를 널리 숭상하여 좌우 부락部落들에게 모두 육재六齋를 하도록 하고 오계를 받도록 했다.(此等諸王。莫不翼佐勳業。廣崇佛敎。左右部落。咸使六齋。合第尊卑。皆受五戒。)"라고 하였으니 본래 의미와는 달라져 버렸다.

차용하면서 표현을 달리하는 것은 특별한 일이 아니다. 그러나 인물 발화發話마저 사실이 아니라 기존 문헌에서 차용하여 표현하고 있는 점은 특이하다 할 것이다. 그 인물이 그러한 표현을 하지는 않았으나 인물의 의도를 효과적으로 보여주기 위해서 또는 인물을 부각시키기 위해서 그러한 방법을 사용한 것으로 짐작되는데 개개의 사실보다는 의미를 중시하는 태도라고 이해할 수 있겠다.

『유망록』에서 출전을 밝혀 인용하거나 밝히지 않고 차용한 문헌들을 종류별로 정리하면 다음과 같다.

> 유교 문헌: 『서경書經』, 『시경詩經』, 『맹자孟子』, 『좌씨전左氏傳』, 『주역周易』, 『예기禮記』
>   한유韓愈의 「맹간 상서에게 보내는 편지與孟簡尙書書」
>   유종원柳宗元의 「당고특진증개부의동삼사양주대도독남부군휴양묘비唐故特進贈開府儀同三司揚州大都督南府君睢陽廟碑」
>   백거이白居易의 「여산초당기廬山草堂記」
>   최치원崔致遠의 「대숭복사 비명 병서大嵩福寺碑銘竝序」와 「신라 가야산 해인사 선안주원벽기新羅迦耶山海印寺善安住院壁記」
> 불교 문헌: 당唐 법림法琳의 『변정론辯正論』과 『파사론破邪論』, 『당호법사문법림별전唐護法沙門法琳別傳』, 「선종영가집 서禪宗永嘉集序」, 『보장론寶藏論』, 『경률이상經律異相』, 『석가방지釋迦方志』, 『석가씨보釋迦氏譜』, 「흥기행경 서興起行經序」, 『업보차별경業報差別經』, 『보장론寶藏論』
> 도교 문헌: 『태상감응편太上感應篇』, 『능가아발다라보경 권제일 의소

상楞伽阿跋多羅寶經卷第一義疏上』,

도교 문헌을 중시한 태도는 앞서 밝힌 바 있고, 불교 문헌 가운데는 당나라 법림法琳의 글을 자주 활용하였고, 문인들의 글을 자주 활용한 것도 특징으로 꼽을 만하다. 『보장론寶藏論』은 당송唐宋 시대에 승조僧肇의 이름을 가탁假託하여 지은 위의경僞疑經으로서 도교와 융합적 성격이 있다고 알려져 있다. 백거이白居易와 최치원의 글이 활용되었는데, 최치원의 글은 화려한 사륙변려문으로서 『유망록』에서 표현을 일부 수정하긴 했으나 그래도 다른 부분과 변별된다. 백거이(772~846)에 대해서는 「몽유시에 대한 화답시와 서문(和夢遊詩序)」 속에, 평소 향산香山 백거이의 시를 읽었다고 밝혀 놓고 화답시를 지을 만큼 좋아했던 것을 알 수 있다.

3) 화엄 중시

「용암전」은 공여 대사의 스승인 용암 혜언龍巖慧彦을 입전立傳한 것으로 문집이 전하지 않은 용암에 대해 잘 소개한 글이라서 가치가 있는데, 또한 당시 승려들의 모습을 구체적으로 보여준다는 점에서도 주목된다. 이 가운데 화엄과 관련한 부분들이 많다는 점이 특히 주목되므로 정리하면 다음과 같다.

1806년 상백운암上白雲庵에 주석駐錫하면서 저녁마다 남쪽을 향하여 '지장보살'을 108번 염송하다가 어느 날 꿈에 용을 타고 하늘로 올라갔고, 또 어느 밤에는 어떤 사람이 세 채의 황금 수레(金輦)를 주었는데, 황금 수레 안에 '해인삼매海印三昧'라 쓰여 있는 『화엄경』 함이 있었다. 함을 열어 보니, 80권이 갖춰져 있었다. 대사는 그래서 전체를 읽고는 깨달아서 정신이 상쾌해져 청량산淸凉散을 먹은 것 같았다.

이해 겨울에 율봉 화상을 따라 취서산鷲栖山 통도사通度寺에 들어가 화엄예참華嚴禮懺을 행하였다. 꿈에 법당에 들어갔더니 탁자 위 세 명의 승려가 『비로자나품毘盧遮那品』 1책을 주며, "이것은 우리 본사本師께서 수인修因하실 때에 온갖 행行을 원만히 성취하신 법문法門이다. 너는 이에 의거하여 행하라." 했다.

1807년 봄에는 하백운암下白雲庵에 들어가 화엄예참華嚴禮懺을 이어 보완하였다.

1810년 여름에는 강릉 오대산으로 들어가 『화엄경』을 강독하였다. 이 산에 전부터 『화엄경』이 있었지만 자물쇠를 깊이 밀봉해 두고 열어 보는 이가 한 사람도 없었는데 전하는 말에, 이 함을 밀봉한 자가 열 수 있다고 하였다. 대사가 함을 열자 모두 기이하게 여겼다.

1812년 봄에 모악산에 들어가 『화엄경』을 강독하는데 하늘이 상서로움을 나타내고 부처께서도 빛을 발하여 음으로 양으로 더하였다. 호우湖右의 사람들이 기약하지도 않았는데 모여드니 억만을 헤아릴 뿐이 아니었다. 7칸 정문이 무너질 지경이었다.

1817년 10월에 송산으로 내려가서 화엄대회를 은적암에서 개최했다.

1820년 겨울에 화엄대회를 덕유산德裕山 백련사白蓮社에서 개최했다. 팔도에서 선종과 교종을 막론하고 그림자와 메아리처럼 따르는 이가 삼백여 명이었다.

1822년 11월에 화엄대회를 은신암隱身庵에서 개최하였는데 관음觀音의 성스런 가피를 입어 우활宇活의 죽을 뻔한 목숨을 구했다.

1827년 5월에 구월산九月山 월출암月出庵에 들어가 화엄을 강독하였다.

1831년 익묘翼廟께서 사자관寫字官을 명하여 『화엄경 합론華嚴經合論』 120권과 『법원주림法苑珠林』 100권과 『능엄정관소楞嚴正觀疏』 10권과 『능엄정해楞嚴正解』 10권을 써서 대사에게 주고자 하였으나, 끝맺지 못하고 돌아갔고, 이에 왕대비가 책을 만들어 보냈다.

　　1835년 4월에 문인門人 인전仁全을 보내 가야산에 들어가 『화엄론華嚴論』을 간행하게 했다.

위 내용에서 보듯이 용암 대사는 『화엄경』을 깊이 있게 이해하여 강독하였고 화엄대회를 열어 명성을 날렸다.

용암 대사가 『화엄경』만 중시한 것은 아니다. 1812년 여름에는 남해에서 『법화경』을 강독하고, 1815년 지리산 벽송사에서 『범망경梵網經』을 전하기도 했으며, 1812년에 공여 대사에게 선학禪學을 주고, 1819년 봄 2월에 남계南溪 · 용하龍河 등과 모악산에 들어가 선禪을 닦았다고 했다. 선을 닦은 것은 1821년 두류산 심적암深寂庵, 1826년 금강산 천불암千佛庵, 1827년 구월산 월출암, 1835년 금강산 마하연摩訶衍에서도 행해졌다.

이와 같은 행적으로 보아, 용암 대사는 선과 교를 겸비했다고 할 수 있으며, 교학 가운데는 화엄을 중시했음을 알 수 있다. 선과 화엄의 공조는 지눌에서 비롯되었고, 화엄을 중시한 것은 조선 후기 불교의 특징적 양상으로 거론되고 있는데,[5] 「또 세 경전의 큰 뜻에 대해 문답함(又答問三經大旨)」에서도 『법화경』이나 『열반경』보다 『화엄경』을 중시하고 있음을 보여준다. 위 글은 김조순이 세 경전의 가르침에 대해 묻자 답변한 것이다. 답변의 내용을 보면, 세 경전은 대승의 궁극적인 가르침이라는 점은 공통이지만 깊이는 다르다고 하였다. 『법화경』과 『열반경』은 임시방편을 버리고 실제로 들어가지만(捨權入實) 『화엄경』은 온전한 실제 참다운 법문을 본래 스스로 구족하고 있어서 실제로 들어가 방편을 버린다는(入實捨權) 말이 없다고 하였다. 그리고는 주로 『화엄경』의 내용에 대해서 해설하는 데 주력하고 있다.

---

[5] 김용태, 『조선후기 불교사 연구』(신구문화사, 2010), p.254 등 참고.

4) 지리에 대한 관심

국토 지리에 대한 관심은 실학자들에 의해 학문적으로 이루어졌고, 18세기에는 청나라와 국토 분쟁을 계기로 변방에 대한 관심이 증대되며 지도 제작이 활기를 띠었다.[6] 『유망록』의 특징으로 추가할 수 있는 국토 지리에 대한 관심은 이러한 맥락하에 있다. 「팔도 총론八道總論」과 팔도에 대한 기록, 「해산기海山記」 그리고 「수미산과 곤륜산에 대한 설(須彌崑崙兩山說)」이 이에 관련된다.

「팔도 총론」에서는 곤륜산의 줄기가 백두산으로 이어졌으니 곧 불함산이라 했다. 우리나라의 위치와 역사에 대해 개괄적으로 소개하였다. "대저 우리나라는 일본과 중국 사이에 있다.(大抵我國。在日本中國之間)"는 서술을 보면 일본이 관심 영역으로 부상한 것을 볼 수 있다.

팔도 각 지역에 대한 서술은 지형과 함께 해당 출신 인물들을 적시하였다. 그중에 주목되는 것은 「평안도」 부분에서 대동강을 '패수浿水'라 하는 것은 잘못이라며 『동국지리지東國地理志』와 『한서漢書』를 근거로 하여 패수는 청천강이라 주장한 것이다. 패수에 대해서는 논란이 많다.[7]

「해산기」는 섬들에 관한 기록이다. 제주를 비롯하여 완도, 군산, 덕적, 금산, 울릉도 등을 소개하였다.

「수미산과 곤륜산에 대한 설」은 수미산이 곤륜산이라고 주장하는 경우가 있어, 그렇지 않다고 반박하는 글인데, 조선의 국토는 아니지만 지리에 대한 관심과 관련된다고 볼 수 있다.

---

6 조선 후기 국토 인식의 진전에 대해서는 한국문화역사지리학회,『한국역사지리』(푸른길, 2011. 9), p.263; 양보경,「朝鮮後期 商業發達과 地域構造의 變化」,『지리학논총』14(서울대 국토문제연구소, 1987. 12), p.143 등 참고.
7 이에 대해서는 오강원,「古朝鮮의 浿水와 沛水」,『강원사학』13·14(1998. 8), pp.61~82 참고.

5. 가치

공여 대사는 순조의 장인으로서 권력을 누린 김조순에게 호를 받고 불교 교리에 관해 문답을 주고받는 사이였는데, 현재는 아직 알려진 바가 없다. 『유망록』은 공여 대사에 대해 알 수 있는 자료일 뿐만 아니라 19세기 후반 승려들의 모습을 잘 보여주는 문헌이다. 도교 문헌을 자유롭게 활용하고 문인들의 글도 참조하는 글쓰기 방식으로 보아 사상적 자유로움을 느낄 수 있으며, 『화엄경』이 중시되는 조류도 확인된다.

6. 참고 자료

김낙필, 「조선후기 民間道敎의 윤리사상」, 『道敎文化硏究』 6, 한국도교문화학회, 1992.

김용태, 『조선후기 불교사 연구』, 신구문화사, 2010.

서경전, 「大藏經과 道藏에 나타난 七星經의 比較考察: 佛敎의 延命經과 道敎의 延生眞經을 中心으로」, 『論文集: 인문사회계열편』 16, 1982. 10.

양보경, 「朝鮮後期 商業發達과 地域構造의 變化」, 『지리학논총』 14, 서울대 국토문제연구소, 1987. 12.

오강원, 「古朝鮮의 浿水와 沛水」, 『강원사학』 13·14, 1998. 8.

차례

응운공여대사유망록應雲空如大師遺忘錄 해제 / 5
일러두기 / 33

문文-89편

사행강목 서문 事行綱目序 37
삼교양진보감 서문 三敎養眞寶鑑序 40
삼교사적론 三敎事迹論 43
삼교성명설 三敎性命說 48
예 대아께 보낸 편지 與芮大雅書 54
인과 차별에 대한 설 因果差別說 57
수미산과 곤륜산에 대한 설 須彌崑崙兩山說 64
풍수지리에 대한 설 地理說 69
복서에 관한 설 卜筮說 76
영안 부원군께 올리는 편지 上永安府院君書 80
이천 영원암 문방에 쓰다 題利川靈源庵門榜 83
김 참의에게 보내는 답서 答金叅議書 86
김 승지에게 올리는 글 上金承旨書 88
보림 대사의 보살계 첩 寶林大師菩薩戒牒 91
금강산 마하연 중창 상량문 金剛山摩訶衍重創上樑文 94
영천암 영각 기문 靈泉庵影閣記 99
향로암 중수기 香爐庵重修記 101
몽유시에 대한 화답시와 서문 和夢遊詩序 103
기암 노옹의 사십구재 소 奇巖老四十九日疏 115
김 참판에게 올리는 글 上金叅判書 118
밀양 수령 이 공의 관음점 축사 密陽倅李公觀音占祝詞 120
영안 부원군의 관음점 축사 永安府院君觀音占祝詞 122
비비정에서 한가히 거닐며 飛飛亭閒遊辭 124

장 처사에게 보내는 글 與張處士書 126

영안 부원군께 보내는 답서 答永安府院君書 128

또 『염송』의 대의에 대해 문답함 又答問拈頌大義 130

또 세 경전의 큰 뜻에 대해 문답함 又答問三經大旨 135

장소와 형체에 대한 논변 方體辯 140

나한전 불량 서문 羅漢殿佛粮序文 142

시왕전 불량계 서문 十王殿佛糧稧序文 143

소금과 장과 등촉을 위한 계 서문 鹽醬燈燭稧序 144

관음전 불량계 서문 觀音殿佛粮稧序文 145

대웅전 불량 서문 大雄殿佛粮序文 147

지장보살 탄생일의 계 서문 地藏誕日稧序文 148

보시 물품을 함부로 사용함을 경계하는 글 誡施物橫用文 149

칠성전 불량계 서문 七星殿佛粮稧序文 151

금강산 마하연 기문 金剛山摩訶衍記文 152

칠불암 기문 七佛庵記 154

석천암 기문 石泉庵記 156

화엄전 응향각 기문 華嚴殿凝香閣記 161

장 처사가 금자로 「행원품」과 『법화경』을 필사하는 것에 대한 상축과 서문 張處士寫金字行願品與金字法華經上祝幷序 163

수충사 권선문 酬忠祠勸善文 167

적천사 옥련암 수리 권선문 磧川寺玉蓮庵修葺勸善文 170

등촉 권선문 燈燭勸善文 173

염장 권선문 鹽醬勸善文 174

불량 권선문 佛粮勸善文 175

불기 권선문 佛器勸善文 176

밥솥 권선문 食鼎勸善文 177

산신각 권선문 山神閣勸善文 178

칠성각 권선문 七星閣勸善文 179

기와 권선문 盖瓦勸善文 180

개금 권선문 改金勸善文 181

시왕 도분 권선문 十王塗粉勸善文 ········ 182

나한 도분 권선문 羅漢塗粉勸善文 ········ 183

가사 권선문 袈裟勸善文 ········ 184

법당 중수 권선문 法堂重修勸善文 ········ 185

다리 만들기 권선문 作橋勸善文 ········ 186

돌 쌓기 권선문 石築勸善文 ········ 187

나한전 중수 권선문 羅漢殿重修勸善文 ········ 189

종 만들기 권선문 鑄鍾勸善文 ········ 191

바라 권선문 鈸羅勸善文 ········ 192

영천암 영각 유진기 서문 靈泉庵影閣留鎭記序 ········ 193

윤성 대사 제문 祭潤成大師文 ········ 195

법제 봉민 제문 祭法弟奉旻文 ········ 198

영안 부원군 풍고 김 선생 제문 祭永安府院君楓皐金先生文 ········ 201

『화엄경』 필사본 발문 書華嚴經跋 ········ 203

오계를 오상에 배치한 설 五戒配五常說 ········ 204

제월헌에 쓰다 題霽月軒序 ········ 210

용암전 龍岩傳 ········ 212

마음을 가다듬는 글 攝心文 ········ 225

마음을 비워 도에 합치하는 글 虛心合道文 ········ 228

배우는 이를 훈계하는 글 誡學人文 ········ 230

팔도 총론 八道總論 ········ 231

평안도 平安道 ········ 233

함경도 咸鏡道 ········ 235

황해도 黃海道 ········ 236

강원도 江原道 ········ 237

경기도 京畿道 ········ 239

충청도 忠淸道 ········ 241

경상도 慶尙道 ········ 244

전라도 全羅道 ········ 246

해산기 海山記 ········ 248

통도사 기문 通度寺記 251

해인사 기문 海印寺記 254

송광사 기문 松廣寺記 256

혼령을 천도하는 수륙재 권선문 度魂水陸勸善文 258

사찰 건립의 권선문 新建寺刹勸善文 260

예수함합별문 預修緘合別文 261

덕사 불량 서문 德寺佛粮序文 263

주 / 265

찾아보기 / 343

일러두기

1 '한글본 한국불교전서'는 문화체육관광부의 지원을 받아 동국대학교 불교학술원에서 수행하고 있는 '불교기록문화유산아카이브사업(ABC)'의 결과물을 출간한 것이다.

2 이 책의 번역은 『한국불교전서』(동국대학교출판부 간행) 제10책의 『응운공여대사유망록應雲空如大師遺忘錄』을 저본으로 하였다.

3 번역문에 이어 원문을 병기하였다. 원문은 『한국불교전서』를 저본으로 하였으며, 띄어쓰기를 표시하기 위해 온점(.)을 사용하였다.

4 원문 교감 내용 가운데 ㉠은 『한국불교전서』의 교감 내용을, ㉡은 번역자의 교감 내용을 가리킨다.

5 음역어는 현재의 한문 발음대로 표기하였고, 그에 해당하는 범어 표기는 『불광대사전佛光大辭典』에 의거하였다. ⓢ는 범어를, ⓟ는 팔리어를 뜻한다.

응운공여대사유망록
應雲空如大師遺忘錄[*]

문文[**]

---

[*] 원 필사본으로서 동국대학교에 소장되어 있다.
[**] 원 '文' 한 자는 편자編者가 보입한 것이다.

사행강목 서문

우리 부처님 구담씨瞿曇氏[1]는 현겁賢劫[2]의 아홉 번째에 14,279만 3천 년이 감한 후에 출현하셨고, 우리 스승은 부처 이후 2,760년 후에 나셨다. 시기가 또 거듭 늦어지매, 사람의 마음은 예전과 달라 변화의 길에서 마음껏 뛰놀며,[3] 선림禪林에 묵형墨刑을 가하고 교법(敎網)에 의형劓刑을 가한다.[4] 삿된 말과 못된 행위만 옳다고 하여 한 사람도 근본에 돌아오는 자가 없다.

우리 스승은 신체를 무너뜨려[5] 총명을 물리치고 형체를 떠나 지혜를 버려[6] 만물을 버무려 은택이 만세에 미치게 하려고,[7] 조사들의 마음과 부처의 말을 청허淸虛 대사의 후예인 율봉栗峰[8] 문인에게서 얻어 양종兩宗을 북에서, 남에서 병행하였다. 의사의 문에 환자가 많은 법이니, 동서로 포복하여 슬피 법을 구걸하는 자가 억만을 헤아릴 뿐 아니다. 영취산 부처님의 가피에 대해 봉서산鳳栖山 국모國母의 현몽과 무악산에 상서로운 빛이 나타남, 오대산의 경함經函이 저절로 열림, 조계산 승려들의 난리에 들어가지 않음, 봉래산에서 금빛 연꽃이 핌, 백운산에서 용을 타고 하늘에 오름, 기림祇林에서 꿈에 일궁日宮에 들어감, 묘향산에서 혼백을 지체하고 죄수를 풀어 줌, 불명산佛明山[9]에서 관음이 자취를 드러냄 등의 일은, 모두 우리 스승이 숙세의 원력으로 중생을 제도하고 부처를 섬기는 마음이 넓고 커서 영취산에서 부처의 부탁을 받아 염부주閻浮洲[10] 남쪽 2,760여 년 후에 여래의 사자가 된 것이다. 이러한 변화의 길에서 마음대로 뛰노는 이들을 선림의 교법으로 잡아 흔들었으니, 부처 은혜에 보답하고 태어난 은택에 감사함이 또한 지대하지 않은가.

나(仁全)는 화상의 법석에 참여한 지가 지금에 이르기까지 23년이 되었다. 그런데 화상께서 북쪽으로 가시게 되었다. 그래서 『화엄경』과 『반야경』, 『원각경』을 강의하고 나서 틈을 내어 화상의 40여 년의 일들을 가려 엮어서 '연보사행강목年譜事行綱目'이라고 이름 붙인다. 이것이 어찌 타인에게 자랑하려는 것이겠는가. 우리 스승의 문하에 혹 새로 발심한 이가 남겨진 소문을 다 습득하지 못할까 하여 상자 안에 보관한다. 우리 스승의 아득한 제자들이 이렇게 남겨진 말들을 보고 스승의 사업에 감동하여 부처님을 받들고 중생을 교화하기를 천백 가지 중에 열이나 하나라도 본뜬다면, 어찌 이 글이 올빼미 눈이 효용이 있고, 계옹雞雍이 황제가 됨[11]과 같음을 알지 않겠는가. 아아, 우리 스승의 문하에 있는 자로서 따르든 따르지 않든, 힘쓰든 힘쓰지 않든[12] 여기에 애쓸지어다.

事行綱目序

我佛瞿曇氏。出現于賢刼第九減一萬四千二百七十九萬三千年之後。我師又生于佛去後二千七百六十餘年之後。時又再晚。人心與古不同。遙蕩恣睢乎轉徙之塗。黭其禪林。劓其敎網。邪言魔行。惟也是爲。無一人返本還源者。我師墮枝體。黜聰明。離形去知。欲蟄萬物。澤及萬世。得祖之心傳佛之言于淸虛後栗峰門人。兩宗并行於北分南。醫門多疾。東西匍匐。哀顧乞法者。不啻億萬。其於靈鷲之佛之加被。鳳栖之國母見夢。母岳之放光現瑞。五臺之經函自開。曹溪之僧亂不入。蓬萊之山化金蓮。白雲之乘龍登天。祇林之夢入日宮。妙香之滯魄解囚。佛明之觀音現迹。皆是我師宿世願力度生。奉佛之心。廣矣大矣。而受佛付囑於靈山。作如來使於閻浮之南二千七百六十餘年之後矣。於此轉徙之塗。撈攦遙蕩恣睢之人於禪林敎網之中。報佛之恩。化生之澤。不亦多乎。仁尃[1]叅和尙法席。及今二十有三年於此矣。而和尙北行。於是乃乘隙伺間於華嚴般若圓覺三講之餘。抄集和尙之四十餘年事行。名之曰年譜事行綱目。豈其欲售之于他人哉。於吾師之門。其或有新發人。不盡捃摭於遺聞。藏之于塵匣。爲吾師之雲仍者見此之遺語。感師之事行。奉佛其行化主其事。倣十一於千百。庸詎知此文不爲鴟目之有用。雞壅[2]之爲帝也。嗚乎爲吾師之門人者。惠不惠。懋不懋。

於此其勉旃。

---

1) ㉡ '專'은 '全'의 오자인 듯하다. '인전仁專'이라 한 곳은 두 군데, '인전仁全'이라 한 곳은 열 군데에서 보인다. 2) ㉢ '壅'은 '雍'의 오자인 듯하다.

삼교양진보감 서문

삼황三皇[13] 이후로 오룡五龍[14] 9,273,600년과 육기六紀[15] 1,289세를 지나 뱀의 몸에 소의 머리를 하고 주형珠衡과 일각日角의 모습을 한 성황聖皇[16]이 나타났다. 팔괘를 그리고 8순純을 거듭하였으며,[17] 운관雲官을 설치하고 조기鳥紀를 펼쳤으며, 문자를 만들고 예악을 재정하였다. 그리고 성현을 도와서 도를 전하는 군주와 어질고 고명한 임금들이 백곡을 심어 농사를 권하고 오교五敎를 펼쳐 사물의 질서를 잡았다. 진실로 공경하고 극히 겸양하였으며 여러 공적을 모두 빛내서[18] 만방에 화애하고 백성들을 공평하게 다스리고, 율려律呂를 조율하여 팔풍八風을 펼치고,[19] 선기璇璣를 관찰하여 칠정七政을 다스린다.[20] 그래서 혁혁하게 융성한 주周에 이르러 가지런한 많은 인물들[21]이, '관저關雎'와 '인지麟趾'의 덕과 〈주남周南〉과 〈소남召南〉의 교화[22]로 오행五行과 육정六政[23] 법식을 열거하고, 구전九田과 사정四井[24] 법도를 펼쳐 복식의 예를 진설하고 수레의 격식을 널리 하여 세상에 모범이 되고 제작制作의 전형이 되었다. 그러한 도道를 인간들이 받아서 이건利建[25]하고, 사물들이 그 바탕으로 생기게 되며, 나라는 그에 힘입어 끝이 없고(無地), 군신君臣은 그로써 정치를 이룬다. 덕으로 천하를 가르쳐 수비 역할이 사방 오랑캐에 있으며,[26] 교화가 초목에까지 끼치고 은혜가 금수에까지 미쳤다. 공을 세우고 일을 세움이 크고 오래가서 시의時義(때에 마땅한 의)가 갖추어지고, 세용世用(세상의 쓰임)이 충족되었다. 이러한 때에 어찌 삼교의 일어남이 있겠는가.

세속이 말세가 되고 인심이 크게 변하여 각자 자기 마음으로 마음을 삼으니, 이에 삼교의 성인이 나오셨다. 하나는 불생불멸로 하늘과 사람을 흔들고, 하나는 무위무사로 보진保眞 태화太和[27]하고, 하나는 인의예지로 수신 치국하였다. 가르침은 비록 셋이나 이치는 동일하다. 유교에서는 '하나의 태극'이라 하고, 도교에서는 '천하의 어미'라 하고, 불교에서는 '일심'이라 하니, 그 어찌 다른 것이겠는가. 오룡 육기五龍六紀가 행함이 없으나 교화하고, 사성 삼성四姓三姓[28]이 말이 없으나 미더웁고, 오제 삼왕五帝三王[29]이 화를 내지 않아도 위엄 있었던 것은 오직 이 참된 일심을 수양했기 때문이다. 삼교를 베푼 것이 어찌 이것 외에 따로 있겠는가.

　삼교의 성현들은 각기 성명性命을 말하여 인심을 교화하였다. 도를 배워 진眞을 기르는 자는 삼교에서 진眞을 기르는 것에 절실한 것 중에 깊은 이치를 찾아 탐색하여 위태로운 인심을 잘라 제거하고 은미한 도심道心을 보존하고 기르면 천지가 자리 잡고 만물이 길러지리니, 천하에 어찌 본성 밖의 사물이 있으며, 내 마음이 이理라는 것 속에 통합되지 않겠는가? 이理의 있는 바와 선善의 행하는 바와 진眞의 기르는 바에 이 마음이 한계 없어 불통함이 없고, 틈 없는 곳이라도 섬세하게 들어가 관통하지 않음이 없다. 하늘과 사람들에게 통하지 않음이 없고, 불교와 도교와 유교로써 꿰뚫어 깨우치지 않음이 없다. 만법을 통솔하여 일리一理로 귀결하고, 전후로 만고에 걸쳐 자재하지 않음이 없다. 이러한 참을 기른 자는 불생불멸의 이치를 투철하게 깨우치고, 무극 태극 가운데 천하의 어미를 맡아지니게 된다. 삼교의 성현들이 잘한 일은 저기에 있지 않고 여기에 있다.

三敎養眞寶鑑序

自三皇以後。歷五龍九百二十七萬三千六百年。六紀一千二百八十九世。蛇軀牛首之聖。珠衡日角之皇出焉。畫八卦重八純。設雲官陳鳥紀。造文字裁禮樂。暨乎翌聖傳道之君。仁賢高明之后。種百穀以勸農。敷五敎以軌物。允恭克讓。庶績咸熙。恊和萬邦。平章百姓。調律呂以暢八風。察璇璣以齊七政。爰至突突隆周。濟濟多士。以關雎獜趾之德。周南召南之風。列五行六政之儀。布九田四井之法。陳服飾之禮。廣革車之節。爲世楷範。作物典瞽。其爲道也。人倫禀以利建。庶物資以有生。邦國賴以無地。君臣藉以致治。德敎天下。守在四夷。化被草木。恩及禽獸。立功立事。可大可久。

時義備矣。世用足矣。當此時也。何有三敎之興。世降俗末。人心大變。各自以其心爲心。於是乎三敎聖人出。一則以不生不滅。撈攦人天。一則以無爲無事。保眞太和。一則以仁義禮智。修身治國。敎雖三也。理則一矣。儒曰一太極。老曰天下母。佛曰一心。豈其異也哉。五龍六紀之無爲而化。四姓三姓之不言而信。五帝三王之不怒而威。惟養此一心之眞而已。三敎之設。豈外乎此也。三敎聖賢。各言性命以化人心。學道養眞者。鉤深探賾于三敎之切於養眞者。惟危之人心。折而去之。惟微之道心。存而養之。天地位焉。萬物育矣。天下豈有性外之物。而不統於吾心是理之中哉。理之所在。善之所行。眞之所養。此心無際而無不通。細入於無間而無不貫。能天能人而無不透。乃佛乃老乃儒而無不徹悟。統萬法歸一理。前後乎萬古。而無不自在。養得此眞者。透徹了不生不滅之理。保任天下之母於無極太極之中。三敎聖賢之能事。不在於彼而在於此。

삼교사적론

혹자가 공여자空如子에게 물었다.

"그대가 지은 『삼교양진보감』을 논하자면, 그 이理로 진眞을 기르고 삼교 성인의 마음이 동일하다고 말하였을 뿐, 달리 피차 우열의 구분이 없다. 사적事迹으로 말하자면, 사직社稷을 바르게 할 수 있는 것은 충성을 간직함보다 나은 게 없고, 부모를 봉양하는 것은 효를 다함보다 나은 게 없고, 천지를 경영하는 것은 문文을 닦는 것보다 나은 게 없고, 난리를 평정하는 것은 무예를 익히는 것보다 나은 게 없고, 상하를 안정시키는 것은 예의를 넓히는 것보다 나은 게 없고, 풍속을 변화시키는 것은 음악을 익히는 것보다 나은 게 없다. 이것이 진정 삼황오제三皇五帝의 핵심적인 가르침이고, 다스리는 도의 큰 방법이다. 교화가 초목에까지 끼치고 이득이 만방에 미치니, 요堯·순舜·주공周公[30]·공자孔子의 도가 이와 같이 위대함이 있으니, 이것은 천만 세世 바뀌지 않는 가르침이다. 이로李老[31]의 신선 방법 같은 것에 이르면 뜻이 우화등선羽化登仙에 있고, 석가모니의 범어로 쓴 책은 열반에 들어가기를 기약한다. 우화등선과 열반이 치국평천하의 도에 무슨 관계가 있나? 하나는 몸을 단련하여 죽지 않음을 귀하게 여기고, 하나는 적조寂照[32]하여 무생無生을 구하니, 이 모두는 급히 세상을 구제하려는 것이 아니다. 어찌 삼교 성인의 마음으로 그 사이에 동일하게 말하는 것인가?"

답변하였다.

"이는 그렇지 않다. 어버이를 섬기고 군주를 위해 죽는 것은 충효가 처음이 되고, 해로움을 멀리하고 몸을 보전하는 것은 도덕이 시초가 되며, 중생을 이롭게 하고 고통을 구하는 것은 자비가 근원이 된다. 효로 봉양하고 충을 품으면 나라를 온전히 할 수 있고, 도를 행하고 덕을 세우면 이름을 전파할 수 있으며, 자비를 일으켜 움직이면 중생을 구제할 수 있다.

중생을 구제하면 은혜가 육취六趣³³에 고르게 되고, 이름을 전파하면 영광이 가문에 끼치고, 나라를 온전히 하면 공적이 구합九合을 포괄한다. 이러하므로 충효는 세속을 가르치는 가르침이 되고, 도덕은 몸을 유지하는 방법이 되고, 자비는 만물을 기르는 행위가 되니, 천지에 세 빛이 있음과 같고, 구정九鼎³⁴에 세 발이 있음과 같다. 각기 그 덕을 일컫고 함께 그 공을 드러내니, 따라서 받들면 좋은 복을 이룰 수 있다.

그러나 비록 이와 같더라도 삼교의 대의를 논하자면, 유학의 가르침은 윗자리에 있어서는 교만하지 않고 아래에 있어서는 어지럽히지 않으며, 신하와 아들은 충효를 다하고, 하인과 첩妾은 정성을 다한다. 크게는 하늘에 짝하여 하느님께 제사하고 어버이를 존경하며 조상께 제사지내서, 천지가 자리잡고 만물이 길러지게 하며, 재해가 일어나지 않고 난리가 발생하지 않게 한다. 작게는 몸을 삼가고 집안을 다스려 가정에서 정치를 펴 육친六親³⁵에 은혜를 베풀어, 모두 일을 받들고 각자 마땅함을 얻어, 백성들을 공평히 다스려 모든 일이 함께 빛나게 할 따름이다.

도교의 가르침은 만물이 생겨남이 반드시 무형에서 생겨나고, 지극한 공의 이룸이 반드시 무명無名에서 생기나니, 무형과 무명으로 만물의 으뜸을 삼는다. 도에 대해 시작과 어미를 말하고,³⁶ 가르침에 순환(徼)과 오묘함이 있어서³⁷ 그윽함을 밟아 밝게 하고, 하나를 포용하여 바르게 되고,³⁸ 무위의 교화와 불언不言의 가르침으로 황정黃庭과 자부紫府의 글을 펼쳐 금판金版에 은끈(銀繩)으로 묶은 기록을 주니, 현상강설玄霜絳雪(검은 서리와 진홍 눈)의 오묘함과 옥액운영玉液雲英³⁹의 기이함, 구운명경九雲明鏡의 화려함, 여덟 번 제련한 신단神丹의 빛깔로 나이를 돌이키고 늙음을 물리친다. 신선이 되어 학을 타고 장수하여 낭원閬苑에서 노닐어 돌아감을 잊고, 함지咸池에서 목욕하며 돌아오지 않고, 하늘 문에서 베옷 입고,⁴⁰ 봉래산에서 학을 타서 천지와 더불어 장수하지만, 이는 다만 자신이 이로울 뿐이다. 천지의 조화를 도둑질하여 그 도를 얻은 것이니 적합한 자가 아니면 백에 한둘도 이룬 자가 없다.

 불교의 가르침이란 참된 근원에 몸을 응하여 이문理門과 사문事門이 하나와 다수를 서로 꿰뚫어 지혜의 경계가 원적圓寂하니 무슨 법인들 두루 하지 않겠나? 다만 그릇에 차이가 있고 격식이 각기 달라 시종과 점돈漸頓이 근기에 따라 다르고, 법을 펼침과 응당 마땅함이 대소에 따라 온전하고 구별되며, 시간과 인과因果의 느리고 빠름이 같지 않고, 화신불化身佛과 법신불法身佛과 보신불報身佛의 베푼 설명이 각기 다르며, 국토의 정결과 오염은 증감이 동일하지 않고, 지위의 인과에 스스로 투분投分이 있다.⁴¹ 이와 같이 이치가 심원하여 방편(筌蹄)을 빌린 후에야 깨달으며, 가르침이 공교로워 사우師友를 의지한 후에야 통한다. 그 가르침을 통합하면 8만 4천 장藏이요, 그 도를 헤아리면 이제십지二諦十地⁴²의 기반이다. 기원祇園⁴³과 녹원鹿苑⁴⁴의 대화와 해전용궁海殿龍宮의 뜻과 옥첩금서玉牒金書의 문자와 칠처구회七處九會⁴⁵의 말씀으로 모든 왕들에게 지극한 도를 내리고, 만고에 현풍玄風을 드날리지 않음이 없다. 가까이는 나라를 안정시키고 백성을 이롭게 하며, 멀리는 범인을 뛰어넘어 성인이 되게 한다. 이것이 세계의 복전福田이 되니 중생들이 돌아갈 곳이다. 이에 말씀을 공경하는 승려들은 일곱 별이 북극성을 둘러 있는 것과 같고, 교화를 받는 무리들은 온갖 하천이 큰 바다로 쏟아지는 것과 같다. 그 자리自利와 이타利他의 공업을 무엇이라 이름 지어 칭송할 수 없을 지경이니, 부처님의 가르침이 이와 같이 거대하다. 그리고 부처님이 인간을 교화하는 교법敎法에 일곱 가지가 있으니 깊이가 다르다. 하나는 인천교人天敎로서, 천당과 지옥을 말하여 선을 권하고 악을 징벌한다. 둘은 소승교小乘敎로서, 사제四諦와 십이인연을 말하여 사과四果⁴⁶의 업을 닦게 한다. 셋은 대승 상교大乘相敎로서, 대심大心 범부를 위해 기꺼이 불과佛果를 구함을 말한다. 넷은 대승 공교大乘空敎로서, 상相에 집착하는 보살을 위해 공空·무상無相·무원無願을 말한다. 다섯은 대승 종교大乘終敎로서, 공空도 아니고 있지도 않

다고 하는 보살을 위해 진공묘유眞空妙有를 말한다. 여섯은 일승 돈교一乘
頓教로서, 격식을 초탈한 진인眞人을 위해 닦아야 할 선도 없고 끊어야 할
악도 없음을 말한다. 일곱은 일승 원교一乘圓教로서, 대심大心 보살을 위해
십불경계十佛境界를 말한다. 즉 십무진법문十無盡法門, 십지十智, 십신十身,
십안十眼, 십비十鼻, 십변十辯, 십보산왕十寶山王, 십세계十世界, 십찰진十利塵,
십해十海이다. 하나하나 각기 열 가지 말로 할 수 없는 경계가 있으니, 구
비하지 않은 법이 없고 이루지 않은 일이 없다.

유교와 도교, 구류九流와 칠략七略[47]이 모두 불법佛法의 교해教海에 들어
와서 각기 근원을 얻지 않음이 없다. 어찌 유교와 도교, 즉 있음을 말하고
없음을 말하는 가르침으로서 불성의 바다에 만법을 포함하는 이치를 의
심할 수 있겠나? 삼교의 사적은 이와 같다."

三教事迹論

或問空如子曰。以子之所著三教養眞寶鑑論之。但言其理。以養其眞。三教
聖人之心。一而已矣。別無彼此優劣之分。以其事迹言之。能匡社稷者。莫
過於懷忠。奉養父母者。莫過於盡孝。經天地者。莫過於修文。定禍亂者。
莫過於講武。安上下者。莫過於弘禮。移風俗者。莫過於習樂。此固皇王之
要訓。治道之大方。化被草木。賴及萬方。堯舜周孔之道。有如此之大焉。
此爲千萬世不易之教。至如李老仙方。意存羽化。釋迦梵本。期入涅槃。羽
化涅槃。何預於治國平天下之道哉。一則貴鍊形以不死。一則求寂照於無
生。此皆未爲濟世之急。豈以三教聖人之心。乃爲一同言之于其間哉。答曰
此是不然。若事親殉主。則以忠孝爲初。遠害全身。則以道德居始。利生救
苦。則以慈悲統源。奉孝懷忠。可以全家國。行道立德。可以播身名。興慈
運悲。可以濟群品。濟群品。恩均六趣。播身名。榮被一門。全家國。功包九
合。是以忠孝。爲訓俗之教。道德爲持身之術。慈悲爲育物之行。猶天地之
有三光。如九鼎之有三足。各稱其德。并著其功。遵而奉之。可以致嘉祐也。

然雖如是。而論三教爲大義。儒之爲敎也。在上不驕。爲下不亂。臣子盡其忠孝。僕妾竭其誠悃。大則配天享帝。尊親祀祖。欲使天地位矣。萬物育焉。灾害不興。禍亂不作。小則謹身齊家。施政閨門之內。流恩六親之間。咸奉其事。各得其宜。平章百姓。庶績咸熙而已。道之爲敎也。萬物之所生。必生乎無形。至功之所成。必成乎無名。以無形無名。爲萬物之宗。談道言始言母。說敎有徼有妙。履幽以明。抱一以貞。以無爲之化。不言之敎。布黃庭紫府之文。授金版銀繩之錄。玄霜絳雪之妙。玉液雲英之奇。九雲明鏡之華。八鍊神丹之彩。乃以還年却老。其爲羽駕長生。遊於閬苑而忘歸。沐於咸池而不返。被褐閭閻。控鶴蓬萊。與天地遐久。此但自利而已。盜天地之造化。而得其道者。非其人。百無一二。佛之爲敎也。體應眞源。理事二門。一多相徹。智境圓寂。何法不周。只爲器有差殊。軌儀各異。始終漸頓。隨根不同。設法應宜。大小全別。時分因果。延促不同。化佛法報。施詮各殊。國土淨穢。增減不一。地位果因。自有投分。如是則理趣深遠。假筌蹄而後悟。敎門善巧。憑師友而方通。統其敎也。八萬四千之藏。稽其道也。二諦十地之基。祇園鹿苑之談。海殿龍宮之旨。玉牒金書之字。七處九會之言。莫不垂至道於百王。扇玄風於萬古。近也則安國利民。遠也則超凡入聖。是爲世界福田。乃作蒼生歸處。於是敬說之侶。猶七耀之環北辰。受化之徒。如萬川之投巨海。其自利利他之功業。名無得而稱焉。佛之敎有如是之大也。而佛之化人敎法。有七種。深淺不同。一人天敎。說天堂地獄。勸善懲惡。二小乘敎。說四諦十二緣。修四果之業。三大乘相敎。爲大心凡夫。說忻求佛果。四大乘空敎。爲著相菩薩。說空無相無願。五大乘終敎。爲不空不有菩薩。說眞空妙有。六一乘頓敎。爲脫格眞人。說無善可修。無惡可斷。七一乘圓敎。爲大心菩薩。說十佛境界。十無盡法門。十智。十身。十眼。十鼻。十辯。十寶山王。十世界。十刹塵。十海。一一各有十不可說境界。無法不具。無事不成。儒老二敎。九流七略。皆入佛法敎海。各得其源。豈以儒老二敎。一有一無之敎。能議擬佛性海萬法包含之理乎。三敎之爲事爲迹。其爲若此也。

삼교성명설

혹자가 물었다.

"그대가 지은 『삼교양진보감』에서 말하길, '도를 배우는 처음에는 먼저 성명性命 두 글자를 이해해야만 한다. 성은 성의 근원이 있으니 심지心地가 그것이다. 명에는 명의 꽃받침(命蔕)이 있으니 참된 숨(眞息)이 그것이다. 명의 꽃받침은 굳세야 하고, 성의 근원은 맑아야 한다'라고 하니, 삼교에서 말한 바가 모두 이와 같은가?"

"이는 도교에서 나온 말이지, 유교와 불교에서 하는 말은 아니다. 처음 배울 때 입덕入德·참선·양진養眞하는 것으로 말하면, 섭생이 중요하기 때문에 도교에서 말한 것을 끌어다 화회和會[48]하여 언급한 것이다. 삼교의 성명에 대한 말은 각기 같지 않은 점이 있다. 이제 좁은 소견으로 꿰뚫어 하나하나 말하겠다.

삼교의 주된 가르침을 논하면, 유학은 생생生生, 도교는 섭생, 불교는 무생無生이라 한다. 유교는 생생하여 끊이지 않음을 근본으로 하는 까닭에 다섯 형벌에 속한 3천 가지 죄 중에 불효가 가장 크다[49]고 하였고, 또 불효에 세 가지가 있는데 후손이 없음이 중대하다[50] 하였다. 양생을 위주로 하기 때문에 토지가 있으면 이에 재물이 있고, 재물이 있으면 이에 쓰임이 있다[51]고 하였다. 또 다섯 묘畝의 대지에 뽕나무를 심고, 백 묘의 밭은 그 농번기를 빼앗지 말며, 상서庠序(학교)의 교육을 삼가 시행하고 효도와 우애로 거듭하면 백성들이 굶주리지 않고 춥지 않다[52]고 하였다. 또 태극이 움직여 양을 낳고 고요하여 음을 낳으며, 고요함이 극에 달하면 다시 움직이는데, 한 번 움직이고 한 번 고요하여 서로 근원이 되고, 나뉘어 음이 되고, 나뉘어 양이 되어 음양 양의兩儀가 설립된다.[53] 그러한즉 생생生生이라는 것은 명命이다. 생생이 있는 것은 성性이다. 태극은 본래 그러한 오묘함이다. 이것이 생이 있게 되는 것이다. 이른바 이룬다고 하는 것은 성性이다. 움직임과 고요함은 편승하는 기회다. 이렇게 생생生生하게 된다. 이른바 계승한다는 것은 선善이다. 만물이 의뢰하는 바이다. 처음에는 한 번 움직이고 한 번 고요하여 서로 근본이 되니, 이것이 명命이 유행流行하여 그치지 않는다는 것이다.

도교는 장생을 근본으로 한다. 그래서 말하기를, 형상 없음을 기르므로 형상이 늘 존재하고,[54] 형체 없음을 지키므로 형체가 온전하고 참되며, 온전하고 참됨으로 구제하면 오래갈 수 있다.[55] 또한 하늘보다 먼저 생겼으니 생겨도 모양이 없고, 하늘 이후에도 존재하니 존재해도 형체가 없으며, 고요하면 성품이 되니 마음이 그 가운데 있고, 움직이면 마음이 되니 성품이 그 가운데 있다[56]고 한다. 또한 태胎는 복기伏氣[57]하는 가운데 맺어지고, 기氣는 태가 있는 가운데 숨 쉬니, 기가 몸에 들어오면 살게 되고 신神이 형체를 떠나면 죽게 되므로 신과 기를 알면 장생할 수 있으며, 허무를 굳게 지켜 신과 기를 지키라[58]고 한다. 이것이 섭생하는 방법이다. 이른바 형상 없고 형체 없고 모양 없음이란 성품이다. 신神이 오면 살게 된다는 것이 이것이다. 기식氣息은 명命이다. 하선고何仙姑[59]가 이른바 숨에 한 터럭만큼이라도 미정未定함이 있으면 명命은 자기 것이 아니라[60]고 한 것이 이것이다.

불교는 무생을 근본으로 한다. 그래서 나도 없고 남도 없으며 수명도 없고 자성은 공허하고 작자作者도 없고 받는 이도 없으니, 그러하면 공해탈문空解脫門이 현전現前함을 얻을 수 있고, 모든 있음(有支)을 보면 모두 자성이 소멸하고 필경 해탈하여 작은 법이라도 생겨남이 없다[61]고 한다. 또한 제법諸法은 스스로 생기지 않고 다른 것에서도 생기지 않으며, 그 둘에서 생겨나는 것도 아니고 원인이 없는 것도 아니니, 그래서 무생이라 말한다[62]고 했다. 또한 무명실성無明實性이 곧 불성佛性이라[63] 한다. 또한 마음과 부처와 중생 이 셋은 차별이 없다[64]고 하니, 이것이 이른바 성품이다. 또한 마음을 잡는 것을 계율로 삼고 계율에서 정定이 생기고 정으로 지혜를 발한다[65] 하니 이것이 업이니, 이른바 명命이라는 것이 이것이다. 본성 닦음을 참되게 하면 업이 선하고 본성 닦음을 망령되이 하면 업이 선하지 않다. 융생融生을 위주로 하는 까닭에 번뇌와 보리가 원래 자성自性이 없고, 생사와 열반이 백이伯夷와 숙제叔齊처럼 하나로 통한다.[66] 항상 참마음이 상주하고 본성이 깨끗하고 맑은 것인데 어떻게 제법이 생겨날 수 있겠는가.

그래서 양생養生하는 자는 반드시 삶을 두텁게 하고, 섭생하는 자는 반드시 삶을 얇게 하고, 융생融生하는 자는 반드시 삶을 가볍게 한다. 그러므로 삼교를 세상에 마련함에 기름(養) 아님이 없다. 다만 두텁고 얇음이 같지 않을 뿐이다.

그러나 성명性命에 대해서는 진실과 허망의 차이가 있다. 참된 성과 참된 명은 하나이니, 부처이다. 허망한 성과 허망한 명은 다섯이니, 보살과 이승二乘,[67] 천도天道, 선도仙道, 인도人道이다. 법신法身은 모든 곳에 편만하고, 모든 법들은 불법이 아님이 없다. 이것을 이른바 참된 성이라 한다. 보신報身은 하나하나의 상호相好가 무량무변하다. 화신化身은 인연을 따라 감응하니 두루 하지 않음이 없다. 이것을 이른바 참된 명이라 한다. 보살은 근본에 돌아가지만 묘각妙覺에 이르지 못하고, 의혹을 끊었지만 무명無明을 다하지 않았다. 이승二乘은 마음을 고요히 하고(灰心) 지혜를 없애 공적空寂에 들어가 사과四果[68]에 머물며 대승大乘을 향하지 않는다. 천도天道는 괴로움을 끊고 즐거움도 끊어 행하는 바가 같지 않으며, 수명이 늘고 줄어 각각 동일하지 않다. 선도仙道는 정각正覺을 닦지 않고 따로 삶의 이치를 얻어 수명이 비록 장구하지만 응보가 다하면 타락한다. 인도人道는 95가지가 있어서 각기 자기 주장을 고집하며 서로 시비를 다투니, 이 모두는 허망한 성과 허망한 명을 닦는 자들이다. 그래서 형체와 정신이 함께 오묘하게 되기를 바라면 불교의 참된 성과 참된 명보다 귀함이 없고, 참된 성과 참된 명을 수증修證하려면 명심견성明心見性하는 것보다 급한 게 없다. 그 다음에는 성에 맞게 닦음이 막대하다. 명심 견성하여 닦는 자들은 부처와 조사의 도를 행하니, 이와 같은 선善이 있다.

도교에서 말하는 성명性命은 식신識神을 성性이라 하고, 정기精氣를 명이라 하는 데 불과하다. 그들이 이른바 참된 정精과 참된 기라는 것은, 정을 단련하여 기를 변화시키고, 기를 단련하여 신神을 변화시키며, 신을 단련하여 태허로 돌아가는 것이다. 이에 천지를 화로로 삼고, 해와 달을 물과 불로 삼고, 음양을 변화의 기틀로 삼아 후천의 감남리녀坎男离女를 취하여 서로 교접하여 선천의 건곤 부모로 돌이키는 것이다. 이 주장도 현묘하지 못하다. 분명하게 건곤 음양을 여의지 않고 신식識神을 단련하는 데 불과하며, 망상을 견고하게 하여 생멸하는 망상을 인因으로 삼는 것이다. 성명을 닦는 자는 또한 허망하지 않은가. 명심견성으로 닦지 않고 장생불사하는 것으로 조화의 기틀을 훔쳐서 성에 맞게 닦지 않고, 형체를 견고히 하고 정신을 단련하여 역용逆用으로 삼으니, 그 활용하는 바는 공교로워 처음 배우는 입덕入德의 문門에는 절실하지만 유교와 불교에서 닦는 성명性命의 공부에 대해서는 또한 거리가 먼 것이다."

三敎性命說

或問曰。子所著三敎養眞寶鑑云。學道入門。先須理會性命二字。性有性源。心地是也。命有命蔕。眞息是也。命蔕要固。性源要淸。三敎之所言。皆如是乎。曰此仙學中做出來。非儒佛中所言。以初學入德叅禪養眞。言之則攝生爲要。故引仙學中所言。和會說及。三敎之談性命。各有不同。今通管見。一一言之。若尅論三家之主敎。儒曰生生。仙曰攝生。佛曰無生。儒以生生不絶爲本。故曰五刑之屬三千。而罪莫大於不孝。又曰不孝有三。無後爲大。以養生爲之主。故曰有土此有財。有財此有用。又曰五畝之宅。樹之以桑。百畝之田。勿奪其時。謹庠序之敎。申之以孝悌。黎民不飢不寒。又曰太極動而生陽。靜而生陰。靜極復動。一動一靜。互爲其根。分陰分陽。

兩儀立焉。然則生生者命也。有生者。性也。太極者。本然之妙也。是爲有生者也。而所謂成之者。性。動靜者。所乘之機也。是爲生生者也。而所謂繼之者。善。萬物之所資。以始也。一動一靜。互爲其根。此所以命之流行不已也。仙以長生爲本。故曰養其無象。無[1]象故常存。守其無體。無[2]體故全眞。全眞相濟。可以長久。又曰先天而生。生而無形。後天而存。存而無體。靜爲之性。心在其中矣。動爲之心。性在其中矣。又曰胎從伏氣中結。氣從有胎中息。氣入神[3]來。爲之生。神去離形。爲之死。知神氣。可以長生。固守虛無。以養神氣。此所以攝生。其所謂無象無體無形者。性也。神來爲之生者。是也。氣息。命也。何仙姑所謂息有一毫之未定命非已有者。是也。佛以無生爲本。故曰知無我無人。無壽命。自性空。無作者無受者。卽得空解脫門現前。觀諸有支。皆自性滅。畢竟解脫。無有少法相生又曰諸法不自生。亦不從他生。不共不無因。是故說無生。又曰無明實性卽佛性。又曰心佛及衆生。是三無差別。此所謂性也。又曰攝心爲戒。因戒生定。因定發慧。此是業所謂命者是也。修性其爲眞則業善。修性其爲妄則業不善以融生爲之主故。煩惱菩提。元無自性。生死涅槃。夷齊一貫。常住眞心。性淨明體。何有諸法可生。是故養生者。必厚其生。攝生者。必薄其生。融生者。必輕其生。故三敎之施設於人間也。不能無養。惟厚薄之不同耳。然性命之說有眞妄不同。眞性眞命。是一。佛也。妄性妄命。是五。菩薩。二乘。天道。仙道人道也。法身。遍一切處。一切諸法。無非佛法。此所謂眞性。報身。一一相好無量無邊。化身。隨緣赴感靡不周。此所謂眞命。菩薩。以其還源。未臻於妙覺。斷惑未盡乎無明。二乘。灰心滅智。入于空寂。住於四果。不向大乘。天道斷苦斷樂。所行不同。壽量增減。各各不一。仙道。不修正覺。別得生理。壽雖長久。報盡墮落。人道。九十五種。各執己見。互相是非。此皆妄性妄命修之者也。故知欲冀形神俱妙者。莫貴乎佛之眞性眞命。欲證眞性眞命。莫先乎明心見性。其次莫大乎稱性而修。以明心見性修之者。行佛祖之道。有如此之善焉。以稱性而修之者。行堯舜之道。有如此之善焉。仙家之言性命者。不過以識神爲性。以精氣爲命。其所謂眞精眞氣者。鍊精化氣。鍊氣化神。鍊神還虛。乃以天地爲鼎爐。日月爲水火。陰陽爲化機。取後天坎男离女。互相交遘。復還先天乾坤父母。此說亦未玄妙。的然未離乾坤陰陽。不過煆鍊識神。堅固妄想。以生滅妄想爲因。修性命者。不亦妄乎。不以明心見性修之。以長生久視。盜造化之機。不以稱性修之。以固形鍊神乃爲逆用。其所用工。雖切於初學入德之門。其於儒佛所修性命之學。亦以遠矣。

---

1) ㉮ '無'는 연자衍字인 듯하다. 2) ㉮ '無'는 연자인 듯하다. 3) ㉮ '神'은 '身'의 오자인 듯하다.

예 대아芮大雅[69]께 보낸 편지[이름은 시時. 노청櫓淸 도인]

무릇 법에는 같지 않음이 있지만 도는 하나의 이치입니다. 이런 까닭에 유교에서는 하나의 태극이라 하고, 불교에서는 하나의 법계라 하며, 도교에서는 천하의 어미라 합니다. 사물마다 각기 하나의 태극을 구비한즉 군자는 이것으로 천명을 삼가 힘쓰고, 소리개 날고 물고기 펄떡거리는 경지에서 모두 하나의 덕을 갖게 됩니다. 개개의 것들이 하나의 법계를 원만히 이루므로 부처와 조사들이 이것으로 광명장光明藏[70]에 들어가 해인삼매海印三昧[71]의 문에 만덕을 풍부히 지니게 됩니다. 현묘하고 현묘하여 천하의 어미가 되니, 장자와 노자는 이것으로 무하향無何鄕[72]에 앉아 제물론齊物論[73]의 영역에서 양생하고 본성을 다스립니다.

지금 대아께서 제게 질문하신 것은 하나의 태극이요 하나의 법계요 천하의 어미입니다. 집에 돌아가서 점검해 보시지요. 이 도는 잠시도 떨어질 수 없으니 떨어질 수 있으면 도가 아닙니다. 만고 예전보다 앞에 있고, 만세 이후보다 뒤에 있으니, 누가 이 도를 말미암지 않고 행할 수 있겠습니까. 모든 일용 사물의 당연한 이치에 결코 말미암지 않을 수 없는 것, 이것을 도라고 합니다. 그래서 뭇 사람들이 함께 입덕入德하는 길이며, 보살 수행의 입문하는 계단이며, 성현이 서로 전하는 영역이니, 반드시 이 도를 행하고 마음에 얻음이 있은 연후라야 덕이라 할 수 있습니다. 한 줄기의 이러한 도리는 사람마다 진정 가지고 있지만 성인이 아니면 어떻게 광명 성대함을 얻겠습니까. 저 도리는 항상 사람들이 움직이고 활용하는 가운데 있어서 위로 하늘을 지탱하고 아래로 땅을 지탱하여 하늘에 능하며 사람에 능하고, 부처에 능하며 조사에 능하고, 삼계三界에 능하고 구류九流에 능하며, 만법을 통솔하여 하나의 태극에 귀결하여 천하의 어미가 됩니다. 하루 사이라도 유지하지 않으면 거꾸러지게 되니 경계하지 않겠습니까. 이 허령虛靈한 마음은 한량이 없어서 육합시방六合十方 밖이라도 생각하면 도달하고, 지난 천백 년 이전과 미래 천만 년 이후라도 모두 눈앞에 있게 하거늘, 사람마다 이익과 욕심에 막혀 이 이치를 보지 못하니 삼가지 않겠습니까.

아아! 지극히 큰 적은 십악十惡[74]보다 지나친 게 없고, 지극히 바른 도는 십선十善[75]에 미칠 게 없습니다. 십선으로 십악을 대치對治하여 닭과 개를 잃어버린 후라도 흐트러진 마음을 수습하고, 산길과 계곡의 나머지에 막힌 마음을 열고, 천하의 지극히 바르고 지극히 오묘한 진리를 들어 반 이랑과 작은 못(半畝方塘)[76] 사이로 돌아가면 이로 말미암아 보고 듣고 말하고 행동함이 한결같이 이치를 따르고, 가고 머물고 앉고 눕고 하는 것이 천명을 어기지 않으니 이것이 큰 근본이고, 이것이 통달한 도입니다. 큰 근본이 서면 천지가 자리잡고, 통달한 도가 행해지면 만물이 길러집니다. 이것이 대아大雅 학문의 지극한 공功이며 성현이 전한 능사能事이니 어찌 나의 한 마음 밖에 있겠습니까. 그러한즉 『화엄경』에서 말한 바, 사람들이 삼세 일체 부처를 알고자 한다면 법계의 본성을 관찰해서 모두 마음이 지은 것임을 알아야 한다고 했으니, 어찌 이것이 아니겠습니까.

힘쓰시길 바랍니다.

與芮大雅書【名時。櫓淸道人。】

夫法有不同。道則一理。是故儒謂之一太極。佛謂之一法界。老謂之天下母。物物各具一太極。則君子以是而恪懃天命。咸有一德於鳶飛魚躍之境。箇箇圓成一法界。則佛祖以是而入光明藏。富有萬德於海印三昧之門。玄玄其爲天下母。則莊老以是而坐無何鄕。養生繕性於齊一物論之域。今大雅之問余者。是一太極。是一法界。是天下母。請歸堂點檢看。此道不可須臾離。可離非道也。萬古在前。萬世在後。誰能不由此道而行。凡日用事物。當然之理決不可不由者。是之謂道也。乃衆人公共入德之路。是菩薩修行入門之階。此聖賢相傳之域。必須能行此道。而有得於吾心然後。可謂之德也。這一絡索此道理。雖人人所固有。若非聖人。如何得此光明盛大。這介道理。常在諸人動用中。上柱天下柱地。能天能人。能佛能祖。能三界能九流。統萬法。歸一太極。爲天下母。至於一日間。無人維持便顚倒。可不戒歟。此心之虛靈。無有限量。如六合十方之外。思之則至。前乎千百歲之已往。後乎千萬歲之未來。皆在目前。人人也。爲利欲所遏。未見此理。可不愼歟。嗚乎。敵之至大者。莫過於十惡。道之至正者。莫及乎十善。以十善。對治十惡。而收吾放心於雞犬旣失之後。開吾茅塞於山徑蹊碉之餘。舉天下至正至妙之眞理。復歸半畝方塘之間。則由此而視聽言動。一循於理。行住坐臥。不違於天。此是大本。此是達道。大本立而天地位焉。達道行而萬物育焉。此大雅學問之極功。聖賢相傳之能事。豈有外於吾之一心歟。然則華嚴所謂若人欲了知。三世一切佛。應觀法界性。一切惟心造云者。豈非此也耶。望須勉旃。

인과因果 차별에 대한 설

공여空如야, 너는 인과因果를 아느냐?[77]

일체 중생들은 업業에 매이고 업에 의지하여 자기 업을 따라 전전한다. 이러한 인연으로 상중하 차별이 있어 같지 않다. 열 가지 업이 있어 중생들에게 단명短命의 과보를 얻게 할 수 있다. 살생을 자행하며, 타인에게 살생을 권하며, 죽이는 법을 찬탄하며, 살생을 보고 따라 기뻐하며, 미워하는 대상에 대해 없어지기를 바라며, 원수가 없어짐을 보고 기뻐하며, 태장胎臟을 파괴하며, 타인에게 파괴하도록 가르치며, 천사天祠를 건립하여 중생을 도살하며, 타인에게 싸워서 서로 해치게 하는 것이니,[78] 이러한 열 가지 업으로 단명의 과보를 얻는다.

자신이 살생을 하지 않으며, 타인에게 살생을 하지 않도록 권하며, 살생하지 않음을 찬탄하며,……중간 생략……위급한 이를 보면 큰 자비심을 일으키며, 음식들을 중생에게 베푸는 것이니, 이러한 열 가지 업으로 장수의 과보를 얻는다.

또 열 가지 업이 중생들에게 병이 많은 과보를 얻게 하나니, 때리기를 좋아하며,……중간 생략……⑧ 원수가 병이 나음을 보고 좋지 않은 마음이 생기며, ⑨ 원수의 병에 대해 치료되지 않는 약을 주며, ⑩ 전에 먹은 것이 소화되지 않았는데 다시 마시고 먹음이니, 이러한 열 가지 업으로 병이 많은 과보를 얻는다.

또 열 가지 업이 있어 중생들에게 병이 적은 과보를 얻게 하나니, ① 일체 중생을 때리기를 좋아하지 않으며,……중간 생략……⑤ 부모와 병자들을 공양하며, ⑥ 성현이 병듦을 보고는 돌보고 공양하며, ⑦ 원수가 병 나음을 보고 기뻐하며, ⑧ 병으로 고생하는 이를 보고 좋은 약을 주며, ⑨ 병으로 고생하는 이를 보고 자비심을 일으키며, ⑩ 일체 음식에 대해 스스로 양을 조절하는 것이니, 이러한 열 가지 업으로 병이 적은 과보를 얻는다.

또 중생들이 분노를 행하기 좋아하며, 혐오와 한탄하기를 좋아하며, 타인을 속이며, 부모에 대해 경애하는 마음이 없으며, 성현에 대해 친근히 여기는 마음을 일으키지 않으며, 성현이 살아가는 전업田業을 침탈하며, 불탑과 사당에 대해 등불을 꺼 버리며, 누추한 사람을 보고는 헐뜯고 멸시하니, 이와 같은 악행들로 누추한 과보를 얻는다.

또 중생들이 모든 사람들에게 분노하지 않으며, 가난한 자를 보고는 옷을 주며, 승방과 불탑을 청소하며, 부모와 스승과 승려 삼보三寶를 경애하니, 이와 같은 선업으로 단정한 과보를 얻는다.

또 중생들이 모든 사람들에게 질투심을 일으키며, 타인의 이익을 보고는 괴로워하며, 타인의 불리함을 보고는 기뻐하며, 타인의 명예에 대해 질투심을 일으키고, 위덕威德이 적은 사람을 멸시하니, 이와 같은 불선업不善業으로 위덕이 적은 과보를 얻는다.

또 중생들이 모든 사람들에게 질투하는 마음을 일으키지 않으며, 부처 형상을 만들고 보개寶盖[79]를 받들어 위덕이 큰 과보를 얻는다.

또 중생들이 부모와 어르신과 사문沙門을 공경하지 않으며, 스승에 대해 맞이하여 공양하지 않아서 낮은 집안의 과보를 얻는다.

또 중생들이 부모에 대해 공경히 가르침을 받으며, 성현에 대해 존경하고 가르침을 받으며, 낮은 집안을 경멸하지 않으니, 이러한 업으로 높은 집안의 과보를 얻는다.

또 중생들이 도둑질을 행하며, 부모에 대해 생업을 감소시키며, 타인이 보시를 행할 때 따라서 기뻐하는 마음이 없으며, 세상의 기근에 대해 연민하는 마음이 없이 기뻐하니, 이와 같은 업으로 재산이 적은 과보를 얻는다.

또 도둑질하지 않으며, 베풀기를 좋아하니, 재산이 많은 과보를 얻는다.

또 물어보지 않으며, 바른 법을 받아 지니지 않으며, 법에 인색해서 말하지 않으며, 사특한 지혜를 친근히 하니, 사특한 지혜의 과보를 얻는다.

또 잘 물어보며, 선한 법을 드러내 말하며, 바른 법을 들어 지니며, 바른 지혜를 친근히 하며, 많이 들음(多聞)을 부지런히 닦고, 사특한 견해를 멀리하니, 바른 지혜의 과보를 얻는다.[80]

또 중생을 괴롭히고 해치며, 부정한 물건을 주며, 사특함과 음탕함을 행하니, 축생의 과보를 얻는다.

또 탐욕이 많고 질투하며, 재물에 애착심을 가지며, 굶주림 때문에 죽고, 목이 말라 죽으니,[81] 이와 같은 업으로 아귀의 과보를 얻는다.

또 칠만七慢[82]을 하기 좋아하니, 아수라阿修羅[83]의 과보를 얻는다.

또 십선十善을 하기 좋아하니, 인취人趣[84]의 과보를 얻는다.

또 증상십선增上十善을 갖추어 수행하니, 욕천欲天[85]의 과보를 얻는다.

또 유루有漏[86]의 십선十善을 수행하여 선정에 상응하니, 색천色天의 과보를 얻는다.

또 일체 물질의 생각(色想)을 넘어 대상이 있다는 생각(有對想) 등을 없애 공처정空處定에 들어가고, 일체 공처정을 넘어 식처정識處定에 들어가고, 일체 식처정을 넘어 무소유처정無所有處定에 들어가고, 무소유처정을 넘어 비상비비상정非想非非想定에 들어가고, 이러한 네 가지 업으로 무색천無色天의 과보를 얻는다.

또 불佛·법法·승僧과 계율을 지니는 사람에게 증상심增上心[87]으로 보시하여 이러한 선업으로 발원하고 회향廻向하여 즉시 왕생하니, 이것을 결정업決定業이라 하며, 이와 같은 업으로 결정의 과보를 얻는다.

또 업에 대해 증상심을 일으키지 않고, 또 발원과 회향을 하지 않으면 이것을 부정업不定業이라 하며, 이와 같은 업으로 부정의 과보를 얻는다.

또 불·법·승과 정결하게 계율을 지니는 사람과 대중에 대해 증상심으로 보시하지 않고, 이러한 인연으로 변두리에 태어나 정결하거나 정결하지 않은 과보를 얻는다.

또 불·법·승과 청정하게 계율을 행하는 사람과 대중에 대해 증상심으로 성대하게 보시하는 마음을 일으켜 이러한 선한 인연으로 반드시 발원하여 중국에 태어나기를 구하여 부처를 만나 법을 들어서 최상의 청정한 과보를 받는다.

또 중생이 불탑과 사당에 참배한 인연으로 좋은 상호相好를 얻으며, 소리를 내게 되면 사람들이 모두 믿어 복종하며, 중생에게 두려움이 없으며, 천인天人이 애호하며, 위세가 충분하며, 일체 중생이 모두 친근하며, 불·보살을 보게 되고, 큰 복과 덕을 갖추고, 명이 다하면 하늘에 태어나며, 속히 열반을 증득하니, 이와 같은 과보를 얻는다.

또 보개寶蓋를 보시하니, 항상 전륜성왕轉輪聖王[88]이 되는 과보를 얻는다.

또 증번繒幡[89]을 보시하니, 큰 재물을 갖추고 선한 이름이 멀리 유포되는 과보를 얻는다.

또 종과 방울을 보시하니, 범음의 소리를 얻고, 항상 좋은 영락瓔絡[90]으로 복장을 꾸미는 과보를 얻는다.

또 의복을 보시하니, 얼굴이 단정하고 피부가 윤택하며 세세생생에 최고의 의복을 갖추리니, 보는 이들이 경애하며, 큰 재물의 과보를 갖춘다.

또 그릇을 보시하니, 나쁜 친구들을 멀리하고, 큰 복덕을 갖추고 하늘의 오묘한 보배 그릇의 과보를 얻는다.

또 음식을 보시하니, 명命·색色·역力과 무애변無碍辯[91]과 무소외無所畏를 얻으며 게으름이 없으며, 중생의 우러름이 되며, 큰 복덕의 과보를 갖춘다.

또 신발을 보시하니, 발이 평안함을 얻으며, 발뒤꿈치가 부드럽고, 멀리 가도 경쾌하고, 몸에 피로함이 없으며, 가는 곳에 가시나 돌멩이로 발이 손상되지 않으며, 등등 신통의 과보를 얻는다.

또 향과 꽃을 보시하니, 몸에 냄새가 없게 되며, 태어나는 곳을 따라 코가 상하지 않으며, 바른 법을 받아 지녀 독송하기를 좋아하는 과보를 얻는다.

또 등촉을 보시하니, 태어나는 곳을 따라 육안肉眼이 상하지 않고 천안天眼을 얻으며, 선악의 법에 대해 선한 지혜를 얻으며, 세간에 유전流轉할 때 항상 어두운 곳에 있지 않게 된다.

또 불탑과 사당에 대해 공경히 합장하니, 높은 집안에 태어나 수승하게 오묘한 색과 소리와 오묘한 말솜씨와 오묘한 믿음과 오묘한 계율과 오묘한 학식(多聞)과 오묘한 지혜를 얻게 된다.

이와 같은 업으로 이와 같은 갖가지 공덕을 얻게 되니, 선악의 업보業報는 내 마음의 선善·불선不善에 있는 것이다. 이 모두는 빛나는 입의 성스런 말씀(金口聖言)이니, 공여야, 너는 힘쓸지어다.

因果差別說

空如。爾知因果耶。一切衆生。係屬於業。依止於業。隨自業轉。以是因緣。有上中下。差別不同。其有十種業。能令衆生。得短命報。自行殺生。勸令他殺。讚歎殺法。見殺隨喜。於惡憎所。欲令喪滅。見怨滅已。心生歡喜。壞他胎臟。敎人毀壞。建立天祠。屠殺衆生。敎人戰鬪。互相殘害。以是十業。得短命報。自不殺生。勸他不殺。讚歎不殺。乃至見諸急難之人。起大悲心。以諸飮食。施惠衆生。以是十業。得長命報。復有十業。能令衆生。得多病報。好喜打拍。乃至八者見怨病愈。心生不樂。九於怨病所。與非治藥。十宿食不消。而復更飮食。以十是業。[1] 得多病報。復有十業。能令衆生。得少病報。一不喜打拍一切衆生。乃至五供養父母及諸病人。六見賢聖病。瞻視供養。七見怨病愈。心生歡喜。八見病苦之人。施與良藥。九於病苦之人。起慈悶心。十一切飮食。能自節量。以是十業。得少病報。復有衆生。好行忿怒。好懷嫌恨。誑惑他人。於父母所。無愛敬之心。於賢聖所。不起親近之心。侵奪賢聖資生之田業。於佛之塔廟。斷滅燈明。見醜陋之人。毀呰輕賤。以如是等諸惡行。得醜陋報者。復有衆生。於一切人。不嗔不怒。見貧寒者而施衣。洒掃僧堂佛塔。愛敬父母師僧三寶。以如是等善業。得端正報者。復有衆生。於一切人。起嫉妬心。見他人之得利。心生惱熱。見他人之失利。心生歡喜。於他人名譽。起嫉惡之心。見少威德之人。心生輕賤。以如是等不善業。得少威德報。復有衆生。於一切人。不起嫉妬之心。造佛形像。奉施寶盖。而得大威勢報。復有衆生。不敬父母尊長沙門。於諸師長。不奉迎供養而得下族姓報。復有衆生。於父母所。敬受教悔。[2)]於賢聖所。尊敬受教。不輕下族。以如是業。得上族姓報。復有衆生。自行偷盜。於父母所。減撤生業。見他人行施。無隨喜之心。見世飢饉。心不憐愍。而生歡喜。以如是等業。得少資生報。復有不偷好施。而得多資生報者。復有不能諮問。不能受持正法。悋法不說。親近邪智。而得邪智之報。復有善能諮問。顯說善法。聞持正法。親近正智。勤修多聞。遠離邪見。而得正智之報。復有惱害衆生。施不淨物。行邪淫而得畜生之報。復有多貪嫉妬。愛着資生。因飢而亡。枯渴而死。以如是之業得餓鬼之報。復有好行七慢。而得阿修羅之報。復有好行十善。而得人趣之報。復有具足修行增上十善。而得欲天之報。復有修行有漏十善。與定相應。而得色天之報。復有過一切色想。滅有對想等。入空處定。過一切空處定。入識處定。過一切識處定。入無所有處定。過無所有處定。入非想非非想定。以是四業。得無色天之報。復有於佛法僧及持戒人所。以增上心施。以此善業。發願廻向。即得往生。是名決定業。以如是之業。得決定之報。復有人。若業非增上心作。更不修習。又不發願廻向。是名不定之業。以如是之業。得不定之報。復有於佛法僧淨持戒人及大衆所。不增上心施。以此之緣。生邊地。受淨不淨之報。復有於佛法僧清淨戒行人及大衆所。起於增上。殷重布施。以是善緣。決定發願。求生中國。值佛聞法。而受上妙淸淨之果報。復有衆生。以禮佛塔廟之緣。得妙相好。聲有所發。[3)]人皆信伏。處衆無畏。天人愛護。威勢具足。一切衆

生。皆來親付。得見佛菩薩。具大福德。命終生天。速證涅槃。而得如是之
報。復有奉施寶盖。而得恒作轉輪聖王之報。復有奉施繒幡。而得具大財寶
善名流布於遠方之報。復有奉施鍾鈴而得梵音之聲。常以妙纓絡。爲服飾
之報。復有奉施衣服。而得面目端正。肌膚細滑。世世生生。具足上妙衣服。
見者愛敬。而具大財寶之報。復有奉施器皿。而得遠離惡友。具大福德。得
天妙寶器之報。復有奉施飮食。而得命色力無碍辯無所畏。無諸懈怠。爲衆
敬仰。具大福德之報。復有奉施靴履。而得足下安平。足趺柔軟。遠涉輕健。
身無疲極。所行之處。不爲荊棘瓦礫損壞其足也。而乃至得神通之報。復有
奉施香花。而得身無臭穢。隨所生處。鼻根不壞。受持正法。愛樂讀誦之報。
復有奉施燈明也。而隨所生處。得肉眼不壞。又得天眼。於善惡法。得善智
慧。流轉世間。常不在於黑暗處。復有於佛塔廟。恭敬合掌。而生於上族。
得勝妙色聲妙辯妙信妙戒妙多聞妙智。以如是之業。得如是之種種功德。
其善惡業報。在於吾心之善不善。此皆金口聖言。空如。爾其勉旃。

---

1) ㉮ '以十是業'은 '以是十業'의 오류인 듯하다.　2) ㉯ '悔'는 '誨'의 오자인 듯하다.
3) ㉰ 『업보차별경』에서는 "一者。得妙色好聲。二者。有所發言。人皆信伏。"이라 하였
으므로 '聲'이 앞으로 연결되지만 『유망록』의 경우엔 뒤로 연결된다.

수미산과 곤륜산에 대한 설

수미산에 대한 설은 경전과 논설에 많이 실려 있다. 대저 '소미로蘇迷盧'는 중국 말로는 '묘고妙高'라고 한다. 옛날에는 '수미須彌'라 했고, 또 '수미루須彌婁'라 했으니, 모두 범어(Sumeru)가 잘못 생략된 것을 번역한 것이다.

수미산은 사보四寶[92]의 합성으로 방향에 따라 달라서 동쪽은 푸르고 남쪽은 붉고 서쪽은 희고 북쪽은 검으니, 하나의 사물이 방향에 따라 변한다. 큰 바다 가운데 금륜金輪 위에 있어 해와 달이 비추고, 제천諸天이 노닐며 쉬는 곳이다. 일곱 산과 일곱 바다가 빙 둘러 솟아 있고, 빙 둘러 나열해 있으니, 산 사이로 바닷물이 있는데, 여덟 가지 공덕을 갖춘 물이다. 일곱 금산金山 바깥은 짠 바다다. 큰 바다 가운데 사람이 거할 만한 곳은 사주四洲다. 산의 동쪽은 비제하주毗提河洲(Videha), 남쪽은 섬부주贍部洲(Jambu-dvīpa), 서쪽은 구다니주瞿陁尼洲(Apara-godānīya), 북쪽은 구로주拘盧洲(Uttara-kuru)이다.[93] 산의 가운데에 언덕(中埵)이 넷 있는데, 사천왕이 머무는 곳이다. 높이는 각기 4만 2천 유순由旬[94]이다. 동쪽 성은 현상賢上이니 제두뢰타왕提頭賴吒王(持國天王, Dhṛtarāṣṭra)이 머물고, 남쪽 성은 선견善見이니 비루륵왕毗婁勒王(增長天王, Virudhaka)이 머물고, 서쪽 성은 주라周羅이니 비루박차왕毗婁博叉王(廣目天王, Virupaksa)이 머물고, 북쪽 성은 셋이니, 가외可畏·천경天敬·중귀衆歸라 하며, 비사문왕毗沙門王(多聞天王, Vaisramana)이 머문다. 산의 정상에는 제석궁帝釋宮이 있으니 도리천忉利天(Trāyastriṃśa)이라 한다. 왕의 이름은 석제환인釋提桓因(Śakra-devānāṃ indra)이니, 양梁나라 말로 '능작천왕能作天王'[95]이라는 뜻이다. 신장은 1유순이고, 거처하는 성은 가로세로가 8만 유순이다. 『누탄경樓炭經』에서 이른바 너비가 320만 리라고 하였으니,[96] 또한 이와 같다고 한다. 그 성은 일곱 겹인데 999개 문이 있고, 문에는 푸른 옷 입은 야차 60명이 지키고 있다. 문 높이는 60유순이고, 문과의 거리는 5백 유순이다. 하나의 문이 있으니 금성金城의 은문銀

門이요, 은성銀城의 금문金門이다. 이와 같이 칠보로 서로 성과 문이 되며, 누각과 대관臺觀이 두루 에워싸 있다. 원림園林과 욕지浴池에 보배 꽃들이 섞여 있고, 보배 나무들이 줄지어 있으며, 꽃과 과일이 무성하고, 향기로운 바람이 사방에서 일어나 마음을 기쁘게 한다.[97]

곤륜산이라는 것은, 이 섬부주를 크게 세 부분으로 나눌 때 두 부분을 이 지역으로 한다. 지역은 넓고 사람은 드물어 오랑캐(獯狁)가 거처하는데, 도무道務를 맡은 이가 없다. 한 부분은 남쪽으로 세 바다에 이르는데, 사람들이 대개 면밀하고 시원하며(精爽) 성인의 교화를 받은 까닭에 도에 대해 수승하고, 큰 성인이 도읍으로 삼았다. 『성광자成光子』에서 이르길, 중천축국中天竺國이 동쪽으로 진단국震旦國[98]에 이르니 5만 8천 리요, 남쪽으로 금지국金地國에 이르니 5만 8천 리요, 서쪽으로 아구차국阿拘遮國에 이르니 5만 8천 리요, 북쪽으로 소향산小香山 아뇩달지阿耨達池에 이르니 5만 8천 리[99]라고 했다.

지금 이른바 곤륜산이라는 것은 소향산 북쪽의 대향산大香山을 말한다. 물의 근원으로 징험해 보면, 사해四海를 계곡으로 하여 물이 달려가 끝나는 곳이다. 섬부주에 대향산이 있으니, 즉 곤륜산의 별명이다. 이 산은 섬부주에서 홀로 높아서 가장 극대하다. 『수경水經』에서 이르길, 무열구無熱丘라는 것은, 즉 곤륜산이라 했다. 『부남전扶南傳』에서 이르길, 아뇩달산阿耨達山은 곤륜산이라 했다. 『산해경山海經』에서 이르길, 남으로 사빈沙濱으로 흐르는데, 적수赤水의 뒤 흑수黑水의 앞에 큰 산이 있으니, 곤륜구崑崙丘라 한다고 했다. 또 이르길, 종산鍾山 서쪽 6백 리에 곤륜산이 있어 오수五水가 나온다고 했다. 『십주기十洲記』에서 이르길, 곤륜릉崑崙陵이 즉 곤륜산이라고 했다. 북해 해지亥地(西北偏北方)에 있다. 언덕과 거리가 13만 리이다. 이는 대략 불경에서 이른바 미로迷盧[100]를 가리켜 한 말이다.[101]

또 이르길, 서왕모西王母가 주 목왕周穆王에게 고하길, 이 산에서 함양咸陽까지는 36만 리요 평지보다 높은 게 3만 6천 리라 했다. 『신이경神異經』

에서 이르길, 곤륜산에 구리 기둥이 있으니 높아서 하늘로 들어가고 둘레는 3천 리라고 했다. 『회남자淮南子』에서 이르길, 높이는 1만 1천 리 14보步 2척尺 6촌寸이라 했다. 『도경조립천지기道經造立天地記』에서 이르길, 곤륜산은 높이가 4천 8백 리라 했다. 『전형제고경轉形濟苦經』에서 이르길, 높이는 1만 9천 리라 했다. 그리고 곤산崐山 남쪽 30리에 차례로 1천 곤산이 있어 소천세계小千世界라 한다고 했다. 『화호경化胡經』에서 이르길, 곤산은 높이가 아홉 겹이요 서로 거리가 9천 리라 했다. 이러한 유학의 두 가지 설은 모양과 부피가 차이 나지만 향산香山과 설산雪山을 벗어나지 않는다.[102]

「홍기행경[103] 서興起行經序」에서 이르길, 이른바 곤륜산이란 즉 염부주의 중심인데, 산이 모두 보석으로 둘려 있고, 5백 굴窟이 있는데 굴은 황금이요, 항상 5백 나한羅漢이 거처한다고 했다.

『석가씨보釋迦氏譜』에 다음과 같이 나온다.[104] 산 남쪽에 연못이 있는데 아뇩달阿耨達이라 하니, 이 말은 번뇌 열기가 없다는 뜻이며, 팔공덕을 갖추었다. 대룡大龍이 머무는 곳이니 수부水府라 한다. 이 땅의 황하黃河는 근원이 저기서 나온다. 그래서 『이아爾雅』에서 이르길, 황하는 곤륜 지역에서 나오는데 색이 하얗다고 했다. 곽박郭璞[105]의 〈도찬圖贊〉에서 이르길, 곤륜 3층을 천주天柱라 한다고 했다. 〈하도河圖〉에서 이르길, 곤륜산의 동남방 5천 리를 신주神州라고 하며, 또한 적현赤縣이라고도 하고, 곤륜을 천주天柱라 한다고 했다.

그렇다면 곤륜산이라는 명칭은 수미산과 거리가 멀다. 수미산은 사주四洲의 중심에 있고, 곤륜산은 사주의 남쪽이요 남주南洲의 정중앙에 있거늘, 혹자가 수미산을 곤륜산이라 지목하니, 진실로 슬프도다.

須彌崑崙兩山說

須彌之說。諸經論多有。而大抵蘇迷盧唐言妙高。舊曰須彌。又曰須彌婁。皆譯梵語之訛畧也。山是四寶合成。隨方各異。而東靑南赤。西白北黑。一物隨方各變。在大海中。據金輪上。日月之所廻照。諸天之所遊舍。七山七海。環峙環列。山間海水。具八功德水。七金其外。乃醎海也。大海中人之可居者。四洲。山之東毗提河洲。南贍部洲。西瞿陁尼洲。北拘盧洲。山之中埵。是四。四天王之所居。其高各四萬二千由旬。東城。上賢[1] 提頭頼吒王居之。南城。善見毗婁勒王居之。西城。周羅。毗婁博叉王居之。北城三也。一曰可畏。二曰天敬。三曰衆歸。毗沙門王居之。山之頂有帝釋宮。其名曰忉利天。王名釋提桓因。梁言能作天王。身長一由旬。其所居城縱廣八萬由旬。樓炭經所謂廣長三百二十萬里。亦如是云也。其重七千。[2] 九百九十九門。門有六十青衣夜叉守之。其高六十由旬。相去五百由旬。有一門金城銀門。銀城金門。如是七寶。互爲城門。樓閣臺觀。周匝圍繞。園林浴池寶花間雜。寶樹行列。花果茂盛。香風四起。悅可人心。

崐崙者。此贍部一洲。大分三量。二分以此土。土曠人稀。獫狁所居。無任道務。一分以南盡于三海。人多精爽。堪受聖化。故約道之勝。大聖都焉。故成光子云。中天竺國。東至震旦國五萬八千里。南至金地國五萬八千里。西至阿拘遮國五萬八千里。北至小香山阿耨達池五萬八千里。今所謂崐崙者。小香山北大香山是也。以水源徵之。竊以四海爲壑。水趣所極也。贍部洲中。有大香山。即崐崙之別名也。此山獨高洲中。最極最大。水經云無熱丘者。即崑崙山。扶南傳云。阿耨達山。即崑崙山。山海經云。南流沙濱。赤水後黑水前。有大山名崑崙丘。又云鍾山西六百里。有崑崙山。出五水。十洲記云。崑崙陵即崑崙山也。在北海亥地。去岸十三萬里。此約指[3] 經中所謂迷盧而言也。又云西王母告周穆王。山去咸陽。三十六萬里。高於平地。三萬六千里。神異經云。崑崙有銅柱。其高入天。圍三千里。淮南子云。高萬一千一百里十四步二尺六寸。道經造立天地記云。崑崙山高四千八百里。轉形濟若[4] 經云。高萬九千里。又云崐山南三十里。次第有千崐山。名小千世界。化胡經云。崐山高九重。相去各九千里。此儒道兩說。其雖形量差異不出於香山雪山之中也。興起行經序云。所謂崐崙山者。即閻浮地之中心也。山皆寶石。周匝有五百窟。窟皆黃金。常五百羅漢居之。釋迦譜[5]云。山南有池。名阿耨達。此名無熱惱也。具八功德。大龍所居。名爲水府。此土黃河。源出於彼故。爾雅云。河出崐崙墟。色白。郭璞圖贊云。崐崙三層。號曰天柱。河圖云。崐崙山東南方五千里。號曰神州。亦稱赤縣。崐崙名爲天柱。然則崐崙之稱。與須彌隔遠。須彌在四洲之中。崐崙在四洲之南。南洲之正中。或有以須彌。指爲崐崙者。諒可悲夫。

---

1) ㉮ '上賢'은 '賢上'의 오류인 듯하다. 2) ㉮ '其重七千'은 『經律異相』에 '其城七重'으로 되어 있다. 3) ㉮ '指' 다음에 '佛'이 누락되었다. 4) ㉮ '若'은 '苦'의 오자인 듯하다. 5) ㉮ 인용문의 출전은 『釋迦譜』가 아니라 『釋迦氏譜』이다.

풍수지리에 대한 설

공여자空如子가 귀일장歸一場에 들어가 사물을 따르지 않고 속세를 돌보지 않고 초연히 옳고 그름의 바깥에서 홀로 서서 화장찰토華藏刹土[106]를 본분本分의 집으로 삼고, 비로자나로 법신法身을 본사本師로 삼아 일진一眞의 법계에 한가히 누워 있는데, 어떤 속된 유자가 와서 내게 물었다.

"지리地理에 대한 설은 어느 때 시작되었소? 주공周公이 간수澗水의 동쪽이요 전수瀍水의 서쪽에 자리 잡고,[107] 위 문공衛文公이 내려와 뽕나무를 살펴보고 점을 쳐 길하다 하였으니,[108] 이러한 성현의 말이 이와 같소.『예禮』에 이른바, 장지를 점친다 한 것은 아마도 현재 세속에서 술사術士들이 하는 풍수설은 아닐 것이오.

하나하나 믿을 만하다고 여긴다면, 홍泓 선사[109]와 곽경순郭景純[110] 등은 모두 인천人天의 안목을 지닌 것일 테니, 마땅히 조부를 위해 길지를 잘 택했을 것이거늘 그 자손 중에 현달한 자가 있다고 들어보지 못했소. 혹 명을 피하지 못하고 대낮에 화禍에 걸리기도 했으니, 이러한 말을 어찌 믿을 수 있겠소.

하나하나 믿지 못하겠다고 한다면, 동북쪽의 구덩이[111]와 팔 부러진 공公[112]이 있고, 충방种放[113]의 묘에 대대로 명장名將이 있고, 한신韓信의 묘에 후손이 멸족당할 것을 아니, 부절에 부합한 듯한 징험이 이와 같으니, 이것을 어찌 믿지 않겠소.

3대에 걸쳐 화장을 해도 큰 벼슬을 여전히 얻고, 지리를 따르지 않아도 대대로 관각舘閣(弘文館과 藝文館)이 되며, 혹 햇볕 받는 곳만 취한 현인도 있고, 혹은 선조의 묘소를 여러 번 옮긴 군자도 있으니, 이는 왜 그런 것이오? 중국에는 대대로 천수天壽를 쓰고 우리 동방은 각기 능의 자리를 달리하는데 무엇을 취하고 무엇을 버릴 것인지, 나는 이 뜻을 모르겠으니 그대가 나를 위해 말씀해 주시오. 믿을 만하오, 믿을 만하지 못하오?"[114]

나는 웃으며 말했다.

"마음을 얻은 데에는 있고, 마음을 얻지 못한 데에는 없습니다. 마음을 얻으면 꽃을 집고(拈華微笑), 면벽面壁을 하고(面壁九年), 석 달 동안 입맛을 잃고,[115] 종일토록 바보 같으며,[116] 기沂에서 목욕하고 무우舞雩에서 바람 쐬는 것,[117] 이 모든 것이 교외별전敎外別傳이요, 삼승三乘 십이분교十二分敎[118]와 백가이도百家異道의 설說과 구류칠략九流七畧의 이야기, 내지는 세간의 거친 말과 세세한 말들이 모두 향상일규向上一竅[119]가 됩니다. 같이 화엄華嚴의 성해性海[120]에서 발을 들어 걸음을 움직이매 보현보살[121]의 행문行門 아님이 없고, 머리 위 하늘과 발아래 땅이 문수보살의 지혜 경계 아님이 없습니다. 이 문을 들어서면 지리 또한 어찌 거리끼겠습니까? 소강절邵康節[122] 선생이 이러했습니다. 주공周公과 위 문공衛文公, 정자程子와 주자朱子 두 현인이 왜 이러한 설을 그 사이에 두겠습니까?

마음을 얻지 못하면 주공의 〈금등金縢〉[123]이 왕망王莽[124]의 손에 들어가서 사설邪說이 되리니, 하물며 떳떳하지 못한 풍수설이겠습니까? 세상 정으로 보자면, 사방으로 통하는 마을과 큰 도읍에는 반드시 형세가 있고, 아름다운 산과 강에는 반드시 인걸이 나오지만, 민둥산과 끊어진 산기슭은 길지가 되지 못하고, 메마른 땅과 자갈밭에서는 아름다운 풀이 나오지 않으니, 장지葬地를 선택함에 전연 이치가 없다고는 말할 수 없습니다. 그러나 '도를 따르면 길하고 거스르게 되면 흉하다'라고 하는 것에 대해서는 『서경書經』(「大禹謨」)에 분명한 훈계가 있고, '가득하면 손해를 부르고 겸손하면 이익을 받는다'라고 하는 것에 대해서는 『주역周易』에서 밝은 가르침을 드리웠습니다.[125] 화복禍福은 일정한 문이 없으니 오직 사람이 부르는 것입니다. 하늘의 도움은 반드시 선을 쌓은 집안에 있으니, 지리가 또 무슨 관계이겠습니까. 하늘의 재앙은 반드시 악을 쌓은 집안에 있으니 지리가 어찌 어길 수 있겠습니까. 주공이 동쪽 지역을 크게 살핀 것[126]은 낙도洛都의 길흉을 점쳤을 따름이요, 문공文公이 내려와 뽕나무를 살핀 것은 초구楚丘¹²⁷의 형세를 점쳤을 따름입니다. 창록蒼籙¹²⁸이 길이 이어짐은 성왕成王과 주공이 같이 아름답고 곧았기 때문이지 낙도의 길흉을 점쳤기 때문이 아닙니다. 위나라 사직이 중흥한 것은 문공의 마음이 성실했기 때문¹²⁹이지 초구가 좋음을 점쳤기 때문이 아닙니다. 그러한즉 사람의 마음이 근본이고, 지리는 말단입니다.

이후로부터 세상이 쇠퇴하고 도가 희미해져서 청오자靑鳥子가 방술로 전국시대에 이름을 날리었으니, 이 사람이 지리를 논하는 자의 비조입니다.¹³⁰ 곽박郭璞은 동진東晋 원제元帝 시대에 명성을 날렸으나 왕돈王敦에게 죽임을 면하지 못하였습니다.¹³¹ 일행一行은 명황明皇 시기에 명성을 날렸으나 안녹산安祿山의 난을 그치지 못했습니다.¹³² 이로써 보건대 사람의 길흉과 화복은 '자신에게서 나와 자신에게 돌아가고',¹³³ 모두 자기 마음의 선과 불선에 있는 것입니다. 지리가 무슨 관계입니까?

아아, 동북쪽 구덩이를 봐서 부귀가 한 세대에 그침을 알고, 양호羊祜의 무덤을 보고서 팔 부러진 공公이 태사台司에 오를 것을 알았다고 하니, 비록 기묘하다고는 하겠지만, 지리가 사람을 귀하게 하고, 사람이 화를 피할 수 있겠습니까. 홍 공泓公의 신이함으로 어이하여 길한 땅을 배설하고도 큰 구덩이가 뚫림을 금할 수 없었으며, 장열張說의 두 아들이 마침내 나라를 팔아 적에게 항복하였으나 부귀가 오래가지 못한 것은 왜 그러합니까. 양호가 말에서 떨어져 팔이 부러지고 왕에게 충성을 다하여 지위가 신하로서 최고에 이른 것은, 모두 이전 시대에 선과 불선을 지은 까닭이지, 지리가 어떻게 사람을 귀하게 하고, 사람이 어찌 화를 피하겠습니까.

진박陳搏¹³⁴은 충방种放의 묘를 보고는 조금 밑에 있음을 안타까워했지만 명일明逸(충방의 자)에게 흉한 자리를 옮기도록 하지 못했습니다. 술자術者들이 회음淮陰의 묘를 보고는 멸족당할 것을 알았지만 한신韓信¹³⁵에게 높이 쌓도록 하지 못했으니, 하늘이 정한 것이요, 운수가 그러한 것입니다. 어찌 사람이 한 것이요, 지리가 관계하겠습니까? 정자程子는 다만 장풍藏風[136]과 햇볕 받음을 말했고, 위재韋齋[137]는 여러 번 묘소를 옮겼으니, 두 현인의 행사는 하나가 옳으면 하나는 잘못입니다. 정자의 말은 만고에 바뀌지 않는 정론입니다. 위재의 일은 모르겠습니다만, 혹 오해五害[138]가 미칠까 걱정하고, 혹 묘도墓道가 불안해서 그런 것이라면 지극한 성심이요 지극한 효심이니, 화복길흉을 위해서 그런 것은 아닙니다. 그 마음을 보면 두 현인은 동일합니다.

경중원京仲遠[139]은 3대를 화장火葬하고도 태현台鉉(三公)에 올랐으니, 길한 묘소가 무슨 관계입니까? 양성재楊誠齋[140]는 방술方術을 믿지 않고도 대대로 관각舘閣에 거하였으니 풍수를 믿겠습니까? 대대로 천수산天壽山[141]을 사용하는 것은 중국의 좋은 제도이고, 각기 능의 자리를 달리하는 것은 우리의 피폐한 제도입니다. 하물며 분봉이 집 모양 같고 도끼 모양 같으니, 공자가 말하되, '나는 도끼 모양을 따르겠다'[142]라고 하였습니다. 나라의 경기京畿가 천 리임에도 이와 같고, 성인이 선조의 봉분을 이와 같이 하거늘, 경기가 백 리밖에 안 되는 해외의 궁벽한 지역 사람으로서 이전 성인들을 따르지 않는 것입니까? 옛날 장례에는 무덤 지역이 일정함이 있었으니, 서울의 북쪽에 있었습니다. 그래서 낙읍洛邑 사람들은 모두 북망산北邙山[143]에 장사지냈고, 진晉의 대부들은 다 구원九原[144]에 장사지냈습니다. 천수산天壽山의 법은 만세토록 바뀌지 않았거늘, 근세 술사術士들은 모두 이미 사용한 추구芻狗[145] 같은 근거 없는 말들을 하니 마음에 합당하지 않으며, 『홍낭경紅囊經』・『금낭경錦囊經』[146]의 묘결과 천괘天卦・지괘地卦[147]의 의론과 용을 잡고 불을 다스리는(鉗龍撥火) 기이함과 등사 현무螣蛇玄武[148]의 괴이함, 24록祿의 그림, 38[149]과 오행의 수 등이 나올수록 새롭고 기교를 다투어 물을 내보내고 구멍을 재단하며, 온전함을 추구하고 이지러짐을 피하여 조그마한 진퇴進退로 그 사이에서 재앙을 피하려고 하니, 제대로 생각하지 못함이 어이 그리 심합니까.

전傳에 이르지 않았습니까? 도가 장차 행해짐도 명命이요, 도가 장차

폐해짐도 명이라고.¹⁵⁰ 사람의 부귀와 빈천, 장수와 단명은 한결같이 명일 뿐이니 이 마음을 변치 말고 천명을 삼가 그 바름을 따라 지키며, 삶을 편히 여기고 죽음도 편히 여기며, 복을 구하지 않고 화도 피하지 않으며, 길흉을 마음에 두지 않으면 지리가 어찌 사람에 관여하겠습니까. 길흉화복은 내 마음에 있을 뿐 지리에 있지 않습니다. 어찌 속물俗物의 시비是非를 마음에 두겠습니까. 화장찰토華藏刹土가 내 본분의 고향인즉 어떤 산과 물이 길지가 되지 않겠습니까. 전傳에 이른바 명命과 부처님이 이르신 법계法界이니, 그대는 명을 편안히 여기십시오. 나는 법계에 편히 눕겠습니다."

地理說

空如子入歸一場。物不隨。俗不顧。超然獨立於是非之外。以華藏利土。爲本分家鄕。以毘盧遮那。爲法身本師。閑臥一眞法界。有一俗儒。來問余曰。地理之說。始於何代。周公卜澗水東瀍水西。衛文公降觀于桑。卜云其吉。此聖賢之說如是。禮所謂卜葬地云云者。豈非¹⁾今世俗術士之風水歟。若以爲介介可信。則泓禪師郭景純等。皆有人天之眼目。宜爲其祖父。極擇吉地。而其子孫。未聞有顯者。或不逃命。在日中之禍。此何以其信。若以爲介介不可信。則東北之坎。臂折之公。种放之墓。有代代名將。韓信之墓。知後赤族。其如合符節之驗如是。此何以其不信。三世火葬。大官猶得。不法地理。世爲舘閣。或有只取其向陽之賢。或有屢遷其先墓之君子。此何以然也。中朝之世用天壽。我東方之各陵異阡。何取何捨。余不知此義。子爲余而言。其可信乎。其不可信乎。余笑曰在於得其心。不在於不得其心。得其心則拈花與面壁。三月之忘味。終日之如愚。浴乎沂。舞乎雩。²⁾皆是教外別傳。三乘十二分教。百家異道之說。九流七畧之談。乃至世間麁言細語摠爲向上一竅。同在華嚴性海。擧足動步。無非普賢行門。頭天脚地。無非文殊智境。入此門來。則地理亦何碍。康節邵先生是也。何以周公衛文程朱兩賢。存此說於其間乎。不得其心。則周公之金縢。入于王莽之手。而其爲邪說。況不經之風水云乎哉。以世情觀之。通邑大都。必有形勢。明山麗水。必出人傑。而童山斷麓。不爲吉地。土磽石淺。不生嘉卉。則卜地卜葬。不可謂全然無理也矣。然其於惠迪則吉。而從逆則凶。書有明戒。滿則招損。而謙則受益。易垂昭訓。禍福無門。惟人所召。天之所祐。必在積善之家。則地亦何有。天之所殃。必在積惡之家。則地焉能違。周公之大相東土。卜洛都之吉凶而已。文公之降觀于桑。卜楚丘之形勢而已。蒼錄[3]之綿永。在於成王周公之匹休共貞。而不在於卜洛之吉。衛社之中興。在於文公之秉心塞淵。而不在於卜楚之善也。然則人心本也。地理末也。自此以後。世衰道微。靑烏子以其術。鳴於戰國。則玆乃論地者之鼻祖也。郭璞鳴於晋元之世。而不能免王敦之誅。一行鳴於明皇之時。而不能止祿山之亂。由此觀之。人之吉凶禍福。出乎爾而反乎爾。皆在我心之善不善矣。地何有焉。嗚乎。見東北之坎。而知富貴之止於一世。見羊祜之墓。而知折臂公登於台司。雖云其妙。地能貴人。人能免禍。以泓公之神。其何以設吉土。不能禁其穿大坎耶。張說之二子。終能賣國降賊。富其不長。其何然也。羊祜之隆馬折臂也。盡忠帝室。位極人臣。皆由從前世來。作善不善。地何貴人。人何免禍。陳搏見种放之墓。而恨其稍下。不能使明逸。移其凶穴。術者見淮陰之墓。而知其赤族。不能使韓信。封其高燥。天其定也。數其然也。豈人之所爲。豈地之所關。程子之只言藏風向陽。韋齋之屢遷其墓。兩賢之行事。一是一非。而程子之言。萬古不易之論也。韋齋之事。不可知也。其或慮五害之所及。其或爲墓道之不安。則至極其誠。至於孝心。不爲禍福吉凶而然也。其心則兩賢一也。京仲遠火葬三世。尙登台鉉。吉山何有焉。楊誠齋。不信方術。世居館閣。風水其信乎。世用天壽。中朝之良制也。各陵異阡。吾東之弊典也。況封之若堂若斧然而孔子曰。吾從若斧。邦畿千里。猶尙如此。而聖人之封其先墓也如是。甸服百里。而僻在海外人。不如前聖者乎。古之葬者。兆域有常處。其於國都之北。則洛邑之人。皆葬於北邙。晋之大夫皆葬於九原。天壽一山之法。萬世其不可易。近世術士。皆以已陳之芻狗。無稽之言。不合於心。紅裳[4]錦囊之訣。天卦地卦之論。鉗龍撥火之異。螣蛇玄武之恠。二十四錄[5]之圖。三十六[6]五行之數。愈出愈新。爭奇競巧。放水裁穴。趍全避闕。欲以尺寸之進退。免禍孼于其間。其何不思之甚也。傳不云乎。道之將行也。命。道之將廢也。命。人之富貴貧賤。長短壽夭。一於命。而不貳此心。恪懃天命。順守其正。而生也安。死也安。福不求。禍不避。吉凶無罣於此心。則地其何關人也。吉凶禍福。在我心也而不在地也。何以俗物是非。介於其間哉。華藏利土。爲吾本分家鄉。則何山何水。其不爲吉地。傳之所謂命。佛之所謂法界。君安命。吾臥法界。

1) ㉄ '豈非'는 『睡隱集』의 「地理之說」에 '亦猶'로 되어 있다. 2) ㉄ '舞乎雩'는 '風乎舞雩'의 오류인 듯하다. 『논어』「先進」. 3) ㉄ '錄'은 '祿'의 오자인 듯하다. 4) ㉄ '裳'은 '囊'의 오자인 듯하다. 5) ㉄ '錄'은 「지리지설」에 '祿'으로 되어 있다. 6) ㉄ '六'은 '八'의 오자인 듯하다.

복서卜筮[151]에 관한 설

내 마음의 가는 바는 옳지 않음이 없다. 그러나 그러한 것을 그렇다고 하면 그러하고, 그렇지 않은 것을 그렇지 않다고 하면 그렇지 않다. 크게도 하고 작게도 하며, 더럽거나 깨끗하거나 만법이 이 마음에 없지 않다. 그러므로 성인은 오직 마음에 만물을 갖추어 바깥에서 구하지 않는데, 어찌 점을 치겠는가?

혹자가 다음과 같이 말했다.

"그렇다면 불경佛經은 내가 모르지만, 「홍범洪範」(『書經』의 편명)에서는 '3인이 점을 치면 2인의 말을 따른다'라고 하였고, 위대한 순舜임금의 훈계(『서경』「大禹謨」)에서, '복卜은 거듭 길吉하지 않다' 하였고, 무왕의 맹세(『서경』「泰誓」)에, '나의 꿈은 나의 복卜과 일치한다' 하였고, 주공周公의 고誥(『서경』「洛誥」)에서는, '간수澗水의 동쪽이요 전수瀍水의 서쪽을 점친다' 하였습니다. 공자가 배에 발 없음을 점쳤고,[152] 강절康節(邵雍)은 술수術數로 송나라 때 유명했습니다. 군평君平은 성도成都에서 점쳤고,[153] 일행一行은 스님인데 대연大衍의 수를 미루어 계산하였으니,[154] 그 신이함은 부절처럼 맞았습니다. 성현 군자가 어찌 복서를 일삼지 않았겠습니까? 복사卜師가 거북점의 네 조짐을 살펴봄[155]을 관장하였고, 태복太卜이 세 조짐의 법을 관장하였으니,[156] 이는 모두 『주례周禮』에 기록되어 있습니다. 하물며 『주역』에 384가지 효爻가 있고, 49가지[157] 조짐을 살펴 가르침을 베풀고(觀象設敎), 11,555가지 신을 궁구하고 조화를 안다(窮神知化)[158]고 함에랴."

그래서 다음과 같이 말했다.

"이치가 존재하고 기氣가 응하매 사물이 앞서지 않음이 없습니다. 하늘이 비를 내리고자 하면 주춧돌이 먼저 윤택해지고, 날이 개려고 하면 종鐘이 먼저 맑아집니다. 벌레가 움츠러듦은 추워지기 이전이요, 개미가 이동함은 장마가 지기 이전이니, 사물이 이러하거늘 하물며 성인이 마음에 만법을 통솔하는 것이겠습니까. 성인이 『주역』을 읽을 때에 오묘한 것들의 거듭 현묘함을 찾고,[159] 은미한 것들의 큰 바탕(太素)[160]을 모아서 변화를 이루고 귀신을 행하며, 음양을 관찰하고 천지에 기대어 마음에 옳지 않음이 없습니다. 방方·공功·의義·궁弓과 옥玉·와瓦·원原[161] 조짐은 모두 내 마음이 발현한 것이요, 국청사國淸寺[162]에서 오묘한 법(妙典, 불경)을 배워 얻음도 모두 내 마음이 발현한 것이요, 성도成都 시장에서 효를 말하고 충을 말하며 점을 판 것도 모두 내 마음이 발현한 것이요, 사賜[163]가 밖에 나갔을 때 (공자가) 정괘鼎卦를 얻었는데 혹자는 온다고 하고, 혹자는 오지 않는다고 한 것도 모두 내 마음이 발현한 것이요, 쇠는 짧고 나무는 길다(金短木長)는 설說[164]과 여자는 솥의 발 부러짐(折足)을 경계해야 한다[165]는 것, 동파東坡를 대하여 선대先代의 말을 논한 것, 천진교天津橋를 거닐다 남쪽 사람을 등용하리라고 탄식했다[166]는 등의 말들도 모두 내 마음이 발현한 것이니, 어찌 이 마음을 떠나 밖에서 찾겠습니까. 주공周公이 간수澗水와 전수瀍水 근처를 수도로 점친 것은, 낙읍洛邑을 먹어 들어갔기 때문이니[167] 먹는다는 것 외에 다른 말은 없고, 무왕武王이 주紂를 정벌할 때 여러 의론이 같음을 좇았으니 협동한다는 것 외에 다른 말은 없으며, 기자箕子가 황극皇極을 펼쳐 말할 때 거북점을 따르고 점대(筮)를 따랐을 뿐이니 따른다는 것 외에 다른 말은 없고, 위대한 순舜의 훈계에 이르더라도 길하다는 것 외에 다른 말은 없습니다. 모두 내 마음의 길함을 따른 것인즉 거북 껍질을 닦아내고 시초蓍草를 펼치는 따위를 어찌 번거로이 하겠습니까? 성인이 백성들의 화합을 살피기 위함이요, 지극히 공명한 도를 내 마음에서 추측하고서야 점을 쳐 의심을 돌아보는 것이니, 후세의 괴이하기가 이렇듯 심한 것과는 같지 않습니다.

어찌하여 후세 사람들은 마음에서 찾지 않고 헌 상자와 썩은 그루터기로 은밀하고 괴이함을 찾아 삼명三命[168]이라 말함에 이르니, 현재 운명을 말하는 자들은 모두 별을 운수로 여겨 말을 많이 하고 책을 번거롭게 하여 사람의 수명과 복록이 모두 태어난 달과 날, 시간의 여하에 달려 있다고 합니다. 아아! '탄생을 말하자면 모양도 없고 형체도 없으며, 소멸을 말하자면 고금이 항상 영혼일 뿐이다'[169]라는 의론으로 논하자면, 머리 자른 잿빛 형체도 탄생을 손상함이 없고, 금단 옥액金丹玉液[170]이라도 양생養生할 수 없으니, 참다운 탄생은 소멸하지 않고 참다운 소멸은 나지 않습니다. 항상 탄생하고 항상 소멸하여 천지의 이치를 받아 성性이라 하고, 천지의 기를 받아 형形이라 하니, 부귀·빈천·선악의 과보가 모두 내 마음에서 발현한 것입니다. 어찌 번거로이 복서卜筮를 쓰겠습니까? 지금 사람들은 이렇게 하지 않고 다만 거북 껍질을 사르고 점대를 세며 마음 밖에서 망령되이 구하며 마음으로는 더욱 의심하며 그 해설은 더욱 천착하게 되니, 허탄하고 증험 없는 말들을 믿을 수 있겠습니까? 하물며 고사瞽史(경을 읽는 소경)의 습속을 섞고, 무당의 망령됨을 전하며, 게다가 촉물觸物 투와投瓦 등의 말로 혹세무민惑世誣民하는 자들이겠습니까? 여재呂才[171]가 이른바 '장평長平에서 구덩이에 묻힌 군졸들[172]이라도 삼형三刑[173]을 함께 범했다는 말은 듣지 못했고, 남양南陽의 귀한 선비라도 어찌 반드시 육합六合[174]에 모두 합당하리오'라 하였으니, 이는 고금에 바뀌지 않을 확실한 의론입니다."

卜筮說

吾心之所去。無不是然。然於然則然。不然於不然則不然。能大能小。而染淨萬法。無不是諸惟心。是故聖人。備萬物於惟心。不外求也。豈用卜筮爲。或曰然則佛書。吾不知矣。洪範謂三人占則從二人之言。大舜之訓云。卜不習吉。武王之誓云。朕夢恊朕卜。周公之誥云。卜澗水東瀍水西。孔子占舟無足。康節以術數。鳴於宋。君平卜於成都。一行釋也。推大衍之數。而其神如合符節。聖賢君子。豈不事卜筮。卜師掌開龜之四。太卜掌三兆之法。是皆周禮之所記。而況易之三百八十四爻。四十有九之觀象設敎。一萬一千五百五十有五窮神知化者耶。曰理之所在。氣之所應。物莫不能先也。天欲雨則礎先其潤。日欲霽則鍾其先淸。蟄閉在其先寒。蟻徙在其先潦而如是。况聖人之統萬法於吾心乎。聖人之讀易也。索衆妙之重玄。纂群微之太素。成變化而行鬼神也。觀陰陽而倚天地也。無不是諸吾心。方功義弓玉瓦之[1]原。皆吾心之發見也。國淸寺學得妙典。皆吾心之發見也。成都市言孝言忠而賣卜。皆吾心之發見也。賜之徒外。占之遇鼎。而或言來也。或言不來也。皆吾心之發見也。金短木長之說。女子折足之誠。對東坡而論其先世之語。步天津而歎用南人之憂等說論。皆是吾心之發見也。豈以離此心而求之於外哉。周公之卜澗瀍。惟洛食而已。一食之外。無他語。武王之伐紂也。從衆謀僉同。而一叶之外。無他語。箕子之陳皇極也。但龜從筮從而已矣。而一從之外。無他語。至於大舜之訓。一吉之外。無他語矣。而皆從吾心之吉。則拂龜布蓍。豈其煩爲。盖聖人之所以視民和。而推至公至明之道於吾心之中乃占稽疑也。非若後世怔怔若此之甚也。奈何後之人。不求之於心。而以敗匣朽株。求之於隱恠。至有三命之說。而今之談命者。皆以星爲數。而多其說。煩其書。謂人之壽夭福祿。皆係生月日時之如何耳。嗟夫。以若言其生。無狀無形。若言其滅。今古常靈之論論之。斬首灰形。其無以損生。金丹玉液。其無以養生。眞生不滅。眞滅不生。常生常滅。而受天地之理。以爲性。稟天地之氣以爲形。而富貴貧賤善惡果報。皆從吾心而發見也。何煩用卜筮爲也。今之人不此之爲。但用灼撲。妄求之於心外而心愈其疑。說愈其鑿。誕謾無驗之說其可信歟。况雜之以䆿史之習。傳之以巫覡之妄。而又加之以觸物投瓦等語，惑世誣民者乎。呂才所謂長平坑卒。未聞共犯三刑。南陽貴士。何必俱當六合。此古今不易之確論也。

1) ㉠ '之'는 연자인 듯하다.

영안 부원군永安府院君[175]께 올리는 편지

지난 초여름에 대감께서 현암玄巖[176]으로 행차하셔서 소승小僧을 불러 말씀하시길, "내가 불교 이치를 독실하게 믿어 비록 고인에게 미치지는 못하나 정토에 인연을 맺고 싶어서 영원사靈源寺[177]를 지었는데, 주지 할 사람을 얻지 못하였소. 내 암자의 여러 개사開士[178]들이 모두 이르길, 대사의 사람됨이 학식이 크고 심오한 뜻을 찾으며 현묘한 도에 독실하게 뜻을 두었다고 하니, 대사께서 이 암자를 맡아서 나의 정토를 바라는 마음에 부합해 주시구려."라고 하셨습니다.

빈도貧道[179]는 용렬한 무리로서 다만 종이 위의 찌꺼기들을 음미할 뿐, 스승에게 배울 것 없는 타고난(無師自然) 지혜가 없으니, 어떻게 이와 같은 회포에 감히 부합하겠습니까? 대감의 현묘한 도에 대한 이해는 세상을 뒤덮고, 경건한 믿음은 무리에서 뛰어납니다. 옛날 유명한 사람들과 더불어 공교한 사유가 신통하니 진인眞人을 어찌 얻지 못하며, 정토를 어찌 가지 못하겠습니까?

옛날 진晉나라 태복경太僕卿 왕순王珣[180]은 사적인 뜻을 이기고 천수를 누리며 석간사石澗寺를 지었고, 예장 태수豫章太守 범녕范甯은 단사檀捨(보시)를 게을리 하지 않고 서선사棲禪寺를 지었으며, 심양 자사尋陽刺史 환이桓伊는 자기를 잊고 사물을 구제하며 동림사東林寺를 지었고, 보국 대장군輔國大將軍 하무기何無忌는 믿음이 두터워 끝맺음을 잘하며 지원사枳園寺를 지었습니다. 진陳나라 상서尚書 좌복야左僕射 원헌袁憲은 정림사定林寺에서 불상 10구軀를 만들었고, 상서 우복야 강총江摠은 광산사匡山寺에서 80척 크기의 미륵 불상을 만들었습니다. 이는 모두 사생四生에 복이 되고 삼세三世에 경사가 되어, 진실로 인자하고 용서함이 아들과 손자에까지 미치니, 능히 행하는 덕이 이르지 않음이 없습니다.[181]

이제 대감의 신심信心과 원력願力이 또한 이와 같이 지극하고, 한편 가문 전체가 모두 일대의 위대한 유자儒者이니, 이는 사해에 이름난 혈통입니다. 아울러 나라를 경영하는 방안을 온축하고 군자의 집안이라고 칭해지니, 사직社稷이 이로 말미암아 편안해지고 상하 모두 이로써 바야흐로 화목해지고 있습니다. 어이하여 우둔한 천승賤僧에게 이 암자를 맡아서 정토의 업을 닦게 하십니까.

요즘 강승講僧이 배우는 것은 그저 종이 위의 말들뿐입니다. 무애無碍를 즐거이 이야기하여 대답은 예상을 뛰어넘고 질문은 학자의 기를 꺾으며 스승에게 배울 것 없는 타고난 지혜를 얻은 이는 한 사람도 없으니, 총림叢林[182]의 적막함이 이와 같이 심하게 되었습니다. 한 숟가락의 식사를 더하고서 큰 소가 되는 징험(一匙加飱。因作大牛之驗。)을 홀로 면했다고 누가 말할 수 있겠습니까. 소승의 생각은 발우 하나 가지고서 산수간山水間을 구름처럼 떠도는 것이니, 엎드려 바라건대 살펴주시기 바랍니다.

上永安府院君書

徃在夏初。大監作玄巖之行。招小僧謂之曰。余篤信佛理。雖不及古人。欲結緣淨土。造靈源一寺。主者不得其人。吾庵棠開土。咸云師之爲人。碩學鉤深。篤志玄道。師主此庵。以副余之心期淨域之望。貧道庸類。但味紙上之糟粕。無無師自然之智。何敢副如是之懷。大監解玄盖世。敬信絶倫。與古之聞人。巧思通神。眞人何以不得。淨土何以不徍。昔晋太僕卿王珣。尅意令終。造石澗寺。豫章太守范寗。檀捨不倦。造棲禪寺。尋陽刺史桓伊。忘已濟物。造東林寺。輔國大將軍何無忌。崇信克終。造枳園寺。陳尙書左僕射袁憲。於定林寺。造佛像十軀。尙書右僕射江摠。於匡山寺。造彌勒像八十尺。此皆福祐於四生。慶資於三世。允仁允恕。及子及孫。其能行之德。無不至也。今大監之信心願力。亦至如是。而抑又通家。皆一代之大儒。寔四海之名胄。幷蘊經國之略。俱稱君子之門。社稷由此乃安。上下賴其方穆。何以愚魯賤僧。主於此庵。乃修淨土之業。近來講僧所學。但是紙上語耳。其樂說無碍之辯。答則出人意表。問則學者喪氣。無師自然之智。得之者無一人。叢林之寂寞。爲若此之甚。一匙加飱。因作大牛之驗。其誰曰獨免。小僧之念。以一鉢行裝。雲遊山水間。伏惟諒察焉。

이천利川 영원암靈源庵 문방門榜[183]에 쓰다

천하가 모두 봄인데 북방에만 따뜻함을 꺾는 율령이 열리고, 대낮에 해가 고루 비추는데 남포南浦에 볕을 따르는 새들이 다 모였구나. 화평한 시대 풍년 들어 백성들 편안하고 나라 태평하다. 온갖 영혼들이 그윽이 돕고, 온갖 사물들이 번성하도다.

이 암자의 큰 시주 우리 영안 부원군永安府院君 김씨는 벼슬하여 조정에 올라 영운靈運(천명)에 힘입어 나라를 안정시키고, 관직에 나아가 정치를 하매 일을 경영하여 백성들을 교화시켰도다. 충효의 마음이 밝았고, 군신의 도리가 합해졌도다.

기타祇陁[184]의 사원에 금전金田이 큰 이익을 내며, 문선文宣(공자)의 사당에 옥엽玉葉(후손)이 길이 봄(春)이로다. 사위성舍衛城 옆에는 삿된 칼이 모조리 쓰러지고, 견고림堅固林[185]에 마른 구덩이가 거꾸러져 있네.[186] 법류法流를 열어 때를 맑게 하고, 지혜 횃불을 펼쳐 혼미함을 비추네.[187] 인의仁義의 마당에 치달리고, 예악의 정원에 노닐도다.

사적인 뜻을 이기고 천수를 누리매 왕순王珣이 석간사石澗寺 지음을 사모하고, 정심으로 날마다 독실하매 범녕范甯의 서선사棲禪寺 창건을 생각하네. 자기를 잊고 만물을 구제함은 환이桓伊의 동림사東林寺요, 불상을 모시로 만들어 혼령을 천도함은 안도安道[188]의 초은사招隱寺라.

이에 새로 영원사靈源寺를 창건하여 원적圓寂[189]의 옛터를 열었도다.

크고 넓음을 더하니 일곱 겹으로 두루 미치고, 규모를 넓게 마련하니 온갖 두공이 함께 지탱하네. 감실龕室[190]은 높이 솟아 황금 받침이 구름 속의 길로 통하고, 건물은 넓게 뻗어 보배 풍경이 천상의 바람에 흔들리네.[191] 길조吉鳥가 날아 울고 독충毒虫이 엎어져 숨도다. 화불化佛을 원만한 영상으로 머물게 하고, 정토를 신이한 광명으로 비추도다.[192]

이러한 인연과 선근善根의 공덕으로 엎드려 바라옵건대, 우리 주상 전하께서 사찰에 신이하게 유람하실 때 태양으로 나아가는 영혼을 내리시고, 하늘과 사람 구제하길 뜻하시매 구름을 바라보는 경사를 내리소서.[193] 의를 펼치고 인을 드러내니 온갖 신령들이 모두 질서 있고, 도를 귀히 하고 덕을 높이니 온갖 제후들이 공물을 바치리라.

왕비 전하[194]께서는 규방에서 장수하시어 높이 요극瑤極의 자선紫仙을 바라보시고, 빛나는 호칭을 높이시어 옥청玉淸[195]의 단적丹籍(신선 목록)에 으뜸이 되소서. 밝음(离)은 삼명三明(日月星)보다 아름답듯 덕은 선조들께 부합하며, 땅이 만물을 싣듯 경사스러움이 문손文孫[196]을 돈독하게 하시도다.

세자 저하[197]께서는 하나를 행하여 세 가지 선을 얻으시매 쌓은 덕이 능히 성숙하시고(克岐),[198] 육수六修[199]를 아뢰어 구기九旗[200]를 세우시매 예의 바른 모습이 혁혁하시도다. 초사楚詞의 구변九辯[201]을 받으셨으니, 청하여 기도하건대 동황東皇(봄의 신)의 수명을 누리시고, 한전漢殿의 팔능八能[202]에 합당하시니 북궐北闕(임금)의 취지에 부합하시길 바랍니다.

첫째 아들은 자하紫荷 신선이 이끌어 주는 곳에 그 빛이 만옥萬玉의 무늬를 흔들고, 홍약紅藥이 날릴 때에 그 바람이 오화五花의 판判[203]을 흔들고, 몸이 봉황지鳳凰池[204]에 도달하니 기쁘게 10년의 노래를 적고, 이름이 기린각麒麟閣에 전하니 경사스럽게 만세萬歲의 공적을 유지하시리라.

둘째 아들은 도道가 융성한 광택에 운당雲堂에 옥을 모으시고, 업적을 빛내 종묘를 제사하매 반드시 일관日觀에 도금塗金하시도다. 추로鄒魯[205] 옛 나라가 모두 이주二周[206]의 교화로 화목해지고, 임치臨淄[207]의 남은 습속이 일변하는 풍속을 모두 칭송하도다.[208]

셋째 아들은 부절을 받아 움직이매(鳴履) 매번 중요 직임을 맡고 변방의 질서를 잡아 팔다리에 해당하는 지역을 길이 다스리시리라. 인후仁厚하여 사람들을 구제하매 어두운 밤거리에서 지혜의 등불을 켜고, 세속과 다른 돈아敦雅로 불난 집(火宅) 아침에 법의 비를 적시도다. 삼유三有[209]의 육도

六途[210] 중생에 대한 사은四恩[211]에 미쳐서는 오음五陰(五蘊)을 망라하여 생사의 망령된 어둠을 타파하고, 삼계를 석권하여 열반의 참 세계에 오르소서.

題利川靈源庵門榜

天下皆春。而北方獨開折暄之律。日中幷照。而南浦盡得隨陽之禽。歲和時豊。民安國泰。萬靈幽贊。百物阜昌。此庵大施主我永安府院君金氏。入仕登朝。資靈運而安國。莅官從政。以經業而化民。忠孝之心旣明。君臣之道乃合。祇陁之院。金田厚利。文宣之廟。玉葉長春。舍衛城側。大偃邪鋒。堅固林中。傾倒枯穴。開法流以澄垢。發慧炬以照迷。馳騁仁義之場。遨遊禮樂之圃。尅意令終。慕王珣之造石澗。精心日篤。思范甯之創棲禪。忘己濟物。是桓伊之東林。紆像薦魂。惟安道之招隱。於是乎創靈源之新寺。開圓寂之古基。備加輪奐。七重亘周。廣拓觀摹。百栱相持。龕室高疎。金盤通雲中之路。欄宇延袤。寶鐸搖天上之風。吉鳥翔鳴。毒虫隱伏。留化佛於圓影。照淨土於神光。以此因緣善根功德。伏願我主上殿下。神遊佛利。降就日之靈。志濟天人。垂望雲之慶。布義顯仁。百神咸秩。貴道尙德。九牧來貢。王妃殿下。重圍介壽。聳瞻瑤極之紫仙。顯號推崇。卓冠玉淸之丹籍。离麗三明。德諧列祖。坤載萬物。慶篤文孫。世子邸下。行一物而得三善。儲德克岐。奏六修而建九旗。禮容有奕。襲九辯於楚詞。請祝東皇之壽。合八能於漢殿。願陪北闕之趨。第一子。紫荷挈處。光搖萬玉之斑。紅藥飜時。風動五花之判。身到鳳凰池。喜題十年之詠。名傳獼猕閣。慶扶萬歲之功。第二子道隆光澤。乃輯玉於雲堂。績劭禋宗。必塗金於日觀。鄒魯舊邦。俱穆二周之化。臨淄遺俗。咸稱一變之風。第三子。得符鳴履。每倚喉舌之司。均秩偃藩。永鎭股肱之郡。仁厚濟人。燭慧燈於昏衢之夜。敦雅絶俗。潤法雨於火宅之朝。洎及四恩三有六途衆生。囊括五陰。破生死之妄陰。席卷三界。登涅槃之眞界。

김 참의에게 보내는 답서

옛날 구양歐陽 문충공文忠公[212]이 낙양洛陽에서 벼슬할 때 하루는 숭산嵩山에 유람을 갔습니다. 하인배들을 물리치고 도보로 갔는데 어느 산사에 이르러 문으로 들어갔습니다. 긴 대나무들이 집에 가득하고 서리는 맑고 새들이 지저귀니 풍물이 선명했습니다. 문충공이 섬돌 옆에서 쉬는데 어떤 노승이 태연히 불경을 보고 있었습니다. 말을 걸어도 돌아보지도 않고 심드렁하게 대답했습니다. 문충공이 기이하게 여겨 물었습니다.

"어떤 경전을 보시오?"

"『법화경』입니다."

"옛날 고승들은 생사의 갈림길에 임할 때 대개 담소하며 벗어났으니, 어떻게 한 것이오?"

"선정과 지혜의 힘일 따름이지요."

"요즘은 적막하게 그런 분들이 없으니 무엇 때문이오?"

노승이 웃으며 말했습니다.

"옛날 사람들은 찰나찰나마다 선정과 지혜에 머물러 죽을 때에도 혼란하지 않았거늘, 요즘 사람들은 찰나찰나마다 산란함에 있어 죽을 때에도 평정하지 않기 때문이지요."

문충공은 크게 놀라서 자기도 모르게 무릎을 꿇었습니다.

이 이야기로 보자면, 옛날 사람들은 찰나찰나마다 선정에 있어서 진실한 승려가 된 분들이 많았지만 요즘 사람들은 찰나찰나마다 산란함에 있어 진실한 승려가 되는 분들이 적습니다. 게다가 명리名利와 물욕으로 이 마음을 해치느라 이치대로 마음을 닦는 이가 하나도 없습니다. 태고太古[213]의 도가 소요逍遙[214]와 진묵震默[215]에 이르고는 더 이상 전함이 없다는 것이 바로 이를 말합니다.

答金叅議書

昔歐陽文忠公。官洛中一日遊嵩山。却僕吏。徒步而徃。至一山寺入門。脩竹滿軒。霜淸鳥啼。風物鮮明。文忠休於殿陛傍。有老僧。閱經自若。與語不甚顧答。文忠異之。問曰誦何經。對曰法華經。文忠曰。古之高僧。臨生死之際。類皆談笑脫去。何道致之耶。曰定慧力耳。又問今則寂寥無有。何哉。老僧笑曰。古之人。念念在定慧。臨終不亂。今之人。念念在散亂。臨終不定。文忠大驚。不覺屈膝。由是而觀之。古之人。念念在定。作眞僧者多。今之人。念念在散。作眞僧者少。又以名利物欲。賊害此心。無一人循理修心者。太古之道。至於逍遙震默。無傳正謂此也。

김 승지에게 올리는 글

　빈도貧道는 풀옷을 입고 지내는 야객野客이며 목초를 먹는 산인山人으로서 구부러진 침과 비슷하고 썩은 지푸라기와 똑같습니다. 당세에 알려지기를 바라지 않고 종신토록 입을 다물고 있기 좋아하고, 홀로 깊은 산 궁벽한 골짜기에 머물러 다만 참선과 염불, 경전 보기와 진언 외우기만을 마음에 두고 있습니다. 간혹 공경 대인公卿大人들께서 가까운 절에서 부르더라도 매번 응하지 않았습니다. 다만 걱정스러운 것은 근세 이래로 총림이 적막하여 선禪을 배우지 못하고 이치를 보아도 미진하여 애써 과감히 행하매 의기意氣에 부린 바 되어 명리名利와 물욕으로 자기 이익만 꾀하는 화를 양성하고, 그렇게 해서 사특한 구덩이로 스스로 들어가게 되는 것입니다. 표연히 홀로 떠나 경산京山에 들어가지 않는 것은 이와 같은 이유 때문입니다.

　이제 상공相公께 편지를 드리는 것은 다른 이유가 아니라 그러한 까닭이 있어서입니다. 상공께서 인연을 따라 우리 조선에 태어나시매 도道로는 나면서부터 아는 지혜에 부합하고, 덕으로는 하늘이 허락한 성현입니다. 온아溫雅하심을 일찍부터 들었고, 규장珪璋²¹⁶은 일찍 드러났습니다. 예악의 정원에 노닐고, 인의의 지역에 치달려 제자백가를 다 배우고, 구류九流의 문장을 통괄하였습니다. 명당明堂과 곡대曲臺²¹⁷의 법, 좌구명左丘明·자하子夏·한유韓愈·맹교孟郊²¹⁸의 책, 엄중淹中과 직하稷下²¹⁹의 학문, 황제黃帝·노자老子·장자莊子·묵자墨子의 책, 삼청 삼통三淸三洞²²⁰의 글, 구부 구선九府九仙²²¹의 책 상자, 진인이 되는 은밀한 비결, 영보 도명靈寶度命²²² 의식,²²³ 용궁 바다에 감춰 둔 보물,²²⁴ 영취산靈鷲山 화수華水의 문건들을 모두 머릿속에 담으셨습니다. 그리고 눈앞의 일들을 헤아려 이치를 탐구함에 투철하지 않음이 없습니다. 그러한즉 문원文苑의 한림翰林²²⁵으로 해동에서 홀로 으뜸으로 도는 세상 규범이 되고, 덕은 당대 영웅들을 압도합니다. 진인眞人의 상서로움에 응하며 황상黃裳²²⁶의 길함을 품부받았습니다. 정을 따름(緣情)을 잘하고 사물을 본받는 데 더욱 정교하여 타인의 기량을 아는 것이 산도山濤²²⁷보다 훨씬 뛰어나고, 선비를 대하는 마음이 조무趙武²²⁸에 비견됩니다. 풍채가 산뜻하고 학식이 넓어 영사靈蛇의 구슬을 쥐고, 형산荊山의 옥玉을 찼습니다.²²⁹ 게다가 오래도록 중관中觀²³⁰과 십이인연²³¹을 익히고, 어려서『기신론起信論』과『백론百論』²³²을 공부하여²³³ 그 학식과 저술이 마명馬鳴과 용수龍樹²³⁴라도 이보다 더할 수는 없습니다. 승려가 된 이로서 어찌 한번 나아가 뵙고 싶지 않겠습니까. 빈도貧道가 상공과 소원한 것은 앞선 인연이 뒤섞여 그런 것이 아니겠습니까.

　지난 4월에 빈도는 서너 명 학반學伴(학우)들과『화엄론華嚴論』²³⁵을 인출印出하기 위하여 가야산에 들어갔는데, 가야산의 이판理判·사판事判 석덕碩德들이 모두 하나 더 인출해서 상공께 드리고 싶다고 하였으나, 재력이 부족해서 상공의 바람에 부합하지 못하였습니다. 이들 모두 상공과 소원해지지 않기를 바라나 물욕物欲에 이끌린 바 되어 지난 은혜와 대의大義를 잊어버림이 이와 같습니다. 빈도는 비록 상공과 이전에 썩 친했던 인연은 없지만 상공께서 묘법을 존중함에 감탄하고 복된 가문을 공경하여 한번 뵈어 담화하고 높은 안식과 훌륭한 솜씨를 빌려『화엄론』의 제목을 쓰기를 원하여, 은혜로이 허락하시기를 특별히 바라옵고 청하는 바를 가벼이 나열합니다.

　옛날 융주隆州 파서 현령巴西縣令 호원궤狐元軌가 사경한『금강반야경金剛般若經』을 글 잘 쓰는 주관州官이 혼잡스럽게 식사하며 급하게 하느라 정결히 하지 못하고 곧바로 제목을 썼더니, 그 경전이 불 속에 들어갔을 때 경전은 불에 타지 않고 제목 글자만 그을렸다고 합니다.²³⁶ 하물며 이 논서는 위후位後 대성인이 지은 것으로, 상공께서는 정교한 사고가 신神에 통하고, 지극한 바람이 서로 부합하며, 현묘함을 해석함이 세상에 으뜸임에랴. 불법의 빛이 드러남을 적합한 사람에게 맡김이니, 엎드려 바라건대 살펴주시기 바랍니다.

上金承旨書

貧道。草衣野客。木食山人。尤類曲針誠同腐芥。當世不欲聞知。終身好爲緘口。獨棲深山窮谷。但以叅禪念佛看經持呪。惟也是心。或有公卿大人。招以近寺。每不應命。惟恐挽近以來。叢林寂寞。學禪不能。見理未盡。勉强果行爲意氣所使。以名利物欲。釀成利己之禍。隨轉自入邪外之坑。飄飄然獨去。不入京山。爲若此也。今致書于相公無他故。有所以然者。相公之隨緣。降誕吾鮮也。道契生知。德光天縱。溫雅夙聞。珪璋早著。遨遊禮樂之園。馳騁仁儀之域。學窮百氏。文統九流。明堂曲臺之典。左夏韓孟之書。淹中稷下之學。黃老莊墨之篇。三淸三洞之文。九府九仙之籙。登眞隱訣之秘。靈寶度命之儀。龍宮海藏之寶。鷲山華水之卷。呑盡腦中。現量目前。莫不窮理透徹。然則文苑翰林。獨甲海東。道爲世範。德盖時英。應眞人之祥。稟黃裳之吉。旣善緣情。尤工體物。知人之器。遠邁山濤。接士之心。還方趙武。風忩[1])爽明。識度含弘。乃握靈蛇之珠。爰佩荊山之玉。加以舊習中觀十二。少蘊起信百論。其聞持著述。雖馬鳴龍樹。無過於此。爲釋子者。豈不欲一晉拜謁。貧道之疏於相公者。無乃前緣駁雜之所致歟。去四月。貧道與數三學伴。乃爲印出華嚴論。入于伽倻。伽倻事理判諸碩德。僉欲加印一件。呈之于相公。以財不足。未副相公之所願。此皆願不疏相公。其爲物欲之所惹。忘宿恩大義之爲若斯也。貧道雖不與相公。有前日親親之緣。感相公之尊重妙法。欽敬福門。一爲拜話。借高眼善手。欲書華嚴論題目。特希恩許。輕陳所請。昔隆州巴西縣令狐元軌所寫金剛般若。能書州官。雜食行急不獲潔淨。直爾立題題目。入于火中而不從火化。題字焦黑。況此論位後大聖所著。相公巧思通神。至願寅符。解玄盖世乎。佛法光顯。寔寄其人。伏惟垂察焉。

---

1) ㉮ '忩'는 '姿'의 오자인 듯하다.

보림 대사寶林大師 보살계 첩牒

무릇 보살계菩薩戒란 온갖 선善을 세우는 기반이요 온갖 행실을 닦는 영역이다. 그래서 십계十界²³⁷가 덕을 흠모하고 팔부八部²³⁸가 귀의한다. 마군이 진열하매 십군十軍도 한마디 말에 부서지고, 범왕梵王이 와서 삼륜三輪²³⁹으로 온갖 의혹을 꺾어 버린다. 마음을 가다듬으매(攝心) 망념을 평정하고, 많이 들으매 실제 지혜가 생겨난다. 묘법妙法의 창고가 되어 보시함이 새와 곤충에게도 미치고, 출세出世의 재물을 만들어 내어 은혜가 용과 귀신에게까지 미치노라. 이를 듣는 이들이 깨달음의 길에 멀리 올라 명언名言 바깥에서 자취를 감추고, 행하는 이들이 지혜의 문을 넓혀 색상色相의 단서를 이치로 끊어 버리노라.

이제 보살계를 받는 제자 보림寶林은 통적通籍²⁴⁰으로는 한양 동쪽의 양주楊州요, 지역(分土)으로는 호남의 완부完府(전주)로다. 모친은 김해가 본관이고, 부친 성함은 진현鎭玄이다. 눈물을 흘리며 산을 오르매 적량공狄梁公²⁴¹이 북쪽으로 바라보았던 구름에 절하지 못하고, 그림자도 막혀 모친을 모시매 대애도大愛道²⁴²가 서쪽으로 나간 길을 매번 목 빼어 바라보았다. 이에 출발하여 경계를 뛰어넘으려는 마음으로 사랑을 끊고, 속세를 떠나려는 마음을 일으켜 천마산天摩山 견성암見性庵에 들어가 취잠就岑 선사에게 머리털 자르고 의발을 얻어 낙양성洛陽城 한경부漢京府를 떠나 보단寶壇에 올라 송암松岩 선지식에게 구족계具足戒를 받았다. 동쪽으로 유람하여 선정을 하매 진허 인일震虛仁一의 탑상榻床에서 심등心燈을 전해 받았다. 남쪽으로 공부하여 강경講經에 참여하매 응운 인전應雲仁全의 문하에서 의수意樹²⁴³를 윤택하게 하였다. 용암龍岩²⁴⁴ 화상이 화산花山에서 큰 계戒를 여니, 사해四海의 석종釋種(승려)들이 법의 파도에 같이 젖었고, 제월霽月 선사가 불명산佛明山에서 사리闍黎²⁴⁵를 지을 때 오악五岳의 인재들이 같이 지혜의 햇빛을 나투었다. 굴窟에 상왕象王이 나타나 천천히 코끼리 걸음을 걷고, 사자가 자리에 올라 사자 소리를 높이 드날리도다. 작로 鵲爐²⁴⁶에 연기 날리던 밤에 서쪽 땅에서 빛을 발산하고, 고래 절구공이(鯨杵)로 우렛소리 울리던 때에 동쪽 하늘에서 길조 나타났도다.²⁴⁷ 이로부터 세 성인의 승경勝境이 또 삼변정토三變淨土²⁴⁸를 만들고, 팔구八區²⁴⁹의 작은 나라가 도리어 팔인 팔지八忍八智²⁵⁰의 문이 되었도다. 성인의 자비가 미치매 업은 선善이 이르지 않음이 없고, 오묘한 교화가 펼쳐지매 인연은 악을 잘라내지 않음이 없도다. 이러한 인연과 선근 공덕善根功德으로 돌이켜 법계法界의 옴지락거리는 함령含靈(중생)들에게 보시하도다.

엎드려 바라건대, 주상 전하께서는 군유群有(중생)를 도탄에서 구하시고, 삼장三藏의 비밀스런 경전을 여시옵소서. 부모 두 분께서는 법망法網의 강기綱紀를 열어 육도六度의 바른 가르침을 넓히소서. 사은 삼유四恩三有의 일체 중생들은 사특한 마음을 팔고八苦²⁵¹에서 씻겨 내고, 구류 칠략九流七略의 온갖 착한 사람들은 정견正見을 십공十空에서 받으소서.

송頌은 다음과 같다.

중생이 부처 계율을 받으매	衆生受佛戒
즉시 부처 지위로 들어가네	即入諸佛位
계위가 대각과 같으니	位同大覺已
진정 부처의 제자로다	眞是諸佛子

寶林大師菩薩戒牒

夫菩薩戒者。建萬善之基。修百行之域。十界欽德。八部歸心。魔天列陳。十軍碎於一言。梵王來儀。三輪摧其萬惑。攝心。妄念能定。多聞。實智乃生。爲妙法藏。施洽鳥虫。作出世財。恩沾龍鬼。聞之者。覺路遙登。迹晦名言之表。行之者。慧門廣闢。理絶色相之端。今受菩薩戒弟子寶林。通籍則地是漢東之楊州。分土則李係湖南之完府。母氏金海。父名鎭玄。泣淚陟屹。不得拜狄梁公北望之雲。阻影侍萱。每延頸大愛道西出之路。乃以發足超方之意。爰起割愛辭俗之心。入天摩山見性庵。剃綠髮而得衣鉢於就岑禪師。辭洛陽城漢京府。登寶壇而受具戒於松岩知識。東遊則受禪。傳心燈於震虛仁一之榻。南學則叅講。潤意樹於應雲仁全之門。龍岩和尙。闡大戒於花山。四海釋種。同沾法波。霽月禪師。作闍黎於佛明。五岳英俊。共輝慧日。窟現象王。緩擧象王之步。座昇獅子。高揚獅子之音。鵲爐飛靄之夜。西地放光。鯨杵騰雷之時。東天現瑞。自是三聖勝境。又作三變淨土八區小邦。還爲八忍智門。聖慈攸及。業無善而不臻。妙化所宣。緣無惡而不剪。以此因緣善根功德。回施法界蠢動含靈。伏願主上三殿下。拯群有之塗炭。啓三藏之秘經。父母兩位尊。開法網之綱紀。弘六度之正敎。四恩三有一切衆生。滌邪心於八苦。九流七畧萬善諸人。納正見於十空。頌曰。衆生受佛戒。卽入諸佛位。位同大覺已。眞是諸佛子。

금강산 마하연摩訶衍[252] 중창 상량문

무릇 초연한 산 금강이라 어느 것도 하자가 없고, 아득한 암자 마하연이라 만인이 우러러보노라. 지세는 절승하고, 사람은 선나禪那[253]를 지키도다. 문은 가파른 봉우리에 기대고, 처마는 푸른 시내에 가깝도다. 눕는 자리가 탑상과 비슷하여 오래도록 숲 아래 가로놓여 있고, 나는 듯한 샘물은 비처럼 매번 창 앞을 씻겨 주도다. 이름 내걸어 지역 내에 비할 바 없으니, 오른쪽의 내원內院과 뒤쪽의 백학봉白鶴峰과 앞쪽의 칠불七佛[254]이 있지만 홀로 이것이 셋을 압도하며 천하제일이라 칭하니, 남쪽 지리산과 북쪽 묘향산과 서쪽 구월산이 이와 더불어 넷이 되도다. 이 때문에 여기 거하는 이들은 보시를 새와 벌레에게까지 하고, 여기 노니는 이들은 은혜가 대와 갈대에 적시도다. 소리들과 색깔들이 반야般若의 오묘한 이야기 아님이 없고, 물들과 산들이 전부 법기法起[255]의 큰 활용이로다. 의상義湘이 처음 창건하여 상락常樂의 높은 봉峰에 올랐고, 율봉栗峰이 뒤에 교화하여 애하愛河의 깊은 못을 벗어났도다. 중향봉衆香峰이 에둘러 염부閻浮의 중심에 치솟고, 지각至覺에 기대니 현자들의 천성天性을 펼치도다. 사람은 그로써 덕을 윤택하게 하고, 산은 그로써 빛을 더하도다. 공을 잊지 않음이 없고, 번뇌를 버리지 않음이 없도다. 공을 잊고 번뇌를 버리니 있다고 말할 수 없고, 이치에 비추어 도를 궁구하니 어찌 없다고 말하랴. 지혜의 문이 널리 열려 색상色相의 단서를 이치로 끊고, 참선의 길에 멀리 올라 명언名言의 바깥에 자취를 감추도다.[256] 그리하여 색이 아니로되 색이 되니 색에 능하여 색이고, 마음 없음이 마음이니 마음에 능하여 마음이라.[257] 빛을 발함이 지극히 깊숙하니 어둔 거리에 부처의 빛을 내걸고, 큰 계획을 환히 천명하니 욕망의 물결에 참선의 파도 넘실대누나.[258] 예전에는 이와 같았으나 지금은 그렇지 않네. 현명한 이 없어 잡목만 우거지고, 감우紺宇(사찰)는 스러지고 금전金田은 황량하니, 군자들이 애석해하고 승려들이 부끄러워하네. 발우 속의 용이 떠나고, 석장 앞 호랑이 달아났네.[259] 원상국元相國이 없으니 옛 향산사香山寺를 누가 창건하며, 김원량金元良이 오지 않으니 새 곡림사鵠林寺를 누가 열 것인가?[260]

아아, 원효元曉와 의상義湘과 표훈表訓은 우리 동방에서 무상無上의 법왕法王(佛)을 전심傳心한 분들이며, 청허淸虛와 호암虎岩과 청봉靑峰[261]은 저 서방정토에서 유래한 선의 맥을 이은 적통이로다. 우리들 후인들은 재조지은再造之恩[262]을 입어 앞선 현인들을 받들어 중흥하도록 하사하심을 받았도다.

이에 단계檀溪의 숙원宿願을 막을까 걱정이요, 내원椋園의 전공前功[263]을 손상하지 않으려고[264] 이에 지율진문持律眞門에서 특출한 인룡人龍(인재)을 택하고, 소현정서昭玄精署[265]에서 뛰어난 승상僧象(승려)을 뽑았도다.[266] 사방에서 재물을 모으니 돕는 이들은 모두 땅에서 개미 됨을 면할 것이요, 일시에 울력을 하니 동참하는 이들은 함께 원거鶢鶋[267]의 인연을 맺으리라. 날짜를 헤아려서 다투어 오묘한 기술을 드러내고, 별을 점쳐 넓은 규모를 펼치는도다.[268] 수倕의 재목과 요獶의 석회는 서리로 향을 버무려 바르고 눈처럼 하얀 사다리를 가파르게 설치하였도다.[269] 옥찰玉刹과 금령金鈴은 봉래섬 바다의 달을 걸었고, 솔 사이로 바람을 부딪치도다.[270] 바위산 기슭을 깎아 담장을 돋우고, 시냇물 굽어보며 창문이 넓도다. 거친 섬돌은 금테를 두른 계단으로 바꾸고, 낮은 곁채는 무늬 새긴 회랑回廊으로 변화시켰다.[271] 화려한 우물 덮개엔 꽃들이 줄지어 새겨져 있고, 조각한 대들보엔 나무들이 서로 꽉 끼어 있네.[272]

비록 바닷가에 있으나 홀로 천하에 빼어나네. 아홉 길[273] 건물이 완성되고 사람들은 세 번 옮기지 않네. 명칭을 돌아보고 뜻을 생각하매 어찌 삼교三敎의 사람들이 돌아올 뿐이겠는가. 장소로 인해 마음을 부치니 또한 구산선문九山禪門[274]이 들어오는 바로다. 공경히 짧은 노래를 지어 대들보 공사를 돕노라.

어영차,²⁷⁵ 들보 동쪽으로 던져라²⁷⁶　　　阿郎偉抛樑東
일말의 여러 향이 푸른 하늘로 솟으니　　一抹衆香聳碧空
붉은 해가 동쪽에서 천만리 떠올라　　　紅日扶桑千萬里
상서로운 빛을 구천에서 비추는도다　　　祥光照耀九天中

남

만폭동이 연못에 들어와 거꾸로 잠기니　萬瀑入潭影倒涵
괴이한 비와 바람이 침범하지 못하고　　怪雨盲風侵不得
여섯 용이 해를 받들고 감실을 두르네　　六龍捧日繞花龕

서

삼각산 봉우리에 낙조가 낮게 비추니　　三角瑞峰落照低
위로 우리 임금님, 아침저녁으로 축원하여　上祝吾王朝又暮
집과 나라가 천하와 함께 다스려지네　　而家而國與天齊

북

칠보대 구름이 임금의 어좌를 두르고　　七寶臺雲環紫極
억겁 이전의 공이 또 이렇게 밝으니　　億刼前功更此明
깊고 깊은 부처님 덕 헤아릴 수 없어라　深深佛德惟難測

위

위로 높은 하늘 푸르게 펼쳐져 있고　　上有高天青一張
형형색색 소리들이 한 집을 이루니　　色色聲聲共一家
파륜암과 법기암²⁷⁷을 많이들 향하누나　波輪法起人多向

아래

만첩의 안개와 연기에 기와들이 잠겨 있고	萬疊煙霞鎖覆瓦
바위 계곡 온통 맑아 불지 이전 단계로니	岩洞共淸佛地前
정묘하고 고운 것이 현재의 사찰이로다	窮精彩臁今蘭若

엎드려 바라옵건대, 대들보 올린 후에 급고독원의 정사(給園精舍)[278]가 모두 구역 안으로 들어오고, 패엽貝葉의 영험한 글들이 모두 서고(册府)로 돌아오소서. 삼구三句를 뛰어넘으매(超出) 사자의 뛰어 오름(返擲)을 다하고,[279] 일승一乘을 연구하매 무소뿔의 생생한 무늬를 다하소서.

金剛山摩訶衍重創上樑文

述夫。超然矣山是金剛。無一物之疵。邈焉乎庵則摩訶。有萬人之仰。地居形勝。人守禪那。門枕危峰。簷臨碧潤。臥席似床。久橫林下。飛泉若雨。每洒囱前。揭名域內無雙。右內院後白鶴前七佛。獨斯也壓三。標號天下第一。南智異北香山西九月。并此而爲四。是以居斯者。施冾虫鳥。遊此人。恩沾竹葦。聲聲色色。無非般若妙談。水水山山。全是法起大用。義湘始創。登常樂之高岊。栗峰終化。出愛河之深潭。衆香園也。峙閻浮之地心。至覺據焉。布英賢之天性。人以之而潤德。山以之而增輝。功無不忘。累無不遣。忘功遣累。不可謂之有。照理窮道。是豈言其無。慧門廣闢。理絶色相之端。禪路遙登。迹晦名言之表。故非色爲色而能色斯色。無心即心而能心斯心。發輝至贖。懸梵景於昏衢。光闢大猷。泛禪波於欲浪。在昔若斯。渠今不是。人無賢哲。地有荊榛。紺宇頽破。金田荒蕪。士君子惜之。佛弟子耻之。鉢裡龍去也。錫前虎逃也。元相國無之。香山舊寺孰創。金元良不來。鵠林新刹誰開。嗚乎。元曉儀[1)]湘表訓。吾東方無上法王之傳心。淸虛虎岩靑峰。彼西土有自禪脉之嫡派。吾儕後昆。蒙再造之恩。遵奉前賢。荷中興之賜。乃恐沮檀溪宿願。不暇[2)]傷栜園前功。於是乎擇人龍於持律眞門。擧僧象於昭玄精署。鳩財四方。助揚者。皆免螻蟻在地。運力一時。同㐫人。咸入鷄鵾結緣。揆日也而爭呈妙技。占星也而廣拓宏規。倕才[3]與獲堊。霜塗黏香。雪梯架險。玉利與金鈴。蓬溟掛月。松間激風。欹岩麓培垣。壓溪流敞戶。荒階易以釦砌。卑廡變以彫廊。綺井華攢以䩞[4]鞢。繡栭枝擁以枛枅[5]。雖居海邊。獨秀天下。功成九仞。人不三遷。顧名思儀[6]豈徒三敎人攸歸。仍境寓懷。抑亦九門禪所入。恭疏短頌。庸助脩樑。阿郞偉抛樑東。一抹衆香聳碧空。紅日扶桑千萬里。祥光照耀九天中。南。萬瀑入潭影倒涵。怪雨盲風侵不得。六龍捧日繞花龕。西三角瑞峰落照低。上祝吾王朝又暮。而家而國與天齊。北。七寶臺雲環紫極。億刧前功更此明。深深佛德惟難測。上。上有高天靑一張。色色聲聲共一家。波輪法起人多向。下。萬疊煙霞鎖覆瓦。岩洞共淸佛地前。窮精彩膦今蘭若。伏願上樑之後。給園精舍。幷入堤封。貝葉靈文。咸歸冊府。超出三句。盡獅子之返擲。硏究一乘。窮犀角之生紋。

---

1) ㉮ '儀'는 '義'인 듯하다. 2) ㉯ '暇'는 '瑕'의 오자인 듯하다. 3) ㉮ '才'는 '材'의 오자인 듯하다. 4) ㉮ '䩞'은 '鞞'의 오자인 듯하다. 5) ㉮ '枅'는 '枒'의 오자인 듯하다. 6) ㉮ '儀'는 '義'의 오자인 듯하다.

영천암靈泉庵 영각影閣[280] 기문

승려는 진영眞影이 아니면 정성을 바칠 데가 없고, 진영은 누각이 아니면 소목昭穆[281]을 나열할 데가 없으며, 누각은 사람이 아니면 건립할 수가 없다. 이런 까닭에 셋은 함께하기 어려우매 육상六相[282]이 서로 어긋나니, 참된 승려와 참된 존영과 참된 사람을 누가 능히 알리오. 고금 이래로 유교나 불교나 간에 충효와 덕행의 사람이 있으면 반드시 가옥을 담장과 지붕을 수리하고 봄가을에 제사를 지내니, 그것은 이 때문이로다.

기허 선사騎虛禪師[283]는 선조 때의 참된 승려로서 나라를 위해 살신하여 충성을 다하였고, 무경 선사無竟禪師[284]는 숙종 때의 참된 승려로서 타인을 교화하고 사물을 궁구하며 덕을 세웠으니, 이 두 법사의 진영으로 사당을 세워서 향화香火(제사)를 받드니, 누가 옳지 않다고 하겠는가. 조용한 사당은 국가에서 은덕 갚음의 은혜가 막대하되 우리 승려들은 참여함이 없고, 석불石佛의 교화는 송광사松廣寺에서 탑을 세운 행위가 미칠 수 없되 진영을 봉안할 곳이 없으니, 참된 사람이 없어서 그러한 것인가.

도광道光[285] 15년 을미(1835) 여름 5월에 낙봉 선사樂峰禪師가 힘을 다해 영천암 남서쪽에 누각을 세우고서 봄가을에 제사를 드리고, 두 법사의 진영을 봉안하고, 또 그 문하 제자의 진영을 안치하여 소목의 위치를 나열하고자 한다. 참된 승려와 참된 진영은 150년 전에 나왔고, 진영을 봉안하는 참된 사람은 150년 후에 났도다. 오호, 옛적에 말한 바 일은 속히 이루어지지 않고 사람은 억지로 나아가게 할 수 없다고 한 것이 이런 것이로다.

지금 이후로는 어떤 덕이라도 펼쳐지지 않음이 없고, 어떤 선이라도 일컬어지지 않음이 없으니, 훗날 이 일을 말하는 자들은 이 글을 가지고 계옹雞雍이 황제가 되고, 올빼미 눈이 쓰임이 있음을 생각하리라.

靈泉庵影閣記

僧非影。不可以獻誠悃。影非閣。不可以列昭穆。閣非人。不可以能建立。是故三者相離。[1] 六相相乖。眞僧眞影眞人。其孰能知之。古今以來。儒釋間有忠孝德行之人。必葺墻屋。春秋享祀。其以是哉。騎虛禪師。以宣廟朝眞僧。爲國殺身盡忠。無竟禪師。以肅宗時眞僧。化人格物立德。此兩法師眞影立祠。以奉香火。其誰曰不可。從容之祠。國家之報德。恩莫大矣。吾僧無預。石佛之化。松廣之樹塔。行莫及矣。影無奉安之處。其無眞人而然耶。道光十五年乙未夏五月。樂峰禪師。宣力建閣于靈泉之坤。乃欲春秋享祀。奉安兩法師眞影。又安其門弟子眞影。列昭穆之位。眞僧眞影。出乎一百五十年之前。奉影之眞人。生乎一百五十年之後。嗚乎。古所謂事不可速成。人不可强就者。此也。今以後。無一德不暢。無一善不擧。後之言此事者。以此文。應以爲雞壅[2]之爲帝。鴟目之有用。

---

1) 옉 '離'는 원문의 '難'을 『한불전』에서 잘못 옮긴 것인 듯하다. 2) 옉 '壅'은 '雍'의 오자인 듯하다.

향로암 중수기

　호남의 뛰어난 산수 중에 승평昇平(순천)이 으뜸이다. 승평에 있는 10여 사찰 가운데 관람하고 유람하기 좋은 것 중에 선암사가 으뜸이다. 선암사의 20여 방장方丈[286] 중에 걸출하고 가장 영묘한 것은 향로암이로다.

　향로암은 선지암船之岩 만 길 아래에 있다. 동쪽으로 푸른 바다 천만여 리를 대하고, 서쪽으로 수선사修禪寺[287] 18영령의 땅을 마주하였다. 가파른 바위와 돌길에 생쥐들이 달리고, 여기저기 핀 꽃과 나무에 새(木客)들이 날아든다. 여기에 거하는 이는 세상 사람을 보지 않고서 참선할 수 있고, 여기 들어오는 이는 홍진을 밟지 않고 염불할 수 있다. 참선을 하지 않고 염불을 하지 않으면 이 암자에 머물지 않는 것이 옳다. 참선을 하고 염불을 하고자 하면 이 암자를 두고 어디에 머물 것인가.

　지난 병丙·정丁 두 해에 산승 재윤再允과 보일普一과 섭탄攝坦 세 사람이 이 암자에 머물다가 이 암자가 쇠퇴함을 안타까이 여겨 사방에서 일꾼을 모으고 손발이 트도록 재물을 모아 일을 꾸려서 암자가 완성되었다.

　염불하는 사람과 참선하는 사람들이 편안히 머물게 되었다. 이 암자에 머무는 이들은 마음의 향으로 무화無火의 향로를 가열하여 자성自性의 아미타불에 예를 올리고 법성法性의 땅에 들어가면 구품 연대九品蓮臺[288]가 멀리 있지 않고 여기에 있게 되리니, 호남의 뛰어난 산수와 승평에 있는 10여 사찰 가운데 관람하고 유람하기 좋은 것이 어찌 여기에 끼겠는가. 옛날 향로로 이름난 것이 여기에 있는 것인가. 나는 이 뜻을 알지 못하니 누가 나와 함께 후인을 기다릴 텐가.

香爐庵重修記

湖南山水之勝。昇平首焉。昇平十餘寺觀遊之勝。仙岩首焉。仙岩二十餘方丈傑出最靈者。其惟香爐庵。庵在船之岩萬丈下。東對滄溟千萬餘里。西接修禪十八靈地。巉峕磴路。走者鼪鼯。衆差花樹。飛者木客。居斯者。不見世人。可以叅禪。入此者。不踏紅塵。可以念佛。其不也叅禪。其不也念佛。其不住此庵。可也。若是也叅禪。若是也念佛。捨此庵奚居。去丙丁兩年間。山之僧再允普一攝坦三人。居此庵而慨此庵之傾頹。鳩工四方。財由皷瘯。經始營也。庵又成。念佛人叅禪人。可安其居。居此庵者。可以心香。熱無火之爐。禮自性彌陁。入法性土。則九品蓮臺。不遠在玆。湖南山水之勝。昇平十餘寺觀遊之勝。何預於此也。古以香爐名者。其在此耶余不知此儀。其誰與我。以待後人。

몽유시에 대한 화답시와 서문

내가 향산香山[289]의 시를 읽는 것은 무슨 마음인가.

상서尚書 백낙천白樂天[290]은 불교를 좋아하는 사람이었다. 그 망령됨을 자세히 파악하고 잘못을 두루 알아서 하남河南 원집허元集虛와 범양范陽 장윤중張允中과 남양南陽 장심지張深之와 동림東林·서림西林의 장로長老 주湊·낭朗·지만智滿·회회會晦·견견堅 등 무릇 22인과 더불어 광려匡廬(廬山)에서 결사結社하였다.[291] 원미지元微之[292]는 강릉江陵에 있어서 〈몽유춘夢遊春〉 시詩 70운韻을 부쳤다. 백낙천은 이에 100운으로 화답하였고, 서문에 말하길, "이것을 안타까워하면 마땅히 그것을 알겠지. 그것을 돌이켜 망령됨을 알면 마땅히 참됨에 돌아가리."라 했다.

몽유夢遊 중에 의혹이 심한 것은 어려서부터 늙을 때까지 만들고 행한 것이 지금은 어디에 있는가 하는 것이다. 과거에 속하는가? 과거는 있지 않으니 이것은 꿈이다. 현재에 속하는가? 현재는 있지 않으니 사라져 가는 것의 그림자(落謝緣影)가 모두 거북 털이요 토끼의 뿔이니 꿈이다. 미래에 속하는가? 미래는 오지 않았으니 꿈이다. 삼세를 모두 얻을 수 없으니 어찌 몽유夢遊라 하지 않겠는가. 삼세의 제불諸佛이 세상에 출현하는 것도 꿈이요, 원미지의 〈몽유춘〉도 꿈이요, 백 상서가 불교를 좋아하는 것도 꿈이요, 인전仁全이 『향산집香山集』을 읽는 것도 꿈이다. 하물며 40년의 일이겠는가.

원미지가 70운을 백거이에게 부치고, 백거이가 30운을 더하여 화답하였으니, 나는 10운을 더하여 화답하노라.

가만히 인간 일 보노라니	暗看人間事
구절양장九折羊腸처럼 굴곡 많도다	羊腸是九曲
삼독과 팔사[293]에다	三毒及八邪

사대와 오욕294 있으니	四蛇兼五欲
누가 원각295의 산을 오르랴	誰登圓覺山
모두 우공296의 골로 들어가네	皆入愚公谷
온갖 일의 분수 정해졌는데	百事分已定
어이하여 족함을 모르나	其何不知足
시초를 알 수 없는 윤회의 업으로	無始輪廻業
누런 풀은 다시 자욱이 피네	黃草復生蓐
태어나 세간 벗어남을	生來出世間
누가 익숙하게 만들고	何人放敎熟
어떻게 진인을 만나	如何逢眞人
함께 열반의 집에 오를까	共登涅槃屋
부처 열반 후 3천 년	佛去三千年
저문 때 찬 걸음 걷네	暮影踏寒躅
외부 마귀가 온통 편리함 얻으니	外魔盡得便
거북처럼 몸 감추기 어려워라	難作龜藏六
이제 사과297를 보니	今看四果中
교리가 아침 햇살 같아라	敎理如朝旭
오호라, 불난 집에서	嗚乎火宅裡
세 수레로 피할 줄 몰랐네298	不知三車逐
오늘 화엄의 마당에서	今日華嚴場
법을 들어 먼지를 씻고	聞法洗塵腹
다행히 사난299을 만나	幸得四難遇
찰나마다 수렴 단속했네	念念可收束
병 속의 참새300를 기르려면	養來瓶裡雀
누군들 이 껍질을 뚫지 않으랴	誰不穿此殼
가련하다, 지옥의 인간들	可憐地獄人

영겁 세월에 근심으로 찡그리네	刼刼愁顰蹙
나는 『지장경』[301]을 읽노라니	余讀地藏經
마음이 푸른 대처럼 서서	立心如綠竹
방구석에서도 부끄럽지 않으니	尙不愧屋漏
열 개 눈이 본다 해도 어찌 꺼리랴	豈嫌十目矚
평생에 내 노닐던 곳은	平生我遊處
구름처럼 하얗고 물처럼 푸르러	雲白又水綠
시비를 아지랑이처럼 보고	是非看遊絲
영화는 헤진 두건으로 여기며	榮華付散幞
세상일 이미 마음 없으니	世事已無心
맑고 맑게 다만 냇물 떠 먹고	清清但溪掬
더러운 옷과 땜질한 발우로	糞衣與綴鉢
화려한 이불 생각지 않고	不念華文褥
호랑이 나올까 늘 꺼리는데	每嫌虎出林
어찌 불나방을 따르랴	那隨蝶燈撲
너를 붙잡는 것은 무엇인가	執取爾何事
탐욕과 애욕이 계속 이어지네	貪愛仍相續
이 몸을 알지 못하니	不識得此身
거북이 나무 만남보다 어려워[302]	難於龜遇木
일흔두 번 왕복하니	七十二往復
윤회가 어찌 그리 빈번한가	輪轉何頻黷
천지를 오두막으로 삼아	蘧廬天地也
출몰하여 몇 번이나 묵었나	出沒幾生宿
험난함이 이와 같으니	其險也如此
진원을 회복한 이 없어라	人無眞元復
그루터기 귀신과 줄 위의 뱀은[303]	杌鬼繩上蛇

모두 상림[304]의 점이라	都是桑林卜
망령됨 깨닫고 진리로 돌아가니	悟妄歸入眞
누가 현숙하다 하지 않으랴	誰不謂賢淑
나는 집에 있던 날부터	余自在家日
병거兵車를 일삼지 않고	不事儜暢轂
꽃다운 나이 열네댓 살 때에	芳年十四五
입으로 책의 향기를 다했는데	口盡書香馥
눈물 머금고 〈육아〉[305] 읊으니	含淚讀蓼莪
집안의 화목 보기 어렵고	難見家事睦
형제 또 남아 있지 않구나	弟兄又不在
나의 복 없음을 알고는	知我無福祿
사방팔방 떠돌아다닐 때	漂泊八區時
물이고 땅이고 뭘 꺼리랴	何嫌水兼陸
계유년(1813) 겨울 10월에	癸酉冬十月
해인사에서 비로소 승려 되어	海印從僧俶
세상 피해 달 뜬 봉우리들에 머물며	遁世月千峰
먼지 씻느라 물이 백 곡이나 들었지	滌塵水百斛
다음 해 봄 정월에	次年春正月
서명사에서 솔 등잔을 밝히고	西明松燭煜
예불할 때마다 향을 사르며	拜佛每焚香
경전 외우고 술은 끊었네	誦經不飮麴
삼남은 황폐함이 어이 그리 심한지	三南何太荒
북녘 향해 폭염을 무릅썼네	向北冒炎酷
마을에서 걸식하며 닭과 개 소리 듣고	乞村聞雞犬
강을 건너며 구관조와 함께했네	渡江傍鴝鵒
해서로 갔다가 관동으로 가며	海西又關東

2천 리를 지팡이로 걸었네	二千里筇速
평강군³⁰⁶ 백련암에서	平康白蓮庵
밤에 삼동의 촛불을 밝혔고	夜燎三冬燭
동쪽으로 금강산에 들어가	東入金剛山
적적하게 세상 마음 없앴지	寂寂世心禿
푸른 용 같은 물을 건너고	水勢渡蒼龍
흰 고니 같은 바위에 올랐네	岩形登白鵠
유점사 향로전에는	楡岾香爐殿
따스한 연기조차 없었고	無煙可逢燠
오대산과 태백산 꼭대기에서는	五臺太白頭
지팡이 하나로 만 리 기록했네	一筇萬里錄
우연히 고향 길을 지나니	偶過故園路
집은 무너지고 친족은 없어	宅廢無姻族
황폐한 마을에 세월 흐른 뒤	荒村歲已後
구슬피 새 귀신들이 울고	啾啾新鬼哭
화원에선 나비들이 춤추고	花院隨舞蝶
논에선 거위가 목욕하네	水田逢浴鶩
지팡이 돌려 조계산 들어가	轉筇入曹溪
동암에서 또 국화를 보며	東庵又看菊
구름 평상에 세상 잊고 앉으니	雲榻忘世坐
솔바람이 악기를 연주하네	松風奏琴筑
남쪽으로 묘적암 터에 오르니	南登妙寂墟
풀 사이로 살무사가 달아나고	草間走蝙蝠
이곳에 호승이 없으니	此處無胡僧
누가 도간의 종을 알랴³⁰⁷	誰識陶侃僕
병자년(1816)과 정축년(1817) 사이에	丙子丁丑間

의지할 데 없어 한숨 쉬며	無依欲咿噢
호남의 50개 마을에	湖南五十州
발길 돌이켜 얼마나 걸었나	旋踵幾踟躇
친구 얻어 가족을 그리나	得友念家人
때 잃어 소축308을 한탄하네	失時恨小畜
누구도 나 같은 이 만남 없으니	無人逢若己
서로 버팀이 화살과 칼 모은 듯	相拄箭鋒簇
곤륜산에서 공명309을 만났는데	崙山遇共命
중조산310에서 비목311을 잃었지	中條失比目
『화엄경』을 외울 때마다	每誦華嚴經
어찌 부처님 옷 빌린 것 부끄러워하랴	豈慚假佛服
선지식을 참배하고 흠뻑 들으려	欲飽衆知識
바람결에 찬 서리 밟았네	風邊踏霜肅
강원에 몸을 깃들여	栖身諸講肆
만인의 문서 감당했지	獨當萬人牘
이처럼 여러 해 동안	如是多年來
세상일 전혀 관여 않았네	世事一不觸
새로운 뜻의 아이로 오 땅을 만나고	新意兒逢吳
옛 인연의 승려로 촉 땅을 떠났지	舊緣僧別蜀
경전은 많은 승려들 함께 읽고	經俱百僧口
시는 많은 사람들과 함께하였네	詩共千人軸
〈벌목〉에 단금을 기약하고312	伐木期斷金
의장으로 옥을 구하지 않았네313	義醬不求玉
선을 행함에 명성을 가까이 않으니	爲善無近名
어디에서 원망이 일어나랴	何處起怨讟
송나라 거북은 영험하나 창자 갈라지고314	宋龜靈刳腸

변방 말은 화가 복이 되었으니[315]	塞馬禍爲福
마음에 편당이 없으면	心若無偏儻
지옥에 들어갈까 어찌 꺼리랴	豈憚遊地獄
오호라, 현세의 사람들은	嗚乎今世人
마음마다 모두 세속되도다	心心皆已俗
병술년(1826) 3월 20일에	丙戌三月念
동쪽 강원도 관찰사를 보고	東見原江牧
가을에 영안공(김조순)을 뵈니	秋謁永安公
도의 마음이 진실로 질박했지	道心眞質朴
정해년(1827) 여름 5월에	丁亥夏五月
인사도 없이 북쪽 길에 나서	北登路無鞠
한가로이 낙민루[316]에 올라	閑上樂民樓
남쪽으로 갈매기 목욕함을 보았네	南看白鷗浴
관서 지방 40개 마을에서	關西四十州
끼니마다 기장과 조밥만 먹었지	每食逢黍粟
묘향산 보현사에 가니	妙香普賢寺
산이 온통 모두 두릅나무라네[317]	滿山皆械樸
가을에 구월산에 들어가니	秋入九月山
사방을 보아도 골육이 없어	四顧無骨肉
한성부로 향하니	仍向漢城府
문물은 찬란하거늘	文物喜彬彧
승려 풍속만은 예의가 없어	僧風獨無禮
이에 부끄러움 가누지 못했네	於此不勝恧
장자의 나비[318]에 기대고	物寄莊園蝶
가의의 〈복조부〉를 읊었나니[319]	賦詠賈生鵩
모든 일이 이와 같거늘	凡事其如是

어찌 화산의 독을 생각하랴	那念華山毒
동남으로 조령을 넘으니	東南踰鳥嶺
지팡이 끝의 즐비한 산봉우리들	筇頭山簇簇
밀양 수령이 부르시니	招我密陽倅
전생에 인연 많음 알았네	是知多緣夙
약산의 화엄 법회에	藥山華嚴會
지혜의 해 밝기를 기도했네	懇禱慧日旭
같이 참석한 50인이	同番去五十人
염불하고 독경하니	念佛又經讀
법계의 일체 중생이	法界一切衆
모두 같이 권속이 되고	摠爲同眷屬
30여 년의 일이	三十餘年事
그대로 돌연 꿈이더라	依然一夢倏
시비 속에 양을 잃으니	亡羊是與非
온 세상이 장과 곡이라³²⁰	擧世盡臧穀
오직 이 만법의 왕만이	惟此萬法王
호견³²¹ 나무처럼 홀로	如樹好堅獨
멸하지도 나지도 않으니	不滅又不生
어찌 영욕을 따르랴	何以隨榮辱
홀로 천지 밖에 우뚝 서니	獨立天地外
마귀가 건토³²²따라 복종하네	魔從巾兔伏
십계에 광장³²³의 말이 없고	十界無廣長
삼세에 연촉겁지延促劫智 끊겼는데	三世絶延促
어떻게 사리불³²⁴처럼	奈何舍利弗
사바세계의 국면을 느낄 수 있나³²⁵	感得娑婆局
가련하다, 불난 집의 아들들이여	可哀火宅子

문 밖의 양 수레와 사슴 수레 잊었나	門外忘羊鹿
최담[326]을 만나지 못했다면	若不逢崔曇
어떻게 영산 기슭으로 들어갔을까	何入靈山麓
나는 부처님 이후에 태어나	我生佛去後
윤회의 바퀴를 벗어나지 못하고	未免輪廻輻
확 트인 원각 안에서	廓然圓覺中
망령되어 헛된 욕심을 내었네	妄生空嗜慾
아, 너 주인공아	嗟汝主人公
오온[327]은 마귀라 없애야 하고	五蘊魔當戮
사지[328]는 근본으로 돌아가기 어렵거늘	四智難返源
육근[329]은 피 흘리기 쉽나니	六賊易爲衂
준제 진언[330]을 외우면서	誦來準提呪
수시로 첨복[331]의 향을 맡고	時時聞瞻蔔
지극히 관음보살을 염하며	至念觀音聖
신선 악전[332]을 구하지 않노라	莫求仙人偓
세상의 무상함을 깨달았으니	已覺世無常
어찌 추위에 고생하리오	是何苦皸瘃
하나도 좋은 것 없음을 익히 보니	熟看無一可
헛되이 몸만 윤나게 하랴	空令自身渥
가소롭다, 전팽조[333]와	可笑籛彭祖
헛되이 늙은 동방삭	虛老東方朔
삼천대천세계에서	三千大千界
새벽에 닭 하나가 우는 듯	如曉一雞喔
다만 찰나 사이의	只在刹那間
작은 티끌이 오악이요	纖塵是五嶽
한번 귀하고 또 부유함은	一貴又一富

햇볕 아래 빙산이 서 있음이로다	陽下氷山矗
이러한 이치를 모르고	不知如此理
명리를 달팽이 뿔 위에 다투네[334]	名利爭蝸角
깊고 넓은 오묘한 지혜의 바다는	深廣妙智海
본래 넓고 좁음이 없어	本來無舒縮
사성[335]은 임의로 자재하거늘	四聖任自在
육범[336]은 공연히 뒤뚱거리네	六凡空彳亍

和夢遊詩序

余讀香山詩。何心。白尙書樂天。盖好佛者也。曲盡其妄。周知其非。與河南元集虛。范陽張允中。南陽張深之。東西二林長老湊朗如[1)]滿晦堅等凡二十有二人。結社匡廬。而元微之在江陵。以夢遊春詩七十韵寄之。樂天和之以一百韻。序云悔於此。則宜悟於彼矣。返於彼而悟於妄。則宜歸於眞也。其所以夢遊中甚惑者。自幼及耄。所作所爲。今其何在。屬迪[2)]去耶。迪去不在。是夢。屬現在耶。現在不在。落謝緣影。皆爲龜毛兔角。是夢。屬未來耶。未來不來。是夢。三世俱不可得。其何不爲夢遊也。三世諸佛。出現於世。亦是夢。元微之夢遊春。亦是夢。白尙書好佛也。亦是夢。仁全讀香山集。亦是夢。況四十年事乎。元微之以七十韵。寄白居易。白居易增三十韵和之。余增十韵以和之。

暗看人間事。羊腸是九曲。三毒及八邪。四蛇兼五欲。誰登圓覺山。皆入愚公谷。百事分已定。其何不知足。無始輪廻業。黃草復生蓐。生來出世間。何人放敎熟。如何逢眞人。共登涅槃屋。佛去三千年。暮影踏寒躅。外魔盡得便。難作龜藏六。今看四果中。敎理如朝旭。嗚乎火宅裡。不知三車逐。今日華嚴場。聞法洗塵腹。幸得四難遇。念念可收束。養來瓶裡雀。誰不穿此穀。[3)] 可憐地獄人。刧刧愁顰蹙。余讀地藏經。立心如綠竹。尙不愧屋漏。豈嫌十目矚。平生我遊處。雲白又水綠。是非看遊絲。榮華付散襆。世事已無心。淸淸但溪掬。糞衣與綴鉢。不念華文褥。每嫌虎出林。那隨蝶燈樸。[4] 執取爾何事。貪愛仍相續。不識得此身。難於龜遇木。七十二往復。輪轉何頻黷。蘧廬天地也。出沒幾生宿。其險也如此。人無眞元復。杌鬼繩上蛇。都是桑林卜。悟妄歸入眞。誰不謂賢淑。余自在家日。不事倀暢穀。芳年十四五。口盡書香馥。含淚讀蓼莪。難見家事睦。弟兄又不在。知我無福祿。漂泊八區時。何嫌水棄陸。癸酉冬十月。海印從僧俶。遁世月千峰。滌塵水百斛。次年春正月。西明松燭煜。拜佛每焚香。誦經不飮麴。三南何太荒。向北冒炎酷。乞村聞雞犬。渡江傍鴣鵠。海西又關東。二千里節速。平康白蓮庵。夜燎三冬燭。東入金剛山。寂寂世心禿。水勢渡蒼龍。岩形登白鵠。楡岾香爐殿。無煙可逢燠。五臺太白頭。一節萬里錄。偶過故園路。宅廢無姻族。荒村歲已後。啾啾新鬼哭。花院隨舞蝶。水田逢浴鶩。轉節入曹溪。東庵又看菊。雲榻忘世坐。松風奏琴筑。南登妙寂墟。草間走蝙蝠。此處無胡僧。誰識陶侃僕。丙子丁丑間。無依欲咿噢。湖南五十州。旋踵幾踣踙。得友念家人。失時恨小畜。無人逢若已。相拄箭鋒簇。崙山遇共命。中條失比目。每誦華嚴經。豈慚假佛服。欲飽棽知識。風邊踏霜肅。栖身諸講肆。獨當萬人牘。如是多年來。世事一不觸。新意兒逢吳。舊緣僧別蜀。經俱百僧口。詩共千人軸。伐木期斷金。義醬不求玉。爲善無近名。何處起怨讟。宋龜靈刳腸。塞馬禍爲福。心若無偏儻。豈憚遊地獄。嗚乎今世人。心心皆已俗。丙戌三月念。東見原江牧。秋晹[5]永安公。道心眞質朴。丁亥夏五月。北登路無鞠。閑上樂民樓。南看白鷗浴。關西四十州。每食逢黍粟。妙香普賢寺。滿山皆樕樸。秋入九月山。四顧無骨肉。仍向漢城府。文物喜彬彧。僧風獨無禮。於此不勝悆。物寄莊園蝶。賦詠賈生鵩。凡事其如是。那念華山毒。東南踰鳥嶺。節頭山簇簇。招我密陽倅。是知多緣夙。藥山華嚴會。懇禱慧日勗。同番去五十人。念佛又經讀。法界一切衆。摠爲同眷屬。三十餘年事。依然一夢倏。亡羊是與非。擧世盡臧穀。惟此萬法王。如樹好堅獨。不滅又不生。何以隨榮辱。獨立天地外。魔從巾兔伏。十界無廣長。三世絶延促。奈何舍利弗。感得娑婆局。可哀火宅子。門外忘羊鹿。若不逢崔曇。何入靈山麓。我生佛去後。未免輪廻輻。廓然圓覺中。妄生空嗜慾。嗟汝主人公。五蘊魔當戮。四智難返源。六賊易爲衂。誦來準提呪。時時聞瞻蔔。至念觀音聖。莫求仙人偓。已覺世無常。是何苦皷瘷。熟看無一可。空令自身渥。可笑錢彭祖。虛老東方朔。三千大千界。如曉一雞喔。只在刹那間。纖塵是五嶽。一貴又一富。陽下氷山矗。不知如此理。名利爭蝸角。深廣妙智海。本來無舒縮。四聖任自在。六凡空彳亍。

---

1) ㉰ '如'는 '智'의 오자인 듯하다. 『文苑英華』에 실린 〈대림사에 노닐며(遊大林寺)〉의 서문 참고. 2) ㉰ '辿'은 '過'의 오자인 듯하다. 아래도 같다. 3) ㉰ '毃'은 '殼'의 오자인 듯하다. 4) ㉰ '樸'은 '撲'의 오자인 듯하다. 5) ㉰ '瘍'은 '謁'의 오자인 듯하다.

기암 노옹의 사십구재 소

간절히 생각하건대, 창제唱題[337]할 때 지옥은 모두 빌 것이니 태평성대를 기록함이 분명하고, 종이를 살 때에 천당이 벌써 교화되었을 테니 큰 도움을 기록함이 뚜렷합니다. 여항산餘杭山 아래 업의 몸을 벗어난 우족羽族(새)이 있고,[338] 오흥현吳興縣에 나이를 2기紀(24년) 늘린 비추芘蒭(승려)가 있습니다.[339] 승려를 맞아 금자金字로 쓰게 하니 신인神人이 도리천忉利天에 벌써 안치하고,[340] 부처를 연모하여 상의床衣를 물리치니 동자가 보승寶繩 길을 청소할 것입니다.[341] 옛적에 이와 같은 일이 있어서 선근善根을 심고 오묘한 과보에 감응함이 적지 않았거늘, 지금은 이와 같은 일이 없어서 좋은 인연을 맺고 청정한 인因을 닦음이 많습니다.

엎드려 생각하건대, 우리 대사께서는 목숨을 이 세상에 부치시어 팔난八難[342] 가운데 2난을 얻으셨고, 피안에 인연을 맺어 1난에서 8난을 면하였습니다. 선도 짓지 않고 악도 짓지 않아 그저 재약산載藥山[343]에서 늙고, 영화도 마음 없고 욕됨도 마음 없어 다만 응천凝川(밀양)에 머물렀습니다. 북쪽 묘향산과 남쪽 지리산에서 허공의 날조된 꽃을 붙였고, 서쪽 구월산과 동쪽 금강산에서 물 위에 뜬 나무를 알았습니다.[344] 삼구三句[345]를 참구參究하지 않았고, 오교 팔장五敎八藏[346]의 묘법을 외우지 않았으며, 1백 성城을 가지 않았는데 어떻게 1천7백 공안公案[347]을 들었겠습니까. 어느새 티끌 세상은 무상하여 홀연히 몸을 버리게 되었습니다. 은혜를 저버린 상좌上佐들 중에 누가 영원靈源[348]의 믿음에 이르겠습니까. 같이 배우는 동료들은 누구에게 행견行堅[349]의 참선 등을 묻겠습니까. 이치로 보면 법마다 비로자나불의 전신全身이니 따로 오염과 청정으로 나눌 게 없고, 일로 말하자면 부府마다 시왕十王이 각기 판별하니 선악을 들 수 있습니다.

이제 사면 산들의 호랑이와 사자 같은 석인碩人들이 도량에 운집하여 지장地藏의 성대한 모임을 열고, 팔방의 용과 코끼리 같은 선백禪伯들이 먼지를 씻고 넝쿨을 없애 천계天界의 좋은 인연을 심었습니다. 일월日月이 머물지 않아 재신齋晨(잿날)이 지나니, 그저 더함이 없음을 애통해하면서 오직 올바름을 닦을 뿐입니다(薦修其是然). 그리하여 재물을 쏟아 위로 불천佛天에 바치고, 오묘한 법을 청하여 아래로 음계陰界를 구제하고자 합니다.

엎드려 바라옵건대, 우리 대사께서는 부처의 원력願力에 의지하고 법의 가지加持350를 받아 천 생生의 정업定業351을 멸하고 7축軸의 『연경蓮經』(『묘법연화경』)을 받으셔서 그 제목을 부르면 지옥이 모두 비리니, 산룡山龍의 덕이 갇힌 귀신들에게 베풀어짐과 같고,352 경전을 펼칠 것을 생각만 해도 천당이 교화되리니, 현령玄玲의 은혜가 마을 노파에게 미치는 것과 같습니다.353 구절마다 보현普賢의 골수骨髓요354 글자마다 등명燈明355의 안목眼目입니다. 이로부터 불지견佛知見356이 열리리니 천당과 지옥에서 임의로 쾌활하게 되고, 불지견에 들어가니 극락과 사바세계를 자유자재로 돌아다니게 됩니다.

또한 바라건대, 이 천도의 인연 선근因緣善根과 이 발원의 여의 공덕如意功德이, 동참한 대중들에게 미쳐 앞서 돌아가신 백부와 숙부, 형제들, 구현칠조九玄七祖357 그리고 이 세계 다른 지역의 주인이 있거나 없는 혼백들, 태생·난생·습생·화생, 육도 십류六途十類 등 각각의 열위列位와 열명列名의 영가靈駕(영혼)들이 백겁 천 생의 죄 뿌리를 뽑아 버리고 곧장 팔수八水358와 구품 연대九品蓮臺로 들어가소서.

奇巖老四十九日疏

切以唱題之頃。地獄皆空也。錄太平而昭然。買紙之時。天堂已化焉。書弘賛而的歷。餘杭山下。有便脫業軀之豻族。吳興縣中。有延齡二紀之芘蒻。迎僧寫金字。神人已安其忉利天。戀佛却床衣。童子將拂其寶繩道。古有如是。而種善根。感妙果不少。今無若斯。而結好緣。修淨因其多。伏念我師。

命寄斯世也。得二難於八難之中。緣結彼岸也。免八難於一難之上。善不造惡不造。而空老於載藥。榮無心辱無心。而但家於凝川。北香山南智異。寄空中之捏花。西九月東金剛。知水上之浮木。三句也莫叅。而未誦五敎八藏之妙法。百城也不去。而何聞一千七百之公案。奄然塵世無常。倏爾色身有棄。負恩上佐。誰可及靈源之信。同學伴侶。疇咨如行堅之禪。以理觀之。則法法毘盧全身。別無染淨之可分。以事言之。則府府十王各判。其有善惡之可擧。今乃四山虎獅碩人。雲集道場。開地藏之勝會。八表龍象禪伯。塵滌蔓拏。種天界之善緣。日月不居。齋晨已過。徒哀痛其無益。惟薦修其是然。肆以傾珎財而上供佛天。請妙法而下濟陰界。伏願我師。仗佛願力。承法加持。滅定業其千生。受蓮經其七軸。仍唱題目。而地獄皆空。如山龍之德施囚鬼。由念展經。而天堂已化。似玄玲之恩及村嫗。句句普賢骨髓。字字燈明眼目。由是而開佛知見。天堂地獄。任運快活。入佛知見。極樂沙波。自在逍遙。抑願以此薦度因緣善根。以此發願如意功德。泊及同叅大衆。上世先亡。叔伯弟兄。九玄七祖。此界他方。有主無主。胎卵濕化。六途十類。各各列位。列名靈駕。頓拔百刼千生之罪根。直徃八水九品之蓮臺。

김 참판에게 올리는 글

일전에 현암玄巖에 싣고 돌아온 『석문문자선石門文字禪』은 덕홍 각범德洪覺範359 선사가 지은 책입니다. 이 문자의 성대하고 거침 없음은 사마천司馬遷과 같고, 표현이 난삽하여 헤아리기 어려움은 반고班固와 같습니다.360 그리고 순수한 기운과 깊숙한 모양은 칠원漆園 노인장361의 10만여 말을 따라서 지은 것입니다.

산승山僧의 생각으로 말하자면, 염불하고 참선하는 것 외에 문자는 가당치 않습니다만 매번 손에서 이 글을 놓지 못하는 것은 다른 까닭이 아닙니다. 이 사람은 비록 문장으로 송나라 때 유명했고, 이 글은 비록 문장으로 우리 동방에 나왔으나, '문자선'이라고 하니, 이는 문자이면서 문자를 여읜 것입니다. 이것은 무엇을 가리킵니까? 말이 있음으로부터 말 없음에 이르는 것이 가르침이요, 말 없음으로부터 말 없음에 이르는 것이 선禪입니다. 사람들이 이름 붙일 수 없는 것이로되 억지로 이름하여 '선'이라 한 것입니다. 이 글은 말 있음으로부터 말 없음에 이르렀으니, 곧 있음이고 곧 없음이며, 있음을 여의고 없음을 여읜 것입니다. 산승이 읽는다고 또한 어찌 거리끼겠습니까. 임시(假)로부터 공空에 들어가 참됨과 속됨에 놓이지 않으며, 곧 있음이고 곧 없음이니, 합하께서 읽더라도 어찌 거리끼겠습니까.

산과 들은 길이 달라 성 안으로 들어가 이 마음을 터놓지 못하고 갈등으로 슬픔이 이러한 상태에서 편지를 올리니 어떠하겠습니까. 엎드려 생각건대 헤아려 주시겠지요. 뒷날 성城으로 나오는 날을 기다려 이 마음을 펴기를 엎드려 바라옵니다. 엎드려 바라옵니다.

上金叅判書

日於玄巖所載還石門文字禪。乃德洪覺範禪師所著書也。此文字之磅礴

無碍。與迁同。佶伉¹⁾難窺。與固同。又純粹之氣。瀜泫之相。從漆園老叟十
萬餘言而做出來也。以山僧本懷言之。則念佛叅禪外。文字不可當。每手
不釋此文。非他故也。盖此人雖以文章。鳴於聖宋。此文雖以文章。出於吾
東。其曰文字禪。此是即文字。而離文字也。此何以稱焉。自有言。至於無
言。敎也。自無言。至於無言。禪也。人莫得而名焉。强名曰禪。此文從有言
而至於無言。即有即無。而離有離無者也。山僧讀之。亦何碍。自從假入空。
不在眞俗。而即有即無。則閣下讀之。亦何碍。山野其爲路殊。則不得入城。
攄此懷而以葛藤。忉怛如許而呈似。其爲如何哉。伏惟諒察焉。俟後出城
日。以叙此懷。伏望伏望。

1) ㉖ '佶伉'은 '佶屈'(聱牙)의 오자인 듯하다.

밀양 수령 이 공李公의 관음점觀音占 축사

엎드려 생각건대, 들음에 능함(能聞)에서 시작하여 듣는 바 없음에 능하고, 들음 없음으로 인하여 듣지 않음이 없음에 능하니, 듣지 않음이 없음에 능하면 몸이 천억 개라도 괜찮고, 듣는 바 없음에 능하면 비록 몸이 하나도 없더라도 괜찮습니다. 비록 몸이 하나도 없더라도 중생이 정성스레 간청하는 생각마다 구함이 있으면 모두 따르니, 1천 강에 비친 가을 달과 같습니다. 몸이 천억 개라서 중생이 슬피 부르짖는 소리마다 바람을 이루어 주지 않음이 없으니 온갖 꽃에 봄바람이 부는 것과 같습니다. 넓디넓은 신이한 공으로 정병(甁)의 푸른 버들을 잡고, 높디높은 신성한 덕으로 인간세계 훌륭한 의사가 되었습니다. 위의 있고 영험하여 경외스럽고, 바르고 곧아서 속일 수 없습니다. 비록 모습을 보이지 않더라도 반드시 드러나게 감응합니다. 그래서 귀의하는 이들은 복이 강가 모래처럼 모이고, 정성을 바치는 이들은 죄가 먼지처럼 사라집니다.

이제 본부本府의 토주 사군土主使君(수령) 이화연李化淵은 사려가 깊고 온화하고 정직하며, 하나의 기둥으로 황하가 터지는 것을 막고 두 손으로 흰 해의 빛을 씻어 냅니다. 팔방에서 재난을 고하면 일심으로 다독거려 주니, 사방에서 공물을 보내 주는데 온갖 돈을 받지 않습니다. 비 온 후에 사람들이 푸른 들에서 일하고, 달밤 꽃핀 마을에 개 짖는 소리도 나지 않습니다.

산승이 이에 관작이 1품 더해지기를 축원하노니, 나라 사람들은 크게 쓰이셔야 하는데 늦어짐을 한탄합니다. 이번에 저 전유展有[362]는 사군使君의 맑은 덕이 이와 같음에 감동하여 이처럼 밝은 지혜의 대성大聖(관음불)께 기도합니다. 일신의 길흉과 만민의 화복에 대해 엎드려 빌건대 오행을 점치니(扐揲)[363] 한 말씀을 밝히 보이소서.

密陽倅李公觀音占祝詞

伏念始於能聞。而能無所聞。仍於無聞而能無不聞。能無不聞。則其千億身亦可。能無所聞。則雖無一身乃可。雖無一身。而應衆生之念念誠懇。有求皆從。若千江之秋月。其千億身。而救衆生之聲聲哀號。無願不遂。同萬卉之春風。神功浩浩。執瓶上之綠楊。聖德嵬嵬。作人間之良醫。威靈可畏。正直難欺。雖不示其形容。必昭彰其感應。是以歸依者。福聚河沙。獻誠者。罪消塵墨。今本府土主李使君化淵。密穆論思。雍容諒直。一柱障黃河之決。兩手洗白日之光。八面告灾。一心撫慈。四境送供。百錢不受。雨後有人耕綠野。月中無犬吠花村。山僧祝以一品之加益。國人恨其大用之猶遲。今展有感使君之淸德如是。祈大聖之明智若彼。一身之吉凶。萬民之休咎。伏乞扐揲五行。昭示一言。

영안 부원군의 관음점 축사

엎드려 사뢰건대, 십구응신十九應身으로 시현하여 중생을 인도함은 관음 대성大聖이요, 삼십이응신으로 칠취七趣³⁶⁴를 제도함은 자재自在³⁶⁵의 대자大慈입니다.³⁶⁶ 8만 4천 청정한 보배 눈과 8만 4천 모다라母陁羅³⁶⁷ 팔과 오안 육통五眼六通³⁶⁸으로 마음이 바라는 대로 하니 빈 골짜기에 소리가 전해지는 것과 같고, 삼명 팔해三明八解³⁶⁹로 원하는 바를 이루니 맑은 못에 달이 비침과 같습니다. 이로써 진정으로 들어가는 자는 팔난八難에서도 재해가 변하여 재해가 되지 않고, 마음으로 귀의한 자는 십선十善에서 복이 돌이켜 복이 됩니다.

이제 영안 부원군永安府院君 김씨金氏는 함유咸有(만물)에 일덕一德을 밝히시고,³⁷⁰ 중화中和³⁷¹에 천명을 따르시도다. 일에 있어서 인을 근본으로 하시고 예에 있어서 효를 먼저 하시며, 인으로 중생을 건지는 정성을 추진하시고, 효로 어버이를 존경하는 술잔을 드시도다. 「하범夏範」의 '치우치지 않음'을 얻으시고, 『주시周詩』(『시경』)의 '다함이 없음'을 따르시도다.³⁷² 어버이를 존경하고 중생을 제도하시니 땅을 살피고 산을 개간하시는 정성이 깊고, 치우치지 않고 다함이 없으시니 별을 점치고 날을 헤아리는 마음이 넓으시도다.

엎드려 대성大聖 앞에 빌건대, 본디 서원을 어기지 마시고 품은 뜻을 따르시어 오행五行에 명감冥感을 내리시고, 일사一事에 길흉을 가름하소서.

永安府院君觀音占祝詞

伏白十九示現導衆生。觀音之大聖。三十二應度七趣。自在之大慈。八萬四千淸淨之寶目。八萬四千母陁羅臂。五眼六通。從心所欲。如空谷之傳聲。三明八解。無願不遂。若澄潭之印月。是以誠入者。灾變不灾於八難之上。心歸者。福還是福於十善之間。今永安府院君金氏。明一德於咸有。率天命於中和。事以仁爲本。禮以孝爲先。仁以推濟衆之誠。孝以擧尊親之奠。得無偏於夏範。遵不軌¹⁾於周詩。尊親濟衆。卜地開山之誠深。無偏不軌。占星揆日之心廣。伏祝大聖之前。不違本誓。乃從雅懷。降冥感於五行。判休咎於一事。

---

1) ㉘ '軌'는 '實'의 오자인 듯하다. 이하 동일.

비비정에서 한가히 거닐며

　비비정 한 칸 가옥이 홀로 구름길(雲程)에 세워져 있으니, 푸른 시내 사이요 흰 바위 위로다. 솔바람과 넝쿨 사이의 달이요, 대나무의 봉황과 매의 학이로다. 천지간에 솔개 날고 물고기 뛰놂은 어떤 이의 본분에 해당하는 일인가. 개개 사물들이요 꽃들이요 풀들이로다. 봄의 붉은 꽃과 가을의 흰 달, 여름의 구름과 겨울의 눈을 한 푼도 들이지 않고 나 홀로 차지하니, 등불처럼 밝은 지혜의 본체요 보현보살의 행문行門이로다. 산인山人의 이러한 행색을 야인野人들에게 말하지 마라.
　도반道伴아, 아는가? 선善한 대형大兄[373]아!
　일곱 자 포단이요 발우 하나의 송엽차로다. 새벽에 준제準提 진언 한없이 외우고 낮에 『화엄경』을 한 권 한 권 보노라. 청운교靑雲橋와 홍진로紅塵路[374]의 부귀영화는 내가 알 바 아니로다. 고운 물과 아름다운 장소인 이 산에서 안빈낙도安貧樂道하는 이 마음이로다. 꽃의 붉은 그림자가 뜰에 가득하니 빼어난 흥취요 달의 흰빛이 발에 흩어지니 가슴 시리네. 호탕한 흥취는 녹차에 일고, 한가한 정은 경전 탁상에 일도다. 24절기가 왕래하여 우리 집의 손님이 되니 보내고 맞음에 어떠한가. 또한 종이 있고 경쇠가 있도다. 머리를 마주하매 비로자나불의 구멍 없는 피리요, 귀를 접하니 문수와 보현보살의 줄 없는 거문고로다.[375] 도道로 처신하니 천자가 나를 불러도 영화롭게 여기지 않고, 법으로 응대하니 조물주도 나를 이름지어 시기하지 못하네. 앙산仰山의 밥(飯)[376]과 운문雲門의 떡(餠),[377] 진주鎭州의 무(蘿蔔)[378]와 조주趙州의 차(淸茶)[379]가 우리 부처의 광대한 은혜 아님이 없네.
　아, 우습도다. 경성京城 길에서 명리를 추구하는 승려들은 무슨 일들을 하고 있나. 나는 뜻이 없어 〈증도가證道歌〉[380]를 낭송하며 한가로이 삼일 화三一話를 보고, 흥이 나서 태영汰影에 올라 돌로 양치질하고 시내를 베고 누우니,³⁸¹ 한산寒山과 습득拾得³⁸²이 또 무엇인가. 세상일을 남가南柯³⁸³에 부치니, 천석고황泉石膏肓이요 연하고질烟霞痼疾이로다.³⁸⁴

남산 북쪽과 북계北溪의 남쪽에 봄에는 토란(蹲鴟)을 심고 가을에는 도토리와 밤을 줍도다. 천시天時를 훔쳐 시기하지 않음에 거처하니, 목마르면 마시고 배고프면 먹는다. 때때로 마음에 삼관三觀³⁸⁵을 함께하고, 때때로 아미타불을 염하노라.

동자야! 문밖에 풀이 절로 푸르니, 우두커니 일없이 앉았거라. 맑은 향을 석양 누각에 살라 금선金仙(부처)을 예배하노니, 구오駈烏³⁸⁶야, 문 닫아라. 비비정 위로 달빛이 새롭도다.

飛飛亭閒遊辭

飛飛亭一間屋。獨搆於雲程。碧溪中白岩上。松風蘿月。竹鳳梅鶴。天地間鳶飛魚躍。是誰樣子本分底家事。頭頭物物。花花草草。春之紅。秋之白。夏之雲。冬之雪。不用一錢買。我獨得擅也。燈明智體。普賢行門。山人此行色。莫說野人及。同伴知耶。善大兄。七尺蒲團一鉢松葉。晨誦準提呪千千篇。晝看華嚴經一一卷。靑雲橋紅塵路。富貴榮華。非我所知。麗水佳處。是山。安貧樂道。此心。花紅影滿庭。逸趣。月白簾散輪。胸襟。豪興茗餘。閒情几經。二十四氣相徃相來。爲我家賓。送迎維何。亦鍾亦磬。交頭。毘盧遮那無孔笛。接耳。文殊普賢無絃琴。以道處己。天子不能以榮召我。以法應人。造物不能以名猜余。仰山飯。雲門餠。鎭州蘿葍。趙州淸茶。莫非我佛廣大恩。吁嗟笑矣。京城路名利僧。緣何事哉。吾無志。朗誦證道歌。閒看三一話。乘興上汰影。漱石又枕溪。寒山拾得又何有。世事付南柯。泉石膏盲。¹⁾烟霞痼疾。南山北北溪南。春種蹲鴟。秋拾橡栗。盜天時處地不猜。渴則飮。飢則食。有時而心共三觀。有時而念一彌陁。童子。門外草自靑。兀然無事坐。淸香夕陽樓。禮金仙。駈烏閉門。飛飛亭上月色新。

---

1) 옐 '盲'은 '肓'의 오자인 듯하다.

장 처사에게 보내는 글

오호라. 마음과 부처, 중생 이 셋은 차별이 없되, 진여眞如를 지키지 않아 무명無明을 발생시킵니다. 원명圓明하고 묘한 지혜가 형체 안에 숨어서 드러나지 않으니, 다만 하나의 나(我)가 아상我相과 아견我見의 큰 환난 때문에 성인의 문에 들어가지 못하는 것입니다. 말하기를, 나는 문장을 잘한다, 나는 글을 잘 쓴다, 나는 중생 구제를 잘한다, 나는 보시를 잘한다, 나는 인因을 잘 닦는다,³⁸⁷ 나는 과보 얻기를 잘한다, 나는 설법을 잘한다, 나는 수기受記³⁸⁸를 잘한다, 나는 불국토를 잘 장엄한다, 나는 항하사같이 많은 제불諸佛을 잘 공양한다, 나는 몸과 목숨을 잘 희사한다, 나는 지계持戒를 잘한다, 나는 인욕忍辱을 잘한다, 나는 선법善法을 잘 행한다, 나는 예불과 참선과 경전 낭송과 진언 외우기를 잘한다, 나는 복과 덕을 잘 모은다고 하니, 이렇게 하나하나 나를 모두 잊지 못하는 것입니다. 이로 말미암아 아집我執과 법집法執과 비법집非法執³⁸⁹에 탐착하며, 정보正報 집착에 탐착하고 의보依報³⁹⁰ 집착에 탐착하며 공덕을 자랑하고 능함을 다투며, 선을 자랑하고 노고를 과시하며, 복과 이익을 희구하여 타인이 천하게 여기고 견고하게 다투게 되나니, 이것이 이른바 머물지 않을 것에 머물고 반야에 머물지 않는 것이며, 이것이 이른바 번뇌에 항복하고 번뇌를 항복시키지 못한다는 것입니다. 나라는 한 글자가 견고한 성 같고 원망스런 적 같아서 천 생 만겁萬劫토록 견고하게 둘러싸 있으며, 어둠 속에 들어간 것처럼 하나도 보이는 게 없습니다.

만약 보리의 큰 마음을 발현함이 있어서 육진六塵에 머물지 않게 마음을 내고, 응당 머무는 바 없이 마음을 내어 일체 유위의 법에 대해 무위의 마음으로 행하면, 의보依報와 정보正報가 하나의 진여로 모두 모여 즉시 유위법이 무위법으로 될 것이고, 가설의 내가 진상眞常의 나를 볼 것이고, 견고한 성이 산산이 부서지고 원망스런 적이 창을 거꾸로 잡을 것입니다.

마음마다 곧 부처이고, 생각마다 참됨이니, 이로써 지인至人의 사특함 없음과 신인神人의 공적 두지 않음과 성인聖人의 이름 없음이 될 것입니다. 그래서 『금강경金剛經』에서 이르길, 무아無我의 법에 통달한 자를 여래께서 진정한 보살이라 부른다 했고, 『논어論語』에서는 공자孔子가 네 가지 끊음(絶四)을 기록하였는데 무아無我를 마지막으로 삼았다고 했습니다.[391]

與張處士書

嗚乎。心佛及衆生。是三無差別。眞如不守。動生無明。圓明妙智。隱於形殼之中。而不現者。只一我爲我相我見之大患。不得入聖門。曰我能文章也。我能書寫也。我能度生也。我能布施也。我能修因也。我能得果也。我能說法也。我能受記也。我能莊嚴佛土也。我能供養河沙諸佛也。我能捨身命也。我能持戒也。我能忍辱也。我能行善法也。我能禮佛叅禪誦經持呪也。我能集福德也。此點點我皆未忘。由此貪着我執法執非法執。貪着正報執。貪着依報執。矜功爭能。伐善施勞。希求福利。爲人輕賤。鬪爭堅固。此所謂住於非住而不住於般若也。此所謂煩惱伏降。而不能降伏煩惱也。我之一字。如堅城如怨敵。千生萬刼。圍合堅牢。如人入暗。一無所見矣。若有能發菩提之大心。不住六塵而生心。應無所住而生心。於一切有爲之法。以無爲之心。行之。依正統滙一眞如。卽有爲法。而成無爲法。卽假設我。而見眞常我。堅城粉碎。怨敵倒戈。心心卽佛。念念卽眞。是爲至人無己。神人無功。聖人無名。故金剛經曰通達無我法者。如來說名眞是菩薩。論語。孔子記絶四而以無我。終之。

영안 부원군께 보내는 답서

대감께서 불초한 산인山人을 '공여空如' 두 자로 불러 주시는 것은 무슨 까닭이 있어서 그런 것입니까. 모든 법은 공허하므로 부르기를 '여如'라 한 것입니까. 산인의 행색이 본시 그러하므로(如然) 부르기를 '공空'이다, '여如'다 하십니까. 옛사람들은 이와 같되, 금일에 이르러서 천하고 천하며 용렬한 제가 어찌 여기에 미치겠습니까.

옛사람들은 금강왕의 보배로운 깨달음(金剛王寶覺)³⁹²의 비춤을 얻어 여여부동如如不動을 본체로 하고, 남김없이 중생을 제도하고 마음을 항복받음을 활용으로 하며, 육진六塵에 머물지 않고 일체에 머물지 않는 마음으로 허공과 같이 헤아릴 수 없는 복덕으로 삼고, 일체 법무아法無我³⁹³를 아는 것으로 인욕을 완성하는 것으로 삼고, 이 법은 평등하여 고하가 없음으로써 일체 선법을 닦아 장엄莊嚴하고, 무상無相³⁹⁴과 무견無見³⁹⁵으로 증득證得을 삼고, 육여六如³⁹⁶를 관지觀智³⁹⁷로 삼아 가장 앞서 증입證入³⁹⁸하여 전체 성품에서 수행을 일으키고(全性起修), 여환금강삼매如幻金剛三昧³⁹⁹와 금강도후이숙식공金剛道後異熟識空⁴⁰⁰으로 자기의 본분 일로 삼았습니다. 빈도貧道는 말마다 공을 말하면서 마음은 항상 있음에 집착하니 어떻게 육여를 관지로 삼아 여환삼매如幻三昧⁴⁰¹에 증입證入하고 성품대로 수행하겠습니까.

대저 이 공여空如 두 글자는 『금강경』에서 나온 것입니다. 『금강경』의 대의로 말하자면, 한 경전 중에 범부상견凡夫相見이 있고, 이승상견二乘相見이 있으며, 상사보살상견相似菩薩相見이 있습니다. 범부상견은 견사혹見思惑이고, 이승상견은 진사혹塵沙惑, 상사보살상견은 무명혹無明惑입니다.⁴⁰² 상견相見의 혹惑은 분별을 따라 일어나는 것이 있고, 태어나면서부터 일어나는 것이 있습니다. 분별을 따라 일어나는 이장二障⁴⁰³은 크고 맹렬하여 끊기 쉬워서 초지初地에서 사라지고, 태어나면서부터(俱生) 일어나는 이장은 몸에 얽혀 잠들어 있어서 끊기 어렵고 단계마다 제거해야 합니다. 일체 마음을 공하게 하고 일체 지혜와 같게 하여 금강도金剛道에 이른 후에 일체 일이 필경 견고해집니다. 빈도는 범부상견을 제거하지 못하였거늘 하물며 이승상견과 상사보살상견이겠습니까.

대감의 이 말씀은 수면의 갈대처럼 눌러도 안정되지 않고, 구슬이 쟁반을 구르듯 하며, 날카로운 칼을 휘둘러 내키는 대로 살생하여 감히 맞설 수가 없습니다. 다만 이 마음을 말없이 추스를 따름이지, 이렇게 말씀하신 까닭을 모르겠습니다.

答永安府院君書

大監不肯山人。以空如兩字。呼之者。有何所以而然也。以一切法空。呼之而如耶。以山人行色。本是如然。呼之而曰空曰如。古之人如是。至於今日也。賤賤僻傭。何以及此。古之人。得金剛王寶覺之照。以如如不動爲體。以無餘度生降伏其心爲用。以不住六塵無住一切心。爲同虛空不可思量福德。以知一切法無我。爲得成於忍。以是法平等無有高下。修一切善法爲莊嚴。以無相無見爲證得。以六如爲觀智。而最先證入。全性起修。以如幻金剛三昧金剛道後異熟識空。爲自家本分底事。貧道口口談空。心心着有。其何以六如爲觀智證入如幻三昧。稱性而修。大抵此空如二字。從金剛經中。做出來。以金剛之大義言之。一經之中。有凡夫相見。有二乘相見。有相似菩薩相見。凡夫相見見思惑也。二乘相見。塵沙惑也。相似菩薩相見。無明惑也。相見之惑。有從分別發起。有從俱生發起。分別二障。麁猛易斷。初地無之。俱生二障。纏眠難斷。地地除也。空一切心。如一切智。至金剛道後。一切事畢竟堅固。貧道凡夫相見未除。況二乘與相似乎。大監之此語。如水面葫蘆。按捺不定。如明珠走盤。如揮運利刃。縱奪殺活。莫敢攖鋒。但默領此心而已。不知此言之所以。

또 『염송拈頌』의 대의에 대해 문답함

병술년(1826) 봄에 원적산圓寂山 영원암靈源庵에 있는데, 노야老爺(노옹)께서 현암玄巖에 행차하시다가 사찰에 올라오셔서 제게 물으셨다.
"내가 『염송』을 읽었는데 선문禪門의 어구들을 모르니 대사께서 일전어一轉語⁴⁰⁴를 내려서 내게 보여 주는 게 좋겠소. 『선문염송禪門拈頌』⁴⁰⁵의 뜻은 무엇이오?"

나는 재배하고 다음과 같이 말씀드렸다.

'선'이라는 한 글자에 대해서 서로 많은 의견이 있습니다만 지금 『선문염송』의 '선' 자는 세 가지 선을 벗어나지 않습니다. 하나는 조사선祖師禪이요, 둘은 여래선如來禪이요, 셋은 의리선義理禪입니다. 선가禪家에서 제접提接⁴⁰⁶하는 방식은 신훈新熏과 본분本分 두 가지로 말합니다. 의리라는 것은 신훈에 해당할 뿐 본분은 모르니, 즉 제3구 돈오점수의 방법에 뜻의 길(義路)이 있고 이치의 길(理路)이 있으며, 재미가 있고 두각頭角이 있으니, 범부가 덕에 들어가 행위를 이루는(入德成行) 초기부터 성인이 되는 의리를 깨달아 수행하는 것이 당연하므로 그것을 일러 '의리선'이라 합니다. 여래선과 조사선은 선가에서 공통으로 '격외선格外禪'이라 합니다. 격외라는 것은 신훈의 임시방편을 여의고 본분의 실제를 바로 밝히는 것입니다. 본분이라는 것은 사람마다 본래 스스로 구족한 것으로 하나하나 원성圓成하여 보문법계普門法界로 여래장신삼매如來藏身三昧의 경계를 두루 보아서 인타라망因陀羅網⁴⁰⁷으로 장엄한 법문과 세계해선世界海旋⁴⁰⁸의 중중무진하는 오묘한 지혜를 일시에 같이 얻습니다. 한 번의 증득이 일체의 증득이 되고, 한 번 끊음이 일체의 끊음이 되어 자신 안에 시방제불의 장엄한 바다와 육지가 있고, 부처 몸의 문이 곧 자신의 경계가 되어 중중무진으로 시방세계가 은은히 드러납니다. 법이 이와 같음은 여러 냇물들이 큰 바다로 모이는 것과 같으니, 비록 바다에 들어가기 전이라도 적시는 성질에는 차별이 없고, 큰 바다에 들어가면 모두 짠맛으로 같아집니다. 일체 중생이 또한 이와 같습니다. 미혹은 깨달음에 대해 비록 차이가 있지만 본래 부처의 바다에 이理와 사事가 나란하므로 어떤 법이든 펼쳐지지 않음이 없습니다. 그러한즉 마음이 곧 부처라는 것을 왜 깨달아 닦을 필요가 있겠습니까. 이는 뜻 없는 길(沒義路)이요 이치 없는 길(沒理路)이라서 수행도 없고 증득도 없으니 어찌 가리킬 만한 두각이 있고, 말할 만한 재미가 있겠습니까. 의리의 표격表格(양식)을 멀리 벗어났기 때문에 격외선이라 하는 것입니다.

이 격외 가운데 여래선이라는 것은 제2구로서 임시방편에 나아가 실제를 밝혀 진금포眞金鋪[409]와 살인도殺人刀로 마음을 전하기 때문에 여래선이라 합니다. 이는 중간 근기를 대하는 것이기 때문에 하나하나의 언구言句가 물에 도장을 찍는 것(印水) 같아서 지금 본래의 의리의 자취와 비슷합니다. 임시방편에 나아가 실제를 밝혀서 분변할 수 없기 때문에 부처가 치고 조사가 치며 이렇게 해도 얻지 못하고 이렇게 하지 않아도 얻지 못하니, 산은 산이 아니고 물은 물이 아닙니다. 법마다 온전히 진실되니, 이것이 비록 조사 문중의 일이지만 여래께서 말씀하신 '만법일심'의 말과 완전히 같기 때문에 폄하하여 여래선이라 합니다.

이른바 조사선이라는 것은 제1구 사조용四照用[410]으로서 잡화포와 활인검으로 전심傳心하므로 조사선이라 합니다. 이는 상근기上根機를 대상으로 하므로 하나하나의 언구가 허공에 도장을 찍는 것(印空) 같아서 영양이 뿔을 걸어 놓은 듯 흔적이 없고 의리가 없습니다. 뿌리를 뽑아 버리고 근거(巴鼻)[411]를 없애 지금 본래의 두각을 영원히 벗어나기 때문에 부처가 편안하고 조사가 편안하여 이렇게 해도 얻고 이렇게 하지 않아도 얻으니, 산은 산이고 물은 물이니 법마다 안립하게 됩니다. 이것은 홀로 조문祖門에서 소유하는 언구이므로 조사선이라 하는 것입니다.

이 두 가지 선은 모두 본분을 깨우쳐 제3구 신훈新熏으로 깨달아 닦음을 뛰어넘기 때문입니다. 부처와 조사의 수용受用이 임제삼구臨濟三句를 벗어나지 않기 때문에 임제삼구로 세 가지 선에 배당합니다. 제1구로 '삼요三要의 도장을 찍었다 떼니 붉은 점이 선명하니(三要印開朱點窄)'라는 것은 대기원응大機圓應이요, '생각할 겨를 없이 주인과 손님이 구분된다(未容擬議主賓分)'라는 것은 대용직절大用直截이니, 합하여 대기와 대용을 같이 보여 줌이 되므로 삼요三要라고 합니다. 이것이 조사선이 됩니다. 제2구로 '묘희가 어찌 무착의 물음을 용납하리오(妙喜豈容無着問)'라는 것은 임시방편의 1구句요, '방편⁴¹²이라도 어찌 번뇌 물결을 끊는 근기를 저버리겠는가(漚和爭負絶流機)'라는 것은 실제의 3구이니,⁴¹³ 이를 삼현三玄⁴¹⁴이라 합니다. 이것이 여래선이 됩니다. 제3구로 '무대에서 노는 꼭두각시를 보아라(看取棚頭弄傀儡)'라는 것은 신훈 3구요, '당기고 끎이 모두 (무대) 속에 있는 사람 힘이다(抽牽全借裡頭人)'라는 것은 3구를 간섭하지 않는 본분 1구입니다. 이것이 의리선이 됩니다.

이제 염송하는 이의 1천7백 항목의 공안公案은 역대 조사들이 집어 뽑거나 칭송하거나 대신하거나 구별한 것으로,⁴¹⁵ 여래의 삼처전심三處傳心⁴¹⁶과 조사의 삼종선三種禪과 임제삼구를 벗어나지 않습니다. 그래서 환성喚惺⁴¹⁷ 대사가 이르길, "임제의 삼구와 삼현三玄으로부터 팔방八棒⁴¹⁸에 이르기까지 다만 임제의 가풍일 뿐만 아니라, 위로 제불諸佛로부터 아래로 중생에 이르기까지 모두 분수의 일이다. 이 설법을 여의면 모두 망령된 말이 된다."⁴¹⁹라고 하였습니다. 그래서 오종五宗⁴²⁰의 스승들과 내지 천하의 선지식들에 이르기까지 남긴 언구들이 이 삼구를 여의지 않습니다. 이 외에 또 운문삼구雲門三句⁴²¹와 파릉삼구巴陵三句,⁴²² 분양삼구汾陽三句⁴²³가 있는데, 모두 세 가지 선을 나름대로 드러내어 교외별전으로 삼은 것입니다.『선문염송』의 뜻은 이와 같습니다.

又答問拈頌大義

丙戌春。余在圓寂山靈源庵。老爺作玄巖之行。上寺。問余曰。余讀拈頌。不知禪門語句。請師乃下一轉語。示余爲可。禪門拈頌之義。其猶云何。余再拜而對曰。禪之一字。互有多說。然今禪門拈頌之禪字。不出三禪。一祖師禪。二如來禪。三義理禪。禪家接人之事。道得了新熏本分兩說。義理者。但着新熏。不知本分也。即第三句頓悟漸修之法。有義路。有理路。有滋味。有頭角。自凡夫入德成行之初。悟修作聖之義理。其爲當然故。謂之曰義理禪。如來禪祖師禪者。禪家通謂之格外禪。格外者。離於新熏權門。直明本分之實。本分者。人人本自具足。介介圓成。即以普門法界。普見如來藏身三昧境。因陁羅莊嚴法門。世界海旋重重妙智。一時同得。爲一證一切證。一斷一切斷。自身之內。有十方諸佛刹海莊嚴。佛身之門。即自身之境。重重隱現十方世界。法合如斯。猶如衆流。歸於大海。雖未入海。潤性無差。若入大海。皆同醎味。一切衆生。亦復如是。迷之與悟。雖然有殊。本來佛海。理事齊亘。無法不暢。然則即心是佛。何須悟修。此是沒義路沒理路。無修無證。何有頭角可指。何有滋味可說。迥出義理表格之外。故名格外禪也。此格外中。所謂如來禪者。即第二句即權明實。爲眞金鋪殺人刀傳心。故名如來禪。此是對中根故。一一言句。如印印水。似有今本義理之朕迹。而即權明實。了不可卞故。佛也打。祖也打。恁麽也不得。不恁麽也不得。山非山。水非水。法法全眞。此是雖爲祖門事。完同如來所說萬法一心之言。故貶之云如來禪。所謂祖師禪者。即第一句四照用。爲雜化鋪活人劒傳心。故名祖師禪。此是對上根故。一一言句。如印印空。如羚羊掛角。沒朕迹。沒義路。和根拔去了。沒巴鼻。永脫今本之頭角故。佛也安。祖也安。恁麽也得。不恁麽也得。山是山。水是水。法法安立。此獨祖門中所有言句。故謂之祖師禪。此二禪。皆悟本分。超出於第三句新熏悟修故也。盖佛祖受用。出臨濟三句。故以臨濟三句。配於三禪。第一句。三要印開朱點窄。大機圓應。未容擬議主賓分。大用直截。合爲機用齊示。故名三要。此爲祖師禪。第二句。妙喜豈容無着問。卽權之一句。漚和爭負絶流機。卽實之三句。名三玄。此爲如來禪。第三句。看取棚頭弄傀儡。新熏三句。抽牽全借裡頭人。不干三句之本分一句。此爲義理禪。今拈頌家一千七百則公案。歷代祖師。或拈或頌。或代或別。不出如來三處傳心。祖師三種禪。臨濟三句故。喚惺大師云。臨濟三句三玄。乃至八棒等。非特臨濟家風。上自諸佛下至衆生。皆分上事。若離此說法。皆是妄說故。知五宗諸師。乃至天下善知識所留言句。不離此三句。此外又有雲門三句。巴陵三句。汾陽三句。皆弄現三禪。爲敎外別傳。禪門拈頌之義。爲若此也。

또 세 경전의 큰 뜻에 대해 문답함

병술년(1826) 가을이 끝나는 날에 나는 영안 부원군 풍고楓皋[424] 노야老爺를 흔연관昕涓舘에서 뵈었다. 노야께서 평소에 마음을 부처님께 두시어, 매번 일단의 대사大事로 여러 곳의 납자衲子를 방문하였으나 가슴속 의혹을 해결하지 못하시다가, 이날 나에게 다음과 같이 물으셨다.

"내가 새로 배우고 있는데, 격외格外의 현묘한 뜻을 어떻게 들여다 볼 수 있소? 나랏일을 하다가 때때로 짬이 나면 가르침 속에서 금구성언金口聖言[425]을 찾는데 의심나는 곳이 없지 않으니 무슨 까닭이오? 『법화경』에서 말하길, 8세 용녀가 구슬을 바치고 성불하였다 하고, 『열반경』에 이르길, 이마 넓은 백정(廣額屠兒)이 도살하던 칼을 내려놓고는 말하길 '나는 천불 가운데 하나다'라고 했고, 『화엄경』에서 선재보살이 10세 동자로서 일생에 광겁廣劫의 과보를 원만하게 하였소. 세 사람의 행사와 보인 자취가 다르지 않은 점이 없는데, 세 경전의 가르침이 역시 같은 것이오?"

나(仁專)는 재배하고 다음과 같이 답변하였다.

이것은 대감께서 혼자 의심하는 것이 아닙니다. 산에 들어가 전심으로 성언聖言을 공부하는 승려들(諸髡)도 의심하는 것인데, 어떤 이도 이와 같이 말하며 묻는 이가 없습니다. 노야께서 이제 말씀을 하시니, 청컨대 제 좁은 소견을 펼쳐 책임을 다할까 합니다.

세 경전은 모두 대승의 궁극적인 가르침입니다. 그러나 세 사람이 보인 자취로 논하자면 세 경전의 깊이에 같지 않음이 있습니다. 왜 그럴까요. 세 사람이 몸을 바꾸어(轉身) 성불함과 거처하는 국토와 참석하는 대중의 발심과 모범됨이 각기 같지 않음이 있습니다. 이제 하나하나 말하겠습니다.

대저 『법화경』과 『열반경』의 두 가르침은 대의를 구분함에 모두 삼승三

乘이 임시방편을 버리고 실제로 들어가(捨權入實) 법계의 온전한 실제 참다운 법문(一實眞門)을 성취함이요,『화엄경』은 온전한 실제 참다운 법문을 본래 스스로 구족하고 있어서 실제로 들어가 방편을 버린다는(入實捨權) 말이 없습니다.『법화경』은 권교權敎[426]로서 삼근三根[427]의 견해가 미진한 이를 대하여 믿음의 씨를 이루려는 것이요, 또한 3아승기겁(僧祇時劫)[428]의 집착을 파하여 용녀로 하여금 찰나 순간에 여자로 몸을 바꾸고 남방의 무구無垢 세계에서 구슬을 바쳐 성불하게 한 것입니다.『열반경』은 삼승의 견망見網[429]을 찢으며 보살의 초가집 암자를 폐하여 찰나 사이에 삼세의 본성이 없음을 증거하여 이마 넓은 백정이 도살하던 칼을 내려놓고 스스로 말하길, 천불千佛 가운데 하나라고 하였습니다.

두 경전의 대의는 오직 이와 같은데『화엄경』은 그렇지 않습니다. 자신과 불신佛身의 구별이 없고, 자기 지혜와 부처 지혜가 차등이 없으며, 마귀들과 외도外道들도 전체 법계의 큰 활용이 아님이 없으니, 선재동자와 53선지식이 같은 날에 성불하여 찰나찰나에 진리를 증득합니다. 이러한 모임에서 어찌 스스로 근기 때문에 막혀서 실법實法을 잃어버리는 삼승이 있겠습니까. 선재동자의 성불이 이와 같고『화엄경』의 대의가 이와 같은데 또 '남방의 무구無垢'를 말하는 것은, 남방은 명정明正을 위주로 하고 무구無垢는 정순正順으로 본래 깨달아 마음이 응진應眞[430]을 얻음을 대의로 하는 까닭입니다. 이에 방편 근기(權根)를 끌어 믿음을 내서 불승佛乘으로 옮겨 나아가게 하고자 따로 남방을 가리키며 유독 국토를 든 것입니다.

『화엄경』은 법계의 본체를 문득 인가하여 자타가 서로 통하며 하나하나 미세한 티끌 안에 큰 법륜을 굴려 곳곳마다 명정明正하고 티끌마다 불국토를 이루니, 어찌 따로 남방에서 자타와 피차를 구별하는 견해에 머물겠습니까. 다만『법화경』과『열반경』두 경전의 가르침과 같은 것은 화불化佛[431]이 행하는 바로서, 모두 저 이승二乘과 인천人天 종류로 하여금 일승의 법을 성취하도록 하고자 하는 것입니다. 용녀가 성불할 때 사바세계의

3천 중생들은 불퇴지不退地⁴³²에 머물고, 3천 중생들이 보리심菩提心⁴³³을 내며, 이미 넓은 백정이 성불할 때에 불성을 지견知見하는 보살이, 천제闡提⁴³⁴는 불성이 없다는 견해를 타파함을 여전히 명료하게 알지 못하니, 두 가르침은 모두 이와 같은 견해를 타파하기 위한 것입니다. 부처로는 화불化佛이고 근기로는 삼승입니다.

『화엄경』에서는 비로자나毘盧遮那⁴³⁵가 교주敎主가 되고, 십신十身⁴³⁶의 장애 없는 몸(無障碍身)으로 화장세계華藏世界에 거하시어 삼세의 제불이 같이 한순간(一際)이 되고, 십세의 고금古今이 찰나를 여의지 않습니다. 중중무진의 법문으로 큰 근기를 대번에 전수하니, 화엄 회상에서 한 사람도 삼승의 견해를 집착하는 이가 없습니다. 하나하나의 세계가 본래 장소를 옮기지 않고도 법계에 충만하고, 하나하나의 신체(身相)가 모공을 옮기지 않고도 연화장蓮花藏 미진수微塵數의 대인상大人相⁴³⁷을 포용합니다. 이로써 선재동자가 성불할 때에 일신이 법계로 양을 삼아 불신佛身과 서로 통하여 들어가고, 갖가지 중생들과 서로 장애가 없으며, 몸을 바꾸어 성불하는 일과 도살하던 칼을 놓는 자취가 없습니다. 즉시 내려놓으매 즉시 법으로 마음을 밝히며, 다시 중생을 여의지 않고 부처를 보니, 아홉 번 모임⁴³⁸의 중생과 53선지식들이 세 성인과 더불어 고하가 없고, 온전한 실제 참다운 법문(一實眞門)이 본래 스스로 구족되어 삼승의 실제에 들어가고 방편을 버리는(入實捨權) 이야기가 없습니다.

『화엄경』은 본분의 태평한 시절이요, 두 가르침은 신훈新熏의 청평淸平한 세계이니, 세 경전의 큰 뜻은 이와 같습니다.

又答問三經大旨

丙戌秋盡日。余謁永安府院君楓皐老爺于昕涓舘。老爺生平所心。在於佛。每以一段大事。訪于諸方衲子。未嘗解胷中疑滯。是日問余曰。余新學格外玄旨。何其窺奧也。有時乘隙國事之餘。搜金口聖言于敎中。則不無疑焉處。何以故也。法華云。八歲龍女。獻珠成佛。涅槃云。廣額屠兒。放下屠刀。即云我是千佛一數。華嚴。善財菩薩。以十歲童子。一生能圓廣劫之果。三人之行事示迹。無有不異。三經之教。亦是同乎。仁專再拜而對曰。此事非大監之獨自疑焉。入山專心學得聖言之諸髡。不無疑焉。而無有一人發言如是而問。老爺今且發言。請陳管見。以塞來責。三經俱是大乘終極之教。然以三人示迹論之。三經淺深。乃有不同。何也。三人轉身成佛。所居國土。叅會大衆發心。爲友軌範。各有不同。今乃一一言之。大抵法華涅槃二教。勢分大義。皆爲三乘捨權入實。成就法界一實眞門。華嚴經。一實眞門。本自具足。無有入實捨權之談。盖法華。則對權教三根之見未盡者。欲成信種。又欲破三僧祇時劫之執。使龍女。利那之際。即轉女身。於南方無垢世界。獻珠成佛。涅槃經。乃欲裂三乘之見網。撤菩薩之草庵。其於利那之際。證無三世之性。使廣額屠兒。放下屠刀。自云千佛一數。兩經之大義。其惟如是。華嚴則不然。自身與佛身無別。自智與佛智無差。諸魔外道。無非全法界之大用。則善財與五十三善知識。同日成佛。念念證眞。於此會中。何有自將根隔。自迷實法之三乘。善財之成佛。爲若此。華嚴之大義。爲若此也。又言南方無垢者。南方以明正爲主。無垢以正順本覺。心得應眞爲義故。乃欲引權根生信。遷就佛乘。別指南方。獨擧國土。華嚴則頓印法界之體。自他相徹。一一微塵之內。轉大法輪。處處明正。塵塵佛土。何有別住南方自他彼此之見。只如法華涅槃兩部之教。乃化佛所爲。皆欲令彼二乘及人天種類。成就一乘之法。龍女成佛時。娑婆世界三千衆生。住不退地。三千衆生。發菩提心。廣額成佛時。尙不了了知見佛性之菩薩。自破闡提無佛性之見。兩教皆爲破如是之見。而佛則化佛。機則三乘。華嚴。毘盧遮那。是爲教主。而以十身無障碍身。居華藏世界。三世諸佛。同爲一際。十世古今。不離當念。以重重無盡法門。頓授大根。華嚴會上。無有一人執三乘之見。一一世界。不移本處而充滿法界。一一身相。不移毛孔。而含容蓮花藏微塵數大人相。是以善財之成佛也。一身即以法界爲量。與佛身互相徹入。

與雜類衆生。互相無碍。無轉身成佛之事。放下屠刀之迹。即下即法以明心。不復離衆生而觀佛。九會之衆五十三之知識。與三聖。無有高下。一實眞門。本自具足。無有三乘入實捨權之談。華嚴是本分太平之時節。兩教是新熏淸平之世界。三經之大旨。其爲如此也。

장소와 형체에 대한 논변

근래 엉터리 강사는 자신 눈도 밝지 않으면서 사람들에게『선요禪要』⁴³⁹를 읽으라고만 한다. 도는 장소(方)가 없고 형체(體)는 모양이 없는데 이와 같이 보면 도는 무슨 도이고 형체는 무슨 형체인가? 도 외에 형체가 있고 형체 외에 도가 있는가? 이 뜻은 두 가지 말뚝으로 나뉘고 이 글은 찢겨 옮겨질 것이다. 글자 같은 것을 늘어놓으니, 어이 그리 생각이 없으며, 고인이 글을 짓던 것과 합치되지 않는 것인가. 이제 하나하나 검증하겠다.

『역본의易本義』⁴⁴⁰에서 "지극히 신이한 오묘함은 장소가 없다. 역易의 변화는 형체가 없다."라고 했다. 주자朱子가 이르길, "신이함은 장소가 없고 역은 형체가 없다. 신神은 음지에 있다가 홀연 양지에 있으며, 양지에 있는가 하면 문득 음지에 있다. 역이란 양이 되기도 하고 음이 되기도 하니, 이는 봄이 되었다가 다시 여름이 되고, 가을이 되었다가 다시 겨울이 되는 것과 같이 교착하고 바뀌어 형체를 파악할 수 없는 것이다."⁴⁴¹라고 했다.

남헌 장씨南軒張氏⁴⁴²는 "천지의 변화는 음양의 기운이요, 만물은 음양의 형체이며, 밤낮은 음양의 이치다. 이 세 가지는 음양을 벗어나지 않는다. 오직 역易만이 음도 되고 양도 된다. 그래서 형체가 없다. 신은 음양을 헤아릴 수 없으므로 장소가 없다."라고 했다.

구산 양씨龜山楊氏⁴⁴³는 "신神이란 오묘한 만물로 말을 하는 것이다. 역이란 낳고 낳음을 말한다. 하늘은 높고 땅은 낮아서 반드시 장소가 있으나, 신은 장소가 없다. 하늘은 둥글고 땅은 네모져서 반드시 형체가 있으나 역은 형체가 없다. 일정한 처소가 없으나 부재한 곳이 없으며, 행함이 없으나 하지 않는 바가 없다."라고 했다.

이로 말미암아 말하자면 이 도의 행하는 바는 장소가 없고 형체가 없으며, 모양이 없고 유사함이 없다. 장소가 없으나 장소가 없는 바가 없고,

형체가 없으나 형체 없는 것이 없으며, 모양이 없으나 모양 없는 것이 없고, 비슷함이 없으나 비슷하지 않은 바가 없다. 이 도의 본연의 이치는 이와 같다.

지금 공부하는 이들이 이 뜻을 모르고 나뉘어 읽어 버리니, 왕기륭王起隆[444]이 말한 바 "지금 눈이 어둔 선승과 허망한 의론을 일삼는 강사가 금강金剛을 등지고 훼방하니 악도惡途에 떨어질 것이 분명하다." 한 것은, 이런 까닭이다.

方體辯

近來杜撰講師。自眼不明。只管敎人讀得禪要去。道無方。體無形。如是而看得。則道是何道。體是何體。道外有體。體外有道乎。此義分作兩橛。此文絶裂移去。似字屬下。其何不思之甚也。又不合古人成文之勢。今一一證之。易本義云。至神之妙。無有方所。易之變化。無有形體。朱子曰。神無方而易無體。神便是在陰底。又忽然在陽。在陽底。又或然在陰。易便是或爲陽或爲陰。如爲春又爲夏。爲秋又爲冬。交錯代換而不可以形體物也。南軒張氏曰。天地之化。陰陽之氣也。萬物陰陽之形也。晝夜陰陽之理也。此三者。不外乎陰陽。惟易則能陰能陽。故無體。神則陰陽不測。故無方。龜山楊氏曰。神者。妙萬物而爲言。易者。生生之謂。天高地下。必有方矣。神則無方。天圓地方。必有體矣。易則無體。無在而無乎不在。無爲而無所不爲。由是而言之。則此道之所行無方無體。無形無似。無方而無所不方。無體而無所不體。無形而無所不形。無似而無所不似。此道本然之理如是。今之學人。不知此義。分裂讀去。王起隆所謂今之拍盲禪侶。戱論講師。背毁金剛。墮落惡途必矣者。此也。

나한전 불량佛粮 서문

사찰은 불명산佛明山 서쪽 기슭에 있고, 암자는 쌍계사雙溪寺⁴⁴⁵ 동쪽에 있는데, '나한'이라 부르는 것은 무슨 까닭인가. 16성중聖衆께서 이 암자의 후룡後龍⁴⁴⁶에 봉안되어 호서湖西의 남쪽 맥이 끝나는 곳을 진압하고 사람들에게 복이 되게 하니, 나한전이라 이름을 내건 것은 이러한 까닭입니다. 16성중께서 복을 주는 것은 봄에 꽃과 나무가 피는 것과 같아서 베풀어 주지 않음이 없습니다. 그리고 볕을 향한 나무가 먼저 봄기운을 얻는 것처럼, 복을 얻고 화를 면하도록 슬피 하소연하면 먼저 이루어짐이 뜻과 같이 되니, 응공應供⁴⁴⁷께 불량佛粮을 바쳐 살적殺賊⁴⁴⁸에게 큰 인연을 맺음은 바로 우리들의 성대한 일입니다.

지금 믿음 있는 단월檀越⁴⁴⁹ 여러분들께서 돈이나 쌀로 성중聖衆께 공양을 올리면 성중께서 각기 마음을 생각하시어 그 바라는 바를 뜻대로 성취하게 하실 것입니다. 우리 믿음 있는 분들께서는 삼가 천명에 근면하시고 타인이 보지 못하는 곳에서 밝은 덕을 밝히시어 위로 성중의 큰 자비에 부합하고, 아래로 우리들의 정성에 부합하소서. 몸에 행할 수 없는 것들은 성중이 알도록 고할 수 없습니다.

羅漢殿佛粮序文

寺在佛明山西麓. 庵在雙溪寺東頭. 以羅漢爲號. 何也. 奉安十六聖衆於此庵之後龍. 鎭湖西之南脉盡處. 爲人作福. 以羅漢殿標號. 以此也. 十六聖衆之歸福所願. 如春行花木. 無所不布. 又如向陽之樹. 先得春氣. 哀籲得福免禍者先遂如意. 獻佛粮于應供. 結大緣于殺賊. 乃吾人之盛事. 今有信檀越僉員君子. 或以錢或以米. 獻供于聖衆. 聖衆其念及各心. 以其所願. 成就如意. 吾儕之有信君子. 恪懃天命. 明明德於人所不見地. 而上付聖衆之大慈. 下合吾心之誠懇. 不可以行諸身者. 不可以告聖衆知.

시왕전 불량계 서문

사람들이 관음과 나한, 산신 등 성중 앞에서 현재의 복을 많이 비는데, 시왕전에 기도하는 이가 없는 것은 무슨 까닭입니까. 저 관음과 산신 성중들은 현세에서 감응함이 많은데, 시왕은 저승(冥府)에서 판단을 담당하는 음사陰司인 까닭에 사람들이, 즉시 눈이 알려 주는 것만을 알고, 순생順生과 순후順後의 과보[450]가 증가하거나 감소함이 또한 시왕의 감응(冥感)에서 나옴을 알지 못한 것입니다. 만약 하루하루 시왕께 정성을 바치면, 시왕께서 남염부제南閻浮提에서 슬피 하소연하는 중생들에게 어찌 복을 내리지 않겠습니까.

이제 쌍계사를 관리하는 여러분들은 믿는 마음으로 돈과 쌀을 아끼지 말고 시왕께 큰 인연을 맺어 감응이 있어 반드시 통하기를 바라노니, 시왕의 감응 또한 소원을 따르지 않음이 없을 것이고, 우리 부모 되는 이들은 부지불식간에 그 마음을 배반하지 않을 것입니다.

十王殿佛粮稧序文

人之於觀音羅漢山神諸聖前。多祈現福。十王前。無有祈之者。何也。彼觀音山神諸聖。於現世。多有感應。十王於冥府。掌判陰司故。人知卽目之交報。不知順生順後之果報。或增或減。亦由十王之冥感也。人若日日獻誠十王。十王何不降福于南閻浮提哀籲去訖之衆生乎。今雙溪寺所管僉員。信心不惜錢米。結大緣于十王。欲以有感必通。十王之冥感。亦以無願不從。爲吾父母之人。不識不知。無貳爾心。

소금과 장과 등촉을 위한 계 서문

옛날에 '의로운 장(義醬)'과 '꺼지지 않는 등불' 이야기가 있으니, 소금과 장을 보시하고 등촉을 보시하는 공덕은 이에 작지 않은 것이 됩니다. 저 보시가 작지 않으니, 이 받음이 또한 작지 않습니다. 받는 이는 장차 무엇으로 저 보시를 보답할 것입니까. 저 보시의 복 받음은 저 믿는 마음에 달려 있으니, 또한 어찌 받는 것에서 말미암겠습니까. 받는 이는 저것이 온 곳을 헤아리고 자기의 덕행을 살펴야 자기를 잃지 않고, 또한 타인을 잃지 않으면 저 보시하는 이의 복 받음이 또한 크나니, 삼륜의 공적으로 둘 다 잊으면, 지금 소금과 장을 보시함이 '의로운 장'의 조사祖師가 되고, 지금 등촉을 보시함이 '꺼지지 않는 등불'의 노파가 되지 않을지 어찌 알겠습니까.

아, 우리 믿음 있는 군자와 각각 단월과 이렇게 믿음 있는 보시를 받는 이들은 둘 다 잊음으로써 구문九門에서 서로 잊음이 옳을 것입니다.

鹽醬燈燭稧序

古有義醬與一燈不滅之論。施鹽醬施燈燭功德。乃爲不少也。既彼施不少。此受也亦不少。受之者。將何以報彼施也。彼施之受福。在彼之信心。亦何由於受之者。受之者。量彼來處。忖己德行。不失之於己。亦不失之於人。彼施之者。受福亦大。亦以三輪空寂。兩忘。安知今之施鹽醬者。不作義醬之祖師。今之施燈燭者。不作一燈不滅之老嫗。杳吾有信君子。各各檀越。與此受信施諸人。以兩忘。相忘於九門之中。爲可。

관음전 불량계 서문

우리들은 고통에 들어가 어리석게도 있음(有)에 집착하여 고해苦海를 떠도는 자들이요, 소승小乘은 고통을 두려워하여 어리석게도 공空에 탐착하여 자기만 고해에서 벗어나길 구할 뿐 타인을 구하여 같이 고해에서 나오려 하지 않는 자들입니다. 있음에 집착하니 있음에 걸려 자재롭지 못하고, 공에 탐착하여 공에 걸리니 또한 자재롭지 못합니다. 홀연 지혜가 없이 만겁 천 생에 분단생사分段生死[451]의 고통에 떨어지고, 변역생사變易生死[452]의 고통에 떨어지며, 계내界內와 계외界外의 삼고三苦・오고五苦・팔고八苦・진사塵沙・나곡羅穀[453] 등의 거칠거나 미세한 고통들에 떨어져서 고해에서 나오지 못하니, 우리 관음대성의 자비력이 아니면 안 됩니다.

이근耳根이 원만히 통하고 원만히 비추는 삼매를 갖추고, 또 고통을 구제하고 소리를 살피는 삼매를 갖추어서 관자재觀自在라고 이름을 붙였으니, 곧 관음입니다. 스스로 존재하고 스스로 보니 지혜가 범부와 같지 않고, 깊은 반야를 행하니(行深般若) 알음알이(行解)가 이승二乘보다 훨씬 높습니다. 위로 제불諸佛과 자비의 힘이 같고, 아래로 중생과 자비의 우러름이 같으니, 오온五蘊의 고해에서 스스로 벗어날 수 있을 뿐만 아니라, 또 세간의 번뇌로 돌아 들어가서 중생을 구제하여 고해를 같이 벗어나며, '오온이 모두 공하다'라는 것으로 소리를 찾고 고통을 구원하는 경계에서 일체 고통과 재앙을 구제하니, 고통과 재앙의 중생들이 이에 관자재보살의 깊고 깊은 반야를 수행함을 배워서 재물로 공양하고 마음을 염원하여 고해에서 관음의 오묘한 힘을 받아서 원래 고해가 없음을 간파하여 올라갈(升隮) 것을 생각하면 곧 피안에 도착할 수 있을 것입니다.

觀音殿佛粮稧序文

吾儕也。入苦愚痴。而執有流浪苦海者也。小乘怖苦愚癡而耽空。但自求出苦海。不肯度人。同出苦海者也。執有碍有。不得自在。耽空碍空。亦不自在。忽無智慧。萬劫千生。墮分段生死苦。墮變易生死苦。墮界內界外三苦五苦八苦塵沙羅穀粗細諸苦。不得出於苦海。非我觀音大聖慈悲之力。不也。具耳根圓通圓照三昧。又具救苦尋聲三昧。以觀自在。得名者。乃觀音也。自在自觀則智慧不同凡夫。行深般若。則行解迥殊二乘。上與諸佛同一慈力。下與衆生一同悲仰。則不但其能自出五蘊苦海。又能廻入塵惱。救度衆生。同出苦海。以五蘊皆空。度一切苦厄於尋聲救苦之境。則苦厄衆生。乃學觀自在菩薩修行甚深般若。供之以財。念之以心。處苦海中。而得蒙觀音之妙力。看破原無苦海。當念升躋。乃可到彼岸。

대웅전 불량 서문

우리 대웅씨大雄氏(佛)가 삼계에서 왕이 됨은 십유十喩454와 육여六如로 일체 오온을 관찰하며, 하나의 아들로 일체 중생들을 보고 자비를 일으키며, 문훈聞薰과 문수聞修로 일체 제법에서 일심삼관一心三觀455을 닦고, 인공人空과 법공法空으로 여환삼매如幻三昧에서 사지四智456의 보리를 증득하여 어떠한 법도 심정에 대응하지(當情) 않고, 어떠한 법도 장애됨이 없어서 종횡으로 크게 활용해도 작은 티끌도 움직이지 않는다. 천마天魔와 외도外道가 함께 한 집안의 법권法眷457이 된즉, 그 큰 자애와 큰 자비와 큰 성스러움과 큰 지혜와 큰 바람과 큰 지혜와 큰 실행과 큰 위엄과 큰 방정함과 큰 활용이 삼계에서 크게 으뜸(大雄)이 된다. 우리들 작은 기량의 중생들이 이러한 큰 으뜸의 문에 들어가니 어찌 공양하지 않으랴.

아, 너희 소자小子들은 부처의 명을 삼가 힘써 소홀히 하지 말지어다.

大雄殿佛粮序文

我大雄氏之王於三界也。以十喩六如。觀一切五蘊。以一子地。視興慈悲於一切衆生。以聞薰聞修。修一心三觀於一切諸法。以人空法空。證四智菩提於如幻三昧。無一法當情。無一法違碍。縱橫大用。不動微塵。天魔外道。同作一家之法眷。則其大慈大悲大聖大慧大願大智大行大威大方大用。大雄於三界。吾儕小器衆生。入此大雄之門。而何不奉供。咨爾小子。恪懃佛命。無或忽哉。

지장보살 탄생일의 계 서문

지장 대성地藏大聖은 남염부제南閻浮提의 화주化主[458]로서 옷을 벗고 지하에 들어가 지옥문에서 눈물을 거두지도 않으신다. 무릇 눈과 귀와 코와 혀와 몸과 뜻을 갖추어 사람이라고 불리는 이들은, 이 보살의 명호를 듣고 신심信心을 거역하지 않고 공양하고 예배하면 그 복이 무량하다.

7월 30일은 지장 대성의 탄신일이다. 이날을 당하여 신심으로 예배하고 공양하지 않으면 불제자가 아니요 사람의 마음이 없는 것이며, 이전에 먼저 돌아가신 이들의 고통을 지옥문에서 구제할 수 없다. 사람 마음을 가진 이들은 힘쓸지어다.

地藏誕日禊序文

地藏大聖。南閻浮提化主。脫衣入地而地獄門。淚又不收。凡具眼耳鼻舌身意。得號爲人者。聞是菩薩名號。信心不逆。供養禮拜。其福無量。七月三十日。乃地藏大聖誕日。當此日也。而無信心禮拜供養。非佛弟子。無人之心矣。不得度上世先亡之苦於地獄之門。有人之心者。其或勉旃。

보시 물품을 함부로 사용함을 경계하는 글

예전에 어떤 탐욕스런 사람이 영니永尼와 함께 『화엄론華嚴論』을 필사하는 데 쓸 보시 물품을 다른 곳에 함부로 사용하여 마음 씀이 바르지 않았고, 『화엄론』은 필사할 수 없다고 『화엄경』을 인간(印)하여 자기 물건으로 삼으려고 했다. 시주의 모든 재용財用을 하나도 내려보내지 않고서 장張[459]에게 해를 끼치고자 하니, 자기만 이롭게 하는 화를 양성함이 적지 않다. 그리고 설법을 하는 둥 예경禮敬을 하는 둥하여 시주施主를 유혹하니, 이를 무엇이라 칭하리오? 이는 주공周公의 〈금등金縢〉이 왕망王莽의 손에 들어가서 삿된 말로 변한 것이 아니겠는가. 마음먹은 바는 『화엄론』을 필사하려 하지 않은 것이니, 이는 송나라 여승 지통智通과 다름이 없다.

송나라 서울에 있는 간정사簡靜寺의 승려 지통은 얼굴이 예쁘고 나이 젊은데 도를 믿음이 독실하지 않았다. 원가元嘉 9년(432)에 스승이 죽자 파계하고 결혼하여 위군魏郡 양군보梁群甫의 처가 되었다. 아들 하나를 낳아 그 아이가 6, 7세가 되었는데 집안이 매우 가난하여 옷을 입힐 게 없었다. 지통은 당시 가지고 있던 『무량수경』과 『법화경』 등을 모두 풀어서 아이의 옷으로 해 입혔다. 아이가 1년이 지나서 병이 들었는데 온몸이 문드러져 화상을 입은 듯하였고, 작고 하얀 벌레가 날마다 1되 정도 나왔다. 그 나머지는 말랐는데[460] 그 고통이 독보다 심하였다. 밤낮으로 부르짖었다. 항상 공중에서 다음과 같은 소리가 들렸다.

"경전을 풀어헤쳐 옷을 만들어서 이렇게 심한 과보를 받는 것이다."

아이는 10여 일 있다가 죽었다.

무지한 마음으로 경전을 헤쳐 옷을 만들어도 이렇게 되었는데, 하물며 불법을 이용하여 시주를 유혹하여 자기만 이롭게 하는 화를 양성하고, 타인에게 해를 돌리고, 『화엄론』을 필사하지 않으려는 자는 어떻겠는가.

한 숟가락의 식사를 더하고서 큰 소가 되는 징험을 받기도 하고, 작은 도끼로 큰 도끼를 바꾸었다가 큰 구렁이가 되는 응보를 받기도 하였으니, 인과의 분명함이 없지 않다. 모든 수행하는 사람들은 모든 보시 물품을 다른 곳에 함부로 사용하지 말고 마음을 바르게 써서 타인에게 해를 돌리지 말아야 한다.

誡施物橫用文

昔有一貪婪人。與永尼。寫華嚴論施物。橫用他處。用心不正。乃欲華嚴不得書寫。印華嚴經。爲自家之物。有施主之凡百財用。一不下送。欲歸害于張也。其釀成利己之禍不少。又以似或說法。似或禮敬。誑惑諸施。此何以稱焉。此豈非周公之金縢。入于王莽之手。而變成邪說者乎。所心華嚴論。不欲書寫與宋尼智通無異。宋京師簡靜寺尼智通。年貌姝少。信道不篤。元嘉九年師死。罷道。嫁爲魏郡梁群甫妻。生一男。年六七歲。其家甚貧。無以爲衣。通爲時所持無量壽法華等經。悉練□[1]之。以衣其兒。居一年而得病。竟體剝爛。狀若火瘡。有細白虫。日去[2]一升。其餘燥痛煩毒。晝夜號叫。常聞空中有語云。壞經爲衣。得此劇報。旬餘而死。以無知之心。破經作衣如是。況付佛法。誑惑諸施。釀成利己之禍。而歸害于他人。不欲書寫華嚴論者乎。一匙加飧。因作大牛之驗。以小斧換用大斧。而因作大蟒之報。不無因果之昭然。凡諸修行之人。凡諸施物。不得妄用於他處。用心爲正。不得歸害于他人。

---

1) ㉠『釋門自鏡錄』등에 '擣'로 되어 있다. 2) ㉠ '去'는 '出'의 오자인 듯하다.

칠성전 불량계 서문

둔법遁法이 말하길, "하늘은 영험하고 땅도 영험하다. 왼손으로 북두를 가리키고 오른손으로 칠성을 가리킨다. 하늘 위 28수는 내 소관이니 머리로 북두칠성을 이고 발로 아홉 구비 황하를 밟는다. 나는 상계上界에서 혈인자血刃子를 받드니 나는 하계에서 난을 피하는 사람이다."라고 한다.

이러한 말들을 나는 믿을 수 없지만 일체 사람들의 길흉화복은 모두 칠성이 관리한다. 칠성의 무량한 자비는 육도六途에 드리워지고 인간세상을 둘러 단속하니, 그 모습을 나타냄은 이르지 않는 곳이 없다. 복을 구하고 재앙을 면하려는 사람이 칠성에 기도하지 않으면 달리 어디에서 구할 것인가. 우리 믿음 강한 계원들은 『칠성경七星經』을 구해 읽고 소홀히 하지 말지어다.

七星殿佛粮稧序文

遁法云。天則靈。地則靈。左手指北斗。右手指七星。天上二十八宿。是吾所管。頭戴北斗七星。脚踏九曲黃河。吾奉上界血刃子。吾是下界避難人。此等說。吾不敢其信。一切人吉凶福禍。皆管於七星。七星之慈悲無量。垂形六途。環檢人間。其現形也。無所不至。求福免灾之人。不祈之於七星。而其於他何求。惟吾信心稧員。求七星經讀之。無敢忽諸。

금강산 마하연 기문

금강산의 수려함은 해동의 산들 중에 으뜸이다. 금강산에서 가장 높은 봉우리는 비로봉이고, 비로봉의 남쪽에 백운대가 있다. 백운대의 서쪽에 있는 절이 마하암摩訶庵이다. 봉우리와 사찰 사이의 경치가 매우 뛰어나서 금강산 중에 으뜸이다. 암자가 무너진 지 오래되었기에 건물들이 기울고 무너져 승려들이 노출되므로 사군자들이 애석해하고 불제자들이 부끄러워했다.

도광道光 12년(1832) 가을에 율봉栗峰의 문인 월송 선사月松禪師가 암자가 이렇게 무너진 것을 보고는 이에 조카 용암 선사龍岩禪師와 함께 일을 주관하여 다시 수리하였다. 무너진 것을 지탱하고 터진 것을 보충하며 허물어진 것을 쌓고 새는 곳을 덮으니, 나무들이 얽히고설킨 기이함과 꽃무늬를 즐비하게 새긴 오묘함이 정밀했다.[461] 기둥을 세우고 흙손질한 공력이 훌륭하고 붉은색과 흰색으로 채색해 놓아 앞서 창건할 때보다 더 나았다. 이로부터 감실龕室의 불상은 습기에 젖어 무너질 위험이 없었고, 암자의 승려는 경행經行[462]하고 참선하기에 편안해졌으며, 유람하는 이들은 쉴 수 있었고, 관람하는 이들은 눈을 붙일 수 있게 되었다. 칠보봉七寶峰의 경치와 사자봉獅子峰의 샘물과 바위, 혈망봉穴望峰[463]의 바람과 달, 법기봉法起峰의 안개 낀 솔, 만회봉萬灰峰의 이끼 낀 오솔길, 불지봉佛地峰의 달콤한 이슬이 일시에 새롭게 되니, 사군자와 불제자들이 시원하게 아쉬움을 풀고 부끄러움을 떨어 버린 것 같았다.

월송 선사는 나에게 방조傍祖 되시고, 용암 선사는 나의 법부法父이시다. 그간에 신심信心과 원력願力을 모조리 알고 왕래하면서 감동하였다. 율봉 화상은 여기에서 40여 년 머물다가 여기에서 입적하셨다. 그 문하 제자들의 보은과 힘씀이 이처럼 크니, 어찌 알겠는가, 훗날 법부法父와 문하 제자들 그리고 인연을 맺어 동참한 모든 사람들이 이곳에서 후생의 인연을 맺지 않을지. 위대하도다, 이 암자와 백씨白氏⁴⁶⁴의 인연 있음이여.

金剛山摩訶衍記文

金剛之奇秀。甲於海東諸山。山之上峰曰毘盧。峰之南臺曰白雲。臺西寺曰摩訶。峰寺間。其境絶勝。又甲金剛。庵之壞久矣。臺榭寒崩。佛僧暴露。士君子惜之。佛弟子耻之。道光十二年秋。栗峰門人月松禪師。見庵壞之若斯然。於是乎與其姪龍岩禪師。謹幹將事。復爲治之。凡支壞補缺。疉隤覆漏。其技¹⁾擁杈枦²⁾之奇。華檳³⁾鞞⁴⁾鞢之妙乃精。櫨梲之功自良。赭堊之飾。勝於前之所創也。由是而龕像。無溱濕陊陁之危。庵僧有經行宴坐之安。遊者得之息肩。觀者得之寓目。七寶之景狀。獅子之泉石。穴望之風月。法起之烟松。萬灰之笒⁵⁾徑。佛地之甘露。一時而新。而士君子佛弟子。豁然如釋憾刷耻之爲者也。月松余之傍祖也。龍岩余之法父也。其間信心願力。盡得知之而感徃念來。栗峰和尙居此地四十餘年。仍而入寂於此。其門弟子之報恩宣力。若此之大矣。安知他刼。不與其法父。與其門下人。及結緣同祭一切諸人。結後生緣於玆土乎。偉矣。此庵與白氏。其有緣乎。

---

1) ㉭ '技'는 '枝'의 오자인 듯하다. 2) ㉭ '枦'는 '杼'의 오자인 듯하다. 3) ㉭ '檳'은 '攢'의 오자인 듯하다. 4) ㉭ '鞞'은 '鞞'의 오자인 듯하다. 5) '笒'는 '苔'의 오자인 듯하다.

칠불암 기문

　동남쪽의 산수로는 지리산이 최고다. 지리산의 경물 중에는 쌍계사가 더욱 좋다. 쌍계사의 경치 중에서는 칠불암이 으뜸이다.
　암자는 사찰에서 북쪽 30리에 있다. 참선을 배우는 이들이 머무는 곳이다. 그곳은 두루 경치를 볼 수 있어서 사물이 형체를 숨기지 않는다. 봄 대낮에 나는 풀들이 향기롭고(薰薰) 나무들이 기뻐하여(欣欣) 조화를 이끌어내고 순수함을 받아들여(導和納粹) 사람의 혈기를 화락하게 함을 좋아한다. 여름 밤에 나는 샘이 가득하고 바람이 시원하여 번뇌를 없애고 각성하게 하여 사람의 심정을 일으킴을 좋아한다. 개개의 물건마다 비상한 경계가 되니, 사람 또한 비상한 선사禪師가 된다. 어느덧 신라 말 이래로 산골짜기가 열리고 골짜기 암자가 개창되어 천하 제일의 선원이 되었다. 비상한 사람이 여기에 출입하고 머물며 참선하여 득도한 이들이 많다.
　경인년(1830) 겨울 10월에 필방畢方⁴⁶⁵이 재앙을 고하였다. 암자의 주인 금담金潭 선사가 수제자(上足) 대은大隱과 함께 죽을 힘을 다하여 사방에서 재물을 모으니, 3년 사이에 암자가 다시 완성되었고, 5년 사이에 불사가 마무리되었다. 정전正殿 몇 간과 승당僧堂 몇 간, 선당禪堂 몇 간, 정문루正門樓 몇 간이 번듯해지니 화성化城⁴⁶⁶ 같았다. 바위 골짜기가 함께 맑아지고 안개와 노을이 같이 빛났다. 이렇게 불법이 쇠퇴해진 시기에 암자를 중건하게 되니, 사람들이 모두 말하길, "이전 창건한 것보다 낫다."라고 한다.
　일이 또한 비상하고, 비상한 사람이 비상한 땅에서 비상한 일을 하였으니, 여기에 머무는 이들은 비상한 참된 경지에 들어가서 '일체가 모두 공하다'라는 진리를 보게 되면 암자를 칠불암이라고 한 것이 헛되지 않으리라.

七佛庵記

東南山水。智異山為最。智異山景物雙溪寺為尤。雙溪寺明勝。七佛庵為甲。庵在寺北三十里。為叅禪學者栖息之所。地搜勝槩。物無遁形。春之日。吾愛其草薰薰木欣欣。可以導和納粹。暢人血氣。夏之夜。吾愛其泉淳淳風冷冷。可以鐲煩析醒。起人心情。頭頭物物。其為非常之境。則人亦非常之禪。居焉自羅季以來。因山洞開。因洞庵剏。為天下第一禪院。非常之人。出入居此叅禪得道者多矣。庚寅冬十月。畢方告灾。庵之主人金潭禪師。與其上足大隱出萬死一生之力。鳩財四方。三年之間庵乃更成。五年之間。佛事盡立。正殿若干間。僧堂若干間。禪堂若干間。正門樓若干間。儼若化城。巖洞共淸。烟霞相煥。當此佛法衰瘵之時。重建之庵。人皆云。勝於前之所創。事亦非常。以非常之人。居非常之地。為非常之事居此者。入非常之眞境。照見一切皆空。庵得七佛之名。其不虛矣。

석천암 기문

암자는 대둔산 북쪽 기슭에 있다. 천 층 석벽石壁이 문병門屛⁴⁶⁷이 되고, 석벽 아래에 평평한 곳이 있는데 너비는 열 길이다. 그 가운데 평평한 대臺가 평평한 곳을 반분하고 있다. 대의 동남쪽에 바위틈으로 시내가 흘러 구층대九層臺와 장경암藏經巖을 돌아 대승大乘 앞 시내로 들어가서는 서쪽으로 바다까지 이른다.

선가仙家와 도사道士의 가르침에 전서篆書로 된 말이 있는데 술법이 가장 신이하다. 그 법은 오로지 비석에만 쓰여 있어서 재물을 소비하지 않는다. 입을 다물어 발설하지 않고 덕을 행하고 정성을 들여 노력하여 공력을 드리면 성공함을 징험할 수 있으니, 어떠한 도가 이루어지지 않을 것인가.

돌이라는 것은 흙의 뼈에 해당한다. 작은 뼈든 큰 척추든 돌이 아님이 없으니, '흙의 정백精魄⁴⁶⁸의 영령靈'이라는 것은 이를 가리켜 말함이다. 이러므로 성인이 신과 인간의 경계를 구분하고, 사람은 돌로 성곽을 만들거나 돌로 문호를 만들거나 돌로 대臺와 다리를 만들거나 돌로 묘(墓依)를 만들거나 돌로 비명碑銘을 만든다. 신神은 돌로 단壇과 탑을 만들거나 돌로 골격을 만들거나 돌로 전殿과 상像을 만들거나 돌로 솥을 만들거나 돌로 표를 세운다.⁴⁶⁹ 병법에 이르면, 제갈공명諸葛孔明은 돌을 모아 판을 짜서 팔진도八陣圖를 만들었으니, 그 영묘함을 취하여 그러한 것이다. 한편 돌은 팔괘에서 간艮이라. 간艮은 산이 되니 이는 소남小男의 위치다. 그러므로 봉우리의 모양과 형세가 바위를 짊어지고 돌을 이고 서 있는 경우에 기도하면 응답이 있다. 비옥한 토지라도 돌이 없이 완만하면 제사 드려도 영험이 없다.

옛날 반야국般若國 사람이 그 임금에게 고하길, 돌 만여 개를 쌓아서 24부분으로 나누면 선구旋具⁴⁷⁰ 향제享帝의 법이 되니, 바람이 고르고 비가 순조로워 20년 동안 풍년이 되어 나라가 태평하고 백성이 편안할 텐데, 뜻하지 않게 아첨하는 신하와 요상한 무리들이 노래와 술로 흥청거리는 무리들에서 일어나 상소하고 극간하여 쌓은 돌을 무너뜨리고 끊어 버리니, 이에 홍수와 가뭄, 바람과 서리 등 흉년의 변괴와 천둥과 벼락, 안개와 싸락눈과 벌레들의 변괴가 해마다 끊이질 않아 굶어죽은 이들이 골짜기를 메우고 문인과 무인들이 일을 그치니 백성들이 모두 제자리를 잃고 온 나라가 크게 굶주렸다고 하였다. 돌들의 정령과 변화의 신통을 여기에서 가히 생각할 수 있다.

그리고 골육으로 나누어 논의하면, 흙은 땅의 육질이요, 돌은 땅의 골격이며, 나무는 땅의 터럭이고, 쇠는 땅의 발톱이요, 불은 땅의 비상飛上이요, 물은 땅의 정혈精血이다. 돌은 본래 소리가 없는데, 물은 여울을 만나면 소리를 낸다. 여울은 돌 때문에 소리가 나는 것이다. 이것이 이른바 '사물이 불평하면 소리를 낸다'라고 하는 것이다. 물은 돌이 아니면 여울이 위험이 되지 않고, 여울은 돌이 아니면 물이 소리를 내지 않는다. 그러므로 여울의 돌은 실로 물의 원수가 된다. 육정六丁[471]은 신이 고달파하는 것이다. 왜냐하면 정丁은 음의 불이라서 밤에 귀하게 되는데 임壬과 덕이 합치된다. 임壬은 물의 양陽이다. 음의 불과 양의 물이 짝하여 부부가 된다. 돌은 간艮의 소남小男에 속한다. 그러므로 산에 있지 않고 여울에 들어가면 순리를 거슬러 소리가 난다. 이것은 부모가 편안하지 않으면 그 혈육이 어지러이 곡을 하는 것과 같다. 그러므로 지서地書에도 이르길, 여울이 울어 곡을 하는 것은 정丁이 고달파하는 것이라고 했다. 대개 음양 이기陰陽理氣의 형세가 진실로 그러함을 밝게 볼 수 있다. 선지식의 높은 눈이 아니면 그 미묘한 원인을 거슬러 알 수 없으니, 애석하기만 하다.

무릇 큰 바위는 영물靈物이 아님이 없다. 바위에 기대 문(戶)을 정하면 자손의 복이 길지 않고, 바위에 기대 집을 지으면 재난이 많다. 바위에 기대 길을 열면 마을에 병과 우환이 많고, 바위에 기대 측간이나 마구간을 지으면 주인집에 화가 있다. 바위에 기대 살생을 하면 난리가 일어나고, 바위에 기대 나무를 베면 수명을 깎아 먹고, 바위에 기대 음탕한 짓을 하면 스스로 지은 재앙을 면할 수 없다. 바위에 기대 사당을 세우면 세상을 누리는 복이 선남자에게 미치지 못하고, 바위에 기대 마당을 열면 주인 없는 무덤이 시장 사람보다 많아진다. 바위에 기대 배를 매면 풍파의 재앙을 볼 수 있고, 바위에 기대 밭을 일구면 소와 말 등 가축이 성대해질 것이다. 바위에 기대 창고를 세우면 관청의 덕이 흥성하여 기댈 수 있고, 바위에 기대 나무를 심으면 산신령이 반드시 도와 복을 내릴 것이다. 바위에 기대 기도하면 하늘이 내리는 경사가 바라는 뜻대로 이어질 것이다. 바위에 기대 술을 빚으면 신선이 내려오는 바람을 타고 득도하는 데에 이를 것이요, 바위에 기대 경을 외우면 사특함을 물리치는 이치가 꿈을 통해 얻어질 것이다. 바위에 기대 샘을 뚫으면 반드시 쌍둥이를 낳을 것이요, 바위에 기대 풀무를 설치하면 도깨비 환난이 생길 것이다. 바위에 기대 계산을 하면 꿈으로 도를 이룰 것이요, 바위에 기대 벌을 기르면 정丁이 벌꿀을 화기和氣롭게 할 것이다. 이 모든 것들은 박식한 군자가 마땅히 기록하고 사람들에게 가르쳐야 할 법이다.

또 도서道書를 살펴보니, 바위에 기대 불상을 안치하는 것은 최고로 길吉한 일이라고 했다. 바위에 기대 불상을 안치함이 최고로 길한 일이라면, 불자佛子들은 이 암자에 들어가 도를 닦음에 무슨 일이 이루어지지 않겠는가. 그리고 샘이 바위 사이에서 나오니, 땅의 정혈이라. 오행이 상합하여 일맥이 연결되니, 이는 도를 배우는 사람의 도를 돕는 것이다. 여기에 머무는 이들은 삼가 소홀하지 말지라.

石泉庵記

菴在大芚山北麓。以千層石壁爲門屛。石壁下有平地。廣輪十丈。中有平臺半平地。臺東南有石澗。環九層臺藏經巖。入于大乘前溪而去。西入于海。

仙家道士之敎。有篆之語。術爲最神。其法專以碻石施焉。不費財貨。緘口
勿泄。爲德致誠。努力爲功。成功可驗。何道不成。盖石之爲物也。是土之
骨。小骸巨髓。莫非是石。則土中精魄之靈。指此而言也。是以聖人。畫封
神人之界。界人或以石爲城郭。以石爲門戶。以石爲臺橋。以石爲墓依。以
石爲碑銘。神則以石爲壇塔。以石爲骨格。以石爲殿像。以石爲釜鼎。以石
爲建標。至於兵法。孔明聚石作局。爲八陣圖。盖取其靈而然也。且石者。
於八卦爲艮。艮爲山。是小男之位也。故峰巒之體勢。負巖戴石而立者。禱
之有應。肥土無石而緩者。祀之無靈。昔般若國人告其君。聚石萬餘。包而
分積二十四部。爲旋其享帝之法。風調雨順。年豊二十年。國泰民安。匪意。
佞臣妖孼之徒。起自詩酒豪放之群。上疏極諫以毁積石而絶止。於是水旱
風霜。敗豊之灾。雷霆霧霰。旱虫之變。連歲不絶。餓殍塡壑。文武廢業。
民皆失所。而一邦大飢。其群石之精靈。變化之神通。於此可想。又以骨肉
之分論之。土者地之肉也。石者。地之骨也。木者。地之毛也。金者。地之爪
也。火者。地之飛也。水者。地之精血也。石本無聲。而水遇灘者鳴之。灘者。
緣石而聲焉。是所謂物不平而鳴也。水非石則灘不爲險。灘非石則水不爲
鳴。故灘上之石。實爲水之怨仇也。六丁神之所苦也。何則。曰丁以陰火爲
貴於夜。而與壬合其德。壬者。水之陽也。陰火陽水。配爲夫婦。石屬艮之
小男也。故不在於山。設入於灘。逆其順理而鳴之。是猶使父母不得安。其
血肉鬩哭者也。故地書亦云。灘鳴爲哭丁之所苦。盖昭然可觀於陰陽理氣
之勢所固然。若非善識之高眼。無以溯其微妙之源也。可勝惜哉。大抵巨巖
莫非靈物。依岩定戶。子孫福不長。依岩建室。多灾亂。依岩開路。洞里多
病憂。依岩作厠厩。主家有禍。依岩殺生。賊禍變起。依岩伐木。歎損壽。依
岩行淫。自作之孼不免。依岩立祠。享世之福。不及於善男。依岩開場。無
主之塚。陪於市人。依岩船船。風波之厄可見。依岩起耕。牛馬之畜。見盛
於時。依岩建倉。官德之興必賴。依岩植木。山靈必祐而降福。依岩祀禱。
天賜之慶。延于向意。依岩釀酒。降仙之風。達于得道。依岩誦經。斥邪之

理。因夢而得。依岩掘泉。必産雙童。依岩設冶。魍魅之患乃出。依岩做篝。仍夢成道。依岩養蜂。丁必和氣於蜜。此皆博物君子之所當記。而乃敎人之法者也。又按道書依岩坐佛。爲第一吉事也。旣以依岩坐佛。爲第一吉事。則爲佛子者。入此庵修道。何事不成。又泉自石間而出。爲地之精血。五行相合。一脉相連。是爲學道人助道之所。居此者。愼無忽哉。

화엄전 응향각 기문

옛날 당나라 초기에 융주隆州 파서현巴西縣의 영호 원궤令狐元軌라는 이가 불법을 믿어 공경해서 항抗 선사에게 『금강경』과 『반야경』, 『열반경』 등을 필사하게 하였다. 노자의 『오천문五千文』(『도덕경』)과 한 곳에 두어 보관하였다. 경전을 보관한 누각이 풀로 덮여 있었는데 홀연 바깥에서 불이 번져 일시에 다 타 버렸다. 그래서 재를 뒤져 보라고 했더니, 『도덕경』은 불에 다 타 버렸으나 경전들은 완연히 예전처럼 표지 색깔도 변하지 않았다.[472]

옛날에 이러한 징험이 있었는데 오늘 또한 그러하다. 갑오년(1834) 3월 17일에 산불이 홀연 일어나서 영각사靈覺寺 3백여 간의 큰 사찰이 모두 불에 타 버렸다. 그런데 오직 화엄전만은 불 속에서도 타지 않았다. 화엄전이 타지 않고 우리 동방의 만세 보물이 되도록 불천佛天이 바란 것이 아니겠는가.

이에 용암龍岩 화상이 청부靑蚨(돈) 50꾸러미를 내고 명암明庵 선사에게, 대웅전 불량佛粮 계원들에게 재원을 모아 삼가 일을 주관하라고 하였다. 4월에 건물이 완성되자, 명암은 나 전유展有에게 기기를 작성하라 하였다. 나(展有)는 이에 서명사西明寺의 사주寺主[473] 신찰神察과 목험目驗이 이야기한[474] 원궤元軌 일을 인용하여 여기에 짝을 이루게 하니, 후에 경전을 인간하는 이들에게 불법을 믿어 공경하고 영호 원궤보다 독실하게 함이라.

華嚴殿凝香閣記

昔在唐初。隆州巴西縣令狐元軌者。信敬佛法。使抗禪師。寫金剛般若涅槃等經。老子五千文。同在一處而藏之。藏經閣是草覆。忽爲外火延燒。一時灰蕩。仍命撥灰。老子便從火化。諸經完然如故。而黃[1]色不改。古有如是之驗。而今且如然。甲午三月十七日。山火忽起。靈覺寺三百餘間巨刹。皆從火化。惟華嚴殿。入于火中不燒。佛天豈不欲使華嚴之板。爲吾東萬歲之寶耶。於是乎龍岩和尙。出靑蚨五十紙。使明庵禪師鳩財於大雄殿佛粮稧員。勤幹將事。而四月閣成。明庵使展有爲之記。展有乃引西明寺主神察目驗說之之元軌事。配合于此。而使後後印經之人。信敬佛法。篤於令狐元範也。

---

1) 옉 '黃'은 '潢'의 오자인 듯하다.

장 처사가 금자金字로 「행원품行願品」과 『법화경』을 필사하는 것에 대한 상축上祝과 서문

옛날 진陳나라 상서복야尙書僕射 강총江摠은 정情을 표현함이 뛰어나 앞 시대에 드러나서⁴⁷⁵ 광산사匡山寺에서 일체경一切經(대장경) 1장藏 3,752권을 필사하였고, 이부상서 모가毛嘉는 절개가 높고 인후하며 글씨는 두 왕씨王氏⁴⁷⁶를 움직이고 학문은 삼가三賈⁴⁷⁷와 비슷한데, 몸소 붓을 움직여 『유마경』을 필사하였다. 제齊나라 숙종肅宗 효소황제孝昭皇帝는 지극한 가르침을 숭봉하여 뜻을 현묘한 법문에 부치고 선조 황제를 위하여 일체경 12장을 필사하였으니, 도합 38,047권이었다. 푸른색 머리의 자주색 끈(靑首紫綃)과 금실·은실로 장정하고, 연꽃 무늬 표지로 덮어서 사자獅子의 자리⁴⁷⁸로 받들었다. 주나라 효선황제孝宣皇帝는 불일佛日을 거듭 융성하게 하여 뒤를 비추고 앞을 뛰어넘었는데, 『반야경』 3천여 부部를 필사하였고, 육재六齋를 폐하지 않고 팔계八戒를 소홀히 하지 않았다. 수나라 고조高祖 문황제文皇帝는 현묘한 덕이 신명에 통하고 지극한 공은 조화를 품었는데, 개황開皇⁴⁷⁹ 초기(581)부터 인수仁壽⁴⁸⁰ 말년(604)에 이르기까지 경전과 논서를 필사한 것이 모두 46장 132,086권이었고, 오래된 경전을 손질한 것이 3,853부였다. 수 양제隋煬帝는 바깥으로 구류九流에 통하고, 안으로 삼장三藏을 궁구하여 진陳을 평정한 후에 양주揚州⁴⁸¹에서 오래된 경전을 보수하고 새로운 책으로 필사한 것이 모두 612장 29,173부 903,580권이었다.⁴⁸² 이들 모두 억조창생들에게 빛을 뿌리고 일반 백성들에게 교화가 미치게 한 것이다. 이러한 때에 신심信心과 원력願力 있는 이들이 피를 내어 글을 쓰는 것도 어렵게 생각하지 않거늘 금과 은으로 글자를 쓰는 것쯤이랴.

그러나 지금은 그렇지 않다. 물건을 보시하는 이가 없고, 글씨를 잘 쓰는 이는 천 명 백 명 가운데 하나도 보기 어렵다. 그런데 장 처사의 서법은 참으로 오묘(眞眞妙妙)하고 매우 기괴(奇奇惟惟)하여 「행원품行願品」483 세 건과 『법화경』 1부 일곱 권, 「정행품淨行品」484 1권을 금자金字로 필사하였다. 그 가벼움은 한 손바닥에 둘 만하였고, 그 글씨들은 꿈틀꿈틀 개미가 기어가는 듯한데, 자세히 보면 비스듬히 기울고 곧고 거듭 교차하고 다시 옆으로 눕는 등 오묘함이 곡진하니 벽과擘窠485 대자大字와 같을 뿐만이 아니다. 보는 이들이 문을 메우고 기뻐하지 않음이 없었다.

공여 전유空如展有가 옆에 있다가 말하길, "예로부터 지금까지 글씨를 잘 쓰는 이들은 많으나 장 공張公처럼 신심이 있는 이는 없습니다. 신심이 장 공과 같은 이가 있더라도 장 공처럼 글씨를 잘 쓰는 이는 없습니다. 장 공은 두 가지를 겸하여 지니고 불법이 인멸하여 전하지 않는 시대에 능히 행하니, 이는 여래의 사신으로서 옛날 불법이 전성하던 자리에 참여하였다가 다시 이 시대에 출현하여 불사를 돕고 휘날리는 이가 아니겠습니까."라고 하였다.

이러한 인연과 선근善根의 공덕으로 봉축하노니, 예성인자睿聖仁慈하고 문무돈후文武敦厚하신486 우리 주상 전하 정해생丁亥生(1827) 이씨李氏(헌종)는 옥체 안녕하고 만세를 누리시며, 금륜성왕金輪聖王487과 복이 같아 팔짱을 늘어뜨리고 세상(八荒)을 다스리시며,488 덕이 백성(黔黎)들에게 미치매 만국萬國이 옷깃을 여미고 조회를 올 것이니, 오제五帝가 여섯이 되고 삼황三皇이 넷이 될 것입니다.489

대왕대비 전하 기유생(1789) 김씨490는 진실로 한漢나라 빛이 거듭 세상을 비추고 주나라가 영원히 누릴 수 있도록491 은혜가 썩은 뼈에 더해지매 석실石室에 패엽梖葉492의 글이 돌아가고, 은택이 곤충에 미치매 금궤金匱에 범설梵說의 게송이 흐르나니, 덕은 태임太妊493을 겸비하고, 도는 선인宣仁494보다 높습니다.

왕대비 전하 무진생(1808) 조씨趙氏495는 옥호玉毫496로 하강한 자질이며 금륜金輪497으로 하늘을 다스리시도다. 삼천세계를 넓히시고 백억 일월을 가리시며 장추長秋⁴⁹⁸와 장신長信⁴⁹⁹의 제도를 기록하시며 사미사제思媚思齊⁵⁰⁰의 시를 읊으시도다.

문안무정헌경성효文安武靖憲敬成孝 순종대왕純宗大王⁵⁰¹께서는 위로 하늘의 마음에 응하시고 아래로 백성의 바람에 일치하시어 아뇩지阿耨池⁵⁰² 가에서 연꽃 물을 마시며 유희하고 극락세계에서 나뭇가지에 이는 바람(柯風) 들으며 소요하시리라.

돈문현무인의효명敦文顯武仁懿孝明 익종대왕翼宗大王⁵⁰³께서는 지극한 뜻이 명통冥通⁵⁰⁴하시고, 성신聖神하여 멀리 감동시키사 피안으로 해탈하는 길을 여시고 궁극적인 무위無爲의 터를 펼치시도다. 팔역八域에 다시 노니시매 견해見海 밖으로 중생을 빼내시고, 한번 삼문三門⁵⁰⁵에 들어가매 제자諸子를 화택火宅에서 건지시리라.

張處士寫金字行願品與金字法華經上祝并序

昔者陳尙書僕射江揔。緣情穎拔。形于前代。於匡山寺。寫一切經一藏三千七百五十二卷。吏部尙書毛嘉。志節高俊。仁厚兼隆。書運二王。學侔三賈。而躬自運筆。寫維摩經。齊肅宗孝昭皇帝。奉崇至敎。情寄玄門。奉爲先皇帝。而寫一切經一十二藏。合三萬八千四十七卷。靑首紫縚。銀繩金縷。覆以蓮花之帳。擎以獅子之座。周孝宣皇帝。重隆佛日。先¹⁾後超前。寫般若經三千餘部。而六齋不替。八戒靡渝。隋高祖文皇帝。玄德通於神明。至功包於造化。自開皇之初。終於仁壽之末。而凡寫經論四十六藏十三萬二千八十六卷。修治故經三千八百五十三部。煬帝。外洞九流。內窮三藏。平陳之後。於楊州。狂補故經并寫新本。合六百一十二藏二萬九千一百七十三部九十萬三千五百八十卷。此皆光被億兆。化洽黎元。當此時也。有信心願力者。刺血爲書。不爲此難。況金銀其字乎。今則不然。施物者無之。能書者。不得見千百中十一。而張也之書法。眞眞妙妙。奇奇怪怪。寫出金字行願品三件金字法華經一部七卷金字淨行品一卷。其輕妙。可以置之於一掌。其字畫蠕蠕如行蟻而孰²⁾視之。其橫斜曲直。重交反側。曲盡其妙。不啻如擘窠大書。觀者闐門。莫不歡悅。空如展有在傍。謂之曰自古今及。能書者多有。信心如張公者無。信心如張公者有之。能書如張公者無。張公兩者兼有。能行之於佛法湮滅無傳之時。無乃乃以如來使。同祭昔日佛法全盛之席。而更出於此時。助揚佛事者乎。以此因緣善根功德。奉祝睿聖仁慈。文武敦厚。我主上殿下。丁亥生李氏。玉體安寧。聖壽萬歲。福等金輪。垂拱而治八荒。德被黔黎。歆衭而朝萬國。六玆五帝。四彼三皇。大王大妃殿下。己酉金氏。固以漢光重世周卜永年。恩加朽骨。石室歸於相³⁾葉之文。澤及昆虫。金匱流乎梵說之偈。德兼太妊。道高宣仁。王大妃殿下。戊辰生趙氏。玉毫降質。金輪御天。廓三千之世寰。掩百億之日月。紀長秋長信之制。誦思媚思齊之詩。文安武靖憲敬成孝純宗大王。上應乾心。下叶黎願。阿耨池邊。飮蓮水而遊戱。極樂界中。聽柯風而逍遙。敦文顯武仁懿孝明翼宗大王。至意冥通。聖神遐感。啓解脫彼岸之津。開究竟無爲之府。再遊八域。拔群生於見海之外。一入三門。救諸子於火宅之中。

---

1) ㉗ '先'은 '光'의 오자인 듯하다. 2) ㉘ '孰'은 '熟'의 오자인 듯하다. 3) ㉗ '相'은 '梖'의 오자인 듯하다.

수충사 권선문

원래 성스런 자애가 미치매 선업은 이르지 않음이 없고, 오묘한 교화가 베풀어지매 악연이 잘리지 않음이 없습니다. 기강의 법망을 여니 사해四海 안에 충효의 선비가 나고, 도탄에 빠진 중생들을 건지니 팔주八州(팔방)에서 성현의 사당을 세웁니다. 이런 까닭에 나라의 빛을 보고[506] 사람들의 예를 보았으며, 왕촉王蠋[507]의 묘를 봉하고 수양睢陽에 비를 세웠습니다.[508]

불교(僧門)의 충렬忠烈은 기허 영규騎虛靈圭의 마음에 미칠 만한 이가 없고, 국운이 좋지 않음(조屯)[509]은 임진년에 섬나라 오랑캐의 난리만 한 때가 없습니다. 극렬한 왜구들이 날뛰어 침범하매 대가大駕(임금)가 파천하니, 하늘이 돌아 북극성 원칙이 이지러지고, 땅이 무너져 살쾡이 구멍을 메웠습니다.

이러한 때를 당하여 조헌趙憲은 남제운南霽雲[510]이 오랑캐에게 죽은 절개를 사용하고, 영규는 요광효姚廣孝[511]가 나라를 도운 마음을 허락하였습니다. 지혜와 계획이 크게 같고, 의로운 기운이 현저히 부합하여 의병들을 모아 어지러운 칼을 막기로 다짐하였습니다. 옷을 찢어(裂裳)[512] 천 리에서 응하여 오고, 좌단左袒[513]하여 한번 소리치매 모두 이르렀습니다. 처음에 서원西原(청주)에 주둔하매 계책은 낭심狼瞫[514]이 나라를 위함과 같고, 후에 금주錦朱(금산)에 도착하매 사적이 주려柱厲[515]가 군주의 어려움에 목숨을 바친 것과 같습니다. 천병天兵(명나라 군사)이 끊어지매 수비가 소홀해지자 더욱 굳세게 하였고, 오랑캐 기병이 급하게 몰아치나 잠자코 나아가지 못하게 하였습니다. 기술은 구공九攻[516]에 다하고, 뜻은 삼판三板[517]에서 더욱 곤궁해졌습니다. 생각을 멈추고 양을 몲(牽羊)[518]에 정나라 군사가 크게 옴이 부끄럽고, 달갑게 자식을 바꾸니[519] 송나라 신하들의 병고를 비루하게 여깁니다. 군사들이 돌아보지만 구하지 못하고, 나라 운명이 끊어지매 돌아갈 곳이 없었습니다. 다함이 있는 피로한 사람이 끊임없는 강한 왜구를 상대하여 맨손으로 오른쪽을 치매 붉은 수레가 왼쪽에 성대하니, 장순과 허원도 감당하기 어려울 터인데 산승山僧이 어찌 보존하겠습니까. 열사烈士의 항거하는 소리가 장홍臧洪520과 같은 날에 통렬했고, 바른 신하의 분노는 채공蔡恭521의 몇 십 일을 애석해했습니다.522

위대하도다, 대사의 마음이여. 믿음으로 붕우를 허락하고 강함으로 뜻을 견고하게 하며, 곧음으로 기운을 진작하고 인자함으로 몸을 해쳤으며, 충성으로 적군을 꺾고 매서움으로 나라 일에 죽었도다. 문을 나선 것은 지혜에 합당하고, 밖에서 행한 것은 정성으로 일관되도다.

나라의 표창을 받아 중봉重峰(趙憲의 호)의 사당에 배향을 받았지만, 승려들의 권장을 만나지 못해 표충사表忠寺523에 들지 못하였습니다. 이에 진악산進樂山524의 영천靈泉에 사당(祠于)을 세워 유빈蕤賓(5월)의 하한下澣(하순)에 영정을 안치합니다. 시냇물 굽어보며 창문이 넓고, 바위 기슭을 깎아 담장을 쳤습니다. 그러나 비록 이와 같으나 거친 섬돌을 금테 두른 섬돌로 바꾸기는 가장 어렵습니다. 낮은 집을 아로새긴 행랑으로 바꾸는 것도 힘난합니다. 청부靑蚨(돈)가 오지 않으면 색칠을 하는 데에 정밀함을 다할 날이 없고, 붉고 선명함(紅鮮)이 다하였으니 바위 골짜기의 맑은 기운이 언제 나오겠습니까.525

이러한 연유로 단월檀越(시주)들께 널리 고하나니, 유루有漏의 먼지 물건을 아끼지 말고 가없는 선한 인연을 맺으시길 바랍니다. 그리고 시대가 화기롭고 풍년들어 백성들 편안하고 나라 태평하길 봉축하나이다. 옥촉玉燭526이 균일하매 음양이 조화로워 만물이 제자리를 얻고, 선기璇璣527가 움직이매 천지가 절도 있고 사시四時가 이루어지이다.

酬忠祠勸善文

原夫聖慈所及。業無善而不臻。妙化所宣。緣無惡而不剪。開綱紀之法網。

四海出忠孝之士。拯塗炭之群有。八州立聖賢之祠。是以觀國之光。勸人之禮。墓封王蠋。碑立睢陽。僧門忠烈。人莫及騎虛靈圭之心。國運丕屯。時不如壬辰島夷之變。劇冦憑凌。大駕播遷。天旋。虧斗極之元。地圮。積狐狸之穴。當此時也。趙用南霽雲厄[1]虜之節。圭許姚廣孝輔國之心。智謀大同。義氣懸合。誓鳩武旅。以遏亂鋒。裂裳以千里來應。左祖以一呼皆至。初據西原。謀叶狼瞫之爲國。後到錦朱。事同柱廣之死難。天兵已絶。守疏勒而彌堅。虜騎急强。頓延然而不進。技難窮於九攻。志益困於三板。息意牽羊。羞鄭師之大臨。甘心易子。鄙宋臣之病苦。諸軍環顧而莫救。國命阻絶而無歸。以有盡之疲人。敵無已之强冦。赤手右突。朱輪左殷。張許難堪。山僧何保。烈士抗詞。痛臧洪之同日。直臣致慎。惜蔡恭於累旬。偉乎。師之心也。信以許其友朋。强以固其篤志。貞也以振其氣。仁也以殘其肌。忠以摧其敵軍。烈以死其國事。出乎門者合於智。行乎外者貫於誠。雖蒙國家褒揚。得配重峰之廟享。未逢僧人勸奬。不入山寺之表忠。於是乎建祠于進樂之靈泉。安影于蘂賓之下澣。壓溪流而敵戶。斬岩麓而培垣。然雖如是。易荒階以釦砌。最爲極難。變卑廡以彫廊。亦是艱險。靑蚨不來。彩朦窮精無日。紅鮮已盡。岩洞共淸何時。以此緣由普告檀越。莫惜有漏之塵物。願結無邊之善緣。仍玆奉祝時和歲豊。民安國泰玉燭均調。陰陽和而萬物得。璇璣密運。天地節而四時成。

---

[1] ㉮ '厄'은 '死'의 오자인 듯하다.

적천사 옥련암 수리 권선문

무릇 선善이란 사람이 외면할 수 없는 것이니, 선을 하는 사람도 많고 선을 권하는 사람도 많고 선을 하지 않는 사람도 또한 많습니다. 하고 권하는 것은 내 마음에 외면할 수 없음을 알고 그러한 것입니다. 하지 못하고 권하지 못하는 것은 내 마음에 외면할 수 없음을 몰라서 그렇게 하지 않는 것입니다. 내 마음에 외면해서 그렇게 하지 않는 것이라면 「유행儒行」528에서 어찌하여 "나누어 흩어 주는 것이 인자함의 베풂이다."라고 하였겠습니까. 「곡례曲禮」에서는 어찌하여 "모으고 흩어 줄 수 있다."라고 하였겠습니까. 「계사係辭」529에서는 어찌하여 "선을 쌓으면 온갖 상서로움을 내려 준다."라고 하였겠습니까. 「탕고湯誥」에서는 어찌하여 "천도는 선한 이에게 복을 주고 악한 이에게 화를 준다."라고 하였겠습니까. 채씨蔡氏는 어찌하여 "작은 선이라고 그만두지는 말 것이며, 만방의 경사는 작은 것에서 쌓인다."530라고 하였겠습니까. 여씨呂氏는 어찌하여 "선을 지극히 쌓으면 지극한 다스림의 향기가 난다."531라고 하였겠습니까. 이 모두는 군자가 권하여 말한 것입니다. 하물며 해백삼奚百三이 한 냥(錢)을 보시하고 턱의 혹이 절로 떨어졌고,532 풍탁오馮啄吾는 옷 하나를 보시하고 귀한 자식을 낳았음에랴. 매리昧離가 담요를 보시하고 금재金財가 두 냥을 보시하고,533 악생惡生이 세 냥을 보시하고,534 금천金天이 병의 물을 보시하고,535 보천寶天이 흰 돌을 보시하고,536 내녀㮈女가 절을 짓고,537 기타祇陁가 정원을 보시하고, 무우왕無憂王538이 무수한 탑과 절을 건립하고, 양 무제梁武帝가 동태사同泰寺539를 창건하고, 측천황후則天皇后가 천여 칸을 지어서 제도를 지극히 하고, 경문대왕景文大王이 숭복사崇福寺를 지어 바위 골짜기와 함께 청명하고,540 왕순王珣이 집을 희사하여 호구사虎丘寺로 삼고,541 백거이白居易가 원씨元氏와 사문謝文의 폐백으로 향산사香山寺를 중수하고, 왕형공王荊公은 장산蔣山의 고택故宅으로 반산사半山寺를 지었습니다.542 이 모두 내 마음에 외면할 수 없었던 것이니, 선을 하고 선을 권함이 어찌 위대하지 않습니까.

이제 본 사찰의 옥련암玉蓮庵이 무너진 지 오래되었습니다. 잇닿은 행랑은 기울고 무너졌으며, 불전佛殿은 허물어져 내렸습니다. 사군자士君子가 애석해하고 불제자佛弟子가 부끄러워하는데, 어찌 여기에 거하는 이의 눈이 슬프지 않으며 마음이 개탄스럽지 않겠습니까. 이에 수리하고자 단문檀門에 널리 알리노니, 엎드려 바라건대 믿음 있는 군자들께서는 내 마음의 선을 외면할 수 없음을 아시고 비록 한 터럭의 자잘한 선일지라도 남보다 앞서 짓고 남보다 앞서 권하여 억겁의 선한 인연을 같이 맺어서 '복 있는 삶에 기반이 있다(福生有基)'543라는 가르침에 부합하시길, 천만 축수祝手544합니다.

이것으로 봉축하노니, 요임금의 바람이 영원히 불어오고 부처님의 해가 빛을 더할 것이며, 신이한 교화가 백성들(黎元)에게 두루 미치고, 지극한 덕이 억조창생들에게 널리 더해질 것입니다.

磧川寺玉蓮庵修葺勸善文

夫善者。人之所不能外也。而作善者多。勸善者多。不作善者亦其多也。盖作之也勸之也。知不能外吾心而然也。不能作也不能勸也。不知不外於吾心而不然也。若其外於吾心而不然。儒行。何以謂分散者仁之施也。曲禮。何以謂積以1)能散。係辭。何以謂積善降之百祥。湯誥。何以謂天道福善禍淫。蔡氏。何以謂勿以小善而不爲。萬邦之慶積於小。呂氏。何以謂積善至極。則至治馨香。此皆君子之所勸所謂。而況奚百三施一錢而頤贅自落。馮啄吾施一衣而生貴子乎。昧離之施一氊。金財之施兩錢。惡生之施三錢。金天之施瓶水。寶天之施白石。榛女之作寺。祇陁之施園。無憂王之建無數塔寺。梁武帝之刱同泰寺。則天皇后之作千餘間極其制度。景文大王之作崇福。岩洞共淸。王珣之捨宅爲虎丘寺。白居易以元氏謝文之贄重修香山寺。

王荊公以蔣山故宅。作牛山寺。皆所不能外於吾心。作其善也勸其善也。豈不偉矣。今本寺玉蓮庵之壞久矣。連廊蹇崩。佛殿壘隤。士君子惜之。佛弟子恥之。怎乃居斯者。不哀其目。而不慨其心乎。肆以修葺次。普告檀門。伏願有信君子。知吾心之善其所不能外也。雖一毫些些小善之間。其先人作也。其先人勸也。同結億劫之善緣。以副福生有基之訓。萬千祝手。以此奉祝。堯風永扇。佛日增輝。神化覃洽於黎元。至德光被於億兆。

---

1) ㉠ '以'는 '而'의 오자인 듯하다.

등촉 권선문

경전에 이르길, "등촉을 받들어 보시하면 태어나는 곳에 따라 육안肉眼이 훼손되지 않고 천안天眼을 얻으며, 선법과 악법에 대해 일체 지혜를 얻어 세간에 유전流轉할 때 항상 어두운 곳에 처하지 않는다."[545]라고 하였습니다.

엎드려 바라건대 군자들께서는 이러한 부처님 말씀에 감동하시어 광명한 인연으로 동참하여 선업을 지으시기를 천만 축수합니다.

그리고 이에 봉축하노니 제도帝道(왕도)가 공고해지고 불일佛日이 널리 창성하여 반목蟠木[546]과 유사流沙(사막)의 땅에서 바다를 건너 보물을 날라오고, 바람을 점치고 비를 기다리는 땅에서 가파른 산을 넘어 청삭請朔[547]하게 될 것입니다.

燈燭勸善文

經云。奉施燈明也而隨所生處。肉眼不壞。得天眼。乃於善惡法。得一切智。流轉世間。常不在於黑暗之處。伏願僉君子。感此佛語。以光明之緣。同祭作善。萬千祝手。仍玆奉祝。帝道鞏固。佛日遐昌。蟠木流沙之地。泛海輸賝。占風候雨之鄕。梯山請朔。

염장 권선문

부처님께서 말씀하시길, 금세에 사람의 몸을 얻어 단정한 모습을 갖추고 이르는 곳마다 타인이 모두 좋아하고 만사가 뜻대로 성취되는 것은, 전생에 소금과 장을 보시하여 복을 받은 것이라 하였습니다.

엎드려 바라건대 군자들께서는 이 글을 보시고 티끌 재물을 아끼지 마시고 무루無漏의 수승한 인연을 맺으시길 천만 우러러 바라옵니다.

그리고 봉축하노니, 현묘한 덕이 신명에 통하고 지극한 공이 조화를 포함하여 읍양揖讓의 날에 군복을 움직이지 않고[548] 즐거이 추대하는 때에 여러 치적이 모두 빛나실 것입니다.

鹽醬勸善文

佛言。今世得人身具足端正相好。而到處人皆悅之。萬事如意成就。前世施鹽醬得福者。伏望僉君子。覽此文。莫惜塵財。結無漏勝緣。萬千企仰。仍爲奉祝。玄德通於神明。至功包於造化。揖讓之日。未動戎衣。樂推之辰。咸熙庶績。

불량佛粮 권선문

마麻와 보리를 먹는다는 말로 6년 굶주리는 과보를 얻었고,[549] 나한에게 음식을 보시한 것으로 일생에 크게 부유한 과보를 얻었으니, 이러한 까닭에 현재 크게 부귀하고 복덕을 구족한 이들은 모두 전생에 불량을 받들어 보시한 사람들입니다.

엎드려 바라건대 여러분들은 이러한 수승한 인연으로 세세토록 크게 부유하고 복덕을 누릴 인연을 심으시길 천만 축수합니다.

이러한 인연과 선근의 공덕으로 받들어 축원하노니, 우리 주상 세 전하께서는 선기璇璣를 잡으시어 천문을 운행하시고, 문창성文昌星[550]을 밟아 북두성에 나란하시어 성대한 인仁과 밝은 성聖의 자태가 일월과 함께 빛나시고, 경천위지經天緯地[551]할 업적이 자미성紫微星[552]처럼 육중하게 빛나실 것입니다.

佛粮勸善文

以食麻麥之言。得六年飢餓之報。以施食羅漢之報。得一生大富之果。是故今之大富貴福德具足之人。皆前世奉佛粮之人。伏望諸人。以此勝緣。種世世大富福德之因。千萬祝手。以此因緣善根功德。奉祝我主上三殿下。握璇璣而運乾象。履文昌而齊斗極。仁盛聖明之态。聯華日月。經天緯地之業。重光紫微。

불기佛器 권선문

불기佛器는 보시 물품 가운데 가장 큰 것입니다. 이것은 도둑이 짊어지고 갈 수 없고, 대장장이가 녹여 버릴 수 없는 것입니다. 이런 까닭에 금선대金仙臺[553] 불상이 대장장이 손에 들어가서는 색이 더욱 선명해지고 모양이 더욱 잘 드러났고, 용문산龍門山 윤필암尹弼庵[554]의 불기는 도둑이 짊어지고 가지 못하고 다시 본래 암자에 들여놓았습니다. 불전佛前의 그릇이 어찌 중대하지 않겠습니까.

이러한 선한 일을 군자들께 권하노니, 유루有漏의 티끌 재산으로 무루無漏의 수승한 인연을 맺으시길 엎드려 바라옵니다.

그리고 이에 봉축하노니, 우리 주상 세 전하의 지극한 덕이 사람과 귀신에게 두루 입히고, 신이한 교화가 음양에 합당하여 위엄이 구위九圍[555]를 진동하고, 은택이 사해를 적실 것입니다.

佛器勸善文

佛器。施物之莫大。及於此者。盜者不能負去。冶者不能鑄銷。是故金仙臺佛之鑵。入於冶手而色轉鮮明。佛形聳出。龍門山尹弼庵佛之器。盜者不能負去而更入於本庵。佛前之器皿。豈不重且大乎。以此善事。勸諸君子。以有漏之塵財。結無漏之勝緣。伏望伏望。仍玆奉祝。我主上三殿。至德被於人鬼。神化合於陰陽。威振九圍。澤霑四海。

밥솥 권선문

『주역』에서 이르길, "정鼎(솥)은 원형리정元亨利貞이라. 누런 귀와 금 고리라."556 하니, 삶아 익히는 그릇입니다. 음의 귀와 양의 고리로 상제께 제사 드리고 성현께 제사 드리니, 솥을 보시하는 복이 어찌 그 광대하지 않겠습니까.

엎드려 바라건대 단신檀信들께서는 이러한 좋은 인연으로 위없는(無上) 큰 과보를 심으시길 천만 축수하옵니다.

그리고 이에 봉축하노니, 우리 오황於皇557한 성군께서는 천년의 운수를 품으시고 백왕百王의 기틀을 세워서 오제五帝의 아름다움을 잇고, 삼황三皇의 성대함을 계승하실 것입니다.

食鼎勸善文

易云。鼎。元亨利貞。黃耳金鉉。烹飪之器。陰耳陽鉉。以享上帝。大享聖賢。施鼎之福。豈不其廣大乎。伏願檀信。以此良緣。種無上之大果。萬千祝手。仍妓奉祝。我於皇聖君。膺千齡之運。入¹⁾百王之基。纂五帝之徽。紹三皇之懋。

---
1) ㉠ '入'은 '立'의 오자인 듯하다.

산신각 권선문

산신은 보살이 큰 권한으로 불사佛事를 도와 교화하다가 중생을 위해 자비를 일으켜 자취가 신위神位에 거하게 된 것이니, 그런 까닭에 중생들이 복을 구하면 주고, 재물을 구하면 주고, 자식을 구하면 주고, 빈곤을 구제하면 부유함으로 구제합니다. 더구나 누각을 세워 봉안하면 또한 좋지 않겠습니까.

산신각을 새로 건립하는 일로 단문檀門께 두루 고하노니, 선한 인연을 같이 맺기를 천만 축수하옵니다.

그리고 이에 봉축하노니, 사대문이 진실로 화목하고 온갖 법도가 시절에 맞아 위에서 아름다운 보물이 내리고, 아래에서 상서로움에 화합할 것입니다.

山神閣勸善文

山神。菩薩以大權。助化佛事。爲物興悲而迹居神位故。衆生求福則與之。求財則與之。求子則與之。度貧則以富度之。況建閣奉安。不亦善乎。以山神閣新建次。普告檀門。同結善緣。萬千祝手。仍玆奉祝。四門允穆。百揆時序。上降休寶。下叶禎祥。

칠성각 권선문

칠성七星이 중생을 구제하는 대비를 말하면, 칠여래七如來[558]의 원력願力이 넓고 깊은 까닭에 옛날 당나라 초기에 일곱 돼지가 되어 노파를 살인의 재앙에서 구하였습니다.[559] 중생을 위해 자비를 냄이 또한 위대하지 않습니까.

이제 칠성각을 새로 건립하는 일로 단문檀門께 두루 고하노니, 엎드려 바라옵건대 군자들께서는 칠성 여래께 큰 인연을 맺으시길 천만 축수하옵니다.

이러한 공덕으로 봉축하노니, 주상 전하의 가문에 구족九族[560]이 친밀하고, 밖으로 사대문이 화목하여 금경金鏡[561]을 잡아 존위에 거하시고, 옥형玉衡[562]을 가지런히 하여 극極을 세우실 것입니다.

七星閣勸善文

七星之度眾生大悲。是七如來願力。弘遠深廣故。昔在唐初。作七豕。救老婆于殺人之禍。其爲物興悲。不亦大乎。今以七星閣新建次。普告檀門。伏願僉君子。結大緣於七星如來。萬千祝手。以此功德。奉祝主上殿下。門親九族。外穆四門。握金鏡以居尊。齊玉衡以建極。

기와 권선문

옛날에 어떤 이가 새 잡는 막(望鳥幕)을 쳤는데, 도인이 여기서 비를 피했습니다. 이러한 선한 인연으로 막을 쳤던 사람이 뒤에 공민왕이 되었고, 도인은 나옹 대사懶翁大師563가 되었습니다. 저 새 잡는 막처럼 무능한 것의 보시가 이와 같거늘 하물며 불전佛殿의 기와는 어떠하겠습니까.

본 암자의 불전이 비바람이 스며드는 속에 거의 들어갔기 때문에 기와를 바꾸는 일로 단문에게 두루 고하노니, 엎드려 바라건대 믿음 있는 군자들께서는 이러한 큰 인연을 맺으시길 천만 축수하옵니다.

그리고 이에 봉축하노니, 꽃다운 숲 정원 안에 다시 꽃일산(花盖)의 가사가 일어나고, 낙읍洛邑(서울)의 성 옆에 옥새 문서의 송축이 감돌며, 몇 층의 특별한 누대樓臺로 가람伽藍(절)을 세우고, 벽옥과 주기珠璣로 물품들이 모두 갖추어질 것입니다.564

盖瓦勸善文

昔人結望鳥幕。道人避雨。以此善緣。結幕之人。後爲恭愍王。道人作懶翁大師。彼鳥幕無能之施如是。況以瓦盖佛殿者乎。本庵佛殿。幾入於雨風滲漏之中故。以飜瓦次。普告檀門。伏望有信君子。結此大緣。萬千祝手。仍玆奉祝。芳林園內更興花盖之詞。洛邑城傍還紆璽書之頌。層臺別觀并樹伽藍。璧玉珠璣。咸充供具。

개금改金565 권선문

옛날에 가섭迦葉은 금 하나를 부처님께 보시하여 세세토록 천왕天王이 되어 무한한 쾌락을 받았고,566 최후에는 부처님의 수제자가 되어 몸이 자마금紫磨金567 색깔을 띠었다고 합니다. 하나의 작은 인연이 이와 같거늘 하물며 개금改金을 하는 큰 인연은 어떠하겠습니까.

이러한 선한 인연으로 단문들께 두루 고하노니, 이러한 좋은 인연을 맺으시길 천만 축수하옵니다.

그리고 이에 봉축하노니, 태양에 나아가는 영령을 내리시고, 구름을 바라는568 경사를 내리시며, 온갖 신들이 모두 질서 있고, 구목九牧569이 공물을 바칠 것입니다.570

改金勸善文

昔者迦葉。以一金施佛也。而世世作天王。受無限快樂。最後爲佛之上足弟子。身被紫磨金色。一小之緣如是。況改金之大緣乎。以此善緣。普告檀門。結此良緣。萬千祝手。仍玆奉祝。降就日之靈。垂望雲之慶。百神咸秩。九牧來貢。

시왕 도분塗粉 권선문

시왕十王은 부처님을 바깥에서 수호하는 큰 권한을 가진 보살입니다. 한 구절의 법문을 듣고 팔지八地[571]의 지위에 올라 위로 불지佛地[572]를 잇고 아래로 중생을 교화하여 앉아서 인간 세상의 선악을 끊어 남염부제南閻浮提(인간 세상)에서 공덕이 있고, 다음에 지장보살의 아래에서 삼목귀왕三目鬼王을 권하여 8만 경전을 간행하게 하니, 이는 만겁토록 썩지 않는 선업입니다. 섬부주贍部洲(인간 세상)의 사람으로서 누가 시왕에게 이름이 걸리지 않겠습니까.

우리들의 삼보三報[573]와 네 번째 부정업不定業[574]을 소멸하고, 시왕의 석 달 동안의 공덕을 보답하고자 하여 도분塗粉(분을 바름)하는 일로 단문檀門께 두루 고하노니, 먼지 같은 재물을 아끼지 마시고 명감冥感(드러나지 않은 감응)의 수승한 인연을 맺으시길 천만 엎드려 바라옵니다.

그리고 이에 봉축하노니, 덕을 세우시고 인을 세우시며 문예와 무예가 뛰어나시며 항상 믿음과 희사喜捨를 행하시며 자비를 베푸실 것입니다.[575]

十王塗粉勸善文

十王。佛之外護大權菩薩。以聞一句法門。登八地之位。上階佛地。下化群生。坐斷人間之善惡。其有功於南閻浮提。次于地藏之下。而勸三目鬼王。刊成八萬經大緣。是爲萬劫不朽之善。爲贍部之人。而孰不係名於十王者有之乎。欲銷吾儕三報四不定之業。願報十王三月之功。以塗粉次。普告檀門。莫惜塵財。結冥感之勝緣。萬千伏望。仍玆奉祝。立德立仁。允文允武。常行信捨。每運慈悲。

나한 도분塗粉 권선문

옛날에 동파 거사東坡居士 소자첨蘇子瞻[576]이 나한각羅漢閣을 세우고 기기記[577]를 지어 후세에 전하였으며, 또 〈십팔나한찬十八羅漢讚〉[578]을 지어 복업을 짓고 선업을 지음이 후생의 모범이 되었습니다. 하물며 우리들처럼 동파東坡만 못한 이들이야 어떠해야 하겠습니까. 나한은 삼천세계에서 빗방울의 숫자도 아시는데 우리들이 일념으로 선업을 지으면 어찌 모르겠습니까.

이제 나한 도분塗粉의 일로 단문들께 두루 고하노니, 엎드려 바라옵건대 믿음 있는 군자들께서는 감응하면 반드시 통하는 부문(有感必通)에 큰 인연을 맺으시길[579] 천만 축수하옵니다.

그리고 이에 봉축하노니, 하나를 얻어 정貞에 거하시고, 둘을 본받아 극極을 이웃하시며, 삼승三乘을 아울러 달리시고, 사구四衢에 임하여 한가로이 거니시리로다.[580]

羅漢塗粉勸善文

昔東坡居士蘇子瞻。建羅漢閣。作記而傳後。又作十八羅漢讚。其作福作善。爲後生之模楷。況吾儕之不如東坡者乎。羅漢知三千世界雨滴之數。吾人一念作善。豈不知之。今以羅漢塗粉次普[1)]普告檀門。伏願有信君子。結大緣於有感必通之門。萬千祝手。仍玆奉祝。得一居貞。體二隣極。摠三乘以馳騁。臨四衢以閑步。

---
1) ㉑ '普'는 연자衍字인 듯하다.

가사袈裟 권선문

용이 한 가닥을 걸치고도 금시조의 화를 면하였고,[581] 여인이 세 구멍을 깁고서도 상천왕上天王의 즐거움을 얻었습니다. 한 가닥과 세 구멍이 이와 같거늘 하물며 상품과 중품, 하품의 인연 맺은 자는 어떠하겠습니까.

이제 가사를 만드는 일로 단문檀門께 두루 고하노니, 티끌 재물을 아끼지 말고 무루無漏의 인연을 맺으시길 천만 축수하옵니다.

그리고 이에 봉축하노니, 만유萬有(만물)에 도道를 끼치시고 백령百靈에 자비를 베푸시니 하늘을 도와 삼상三象[582]을 곱게 하고, 땅을 묶어 오악五嶽[583]을 편히 하시리라.[584]

袈裟勸善文

龍被一縷。免金翅鳥禍。女針三孔。得上天王樂。一縷三孔如是。況上品中品下品結緣者乎。今袈裟成造次。普告檀門。莫惜塵財。結無漏緣。萬千祝手。仍玆奉祝。道資萬有。慈被百靈。補天以麗三象。紐地以安五嶽。

법당 중수 권선문

이 사찰의 대웅전 법당을 창건한 지가 지금은 세월이 오래되어서 비가 새고 바람이 들어오며 가시나무가 주위에 자라고 불상이 햇빛을 받으니, 사군자들이 애석해하고 불제자들이 부끄러워합니다. 이와 같이 되었는데도 마음에 거리낌이 없겠습니까? 선을 쌓은 집안에는 남은 경사가 반드시 있다고 『주역』에 밝혀 있습니다. 인인仁人 군자가 되어서 선을 쌓지 않겠습니까? 선은 분야가 많고 보시엔 종류가 많은데, 위 없는 법왕에게 선을 쌓고 보시를 하면 무량한 복을 얻게 됩니다.

이제 대웅전 법당을 중수하는 일로 단문檀門께 우러러 고하노니, 유루有漏의 티끌 재물을 아끼지 말고 무루無漏의 수승한 인연을 맺기를 천만 축수하옵니다.

그리고 이제 봉축하노니, 생민生民(백성)들이 재조再造의 은혜를 만나고 석문釋門(승려)이 중흥의 은덕을 받아 무위無爲의 교화를 행하고 순박한 풍속으로 돌이키시리라.[585]

法堂重修勸善文

此寺大雄殿法堂刱建。今也歲久年深。雨滲風漏。入于荊棘。佛面受日。士君子惜之。佛弟子恥之。其爲如此。而無介念於心中乎。積善之家。必有餘慶。易之所明。爲仁人君子。而其不積善乎。善有多般。施有多種。積善爲施於無上法王。得福無量。今以大雄殿法堂重修次。仰告檀門。莫惜有漏之塵財。以結無漏之勝緣。萬千祝手。仍玆奉祝。生民逢再造之恩。釋門荷中興之賜。行無爲之化。返淳朴之風。

다리 만들기 권선문

옛날에 덕진德津이 1홉의 쌀로 밥을 지어 모든 사람들에게 보시하였더니 그 음덕이 명사冥司(저승사자)를 감응시켜 재물이 양계陽界에 거대하게 되었습니다. 영암靈岩586 덕진德津의 다리가 천만 년 썩지 않는 아름다운 이름에 큰 인연을 맺었으니, 그 다리를 만든 공이 어찌 크지 않겠습니까. 하물며 부처님께서 녹왕鹿王의 몸으로 짐승들을 제도하시고 십호十號587가 구족具足한 존위를 짓게 되었으니, 우리들은 비록 이와 같은 어려운 행위와 고달픈 행위는 못하더라도 분수에 따라, 능력에 따라 이 다리에 큰 인연을 맺으면 덕진과 같이 명계冥界에서 음공陰功을 입지 않을지 어찌 알겠습니까.

이러한 연유로 단문檀門께 두루 고하노니, 엎드려 바라건대 모든 군자들께서는 같이 선한 인연을 맺으시길 천만 축수하옵니다.

그리고 이에 봉축하노니 천뢰洊雷588의 소리를 내시어 잠겼던 문들을 모두 열고, 명리明離589의 광채를 펼치시어 어둔 거리를 모두 비추시며, 나루터와 다리를 염두에 두시고 담장과 구덩이를 마음에 두실 것입니다.

作橋勸善文

昔德津以一合米作飯。施一切人。而其陰德。感應冥司。財巨陽界。靈岩德津之橋。結大緣於千萬歲不朽之芳名。則其作橋之功。豈不大哉。況佛以鹿王身渡群獸而作十號具足之尊。則吾儕也雖不行如此之難行苦行。隨分隨力。而結大緣於此橋。則安知不與德津。同被陰功於冥界乎。以此緣由。普告檀門。伏望僉員君子。同結善緣。萬千祝手。仍玆奉祝。發洊[1]雷之響。而蟄戶俱開。啓明离[2]之暉。而幽衢并鏡。津梁在念。墻壍[3]爲心。

---

1) ㉠ '洊'이 『唐護法沙門法琳別傳』 권상에는 '荐'으로 되어 있다. 2) ㉠ '离'가 『당호법사문법림별전』 권상에는 '離'로 되어 있다. 3) ㉠ '壍'이 『당호법사문법림별전』 권상에는 '塹'으로 되어 있다.

돌 쌓기 권선문

여와씨女媧氏가 돌을 다듬어 하늘을 보완하고[590] 하후씨夏后氏가 물을 터서 육지를 이루게 하였으니,[591] 이는 모두 백성들의 부모로서 만세의 생민生民을 위하여 큰 공적을 억만 겁 지나도록 썩지 않게 세운 것입니다. 백성의 부모가 되어 부지런히 정성 다함이 이와 같거늘, 하물며 부처님 제자가 되어 불전의 섬돌이 허물어진 것을 보고도 마음이 움직이지 않겠습니까? 지금 이 암자 불전의 섬돌은 허물어져 부지가 좁고 열린 뜰이 협소하여 발을 붙일 곳도 없고, 지붕과 담장은 낮아서 사람을 접대할 문이 없습니다.

그래서 석재를 쌓아 보완하는 일로 모든 이들에게 우러러 고하노니, 각자 선한 인연을 맺어 만세에 썩지 않을 공을 세우시기를 머리 들어 바라옵니다.

그리고 이에 봉축하노니 우리 주상 전하께서는 하늘 문의 여닫힘을 정하시어 다시 보위를 새롭게 하시고, 만물의 둔비屯否[592]에 통하시어 백성들(黔黎)을 다시 기르시며, 이로李老의 무위無爲 가르침을 펼쳐 인민人民들이 스스로 교화되며,[593] 요임금과 순임금의 사랑하고 공경하는 예를 집행하여 나라가 이에 편안해지리이다.

石築勸善文

女媧氏鍊石補天。夏后氏決水成陸。此皆以民父母。爲萬世生民。而立大功於億萬刼不朽者也。爲民父母。而勤勤懇懇如是。況爲佛之子。而見佛之殿陛頹去。乃不動心乎。今此庵之殿陛。地急於隳毁之餘。開庭處窄。無注足之地。結屋墻低。無接人之門。故以築石補缺次。仰告僉員。各結善緣。立萬世不朽之功。矯首伏望。仍玆奉祝。我主上殿下定天門之開闔。更新寶位。通萬物之屯否。[1)] 再育黔黎。布李老無爲之風。而人民自化。執堯舜愛敬之禮。而邦國乃安。

---

1) ㉢ '丕'는 '否'의 오자인 듯하다.

나한전 중수 권선문

좌씨左氏⁵⁹⁴가 말하기를, "선은 잃어서는 안 되고 악은 키워서는 안 된다."라고 하였습니다. 선을 잃을 수 있습니까? 선을 잃을 수 있다면 1전錢을 보시한 해백삼奚百三의 턱에 붙은 혹이 떨어지지 않았을 것입니다. 악을 키울 수 있습니까? 악을 키울 수 있다면 1속粟을 훔친 앵무鸚鵡가 가축으로 태어나는 과보에 떨어지지 않았을 것입니다. 1전과 1속 사이에 선악이 분명하고 보응이 명확하니, 이런 까닭에 군자는 날로 새롭고 또 날로 새로워지며 날마다 사용하고 마땅히 행해야 하는 길(日用當行之路)⁵⁹⁵에서 삼가 홀로 곡진히 이루며 오직 선만을 행합니다. 이로써 천지 귀신이 옆에서 질정質正하고 위에 임하니,⁵⁹⁶ 위로 하늘을 두려워하지 않고 아래로 타인을 허물하지 않습니다. 하물며 한 찰나 사이에 삼천세계에 내리는 빗방울의 수를 아는 위대한 아라한은 어떻겠습니까?

아라한은 응당 공양을 받아야 할 복전(應供福田)이 되니,⁵⁹⁷ 선에 대해서 복을 주고, 악에 대해서 화를 주는 것이 밝은 거울이 누대에 있어서 오랑캐가 오면 오랑캐를 드러내고, 한족漢族이 오면 한족을 드러내는 것과 같습니다.⁵⁹⁸ 오직 이렇게 선을 하는 자만이 이 나한 앞에서 선을 짓지 않으니 어찌합니까?

이제 나한전을 중수하는 일로 단문檀門들께 두루 고하노니, 원컨대 군자들께서는 유루有漏의 티끌 재물을 아끼지 말고 무루無漏의 선한 인연을 널리 맺으시면 천만 다행이겠습니다.

그리고 이에 봉축하노니, 천지에 화합하여 팔풍八風을 통하시고, 음양을 헤아리어 사계절을 순조롭게 하시며 비구름을 내려 생육하시고 해와 달을 열어 비춰 임하소서.

羅漢殿重修勸善文

左氏云善不可失。惡不可長。善可失乎。善若可失。施一錢之百三。頤贅不落。惡可長乎。惡如可長。盜一粟之鸚鵡。不墮畜報。一錢一粟之間。善惡昭然。報應的歷。是故君子。日新又日新。而日用當行之路。愼獨致曲。惟善爲之。乃天地鬼神。質之在傍。臨之在上。上不畏天。下不尤人。況一念之間。知三千世界雨滴數之大阿羅漢乎。羅漢爲應供福田。於善福之。於淫禍之。如明鏡當臺。胡來則胡現。漢來則漢現。惟此爲善者。於此羅漢前。不作善而奈何。今以羅漢殿重修次。普告檀門。願諸君子。莫惜有漏之塵財。廣結無漏之善緣。萬千幸甚。仍玆奉祝。叶天地而通八風。測陰陽而調四序。降雲雨而生育。開日月而照臨。

종 만들기 권선문

종이라는 물건은 황제 시대에 나온 것으로 부씨鳧氏[599]가 만들어서 천만 대에 전한 것입니다. 불교(佛氏)에서 쓰는 것이 비록 부씨가 의도한 것은 아니더라도 보배로 삼는 것은 성속聖俗이 동일합니다. 그 공덕을 일컬을 수 없고, 헤아릴 수 없습니다. 그리고 게송에서 이르길, "종소리를 들으면 번뇌가 끊어지고 지혜가 자라고 보리가 생기며 지옥에서 나와 삼계를 벗어나 성불하기를 원하고 중생을 제도한다."[600]라고 하였으니, 선을 짓는 군자의 일대사一大事 인연에 성불을 원하고 중생을 제도하는 것 외에 또 다른 일이 있겠습니까?

이제 종을 주조하는 일로 단문檀門들께 두루 고하노니, 원하건대 군자들께서는 종을 주조하는 선한 인연에 동참하시어 여래 대원大願의 바다에 들어가시고 만세에 썩지 않을 일을 지으시길 천만 바라옵니다.

그리고 이에 봉축하노니 불법에 정을 두고 현문玄門에 뜻을 두어 위태로움을 부지하고 세상을 구제할 덕으로 탕湯·무武[601]를 넘어서 홀로 높으시고 오랑캐의 난을 평정하는 공으로 한漢·위魏[602]를 넘어서 홀로 빛나실 것입니다.

鑄鍾勸善文

鍾之爲物也。出於黃帝時。而鳧氏爲之傳于千萬代。佛氏之所用。雖非鳧爲。所寶所眞。眞俗一也。其功德。不可稱不可量。又頌云。聞鍾聲。煩惱斷。智慧長。菩提生。離地獄。出三界。願成佛。度衆生。作善君子。一大事因緣。願成佛度衆生外。又有他事乎。今以鑄鍾次。普告檀門。願僉君子。同叅鑄鍾之善因善緣。入如來大願之海。作萬世不朽之事。萬千伏望。仍玆奉祝。留情佛法。降意玄門。扶危濟世之德。越湯武而獨高。夷兇撥亂之功。逾漢魏而孤顯。

바라 권선문

바라는 공화불사空花佛事,[603] 수월도량水月道場, 가지작법加持作法[604] 할 때에 위의를 세우는 좋은 물건입니다. 이 바라를 울리면 삼세 제불三世諸佛이 강림하시고, 이 바라를 들으면 시방 제천十方諸天이 모이며, 이 바라로 인해 십이류十二類의 중생[605]이 해탈을 얻으니, 바라라는 물건의 공이 크고 덕이 넓습니다. 이 바라를 보시하여 선인의 공덕을 짓게 됨을 누가 헤아리겠습니까.

이러한 선한 인연으로 단문檀門들께 두루 고하노니, 원하건대 군자들께서는 선근善根을 같이 심으시면 천만 다행이겠습니다.

그리고 이에 봉축하노니, 용정봉혈龍庭鳳穴[606]에서 기운을 살펴 보배를 나르고, 일역린주日域麟洲[607]에서 바람을 살펴 변방을 위무하시니, 샘과 이슬은 진귀한 맛을 바치고 초목은 아름다운 모습으로 변하리이다.[608]

鈸羅勸善文

鈸羅。空花佛事水月道場加持作法時。建立威儀之一段好物也。鳴此鈸而三世諸佛降臨。聞此鈸而十方諸天集會。仍此鈸而十二類生度脫。鈸之爲物也其功大矣。其德廣也。施此鈸而作善人功德。其誰知之。以此善緣。普告檀門。願諸君子。同種善根。萬千幸甚。仍玆奉祝。龍庭鳳穴。候氣輪睬。日域獜[1)]洲。占風欸塞。泉露呈其珍味。草木變其嘉形。

---

1) ㉠ '獜'은 '麟'의 오자인 듯하다.

영천암 영각 유진기留鎭記 서문

낙봉樂峰 화상은 일체 선에 대해 즐거워하지 않음이 없다. 충을 생각하고 효를 생각하는 절실함이 수미산이 향해香海 가운데서 우뚝 서 있는 것과 같다.

작년 10월에 내가 이 산을 지나는데, 화상께서 기허 선사騎虛禪師의 『분충록奮忠錄』과 무경 선사無竟禪師의 영각影閣 일을 내게 보이며 말하였다.

"임진년 섬나라 오랑캐의 변란에 기허 선사께서는 조중봉趙重峰[609] · 고제봉高霽峰[610]과 같은 날 죽어서 국가의 표창을 받으니, 종용사從容祠[611]를 세워 혈식血食[612]을 받게 하였는데, 우리들이 공덕을 잊고 돌아보지 않으니, 마음이 편치 않습니다. 무경 선사는 도덕과 문장이 해동에 으뜸이라, 운잉雲仍[613]들이 향화香火를 받든 지 지금 백 년이 넘습니다. 근래에 우리 선사의 문인들이 남북으로 흩어져 그 책임이 불곡不穀[614]에게 맡겨졌습니다만, 불곡이 하늘의 도움을 받지 못하고 있으니 어찌합니까? 이에 사당을 세워 향화를 받들고자 하니 괜찮겠습니까, 괜찮지 않겠습니까?"

"두 법사님의 도덕과 행실은 어느 절에서 그 향화를 받들고자 하지 않겠습니까? 어떤 사람이 그 성심을 바치고자 하지 않겠습니까? 그런데 우리들은 이것을 하지 않고 화상께서 홀로 이것을 하시니, 그 충과 효는 늠름하게 두 법사님에 대해 2백여 년 뒤에서도 쇠멸하지 않습니다."

금년 여름 5월에 영각이 완성되어 두 법사님의 영정을 옮겨 안장하고, 봄가을에 제사 올리는 예로 영각 유진기留鎭記를 지어 만세토록 사라지지 않을 일을 여기에 기록하니, 여기에 들어오는 문인들은 소홀히 하지 말지어다.

靈泉庵影閣留鎭記序

樂峰和尙. 於一切善. 無所不樂. 惟忠惟孝之切. 若須彌挺立於香海之中.

去年十月。余過此山。和尙以騎虛禪師奮忠錄無竟禪師影閣事。示余曰。壬辰島夷之變。騎虛禪師。與趙重峰高霽峰同日死之。得蒙國家褒典。立祠血食於從容。吾儕忘功不顧。於心未安。無竟禪師。道德文章。甲於海東。爲雲仍者。奉香火于今百有餘年。挽近以來。吾師之門人。各散南北。責在不穀。不穀不天。奈何。乃欲立祠奉香火。可乎不乎。曰兩法師道與行。何寺不欲奉其香火。何人不欲呈其誠心。吾儕之間。不此之爲。而和尙獨此爲之。其忠與孝。凛凛不衰於兩法師二百餘年之下矣。今年夏五月閣成。移安兩法師影幀。以春秋享祀之例。作影閣留鎭記。萬歲不朽之事。錄之於此。入此門人。其不忽諸。

윤성 대사潤成大師 제문

도광道光 6년(1826) 병술년 6월 21일에 공여 귀일자 응운 인전空如歸一子 應雲仁全은 중조산中條山[615] 쌍봉사雙峰寺 윤성 대사潤成大師의 영령께 공경히 제례를 올립니다.

아아, 나는 올해 33이요 너는 금년에 21세라. 너의 죽음이 나보다 먼저 있고, 나의 삶이 너보다 뒤에 있을지 어찌 알았으리오.

나와 너는 불문佛門에 같이 선근善根을 심었으니 지금까지 상종相從한 지 5년이 된다. 너의 스승과 너의 형이 너를 내게 부탁하며 말하기를, "이 아이의 재능과 품성이 이와 같고, 이 아이의 기질이 이와 같으니, 이 아이의 사람됨이 이루어지고 이루어지지 않고는 그대에게 달렸지 내가 아니오."라고 하였다.

나는 이때부터 너를 가르치길 게을리 하지 않았다. 네 기운의 온화함이 이와 같기를 바랐고, 너의 자질의 훌륭함이 이와 같기를 바랐고, 너의 도량의 넓음이 이와 같기를 바랐고, 너의 말의 간명함이 이와 같기를 바랐고, 너의 모습의 중후함이 이와 같기를 바랐는데, 모습의 중후함은 사람이 하늘로부터 명을 받아 부모에게서 형체를 받은 것이라서 내 마음이 바라는 대로 네 모습이 이보다 중후하게 바랄 수는 없으니 장수하기를 바랐다. 너의 기운의 온화함과 너의 자질의 훌륭함과 너의 도량의 넓음과 너의 말의 간명함이 비록 고인에 미치지는 못하더라도 요즘 사람보다는 뛰어나니, 나는 이것으로 네 스승과 형에게 고하고, 네 부친과 모친에게 고하여 여기서 장수를 얻기를 바랐다.

그런데 호남에서 온 사람이 너의 죽음을 내게 전하니, 이 말이 허망한 것인가, 나의 바람이 진실이 아니었던가? 이 말이 진실이라면 나의 바람이 허망한 것이요, 나의 바람이 허망하지 않다면 네 죽음은 횡액인가?

네가 나를 호남에서 따라다니던 날에 타인이 다투어도 뭐라 하지 않고 내가 책망해도 변명하지 않으며, 일을 행하매 오직 선善하였고, 말을 하매 오직 간명하였다. 나는 이에 대해 그런 사람은 얻기 어렵다고 하여 네 마음을 버리지 않아 돌 마음처럼 견고한데 조물주가 시기하여 나의 행차는 관동關東에 있고, 너는 일이 호남에 매여 서로 나뉜 지 1년이 되었다. 어느 날 어느 밤인들 내 마음이 중조산에 들어가서 네 마음과 하는 일이 애타게 내 가슴속에 왕래하지 않았겠는가? 다시 보지 못하고 나는 천 리 밖에 있고, 다시 만나지 못하고 길이 황천의 객이 되었으니, 너와 나의 이전 인연이 벌써 다한 것인가? 하늘이 왜 너를 이처럼 빨리 앗아가는가?

아아, 윤성 대사여, 너의 영령은 오늘 어디로 가는가? 광상廣桑에 가고자 한들 한황韓滉을 만나지 못하고,⁶¹⁶ 청성靑城으로 가고자 한들 왕후王詡를 만나지 못하는구나. 네가 이 세상에 몸을 의탁하고는 하나의 선善도 하지 않음이 없고 하나의 악도 끊지 않음이 없었으니, 영지궁靈芝宮에서 왕평보王平甫를 따르지 않으면⁶¹⁷ 응당 부용성芙蓉城에서 석만경石曼卿을 따라 노니리라.⁶¹⁸ 그러나 영지궁과 부용성은 네 갈 곳이 아니다. 선근善根을 심고 선연善緣을 맺었으니 극락도사極樂導師 아미타불阿彌陁佛이 네 스승이니, 여기 나를 유념하지 말고 좋게 좋게 갈지어다.

아아, 윤성 대사여, 말은 여기서 끝나고, 엎드려 바라노니 흠향하소서(尙饗⁶¹⁹).

祭潤成大師文

道光六年丙戌六月二十一日。空如歸一子應雲仁全。敬祭于中條山雙峰寺潤成大師之靈。嗚乎。余今年三十有三。爾今年二十有一。那知汝之死也。在吾之前。余之生也。在爾之後也。吾與汝同種善根于佛門。相從於今五年。爾之師也。爾之兄也。付託爾於余曰。此兒之才禀如是。此兒之氣質如是。此兒之爲人成不成。在子非吾。余由是而敎誨爾不倦。欲汝氣之溫和也如此。欲汝質之慈良也如此。欲汝量之寬弘也如此。欲汝言之簡默也如此。

欲汝貌之厚重也如此。而貌之厚重。人之禀命於天而受形于父母。不可以吾心之所欲。欲汝貌之厚重於此。得其壽也。汝氣之溫和。汝質之慈良。汝量之寬弘。汝言之簡默。雖不及於古人。超出於今人。則吾以此。告爾之師與兄。告爾之父與母而望之於得壽于此。有人來自湖南。而傳汝之死于余。此說是妄耶。余之望是非眞耶。此說是眞。余之望是妄也。余之望是不妄。爾之死也。是橫耶。汝之隨吾於湖南之日。人之爭不擧。余之責不答。事之行惟善。言之施惟簡。余之於此。難得其人。不捨汝心。石心乃固。造物爲猜。余之行在於關東。爾之事縶於湖南。相分一年。何日何夜。余之心不入於中條。而爾之所心所事。憧憧徃來于余之腔子之中。復不得見。而余在千里之外。更未相逢。而永作黃泉之客。爾與余前緣已盡乎。天何奪汝若斯之速也。嗚乎。成師。爾之靈。今歸何處。雖欲入於廣桑。韓滉不逢。雖欲歸於靑城。王詡不遇。汝之托身於此世也。無一善不爲。無一惡不斷。若不從王平甫於靈芝宮。應從遊石曼卿於芙蓉城。靈芝宮芙蓉城。非汝之所歸。而樹之而善根。結之以善緣。則極樂導師阿彌陁佛。惟汝之師。不念余於此。好好而歸。嗚乎。成師。言盡於此。伏惟尙饗。

법제 봉민 제문

도광道光 15년(1835) 을미년 2월 30일에 응운 공여자 귀일 인전應雲空如子歸一仁全은 법제法弟 봉민奉旻의 영령께 공경히 제례를 올립니다.

아아, 봉민이여, 아는가 모르는가? 안다면 생사가 다르더라도 지하의 영혼이 내 믿음을 저버리지 않으리라.

아아, 너의 부모가 진천鎭川에 없지 않고, 너의 은사가 지금 통도에 있으며, 너의 사형과 사제가 동쪽에 서쪽에 없지 않으며, 네가 평소에 귀히 여기고 좋아하던 신심信心의 단월檀越(시주)들이 북쪽에 남쪽에 없지 않으며, 너의 상좌가 지금 멀리 4백 리 바깥에 있는데, 너의 죽음은 홀로 여기에 있어 불을 따라 내 손에서 변화하는구나.

너의 성심은 위를 받드는 도리에 돈독해서 큰스님을 동서남북의 길에서 따라 한번 발을 들고 한번 입을 열고 한번 생각을 할 때도 위를 섬기는 마음을 잊지 않았다. 효양孝養으로 맛있는 음식을 받들어 좌우에서 인심을 얻은 지 지금까지 여기서 10여 년이 되는데, 지난해 겨울에 무슨 마음으로 큰스님을 따라 취서산鷲栖山으로 가지 않고 홀로 여기서 노닐다가 이 같은 지경에 이르렀는가? 이 사찰의 사운寺運은 이미 다했다. 여래의 사자로 동토東土에서 교화를 행하매 법력을 구족한 큰스님도 쓰러진 나무에서 돋아난 새싹처럼[620] 다시 회춘할 수 없는데, 네가 홀로 외로이 지탱할 수 있겠는가? 사람의 생사는 운명이다. 기운을 받은 깊이에 따라 수명의 장단이 있나니, 선가仙家의 퇴음부退陰符·진양화進陽火[621]와 하거운전법河車運轉法[622]을 얻어서 장생불사하는 방법에 들어가지 못한다면 누구를 원망하며 누구를 탓하리오? 너의 죽음은 타향에서 멀리 부모를 버리고, 은혜가 막대한 사부와 정이 막급한 상좌를 한번 다시 만나지 못함이 이 같은 지경에 이르렀으니, 구원九原(저승)의 한이 응당 빈산에 지는 달 속에 없지 않으리라.

지난겨울 10월에 이 산에서 너를 보았고, 11월 보름께에 대승大乘의 행行을 하였고, 12월 22일에 내가 쌍계사로 들어갔다가 네가 죽었다는 부음을 보게 되었으니, 네가 죽은 날은 13일 이전이요, 11일 이후라. 서로 헤어짐이 한 달도 되지 않았는데 생사의 길이 달라지니 무슨 세상에 무상함이 이렇게 심하단 말인가. 정월에 전염병이 크게 발병하여 도로 통행이 금지되었으니, 나 또한 온 나라가 같이 받는 환난을 받아 풍로風路에 오르지 못하였다가 이제 늦게야 너의 자취를, 네가 죽은 지 석 달이 지난 후에야 방문하였구나. 온갖 생활용품들은 풍비박산되었고, 같이 하자고 연전에 너와 약속하던 장소가 이제 어디에 있는지. 이 일이 이루어지지 못하더라도 너의 형체 변화됨을 내 손으로 하였으니, 네가 앎이 있다면 삼생三生에 다시 만나는 자리에서 나를 저버리지 않으리라.

아아, 봉민이여, 모든 형체 있는 것들은 모두 허망한 것이요, 제법諸法은 본래 항상 스스로 적멸이로다. 네가 이 뜻을 잘 알아 삼계에서 구품 연대九品蓮臺에 집착하지 말고 좋이 돌아갈지어다.

아아, 봉민이여, 흠향하소서(尙饗).

祭法弟奉旻文

道光十五年乙未二月三十日。應雲空如子歸一仁全。敬祭于法弟奉旻之靈。嗚乎。奉旻。知耶。不知耶。若知耶。幽明雖殊。以地下之靈。不負信於余也。嗚乎。汝之父母。不無於鎭川。汝之恩師。今在於通度。汝之師兄師弟。不無於於東於西。汝之平生所貴好信心檀越。不無於於北於南。汝之上佐。今遠在於四百里之外。而汝之死。獨在於此。從火化于余之手也。汝之誠心。惟篤於奉上之道。從大和尙於東西南北之路。一擧足一開口一動念。不敢忘事上之心。以孝養奉供甘旨。得人心於左右及今十有餘年於此。而去年冬。以何心不從大和尙於鷲栖。獨遊於此。至於如是之境。此寺寺運已退。以如來使。化人東土。具足法力之大和尙。顚木由蘖。[1] 更未回春。汝以煢獨寒影。其可支乎。人之生死。乃命也。遂以禀氣之淺深。爲壽命之脩短。則不得仙家退陰符進陽火。行河車運轉之法。得入於長生久視之術。而何咎何怨。爾之死也。遠弃父母於他鄕。恩莫大之師父。情莫及上佐。一不更逢。至於如是之境。九原之恨。應不無於空山落月之中。去年冬十月。得見汝於此山。十一月望間作大乘之行。十二月二十二日。余入雙溪。見汝死之訃。汝死之日。在於十三之前十一之後。其爲相分。遽未一朔。幽明路殊。其何世爲無常。若此之甚也。正月染病大發。道路不通。余亦入一國同受之患。而未登風路。今晚訪爾之迹于汝死去三月之後。凡百所用。風飛雹散。年前與汝同場所約。今在何處。此事雖爲不成。汝之形體火化。以吾手爲之。汝若有知。不負余於三生更逢之席。嗚呼。奉旻。凡所有相。皆是虛妄。諸法本來。常自寂滅。汝悉此意。三界不着九品蓮臺。好然而歸。嗚呼。奉旻。尙饗。

1) ㉠ '孼'은 '蘗'의 오자인 듯하다.

영안 부원군永安府院君 풍고楓皐 김 선생 제문[623]

도광道光 11년(1831) 임진년[624] 5월 13일에 가야산 산인山人 인전仁全은 영안 부원군永安府院君 풍고楓皐 김 선생의 영령께 공경히 제를 올립니다.

선생의 집안은 선한 경사를 쌓아 천종天鍾[625]이 순수하고 온화하며, 아도雅度[626]가 맑고 간명하며, 기국器局(기량)이 온건하고 온화하였습니다. 태어나서는 나라의 기둥이 되고 출신하여서는 인서人瑞[627]가 되어서 행동과 지략, 문장과 정치 네 부문에서 온전한 재주가 당시 독보적이었습니다. 풍모와 명성이 동토東土에 수립되었을 뿐, 공적과 이익이 중국과 주변국에 두루 미치지 못하였는데, 아, 이는 백성들이 크게 불우한 것일 뿐 선생께 어찌 부족함이 있어서 이러하겠습니까?

선생의 금세 인연이 홀로 여기에 있어 더욱 불교 이치를 잘 아시고 마음으로 정결한 영역을 기약하셨습니다. 또 어찌 알겠습니까, 선생의 덕화德化가 사해에 미치지 않을지.『시경』에서 "선량한 군자시여, 어찌 만세를 누리지 않으리오.(淑人君子。胡不萬歲。)"[628]라 하였고, 또 "대속할 수만 있다면, 사람마다 백 번이라도 하리라.(如可贖兮。人百其身。)"[629] 하였으니, 이는 옛사람들이 현인을 애석해하는 구절들입니다. 저 인전은 선생께 정리情理의 애통함이 이보다 더하니, 울적한 이 마음을 어찌 다 말할 수 있겠습니까?

지난 병술년(1826) 봄에 처음으로 교분을 맺고서 가고 머물며 통하고 막힘이 같지 않음이 없었고, 금석처럼 교합交合하는 마음이 더욱 굳고 더욱 견고하여 생사 결활契活[630]이 이제 6년이 되었습니다. 그 사이에 시문으로 창화唱和하고 도道로 마음에 화합한 것을 여기서 어떻게 말로 논하겠습니까? 가장 애통한 것은 선생께서 불초한 사람이 도를 안다고 하여 매번 가까운 사찰에 머물길 원하고, 서로 따르는 마음이 없는 날이 없었으되, 경산京山은 염불하는 이가 머무를 곳이 아니라 하여 주살을 피하듯 멀리 간 것입니다.

 선생께서 입적하신 것이 올해에 있은즉, 다시 모시고 담화를 나눌 인연이 영원히 끊어졌습니다. 동토의 백성들은 누구를 의지하여 목숨을 보존하고, 나라는 누구를 의지하여 정치를 베풀겠습니까? 경전에 이르길, "모든 업의 결과는 원인이 모인 것 아님이 없다."라고 하였으니, 선생과 인연으로 만난 것이 어찌 우연이겠습니까? 다생多生 이래로 몇 번이나 헤어지고 만났겠습니까? 이제 이별을 하였으니 어찌 뒷날 기약이 없겠습니까? 선생께서 인전을 아끼신 정분은 이제 여기서 다합니다.

 엎드려 바라노니 흠향하소서(尙饗).

祭永安府院君楓皐金先生文

道光十一年壬辰五月十三日。伽耶山人仁全。敬祭于永安府院君楓皐金先生之靈。惟先生家積善慶。天鍾粹和。雅度淸簡。器局溫和。生爲國植[1] 出爲人瑞。而行業志晷。文章政術。四科全才。一時獨步。風聲但樹於東土。功利不周於夷夏。噫。此蒼生之大不遇也。在於先生。豈有所不足而如是耶。先生今世之緣。獨在於此。而尤善佛理。心期淨域。又安知先生之德化。不沾於四海。詩之淑人君子。胡不萬歲。又云如可續[2]兮。人百其身。此古人愛惜賢良之辭也。而仁全之於先生。情理痛過於此也。則欝陶此心。安可勝言哉。去丙戌之春始定交分。行止通塞。靡所不同。金石交合之心。彌固彌堅。死生契活。於今六年。其間詩文唱和。以道叶心。何可言論於此。而最所痛恨者。先生以不肖之人。乃爲知道。每欲住近寺。相從之心。無日無之。京山非念佛人所居。避譖繳遠去。先生之入寂。在于今年。則更陪晤話之緣永斷。東民依誰而保命。國家憑何而施政。經云凡有業結。無非因集。與先生緣會。豈是偶然。多生以來。幾離幾合。既有今別。寧無後期。先生愛惜仁全之情分。今盡於此。伏惟尙饗。

---
1) 옙 '植'은 '楨'의 오자인 듯하다.　2) 옙 '續'은 '贖'의 오자인 듯하다.

『화엄경』 필사본 발문

장 공張公의 서법書法은 유공권柳公權[631]의 울타리로부터 나왔다. 그렇지 않으면 어떻게 이처럼 훌륭하게 쓸 수 있겠는가?

백장산百丈山[632] 제2대 법정 선사法正禪師는 대지大智의 고제高弟로서 항상『열반경』을 낭송했는데, 성명을 말하지 않아서 사람들이 '열반화상涅槃和尙'이라고 불렀다. 법석法席을 완성시킨 것은 법정法正의 공적이 가장 크다. 중생들에게 마음 밭을 개간하게 하매 대의大義를 설명한 것은 법정이니,[633] 황벽黃蘗·고령古靈[634] 대사大師들이 모두 높이 받들었다. 당나라 문인 무익황武翊黃[635]이 비문을 찬술하고, 유공권이 글씨를 썼는데 고금에 절묘하다. 지금 이후로 사경寫經으로 절묘한 이들은 유공권의 서법이 아니면 안 된다.

유공권이『열반경』을 필사한 행적이 이처럼 절묘하고, 장 공이『화엄경』을 필사한 것이 이처럼 절승하여 그 기기묘묘함이 고금에 동일하니, 나는 장 공이 유공권과 솜씨가 동일하다 생각한다.

書華嚴經跋

張公書法。自公權樊籬中做出來。不然其何得妙之好若斯。百丈山第二代法正禪師。大智之高弟。常誦涅槃經。不言姓名。人呼之謂涅槃和尙。住成法席正之功最多。使衆開田。方說大儀[1]者乃正也。黃蘗古靈諸大師。皆推尊之。唐文人武翊黃。撰其碑。公權書之。其妙絶古今。而自今以後。寫經絶妙者非公權書法。不也。公權書涅槃行迹。若斯之絶妙。張公書華嚴經。若斯之絶勝。其妙妙奇奇。今古同符。余以張公與柳公權同一手段。

1) 옆 '儀'는 '義'의 오자인 듯하다.

오계五戒를 오상五常에 배치한 설

태천 현감泰川縣監 이윤성李潤性 공의 문장은 해동에서 제일이다. 급제하기 이전에 용산에서 함께 지냈는데 하루는 내게 물었다.[636]

"불교는 허무와 적멸을 위주로 하여 뜻(銓旨)과 참선의 이야기들과 주술과 전기傳記의 전적들이 스스로 집안에서 자기를 독려하는 방책이 되지만, 오상五常으로 나라를 다스리는 가르침은 없으니, 유교에서 오상으로 나라를 다스리고 천하를 평정하는 도에 미치겠소? 이 오상이란 성인들이 전한 법으로 아무리 급한 때라도 훼손할 수 없고 잠깐이라도 떠날 수 없으니, 임금은 이것을 실천하여 나라를 다스리고, 군자는 이것을 받들어 몸을 세운다오. 사용함에 잠시도 대체할 수 없어 사람마다 날마다 사용하고, 마땅히 행할 길에 있기 때문에 '상常'이라 하는 것이라오. 이른바 오상이란 하늘에 있어서는 오위五緯[637]요, 땅에 있어서는 오악五嶽이며, 장소에 있어서는 오방五方이며, 사람에 있어서는 오장五臟이요, 사물에 있어서는 오행五行이니, 널리 말하자면 통괄하지 않음이 없소. 불법은 여기에 더함이 있소?"

나는 다음과 같이 말했다.

"유교의 오상은 불교의 오계에 해당합니다. 오계라는 것은 방편의 임기응변적 가르침으로서 불타는 집의 중생을 생사의 바다에서 구원하는 것입니다. 부처님이 도를 이루고 나서 가까이 아래 범인들을 접하시고는 작은 가르침을 펼치셨고, 말가末伽[638]로 인해 오계를 말씀하셨으니, 하나는 살생하지 말라는 것이요, 둘은 도둑질하지 말라는 것이요, 셋은 음탕한 짓을 하지 말라는 것이요, 넷은 망령된 말을 하지 말라는 것이요, 다섯은 술을 마시지 말라는 것입니다.

살생하지 말라는 것에 대해 말하자면, 하늘을 짊어지고 땅을 살금살금 걷는 부류와 머리는 둥글고 발은 네모난 무리들, 물과 육지와 산과 공중의 태생胎生·난생卵生·습생濕生·화생化生 등 그 형상이 같지 않습니다. 귀천이 다르더라도 나약하게 죽음을 두려워하고 급급하게 삶을 탐하며 괴로움을 피하고 몸을 즐겁게 하고 편안함을 구하고 목숨을 부지하려 하거늘, 게다가 어찌 충정忠貞한 이를 억울하게 해치고 순박한 이를 함부로 살해하는 것입니까? 그래서 어진 선비가 섬멸되매 귀신이 머리를 헤쳤고, 조동趙同이 죽으매 대려大厲가 가슴을 쳤습니다.[639] 장평長平[640]에 원혼의 슬픔이 쌓였고, 신안新安[641]에서 무고한 이들에게 혹독함이 자행되었습니다. 승주乘舟의 노래[642]와 황조黃鳥의 읊음[643]을 누가 슬프지 않다 하겠습니까? 패천灞川을 줄지어 포위하고, 몽택夢澤[644]에 그물을 펼쳐 다른 목숨을 아끼지 않았으니, 이는 대자大慈의 본래 뜻을 상한 것입니다. 그래서 지성至聖께서 살생하지 말라고 금한 것이니, 물고기를 먹여 기르는 장자長者는 자다가 하늘 꽃에 감동했고,[645] 개미를 구한 사미沙彌는 명부에서 목숨을 늘여 주어 금강金剛의 몸을 이루었고, 마침내 장수하는 원인이 되었습니다.[646] 이것은 이전 혐의(宿嫌)를 영원히 끊은 것으로, 그 인仁 됨이 이와 같습니다.

　도둑질하지 말라는 것에 대해 말하자면, 도둑이라는 행위는 온 세상에서 용납하지 않는 것이니, 도둑의 근심을 누가 꺼리지 않겠습니까? 탑 속에서 꽃을 훔쳤다가 악창이 갑자기 났고,[647] 경전을 손상하여 아이의 옷으로 입혔다가 온몸이 문드러지게 되었으며,[648] 양가楊家에서는 검은 무늬의 송아지가 나왔고,[649] 이신李信은 사람 말을 하는 말에 절을 했습니다.[650] 다섯 되의 쌀과 5백 전錢을 무엇을 위해 도둑질했습니까? 나귀 모양을 보응 받고, 돼지 몸으로 갚게 되었습니다.[651] 풀 한 포기, 나뭇잎 하나라도 주지 않았는데 취하는 것은 모두 이처럼 보응을 받습니다. 그래서 대성大聖께서 불쌍히 여겨 도둑질하지 말도록 금한 것이니, 그 의義의 큼이 이와 같습니다.

　음탕한 짓을 하지 말라는 것에 대해 말하자면, 패덕敗德이 몸을 해치매 음탕한 허물이 심합니다. 말희妹喜가 하夏나라를 망하게 하였고,[652] 달기妲己가 은殷나라를 무너뜨렸고,[653] 포사褒姒가 주周나라를 전복시켰고,[654] 여희孋姬가 진晉나라를 기울게 한 것이며,[655] 일각선一角仙이 여인을 목에 태운 욕됨과[656] 술파가術婆伽가 몸을 태운 재앙들이 있었으니,[657] 이는 여러 죄의 근원이며 큰 재앙의 근본입니다. 그래서 대성大聖께서 음탕한 짓을 하지 말라고 금하신 것이니, 그 예禮 됨이 이와 같습니다.

술 마시지 말라는 것에 대해 말하자면, 술은 난리의 근본이라, 또한 미치게 하는 약이라 칭합니다. 은나라 왕이 소처럼 마시다가 나라를 잃었고,[658] 초楚나라 공자公子는 호랑이처럼 술을 즐기다가 덕을 잃었습니다. 성도成都는 여러 달 취함에 묶였고, 중산中山은 천 일의 수면睡眠에 곤란했으며,[659] 35가지 과실의 근심이 같이 일어났고,[660] 8만 4천 가지 번뇌가 함께 생깁니다. 현재 지혜의 업을 차단하고 장래 어리석음의 과보를 얻게 되므로 대성大聖께서 술 마시지 말도록 금하신 것이니, 그 지智의 넓음이 이와 같습니다.

망령된 말을 하지 말라는 것에 대해 말하자면, 입은 재앙의 매개체요, 혀는 싸움의 근본이니, 능히 몸을 망치는 도끼요, 여러 악이 들어오는 문이 될 수 있습니다. 그래서 부공富公이 양이 되었고, 울타리를 넘어서는 소로 변하였으며, 나복羅卜(目犍連)의 모친이 지옥에 들어갔고,[661] 우다優多의 모친이 아귀餓鬼 지옥에 떨어졌으니, 어찌 두려워하지 않겠습니까? 찬바람을 말하면 푸른 가지의 잎사귀를 떨어뜨릴 수 있고, 꽃피는 계절을 말하면 고목에서 꽃이 피게 할 수 있습니다. 칭찬과 비난은 말 한마디로 말미암고, 삶과 죽음은 세 치 혀에서 나옵니다. 붕우는 그것으로 인해 물과 불처럼 어긋나게 되고, 가정은 이것으로 이별하게 됩니다. 큰 해로는 친족을 멸하고 나라를 기울이며, 작은 허물로는 몸을 위태롭게 하고 목숨을 잃게 하는 것입니다. 이로 말미암아 대성께서 망령된 말을 하지 말도록 금하신 것이니, 그 신信 됨이 이와 같습니다.

대저 인仁이라는 것은 간肝·목木을 주관하는 자리입니다. 춘양春陽의 때에 만물이 모두 생겨서 정월과 2월에 소양少陽이 용사用事합니다. 만물을 양육하여 삶을 좋아하고 죽음을 싫어하니, 죽임은 인仁이 없음이니, 죽이지 않음을 인仁에 배당합니다.

의義라는 것은 폐肺·금金을 주관하는 자리입니다. 7월과 8월에 소음小陰이 용사用事하여 바깥으로 질투와 몸을 위협하는 해로움을 막아내고, 안으로 정기와 목숨 보존의 견고함을 간직합니다. 사특함을 금하여 음란하지 않게 하니, 음란함이란 의義가 없는 것이므로 음란하지 않음을 의에 배당합니다.

예禮라는 것은 심心·화火를 주관하는 자리입니다. 4월과 5월에 태양이 용사하여 천하가 크게 뜨거워지고 만물이 발광합니다. 입은 망령되이 말하고, 몸은 위망危亡을 이룹니다. 술을 금하여 발광하는 마음을 안정시킵니다. 술이라는 것은 예가 없음이니, 음주하지 않음을 예에 배당합니다.

지智라는 것은 신腎·수水를 주관하는 자리입니다. 10월과 11월에 태음太陰이 용사하여 만물을 거두어 보관합니다. 도둑질이란 타인의 재물을 도둑질하여 숨겨서 몸을 위태롭게 하는 재앙을 이루니, 그래서 도둑질하지 말도록 금합니다. 도둑질이란 지혜가 없음이니, 도둑질하지 않음을 지에 배당합니다.

신信이라는 것은 비脾·토土를 주관하는 자리입니다. 3월과 6월, 9월, 12월에 중앙에서 용사하여 사방을 제어합니다. 망령된 말이라는 것은 신의가 없는 것이므로, 망령된 말을 하지 않음을 신에 배당합니다.

이것이 당나라 법림 대사法琳大師[662]가 배당한 말입니다. 혹 도둑질하지 않음으로 의義에 배당하고, 음란하지 않음으로 예禮에 배당하며, 술 마시지 않음을 지智에 배당하기도 하는데, 이러한 설명 역시 친절합니다만 앞서 배당한 것을 따르니, 혹 말함이 이와 같습니다. 그러니 부처님이 오계를 제정하신 것이 유학의 오상 아니겠습니까? 그러한즉 유학의 오상은 곧 불문佛門에서 초학初學 입덕入德하는 이가 행해야 할 인천人天의 가르침입니다."

五戒配五常說

泰川縣監李公潤性氏。文章甲於海東。未登第時。相從於龍山。一日問余曰。佛教以虛無寂滅爲主。其銓旨禪戒之談。呪術傳記之典。自是一家勵己之蕓。未爲五常經國之訓。何及於儒之以五常治國平天下之道乎。此五常者。聖人相傳之法。不可造次而虧。不可須臾而離。王者履之以治國。君子奉之以立身。用無甋替而在於人人日用當行之路。故云常也。其所謂五常者。在天爲五緯。在地爲五嶽。在處爲五方。在人爲五臟。在物爲五行。廣而言之。無所不統。佛之法。其爲加於此者。有之乎。余曰儒之五常。佛之五戒。五戒也者以方便之權教。救火宅之衆生於生死海中者也。佛初成道。近接下凡。爰開小教。因末伽而說五戒。一曰不殺。二曰不盜。三曰不邪淫。四曰不妄語。五曰不飲酒。言不殺者。如負天蹄地之屬。圓首方足之儔。水陸山空胎卵濕化。其形狀不等。貴賤雖殊。至於顚顚怖死汲汲貪生。避苦而樂其身。求安而養其命。則又何以有枉害忠貞。濫誅淳善。所以良士殲。其神被髮。趙同死。大厲搏膺。長平[1]積寃魂之悲。新安肆無辜之酷。乘舟之歌。黃鳥之詠。其誰曰不哀。至如列圍灞川。張羅夢澤。他命無惜。此乃傷大慈之本意。故至聖以不殺。禁之焉。所以飼魚長者。睡感天花。救蟻沙彌。冥延促筭。爰致金剛之體。終爲長壽之因。此則宿嫌永斷。其爲仁如是。言不盜者。盜跖之行。擧世不容。梁上之患。人孰不嫌。塔中盜花。惡瘡遽發。壞經衣兒。竟體剝爛。楊家出黑文之犢。李信拜人語之馬。五升之米。五百之錢。何爲而盜。以驢形報之。以猪身償賫。凡一草一葉。不與而取者。皆如是而還他。是以大聖憖之。禁之以不盜。其義之大若此。言不邪淫者。敗德滅身。婬辜爲甚。所以妹喜亡夏。妲己喪殷。褒姒之仆隆周。孅姬之傾皇晉。一角仙騎頸之辱。術婆伽焚軀之災。是衆罪之根大殃之本。故大聖禁之以不淫。其爲禮如此。言不飮酒者。酒爲亂本。亦稱狂藥。殷王牛飮而亡國。楚子虎酗而敗德。成都緊累月之醉。中山困千日之眠。三十五失過患并生。八萬四千塵惱俱起。現在遮智慧之業。將來獲愚癡之報。故大聖禁之以不飮。其智之廣若此。言不妄語者。口是禍媒。舌爲鬪本。能作伐身之斧。乃入衆惡之門。所以富公作羊離越變牛。羅卜母之入地獄。優多母之墮餓鬼。豈不可畏乎。語寒風。足使翠柯零葉。談芳節。能令枯木開花。褒貶由其一言。生死出其三寸。朋友因之而成水火。室家以此而相乖離。大害則滅族傾邦。小釁則危身喪命。由此而大聖禁之以不妄。其爲信如是。大抵仁者。主肝木之位。春陽之時。萬物盡生。正月二月。少陽用事。養育群品。好生惡殺。殺者無仁。以不殺。配之於仁。儀2)者。主肺金之位。七月八月。小陰用事。外防嫉妒危身之害。內存精氣保命之固。禁邪以不淫。淫者無儀故。以不淫配之於儀。禮者。主心火之位。四月五月。太陽用事。天下大熱。萬物發狂。口以妄語身致危亡。禁之以酒。定其狂心。酒者無禮。以不飮酒。配之以禮。智者。主腎水之位。十月十一月。太陰用事。萬物收。藏。盜者。盜他人之財。藏之而致危身之禍故。禁之以不盜。盜者無智故。以不盜。配之於智。信者。主脾土之位。三月六月九月十二月。中央用事。制御四域。妄語者無信故。以不妄語。配之於信。此唐法琳大師所配之言。或以不盜配儀。以不淫配禮。不酒配智。此說亦爲親切。而前之所配。其從或說如此。盖佛之制五戒。豈非儒之五常乎。然則儒之五常。乃佛門初學入德之人天教也。

---

1) ㉮ '長平'은 『변정론』에는 '邙阜'로 되어 있다.   2) ㉯ '儀'는 '義'의 오류인 듯하다. 이하 동일.

제월헌에 쓰다

제월霽月은 나의 법제法弟 전유사典由師가 거처하는 곳의 당호堂號이다. 제월이라는 명칭은 왜 붙인 것인가. 마음 씀이 정밀하고 순백하여 버들에 햇살 좋은 바람이 부는 듯하고(楊柳光風),[663] 오동에 비 개인 달이 비치는 듯하니(梧桐霽月),[664] 이로 말미암아 이 이름을 얻은 것인가. 나는 까닭을 알지 못한다.

대사는 한양 사람이다. 속성은 박이요 밀양 출신이다. 천성이 인자하고 뜻이 청결을 좋아하여 술·고기와 냄새나는 매운 채소들은 자연히 싫어한다. 용모는 빼어나서 범인과 다름이 있으니, 의연하게 볕이 내리쪼이는데 산이 우뚝 서 있는 듯하다.

어려서 부모를 여의고 외로이 의지할 데가 없었다. 그 스승 선한善閑이 데리고 삼남三南을 떠돌다가 벽송碧松[665]으로부터 조계산으로 와 우리 스승의 법석法席에 참여하였다. 인재人才가 애석하다고 말을 하니, 화상께서 불쌍히 여겨 제도해 주셨다. 어려서 배앓이를 하여 심하게 야위었는데, 우리 화상의 슬하를 떠나지 않고 이것저것 시중 들며 받들어 섬기니 경희慶喜(Ananda, 阿難陀)가 부처님 시중을 든 것과 같았다. 그 근면하고 간절함이 이와 같더니, 이후부터는 배앓이를 하지 않고 몸이 건강해졌다. 화상께서는 매번, "네 배앓이가 나은 것은 정성스런 마음과 삼가는 태도에서 나온 것이다."라고 하셨다. 이 때문에 모두들, "섬기는 도리가 이와 같으니 복을 얻음이 또한 이와 같구나."라고 하였다.

타인의 선함을 천거함에 있어서는 미치지 못할까 걱정하였고, 타인의 악함을 멀리함에 있어서는 원수를 피하듯 하였다. 말투는 간략하고 과묵하였으며, 도량은 넓었다. 평소 행동에 있어서 타인에게 실수하지 않고 자신을 경시하지 않았다. 사물과 마음이 화평하고, 행위와 모양이 화합하였으니, 그가 거처한 곳의 당호를 '제월霽月'이라 칭한 것이 또한 아름답지

앉은가.

題霽月軒序

霽月。吾法弟典卣師所居堂號也。霽月之稱。其所以何也。其用心精白。如楊柳光風梧桐霽月。由斯而得此之稱乎。吾不知所以。師漢陽人。俗姓朴。係出密陽。天性仁慈。志樂淸潔。酒肉葷辛。自然厭離。儀相挺秀。有異凡人。依依然如陽照山立。早失父母。煢獨無依。其師善閒。携而漂泊三南。自碧松。來叅我師法席於曹溪。以人才可惜爲言。和尙憐而度之。少幼以腹病。痔瘻玆甚。不離我和尙膝下。左之右之。侍奉承事。如慶喜之作佛侍者。而其勤勤懇懇。爲若此也。自此以後。腹病遠離。色力康健。和尙每曰。汝之腹疾之瘳矣。出於誠心恪懃。由是人皆云。奉上之道如是而得福又如此。人之善。擧之也。惟恐不及。人之惡。遠之也。如避仇讐。其言也簡默。其量也寬弘。生平所爲。不失之於人。不輕之於己。事與心和。行與貌合。其所居堂號。以霽月稱之者。豈不美之犾。

용암전 龍岩傳

대사의 휘諱는 혜언慧彦이요, 성은 조씨趙氏다. 나주 사람 조성국趙聖國의 아들이다. 모친은 여산礪山 송씨宋氏 진사 일성日成의 따님이다. 꿈에 청룡이 품으로 날아들더니, 이때부터 태기가 있었고, 달이 차서 대사를 낳았으니, 때는 건륭乾隆 44년 계묘(1783)⁶⁶⁶ 8월 5일이다.

열네 살에 큰아버지를 따라 모악산母岳山에 들어가 따라서 공부를 하였다. 글방(黌海)에서 힘씀이 혼자서 열을 감당할 정도요,⁶⁶⁷ 행동거지가 일반인의 예상을 벗어날 정도였으니, 모두들 법기法器라 칭찬하였다.

대사가 속세를 벗어날 뜻이 있어서 17세에 용천사龍泉寺로 들어갔다. 무인 장로茂仁長老에게서 머리를 깎았다. 장로는 그의 기량이 크게 이루어질 줄을 모르고, 풀베기와 쌀 찧기, 땔감 하기로 업을 삼게 해서 승려 주변의 일이나 윤회(轉生)에 대해서는 알지 못했다. 이에 세간의 무상함에 대해 생각하고 신유년(1801) 정월에 용진산龍珎山으로 달아났다.

책을 읽다가 홀로 금성錦城(나주)으로 가서 사방으로 다니며 입에 풀칠하고자 했으나 지팡이 하나 의지할 게 없었다. 이에 거적을 엮어 들고서 쌀을 구걸했다. 이집 저집 다니며 걸식을 하였지만 마음은 상쾌하였다. 임금의 지위가 없지만 타인의 죽음을 구제하고, 모아놓은 재물이 없지만 타인의 배를 부르게 하니, 사생 구류四生九類⁶⁶⁸가 이 때문에 형제가 되고, 삼계를 다투지 않는 곳에 마음을 두고, 속임수와 괴이한 명성으로 불이不二의 문하에 소문이 남을 바라지 않은 것이 이와 같기 때문이다.

계해년(1803) 2월에 모후산母后山⁶⁶⁹ 유마사維摩寺에 도착하여 재를 올리고 혼자 생각하기를, 사람이 덕행으로 교화함 없이 그저 옛사람들이 남긴 찌꺼기만 읽으며 자리自利와 이타利他가 원성圓成한 행위가 없이 이승에서 덧없이 살다가 허무하게 죽으면 또한 슬프지 않은가 하였다. 그리고는 산을 내려가 곡식을 빌려서 부처님께 공양하였다.

여름 4월에 원응 선사圓應禪師를 따라 조계산 선암사仙巖寺에 이르러 정해定海와 사생死生의 교분을 맺었다.

가을 9월에 팔영산八影山670 서불사西佛寺에 도착하여 열흘 동안 재를 올렸다.

갑자년(1804) 10월에 칠불사七佛寺671에 들어가 금허 화상錦虛和尙672의 법석法席에서 수선受禪하였다.

을축년(1805) 6월에 천축산天竺山에 도착하여 율봉 화상栗峰和尙을 뵈었다.

가을 8월에 율봉 화상을 따라 금강산 유점사楡岾寺에 들어가 백 일 동안 불공을 드렸다. 처신하기를 인의仁義에 맞게 하고 불도에 들어간 마음이 깊으며 불도에 합당한 행위가 견실하여 아침에 세 번 저녁에 세 번 삼가 부처님 명호를 외고 경전을 외며 다라니를 외고 염불하며 참선을 하여 끊기는 법이 없었다. 사람들이 모두 좋아하였으니, 불천佛天이 어찌 돌아보아 보호하지 않겠는가.

겨울 11월 어느 밤에 내금강, 외금강이 황금빛 연꽃으로 변하는 꿈을 꾸었더니, 율봉 화상께서 사자좌獅子座를 안경眼鏡과 함께 주셨다.

병인년(1806) 봄에 금허 화상錦虛和尙을 따라 남쪽으로 내려가 백운산白雲山673에서 건당建幢674하였다. 상백운암上白雲庵에 주석駐錫하면서 저녁마다 남쪽을 향하여 '지장보살'을 백팔 번 염송하였다. 어느 밤에는 꿈에 용을 타고 하늘로 올라갔고, 또 어느 밤에는 어떤 사람이 세 채의 황금 수레(金輦)를 주었는데, 황금 수레 안에 각각 『화엄경』함이 있었는데, '해인삼매海印三昧'라 쓰여 있었다. 함을 열어 보니, 80권이 갖춰져 있었다. 대사는 그래서 한 부部를 읽고는 깨달아서 정신이 상쾌해져 청량산淸凉散675을 먹은 것 같았다.

이해 겨울에 율봉 화상을 따라 취서산鷲栖山676 통도사通度寺에 들어가 화엄예참華嚴禮懺677을 행하였다. 꿈에 법당에 들어갔더니 탁자 위 세 명의 승려가 「비로자나품毘盧遮那品」 1책을 주며 말했다.

"이것은 우리 본사本師⁶⁷⁸께서 수인修因⁶⁷⁹하실 때에 온갖 행行을 원만히 성취하신 법문이다. 너는 이에 의거하여 행하라."

정묘년(1807) 봄에 하백운암下白雲庵에 들어가 화엄예참을 이어 보완하였다.

경오년(1810) 여름에 강릉 오대산으로 들어가 『화엄경』을 강독하였다. 이 산에 전부터 『화엄경』이 있었지만 자물쇠를 깊이 밀봉해 두고 열어 보는 이가 한 사람도 없었는데 전하는 말에, 이 함을 밀봉한 자가 열 수 있다고 하였다. 대사가 함을 열자 모두 기이하게 여겼다.

신미년(1811) 가을에 서방산西方山⁶⁸⁰ 봉서사鳳栖寺에 들어가 선교禪敎 법려法侶 백여 명과 함께 설법하고 중생을 교화하였다. 그 당시 순종대왕純宗大王께서 편찮으셔서 신민臣民들이 슬퍼하였고, 가순궁嘉順宮 박씨朴氏⁶⁸¹께서 국모國母로서 상중喪中에 있었는데, 꿈에 흰 옷 입은 노인이 와서 말하길, 여기서 남쪽으로 가면 봉자사鳳字寺에 도인이 있으니 거기에 가서 백 일 동안 칠성각에 기도하면 임금의 병이 나을 것이라고 하였다. 다음 날 전교傳敎하니, 대사께서 전교를 받들어 공순하게 나라를 위해 마음을 기울였더니, 하늘이 감응하고 부처님께서 보호하사 임금의 병이 즉시 효험을 보았다.

임신년(1812) 봄에 모악산에 들어가 『화엄경』을 강독하는데 하늘이 상서로움을 나타내고 부처님께서도 빛을 발하시어 음으로 양으로 더하였다. 호우湖右⁶⁸²의 사람들이 기약하지도 않았는데 모여드니 억만을 헤아릴 뿐이 아니었다. 일곱 칸 정문이 무너질 지경이었다. 대사께서 상당上堂하여 말하길, "달이 금산錦山⁶⁸³에 걸려 만민이 우러르고, 봄이 화현花縣에 오니 온갖 꽃이 향기롭구나. 이는 우리 비로자나께서 수인修因하신 결과인데 부처님께서 홀로 차지하지 않으심이라. 사람마다 본래 스스로 원성圓成하고, 개개마다 본래 스스로 구족하니, 온갖 풀 위에 금빛 털의 사자가 출현하여 한 터럭 끝에서 돌연 무위진인無位眞人[684]이 출현함이라. 어제 술에 취해 부처님을 매도한 이는 누구인가. 오늘 향을 살라 부처님께 예배하는 이는 누구인가. 무명의 진실한 성품(無明實性)이 곧 불성이니 망령되다고 왜 버릴 것이며 참되다고 왜 구하겠는가." 하였다.

대사께서 이와 같은 법문으로 교화하심이 불가사의하였다. 대사가 이르는 곳마다 사람들이 많아 숲을 이루었는데, 자기 공부가 혹 전일하지 못한가 생각하여 그들을 피해 두류산의 강은降隱으로 들어갔다. 마魔도 또한 법계法界이니 누군들 좇지 않겠는가. 물리쳐도 가지 않고 따르는 이들이 대사를 좋아하여 권루眷婁[685]를 개미가 사모하듯 산에 가득하였다. 비록 방장方丈이 넓다 하나 사람들(物情)은 좁게 여긴다 함은 이와 같기 때문이다.

여름에 남해에 가서 『법화경』을 강독하였다.

가을에 가야산에 들어가 무차대회를 열었다. 당시 소자小子 인전仁全이 조계산에서 와서 법석에 참여하였다. 대사께서 선학禪學을 주셨고, 게偈를 보이셨다.

청산의 비구름 기운이	靑山雲雨氣
널리 만인을 이롭게 하니	廣利大千人
만물은 봄빛을 머금어	萬物含春色
마른 초목도 날로 새롭네	枯槁日又新

갑술년(1814) 봄 정월에 송산松山[686]의 청을 받아 은적암隱寂庵[687]으로 돌아왔다.

가을 8월에 금강산 수선사修禪寺에 들어갔다.

을해년(1815) 여름 4월에 영동에서 태백산 정암사淨岩寺로 들어가 탑에 예를 올리고 재齋를 지냈다.

5월에 두류산 벽송사碧松寺⁶⁸⁸로 들어가 『범망경梵網經』⁶⁸⁹을 용악 계정龍嶽啓定에게 전했다.

8월에 송산 은적암으로 들어가서 보안 법문普眼法門을 펼치니, 선종과 교종 양쪽의 학도들이 모여 법을 듣는 이들이 백여 명에 이르렀다. 그중에 걸출한 이는 성암惺庵·구봉九峰·혁암奕岩·송암松岩·성능性能 등 11명이었다. 그들이 영향影響으로서 법석法席에 참여하여 심론心論을 칭양稱揚하고 전제筌蹄⁶⁹⁰를 놓아 버리며 보법普法⁶⁹¹을 지혜로 증득하여 몸소 불행佛行을 따르고 말은 변해辯海로 들어가 법륜을 상속하니 법경法慶의 아름다운 집회가 되었다.

병자년(1816) 봄 3월 3일에 석암 화상石岩和尙이 입적하였다. 석암 화상은 대사와 사생死生의 교분을 맺었던 분이다. 한시도 떨어지지 않고 서로 부추기고 서로 도우며 사방을 교화한 지 이제 14년이 되었다. 오교五爻⁶⁹²를 버리고 삼흔三釁⁶⁹³을 끊어 한산寒山과 습득拾得의 마음으로 기약하였는데, 이제 인연이 다해 돌아간 것이다. 대사는 힘을 다해 상례를 치러 생사간에 한결같았으니, 섬기는 마음이 옛사람들이 오래되어도 변치 않고 나이를 따지지 않은 것과 같았으니, 좌양左羊⁶⁹⁴·유종兪鍾⁶⁹⁵의 사귐과 비슷했다. 옛사람이 말하길, "예로부터 인의로 천지를 포용했으니, 다만 조그마한 마음 안에 있도다.(古來仁義包天地. 只在人心方寸間.)"⁶⁹⁶라고 한 것이 이로써 증험이 되었다.

정축년(1817) 3월에 영평永平⁶⁹⁷ 백운산으로 들어가 하안거夏安居⁶⁹⁸를 결제結制⁶⁹⁹했다.

가을 7월에 금강산에 들어가 가을을 보냈다.

겨울 10월에 송산으로 내려가서 화엄대회를 은적암에서 개최했다.

무인년(1818) 봄 3월에 인전仁全과 선유善有 등을 방출하여 두류산에서 교학을 익히게 했다.

기묘년(1819) 봄 2월에 남계南溪·용하龍河 등과 모악산에 들어가 선禪을 닦았다. 이보다 앞서 송산松山의 요사한 승려 어감語鑑이 왕성王城(한양)으로 달려가 말을 퍼뜨리길, 승려와 속인 수천 명이 난을 일으킨다고 하였다. 조정에서는 믿지 않으면서도 요사스런 말을 의심하여 사람을 보내 탐지하게 하였고, 승평昇平⁷⁰⁰ 수령에게 모임을 막아 난을 방지하라고 명하였다. 당시 대사를 따르는 무리들이 백여 명 되어서, 승평 수령이 과연 의심하고는 군병과 장교 40여 인을 보내 탐문하였더니, 한 사람도 은적암을 지키는 자가 없었다. 3월 21일에 어감語鑑을 병영에서 참수하였다.[701]

경진년(1820) 겨울에 화엄대회를 덕유산德裕山 백련사白蓮社에서 개최했다. 팔도에서 선종과 교종을 막론하고 그림자와 메아리처럼 따르는 이가 3백여 명이었다.

신사년(1821) 겨울에 두류산 심적암深寂庵에 들어가 선禪을 익혔다.

임오년(1822) 봄에 구천동九千洞에 들어가 무너진 곳을 보수하였다.

겨울 11월에 화엄대회를 은신암隱身庵에서 개최하였는데 관음觀音의 성스런 가피를 입어 우활迂活한 죽을 뻔한 목숨을 구했다. 대사는 항상 다음과 같이 한탄하였다.

"명성이 널리 퍼지면 모습을 숨겨 엎드리기 어렵고, 현묘함에 깃들어 후덕後德을 맹세하매 한가로이 얽매임이 없다 하고는, 이에 한숨 쉬며 탄식하기를, 하늘을 돌이키고 해를 쓰러뜨릴 힘이 하루아침에 말라 버리고 대산岱山(태산)의 너럭바위 같은 견고함이 지금은 없으니, 세상은 무상하고 뜬 인생은 거짓이로다. 올해 꽃을 같이 보던 동료들이 지난해 사람들보다 줄어들었으니, 아침 이슬 같은 이 삶에 머무름이 얼마나 될런가. 옛 사람이 말한 바, 새가 나무에 모이듯 무리들이 모이더라도 너는 마땅히 멀리해야 한다(眷屬集樹. 汝宜遠之.)[702]고 한 것이 또한 좋지 않은가. 나의 바람은 형체를 고목처럼 하고 생각을 죽은 재처럼 하여 이러한 근심을 항복시켜 허적虛寂을 구함이라. 진실로 바위 속에 자취를 거두고 세상 밖에 마음을 유지하고 남은 목숨 부지하며 지혜의 업을 독실하게 닦는 것이 본래 뜻이었다. 수십 년 중생들에게 장애되어 졸렬함을 자랑하고 공교함을 부러워하며 활용이 항상 있지는 않은 지경에서 높을 때는 펴고 낮을 때는 움츠리니[703] 또한 슬프지 않은가."[704]

이에 중생들을 버리고 몸을 빼어 홀로 떠나 북으로 금강산으로 들어갔다.

갑신년(1824) 겨울 10월에 구천동에 다시 들어가 결사結社하였다.

을유년(1825) 봄에 강월江月의 청을 받아 금강산 불지암佛地庵에 들어가 삼동三冬에 동안거를 지냈다.

병술년(1826) 여름 4월에 천불암千佛庵에 들어가 선정을 닦았다.

가을 8월에 천불암에서 검산령劒山嶺[705]을 넘어 향산香山(묘향산)에 들어가 법안장法眼藏[706]을 열어 무수한 체백滯魄[707]을 천도하였다.

정해년(1827) 여름 5월에 구월산九月山[708] 월출암月出庵에 들어가 『화엄경』을 강독하였다.

겨울 10월에 영안 부원군永安府院君의 명으로 원적산圓寂山[709] 영원암靈源庵에 들어가 선정을 닦았다.

무자년(1828) 여름 4월에 조계산에 들어가 하안거를 결제結制했다.

가을 7월에 북으로 불명산佛明山에 들어가니, 이 산은 관음보살이 상주하시는 곳이다. 대사께서 이 산에 들어간 날 밤에 의상대義湘臺에 등이 걸리고 빛을 발하는 상서로움이 있었다. 이것은 암자 주인인 인파仁波가 보고서 말해 준 것이다.

기축년(1829) 여름 4월에 남쪽으로 두륜산頭崙山으로 들어가 선정을 익혔다.

겨울 11월에 익종대왕翼宗大王의 명을 받아 북한산에 들어가 크게 불사를 이루었다. 다음 해 정월에 남쪽으로 내려가려 하는데, 당시 익종대왕이 잠저潛邸[710]로서 새로 정사에 임하여 오묘한 도에 마음을 돌이키고 현묘한 종지宗旨에 뜻을 합치하여 크게 불사를 일으키고, 또한 가람을 널리 수립하고자 하여 대사를 만류하여 북한산에 머물게 하고 말했다.

"옛날 진 혜제晉惠帝가 흥성사興聖寺를 지어 백 명의 승려를 공양했고, 송 무제宋武帝는 영근사靈根寺와 법왕사法王寺 두 사찰을 지어 성현을 부르고 천 명의 승려를 공부하게 했으며, 진 무제陳武帝는 동안사東安寺와 흥황사興皇寺, 천거사天居寺 등을 지어 승려 3천 명을 제도하였고, 진晉나라 제왕齊王 대유大猷[711]와 진왕秦王 홍도弘度와 안평왕安平王의 지절志節과 의양왕義陽王의 이사입신理思入神과 하비왕下丕王의 독지경술篤志經術과 송宋나라 임천왕臨川王 의경義慶[712]과 팽성왕彭城王 의강義康[713]과 남초왕南譙王 의선義宣[714]과 건안왕建安王 휴인休仁[715] 등은 글재주를 품고서 크게 불경佛經을 익혔소. 양梁나라 소명 태자昭明太子와 진안 전하晉安殿下는 도에 부합하는 타고난 지혜(道契生知)와 덕으로 빛나는 타고난 인재(德光天縱)로서 묘법妙法을 존중하고 복문福門을 공경하여 명승名僧들과 짝을 맺었는데,[716] 하물며 바다에 뜬 지푸라기처럼 하늘의 도움을 받지 못한 내가 불교에 의지하지 않고 어찌하겠소? 내가 석문釋門을 높이 받들어 묘리妙理를 정밀히 연구하고 경전을 쓰고 불상을 만들며 계를 받고 계율을 지키리니, 대사는 가까운 곳에 머물러 나와 같이하는 게 좋겠소."

그래서 대사는 정월부터 5월까지 북한산에 머물렀다.

봄 3월에 익묘翼廟께서 '法幢山 慧定寺(법당산 혜정사)' 여섯 자와 '不環[717] 法雲(불환법운)' 네 자를 써서 주며 말씀하셨다.

"내가 부처를 받드는 마음이 비록 옛사람에게 미치지는 못하나 대사가 불사를 중흥하는 공업이 크니, 내가 무엇으로 보답하리오? 대사가 거하는 산에 대해 듣자니 산 좋고 물 맑다 하니, 내가 복을 기원하는 원당願堂[718]으로 삼고 싶소. 이에 산 이름과 절 이름을 바꾸노니, 대사의 마음에 어떠하오?"

대사는 그래서 불명산에 숨었다.

신묘년(1831) 여름에 왕대비의 명으로 금강산 유점사에 가서 불사를 행했다. 이보다 앞서 익묘께서 사자관寫字官을 명하여 『화엄경합론華嚴經合論』120권과 『법원주림法苑珠林』100권과 『능엄정관소楞嚴正觀疏』10권과 『능엄정해楞嚴正解』10권을 써서 대사에게 주고자 하였으나, 끝맺지 못하고 돌아가셨다. 이에 왕대비께서 책을 만들어 보내셨다.

임진년(1832) 봄 2월에 덕유산에 들어가 영각사靈覺寺를 중수하였다.

계사년(1833) 여름 4월에 팔공산에 들어가 안흥사安興寺[719]에서 결사結社하였다.

가을 7월에 통도사에 들어갔다.

겨울 12월에 금강계단金剛戒壇[720] 아래에서 결계結戒[721]했다.

갑오년(1834) 겨울 12월에 금강계단에서 재齋를 올려 대행大行[722] 순종대왕純宗大王을 추천追薦[723]하였다.

을미년(1835) 봄 정월 1일에 두 마리 큰 뱀이 꿈틀거리며 적광전寂光殿 뜰로 기어 왔다. 3일에는 계곡 물이 끊어졌다. 대사가 크게 두려워했다. 이에 15일에 천여 명의 승려와 함께 정성을 들여 재를 올렸다.

여름 4월에 문인 인전仁全을 보내 가야산에 들어가 『화엄론華嚴論』을 간행하게 했다.

5월에 금강산에 들어가 마하연摩訶衍에 머물며 선정을 닦았다. 때는 도광道光 15년(1835), 우리 성상聖上(헌종)께서 즉위하신 원년이었다.

龍岩傳

師諱慧彦。姓趙氏。羅州人。趙聖國之子也。母礪山宋氏。進士曰成之女。夢有一靑龍。飛入懷中。自此有身。月滿誕師。時乾隆四十四年癸卯八月初五日也。年十四隨伯父。入母岳山隨業。甃海功用。一敵十夫。行動擧措。出人意表。人皆以法器稱之。師有出俗超方之志。年十七入龍泉寺。於茂仁長老處薙髮。長老不知器成大也。以芸草舂米破柴爲業。佛僧邊事。轉生未熟。於是念世間之無常。歲在辛酉之正月。逃入龍珎山。讀書。獨出錦城。其欲糊口於四方。而無一節可憑。乃編苫乞米。乞食於千門萬戶。心若快然。無君人之位。以濟人之死。無聚祿而以望人之腹。四生九類。爲此兄弟。其有心於不閱三界之場。其不蘄以誠詭幻怔之名聞於不二之門。爲若此也。癸亥二月。到母后山維摩致齋。自念人無德化。而徒讀古人之糟粕。無二利圓成之行。虛生浪死於此世。不亦悲乎。於是下山乞糧。仍而供養諸佛。夏四月。從圓應禪師。至曹溪山仙巖。與定海結死生交。秋九月。至八影山西佛寺。十日致齋。甲子十月。入七佛。受禪於錦虛和尙法席。乙丑六月。到天竺山。得陪栗峰和尙。秋八月從栗峰和尙。入金剛山楡岾寺。以百日供佛行事。處已於中正仁儀。入佛之心深。合佛之行固。朝三夜三。恪懃佛命誦經持呪念佛叅禪。無所間斷。人皆悅之。佛天豈不顧護。冬十一月。一夕夢金剛內外山。化爲金蓮。栗峰和尙。以獅子座與眼鏡授之。丙寅春。從錦虛和尙。南下白雲山建幢。憇錫上白雲。暮暮向南方。念地藏菩薩百八。一夕夢登龍上天。又一夕夢人以三金輦授之。金輦內各有華嚴櫃。題之曰海印三昧。開函視之。八十卷經完然。師仍讀一部乃覺。精神爽然。如一服淸凉散。是年冬。從栗峰和尙。入鷲栖山通度。行華嚴禮懺。夢入法堂。卓上有三僧。以毘盧遮那品一冊。授之曰。此我本師修因時萬行圓成之法門。汝依而行之。丁卯春。入下白雲。續補華嚴禮懺。庚午夏。入江陵五臺山。講華嚴經。此山曾有華嚴經。深密封鎖。無有一人開之者。而相傳云。封此函者能開。師開之。人皆異之。辛未秋。入西方山鳳栖。與禪敎法侶百有餘人。說法化生。當此時也。純宗大王不豫。臣民怵惕。嘉順宮朴氏。以國母居憂。夢有白衣老人。來謂曰。此去南方鳳字寺。有道人。就於彼。百日七星祈禱。上病有愈。明日傳敎。師奉敎。克順克恭。爲國之心。天其感之。佛是護之。上病卽效。壬申春。入母岳講華嚴。天以瑞之。佛亦放光。冥顯多加。湖右水陸諸人。不期而會者。不啻億萬。七間正門。至於傾頹。師上堂云。月掛錦山。萬民瞻仰。春來花縣。衆卉芬芳。此是我毘盧遮那修因結果。而非佛獨有。人人也。本自圓成。介介也。本自具足。百草頭上。現出金毛獅子。一毫毛端。突出無位眞人。昨日也。醉酒罵佛者何人。今日也。焚香禮佛者何人。無明實性。即是佛性。妄也何除。眞也何求。師以如是法門化人。不可思議。師之所到處也。人多成林。慮其自己工夫或不專一。避之而入頭流之降隱。魔亦法界。何人不從。麾之不去而從之者。悅師之卷婁蟻慕者彌山。雖云方丈之寬。物情之隘。其爲如此也。夏入南海講法華。秋入伽倻。開無遮會。時小子仁全。自曹溪。來叅法席。師以禪學授之。以偈示之曰。靑山雲雨氣。廣利大千人。萬物含春色。枯槁日又新。甲戌春正月。受松山請。還隱寂。秋八月。入金剛修禪。乙亥夏四月。自嶺東。入太白山淨岩寺。禮塔致齋。五月入頭流碧松。傳梵網經于龍嶽啓定。秋八月入松山隱寂。開普眼法門。禪敎兩學講徒會而聽法者。至於百有餘人。其中惟爲傑出者。惺庵九峰突岩松岩性能等十有一人。以影響。叅法席。稱揚心論。得喪筌蹄。智證普法。身隨佛行。語入辯海。相續法輪。其爲法慶之嘉會也。丙子春三月初三日。石岩和尙入寂。石岩和尙。與師同結死生交。一時不相捨離。相揚相助。行化四方。於今十四年。去其五交。絶其三釁。以寒山拾得之心。相期。至是緣盡歸化。師極力治喪。生死間如一。奉之之心。與古人之耐久忘年。左羊兪鍾之交。相似。古人所謂古來仁義包天地。只在人心方寸間者。驗此之云矣。丁丑春三月。入永平白雲。結夏安居。秋七月。入金剛山過秋。冬十月。南下松山。設華嚴大會于隱寂。戊寅春三月放仁全善宥等。習敎于頭流。己卯春二月。與南溪龍河。入母岳修禪。先是松山妖僧語鑑。走王城。宣言。僧俗數千作亂。朝廷不信。疑其妖言。遣人庶探。又命昇平倅。禁遏聚會作亂者。時師之衆。至於百餘人。昇平倅。果疑之。遣牙兵將校四十餘人探之。無一人守隱寂者。三月二十一日。斬語鑑於兵營。庚辰冬。設華嚴會于德裕山白蓮社。八道禪敎間影響相從者。三百餘人。辛巳冬。入頭流深寂習禪。壬午春。入九千洞。支壤補缺。冬十一月。設華嚴大會于隱身。得蒙觀音聖加。救字活入死之命。師常恨以稱謂廣流。藏影[1]難伏。誓當栖玄後德。閑放無累。乃喟然歎曰。廻天倒日之力。一朝早

凋。岱山磐石之固。今也則無。世上無常。浮生虛僞。今年看花之伴。已少
去年之人。則朝露此生。其停幾何。古人所謂眷屬集樹。汝宜遠之者。不亦
善乎。余之所願。誓欲枯木其形。死灰其慮。降此患累。以求虛寂。誠得收
迹岩中。攝心塵外。支養殘命。敦修慧業。此本志也。數十年爲衆所碍。汚[2)]
拙羨巧。而隆舒汙卷於其用不恒之地。不亦悲乎。於是捨其衆。脫身獨去。
北入金剛山。甲申冬十月。再入九千洞結社。乙酉春。受江月請。入金剛山
佛地。三冬安居。丙戌夏四月。入千佛庵修禪。秋八月自千佛。踰劒山嶺入
香山。開法眼藏。度無數滯魄。丁亥夏五月。入九月山月出。講華嚴。冬十
月。以永安府院君命。入圓寂山靈源庵修禪。戊子夏四月。入曹溪結夏。秋
七月。北入佛明。此山是觀音菩薩常住處。師入此山之夜。義湘臺。有縣燈
放光之瑞。庵主仁波。見之而說及。己丑夏四月。南入頭崙習禪。冬十一月。
承我翼宗大王命。入北漢。大成佛事。明年春正月。乃欲南下。時翼宗大王
潛邸。新爲莊政乃歸心妙道。契意玄宗。大弘佛事。又欲廣樹伽藍。挽師
住北漢曰。昔晉惠帝造興聖寺。供養百僧。宋武帝。造靈根法王二寺。供招
賢聖徧學千僧。陳武帝造東安興皇天居等寺。度僧尼三千人。晋齊王大猷。
秦王弘度。安平王志節。義陽王理思入神。下丕王篤志經術。宋臨川王義
慶。彭城王義康。南譙王義宣。建安王休仁等。并懷文藻。大習佛經。梁昭
明太子。晋安殿下。道契生知。德光天縱。尊重妙法。欽敬福門。結侶名僧。
況浮芥海鄕。不天之余。不依佛敎而何。余欲崇奉釋門。研精妙理。書經造
像。受戒持齋。師住近地。與余同事爲可。師自正月至五月。住北漢。春三
月。翼廟寫法幢山慧定寺六字不環法雲四字。授之曰。余奉佛之心。雖不及
昔人。師之重興佛事功大。余將何物報及。聞師居之山。山明水麗。余欲爲
願堂祈福之所。肆以革其山名寺號。師心其爲如何哉。師仍藏之于佛明。辛
卯夏。以王大妃命。赴金剛山楡岾寺佛事。先是翼廟。命寫字官。書華嚴經
合論一百二十卷。法苑珠林一百卷。楞嚴正觀疏十卷。楞嚴正解十卷。欲與
師。未終而薨。至是王大妃。粧潢下送。壬辰春二月。入德裕。重修靈覺。癸

巳夏四月。入八公山安興結社。秋七月。入通度。冬十二月。結戒于金剛戒壇下。甲午冬十二月。設齋于金剛戒壇。追薦我大行純宗大王。乙未春正月初一日。有兩大蛇。蜿蜒腹行于寂光殿庭。初三日。洞水斷流。師大懼。乃於十五日。與千有餘僧。致誠設齋。夏四月。遣門人仁全。入伽倻山。印華嚴論。五月入金剛山。住摩訶衍修禪。時道光十五年。我聖上卽位之元年也。

---

1) ㉮ '影'은「周渭濱沙門釋亡名傳」에 '景'으로 되어 있다.   2) ㉯ '洿'는 '誇'의 오자인 듯하다.

마음을 가다듬는 글[724]

사람이 도를 배움은 원래 빠르고 늦음이 없다.

『연수서延壽書』[725]에 다음과 같은 말이 있다. 사람의 수명은 본래 43,200여 일이다. 원양元陽의 진기眞氣는 본래 무게가 384수銖이다. 안으로 건乾에 응하는데, 건은 순양純陽의 괘다.[726] 사람은 밤낮으로 움직이고 시설施泄(배설)하므로 원기를 잃어 천수를 채우지 못한다. 여섯 양(六陽)이 모두 소진되면 전음全陰 인간이 되어 쉽게 죽는다. 나이가 64세에 이르면 괘卦의 수가 극에 이르러 수은은 줄어들고 납은 비어[727] 진원眞元을 회복하고자 하나 또한 늦지 않은가. 아, 박괘剝卦가 다하지 않으면 복괘復卦가 돌아오지 않고,[728] 음이 다하지 않으면 양이 생기지 않는다. 밝은 스승이 묘결을 지시하심을 만나 신심으로 구하면 120세라도 건괘로 돌이킬 수 있으리니, 비유하면 늙은 나무에 어린 가지를 다시 붙여서 비로소 활력을 얻는 것과 같다. 사람이 늙었더라도 진기로 다시 보충하면 늙음을 돌이켜 아이가 될 수 있다. 옛날에 마자연馬自然이 64세에 이르러서는 늙어 죽을까 두려워 서둘러 도를 구하다가 유해섬劉海蟾[729]을 만나 장생의 묘결을 전해 받고는 무궁한 수명을 얻을 수 있었다. 그는 어떤 사람인가. 그와 같이 하면 그가 되는 것이니,[730] 단지 한번 깨달음에 있을 뿐이다.

「오진편悟眞篇」 주석에 다음과 같은 말이 있다. 여순양呂純陽[731]은 64세에 정양 진인正陽眞人을 만났고, 갈선옹葛仙翁[732]은 64세에 정 진인鄭眞人을 만났고, 마자연은 64세에 유해섬을 만났으니, 모두 금단金丹의 도를 닦아서 신선을 이루었다. 세 신선 모두 만년에 도를 닦아 이루었다. 장년 시기에 도를 좋아하여 계율을 지키고 마음을 가다듬어 진전眞傳을 얻었으니 그렇게 하는 데 뭐가 어렵겠는가. 아아, 요즘 사람들은 욕망을 좋아하여 정을 잃고 생각에 빠져 신神을 손상하며 피로하여 기氣를 소모시켜 진양眞陽을 잃어버리니, 64세 이전에 대도大道를 듣는다 해도 또한 성공하기 어렵도다. 혹시 이른 나이에 욕심을 끊고 장년 나이에 도를 구하여 색신色身이 무너지지 않고 정기精氣가 소모되지 않으며[733] 마음 일체를 가다듬어 공부에 착수하면 성공하지 못할 이유가 없다.

도는 마음을 활용으로 삼으니, 운용할 줄 아는 이는 도로써 마음을 관찰하니 마음이 곧 도이다. 마음으로 도를 꿰면 도가 곧 마음이다. 이 마음은 인심의 마음이 아니요 천심天心의 마음이다.[734] 사람은 물욕으로 마음을 삼고 하늘은 무위無爲로 마음을 삼는다. 사람이 도를 구하매 사람의 욕심을 막고 하늘의 이치를 보존하여 마음을 무위의 지경에 가다듬고 몸가짐과 행동을 대도大道에 합치하지 않음이 없어야 한다.

攝心文

人之學道。元無早晚。延壽書曰。人壽本四萬三千二百餘日。元陽眞氣。本重三百八十四銖。內應乎乾。乾者。純陽之卦也。人晝夜。動作施泄。故失元氣。不滿天壽。至六陽俱盡。即是全陰之人易死也。年到八八。卦數已極。汞少鉛虛。欲眞元之復。不亦晚乎。吁。剝不窮則復不返。陰不極則陽不生。若遇明師指訣。信心求之。則雖一百二十歲。猶可還乾。譬如樹老。用嫩枝再接。方始得活。人雖老矣。用眞氣還補。即返老還童。昔馬自然。到六十四歲。怕老怕死。汲汲求道。遇劉海蟾。傳以長生之訣。遂得壽於無窮。彼何人哉。睎之則是。特在一覺頓。悟眞篇注云。呂純陽六十四歲。遇正陽眞人。葛仙翁六十四歲。遇鄭眞人。馬自然六十四歲。遇劉海蟾。皆方修金丹之道而成仙。三仙皆於晚年。修道而成。蓋是壯年慕道。持戒攝心。而方得眞傳。何難之其爲。嗚乎。今世之人。嗜欲喪情。思慮損神。疲勞耗氣。眞陽散失。雖聞大道於六十四歲之前。亦難成功。倘能絕欲於早年。求道於壯歲。及色身未壞。精氣未耗。攝心一切。下手工夫。未有不成之理。道以心爲用。能知運用者。以道觀心。心即道也。以心貫道。道即心也。是心也。非人心之心。乃天[1])之心也。人以物欲爲心。天以無爲爲心。人之於求道也。

遏人之欲。存天之理。攝心於無爲之境。擧足動步。無不合之於大道之中。

1) ㉠ 『동의보감』에는 '天'이 '天心'으로 되어 있다.

마음을 비워 도에 합치하는 글[735]

사람이 마음이 없으면 도와 합치되고 마음이 있으면 도와 어긋난다. 오직 '없음(無)' 한 글자만이 제유諸有(만물)를 포함하되 있지 않고, 만물을 낳되 고갈되지 않는다. 천지가 비록 크지만 유형有形을 부릴 뿐 무형은 부리지 못하며, 음양이 비록 오묘하지만 유기有氣를 부릴 뿐 무기無氣를 부리진 못하며, 오행이 지극히 정묘하지만 유수有數를 부릴 뿐 무수無數를 부리진 못하며, 온갖 생각이 분분히 일어나 유식有識을 부릴 뿐 무식無識을 부리진 못하며, 온갖 행위가 모두 일어나도 유위有爲를 부릴 뿐 무위無爲를 부리진 못하며, 천마千魔가 요동해도 유심有心을 부릴 뿐 무심無心을 부리진 못하며, 지옥을 마련해도 유욕有欲을 부릴 뿐 무욕無欲을 부리진 못하며, 천당을 열어도 유상有相을 부릴 뿐 무상無相을 부리진 못하며, 온갖 일이 눈앞에 닥쳐도 유념有念을 부릴 뿐 무념無念을 부리진 못한다.

오직 '없음(無)' 한 글자가 여러 오묘함의 출입구요 도를 이루는 기본이다.[736] 그래서 송제구宋齊丘[737]가 말하길, "형체를 잊고 기氣를 기르며, 기를 잊고 신神을 기르며, 신을 잊고 허虛를 기른다."라고 했으니, 단지 이 '잊는다(忘)'라는 한 글자가 바로 '무물(無物)'이다. 육조六祖(慧能)가 말한 바, "본래 한 물건도 없으니 어디서 티끌을 일으키리오."라고 한 것이 어찌 이것이 아니겠는가.

虛心合道文

人無心則與道合。有心則與道違。惟無之一字。包諸有而無有。生萬物而不竭。天地雖大。能役有形。而不能役無形。陰陽雖妙。能役有氣。而不能役無氣。五行至精。能役有數。而不能役無數。百念紛起。能役有識。而不能役無識。萬行俱起。能役有爲。而不能役無爲。千魔搖動。能役有心。而不能役無心。地獄雖設。能役有欲。而不能役無欲。天堂雖開。能役有相。而

不能役無相。百事當前。能役有念。而不能役無念。惟無之一字。是衆妙之
門。成道之基。是故宋齊丘曰。忘形而養氣。忘氣而養神。忘神而養虛。只
此忘之一字。是無物也。六祖所謂。本來無一物。何處惹塵埃。豈非此也耶。

배우는 이를 훈계하는 글

지금 배우는 이들이 책을 가지고 스승을 따르매 배움의 성취는 당사자가 근면히 하는가에 달려 있다. 그 마음 씀이 각기 같지 않으니, 용맹이 있지만 꾀가 없는 이, 꾀가 있지만 용맹이 없는 이, 성급하여서 포용력이 없는 이, 느긋하지만 일 처리가 과단성이 없는 이, 청렴하지만 베풀지 않는 이, 탐욕스럽고 신의가 없는 이, 고집불통인데 일을 겁내는 이, 말은 강한데 마음은 약한 이, 말은 약한데 마음은 강한 이, 자기 능력을 믿고 타인을 기대하지 않는 이, 밖은 온순하나 안은 거만한 이, 자기를 귀히 여기고 비천한 이를 싫어하는 이, 오만하여 하문下問[738]을 꺼리는 이, 자기의 장점을 자랑하고 타인의 덕을 가리는 이, 자기의 허물을 숨기고 타인의 잘못을 떠벌리는 이 등이 있다. 이러한 여러 단점이 있으면 반드시 대중과 화합하지 못하고 타인에게 실수하여 가는 곳마다 용납되지 못한다. 이러한 여러 단점들을 자기에게서 멀리하고 자비로 마음을 가다듬어 매사에 무위無爲로 대해야 한다.

誡學人文

今學人之負笈從師也。學之成就。在於當人之勤爲。其爲用心。各有不同。有有勇而無謀者。有謀而無勇者。有性急而不容衆者。有性寬緩而臨事無果斷者。有性廉潔而不施惠者。有性貪愛而無信義者。有拘執不變通而怯於事者。有辭强而心弱者。有辭弱而心强者。有恃己之能而不待人者。有外溫恭而內慢易者。有矜貴己而惡卑賤者。有性憍傲而恥下問者。有揚己之長而掩人之德者。有藏己之過而揚人之非者。若有此數患。必與大衆不和。失之於人而處處不容。凡此數患。遠離於己。以慈悲攝心。凡事以無爲爲也。

팔도 총론

곤륜산崑崙山 한 줄기가 대막大漠(사막) 남쪽으로 뻗어 동쪽으로 의무려산醫巫閭山[739]이 되었고, 이로부터 크게 끊어져 요동 들판이 되었다. 들판을 건너면 일어나 백두산이 되었으니, 즉 『산해경』에서 말하는 불함산不咸山이다. 그 정기가 북으로 천 리를 달려가 두 강을 끼고 아래로 향하여 영고탑靈固塔이 되었고, 배후로 한 맥을 뽑아 조선 산맥의 으뜸이 되었다. 팔도가 있으니, 평안도는 심양瀋陽과 가깝고, 함경도는 여진女眞[740]과 가깝고, 다음 강원도는 함경도를 이었고, 황해도는 평안도를 이었고, 경기도는 강원도와 황해도 남쪽에 있고, 경기도 남쪽에 충청도와 전라도가 있다. 전라도 동쪽이 경상도이다.

경상도는 옛 변한卞韓과 진한辰韓의 땅이다. 경기도와 충청도, 전라도는 옛 마한馬韓인 백제의 땅이다. 함경도와 평안도, 황해도는 고조선과 고구려의 땅이다. 강원도는 따로 예맥穢陌[741]의 땅이었는데, 그 흥망은 자세하지 않다. 당나라 말에 왕 태조가 나와 삼한을 통합하여 고려를 세우고 우리 조선이 국운을 이었다.

동쪽과 남서쪽은 모두 바다요, 오직 북쪽만 여진·요동·심양과 통하여 산이 많고 들판이 적다. 사람들이 대개 산골을 따라 거하며 밭일에 힘쓰는 이는 적어서 혼자 살아가기는 부족하다. 그래서 풍속이 음식을 절약하고 궁실을 수리하기 좋아한다. 남방은 백성들이 유순하고 근면하며 인재가 많이 나온다. 남북의 길이는 3천 리인데 동서는 천 리도 되지 않는다. 바다를 사이에 두고 남쪽으로 가면 절강浙江과 오회吳會[742] 사이를 만나게 된다. 평안도 북쪽으로는 의주가 경계가 되니 청주靑州의 동쪽이 된다. 함경도 북쪽으로는 온성穩城이 북쪽이 되니 읍루挹婁의 남쪽이다. 읍루는 옛 숙신씨肅愼氏의 나라다. 부여 동쪽 천여 리에 있는데 동쪽으로 큰 바다를 접하고 남쪽으로는 북옥저北沃沮와 접하는데 북쪽으로는 끝이 어디인지 모른다. 험한 산이 많은 지형이고, 사람들 모습은 부여와 비슷한데 언어는 다르다. 기후는 매우 추워 항상 굴속에서 살며 깊은 것을 좋아한다.

대저 우리나라는 일본과 중국 사이에 있다. 옛날 요堯임금 때 어떤 신인神人이 평안도 영변부寧邊府 묘향산 오동나무(檀木) 아래 석굴에서 화생化生하여 '단군檀君'이라 하였고, 구이九夷의 군장君長이 되었다.

八道總論

崑崙一枝。行大漠之南。東爲醫巫閭山。自此大斷爲遼東之野。渡野起爲白頭山。即山海經所謂不咸山也。精氣北走千里。挾二江向南。爲靈固塔。背後抽一脉。爲朝鮮山脈之首。有八道。曰平安隣瀋陽。曰咸鏡隣女眞。次曰江原承咸鏡。曰黃海承平安。曰京畿在江原黃海之南。京圻之南。曰忠淸及全羅。全羅之東。即慶尙也。慶尙即古卞韓辰韓之地。京圻忠淸全羅。即古馬韓百濟之地。咸鏡平安黃海。古朝鮮高句麗之地。江原別爲穢陌之地也。其興滅未詳。唐末王太祖。出而統合三韓。爲高麗而我朝繼運。東南西皆海。獨北一路。通女眞遼東瀋陽。多山少野。人多隨山谷居之。少田業力作。不足以自資。故其俗節於飮食。而好修宮室。南方其民柔謹。人才多出。南北長亘三千里。東西不滿千里。際海而南者。可値浙江吳會之間。平安之北。義州爲界。是靑州之東。咸慶之北。穩城爲界。是挹婁之南。挹婁者。古肅愼氏之國也。在扶餘東千餘里東濱大海。南與北沃沮接。不知其北所極。地多山險。人形似扶餘。而言語各異。土氣極寒。常爲穴居。以深爲貴。大抵我國。在日本中國之間。古堯時。有神人。化生於平安道寧邊府妙香山檀木下石窟中。名曰檀君。遂爲九夷君長。

평안도

평안도는 압록강 남쪽, 대동강 북쪽에 있다. 옛 낙랑현樂浪縣으로서 낙양洛陽 동북쪽으로 5천 리에 있으니 기자箕子가 책봉된 곳이다. 옛 경계는 압록강에서 청석령靑石嶺에 이른다.

당나라 역사서에서 칭한바 안시성安市城과 백암성白岩城이 그 사이에 있다. 고려 초부터 거란에게 잃어버려 압록강에 국한되었다.

평양은 고조선 현縣으로서 지금은 감사가 다스리는 곳이다. 대동강 위에 있다. 옛날 기씨箕氏가 도읍으로 삼았던 곳이다. 먼저 기씨를 열고 천위씨千衛氏743와 고씨高氏를 합쳐 모두 8백여 년이 되며, 지금까지 일국의 긴요한 곳이 된 지 또한 천여 년이 된다.

지금 풍속에 대동강을 '패수浿水'라 하는 것은 잘못이다. 왜 그러한가. 진秦과 한漢은 모두 패수를 조선의 북쪽 경계로 삼았고, 『동국지리지東國地理志』의 주석에서는 패수가 서쪽으로 증지增地744에 이르러 바다로 들어간다745고 했으니, 대동강이 아님이 분명하다. 그리고 마자수馬訾水가 서쪽 개마盖馬에서 나와 서쪽 안평安平746으로 들어가니 이는 압록강이 되어야 하고, 청천강이 압록강과 대동강 사이에 있으니, 청천강이 패강이 된다. 『당서唐書』에서 평양 남쪽 언덕이 패강浿江이라고 한 것은 이것이 아니니, 수나라와 당나라 사이에 조선군 현이 폐한 지 벌써 오래되었다. 읍호와 지명은 모두 잘못 전해진 것이다. 대개 진실을 잃었고, 『한서漢書』는 바르다.

平安道

平安道。在鴨綠之南。大同之北。古樂浪縣。在洛陽東北五千里。是箕子所封之地也。舊界自鴨綠。至青石嶺。唐史所稱安市白岩。在其間。自高麗初。淪失於契丹。以鴨綠爲限。平壤古朝鮮縣。今爲監司所治。在大同之上。昔

爲箕氏之所都。而先開箕氏。千衛氏及高氏都八百餘年。至今爲一國重領
者。又千有餘年矣。今俗以大同江。稱爲浿水者誤矣。其爲何也。秦漢皆以
浿水。爲朝鮮北界。東國地理志注云。浿水。西至增地。入海。其非大同江
明矣。又馬訾水出西盖馬。入西安平。則此當爲鴨綠江。而淸川江。在鴨綠
大同之間。淸川是爲浿江。唐書以爲平壤南崖浿江者。非是。盖隋唐之間。
朝鮮郡縣。廢之已久。邑號地名。皆懸聞錯傳。多失眞則漢書爲正。

함경도

평안도 동쪽에 백두산 큰 맥이 남쪽으로 내려가 하늘을 이고 산봉우리가 되니, 산봉우리 동쪽이 곧 함경도요, 옛 옥저沃沮의 땅이다. 남쪽으로 철령鐵嶺이 한계이고, 동북으로는 두만강이 한계이다. 길이는 2천 리가 넘고 바다와 접하는데, 동서로는 겨우 백 리밖에 안 된다.

예전에는 숙신씨에 속했는데 한나라 때 현토玄菟에 속하였고, 후에 주씨朱氏(주몽)가 웅거하였다. 주씨가 망하자 여진이 웅거하였고, 고려 때는 함흥 남쪽 정평定平으로 경계를 삼았다. 중엽에는 윤관尹瓘에게 군사를 이끌고 여진을 쫓으라 하여 두만강을 백여 리 지나 선춘령先春嶺에 이르러 경계로 삼았다가 후에 다시 금나라에 귀속되어 함흥으로 경계를 삼았다. 우리 조선 장헌대왕莊憲大王(세종) 때에 김종서金宗瑞가 북으로 천여 리를 개척하여 두만강에 이르러 육진六鎭과 병영을 강변에 설치하니, 백두산 동남쪽에 있던 여진의 굴혈窟穴이 모두 판도에 들어왔다.

咸鏡道

平安之東。白頭大脈南下。截天爲嶺。嶺東即咸鏡道。是古沃沮之地也。南限鐵嶺。東北限豆滿江。長過二千里。逼海。而東西纔爲百里之地。舊屬肅愼。至漢屬玄菟。後爲朱氏所據。及亡。爲女眞所據。高麗則以咸興南定平爲界。至中葉使尹瓘。將兵逐女眞。過豆滿江百里。至先春嶺爲界。後復歸地于金。以咸興爲界。至我朝莊憲大王時。金宗瑞北拓地千餘里。至豆滿江。設六鎭及兵營於江邊。而女眞窟穴之在白頭東南者。擧入版圖矣。

황해도

황해도는 경기도와 평안도 사이에 있다. 백두산 남쪽 맥이 함흥부 서북쪽에 이르러 모여서 검산령劍山嶺이 되었고, 또 남쪽으로 내려가 노인치老人峙가 되었다. 이로부터 두 맥이 나뉘어 하나는 남쪽으로 가서 삼방치三方峙로 말미암아 조금 끊겼다가 곧 일어나 철령이 되었고, 하나는 서남쪽으로 가서 곡산谷山으로 말미암아 학령鶴嶺이 되었다. 학령은 다시 세 줄기로 갈라져 하나는 토산兎山과 금천金川을 따라 오관산五冠山과 송악松嶽이 되었으니, 즉 고려 옛 수도이다. 하나는 신계新溪를 따라 평산平山과 금악錦岳이 되었으니, 이것이 황해도 전체의 근본이 된다. 서쪽으로 해주산海州山·창금산昌金山·수양산首陽山 등이 있고, 또 들판을 내려가 평강平崗이 되었고, 북쪽으로 바꿔 신천信川과 추산錐山이 되었고, 또 북쪽을 향하여 문화文化 구월산九月山에 이르렀으니, 즉 단씨檀氏(단군)의 고도古都 지역이다. 하나는 곡산谷山과 수안遂安을 따라 태산준령이 크게 이어져 끊이지 않아 자비령慈悲嶺이 되었고, 절령岊嶺이 되었다. 서쪽으로 황주黃州 극성棘城에 이른다. 황주는 절령의 북쪽에 있어 평안도 중화부中和府와 만났다. 황주에는 병마절도사를 두었다.

黃海道

黃海道。在京圻平安之間。盖白頭南脈至咸興府西北。擅爲劍山嶺。又南下爲老人峙。自此分二脈。一南行。由三方峙。少斷。即起爲鐵嶺。一西南行。由谷山。爲鶴嶺。鶴嶺又分三枝。一從兎山金川。爲五冠松嶽。即高麗古都。一從新溪。爲平山錦岳。玆爲黃海一道之祖而西爲海州昌金首陽等山。又下野。爲平崗而北轉爲信川錐山。又北向而至於文化九月山。即檀氏古都之地。一從谷山遂安。太山峻嶺。桓亘不斷。爲慈悲嶺爲岊嶺。西至黃州棘城。黃州在岊嶺之北。與平安道中和府接界。州置兵馬節度。

강원도

 강원도는 함경도와 경상도 사이에 있다. 서북쪽으로 황해도 곡산현谷山縣·토산현兎山縣과 만나고, 서남쪽으로 경기도·충청도와 상접한다. 철령 남쪽으로부터 태백산에 이르기까지 동쪽에 아홉 개 군이 있으니, 염곡歙谷은 함경도 안변安邊과 만나고, 통천通川과 고성, 양양, 강릉, 삼척, 울진, 평해가 있는데, 평해 남쪽은 경상도 영해寧海와 만난다. 아홉 군이 모두 동해 가에 있다. 남북의 거리는 천 리에 이르고, 동서는 겨우 2백 리뿐이다. 봉우리 등뼈가 서북쪽을 가로막고 동남쪽으로 바다를 아우르고 있다. 아홉 군의 서쪽은 금강산과 설악산, 오대산, 두타산, 태백산이 된다. 산과 바다 사이에 경관이 수려하고 깊은 계곡과 맑은 개울이 많다.

 금강산은 법기보살法起菩薩이 상주하면서 설법하는 곳이요, 설악산은 동봉東峰 김시습金時習이 도를 배우던 곳이요, 오대산은 만문수萬文殊[747]가 상주하는 곳이다. 대관령 남쪽으로 쌍계령雙溪嶺과 백봉령白鳳嶺을 지나면 두타산이 된다. 산 위에는 고인이 석성石城을 쌓았던 게 있고, 아래에는 중봉사重峰寺가 있다. 사찰 북쪽은 강릉 임계역臨溪驛이다. 고려 때 이승휴李承休[748]가 여기에 은거하였다. 근래 고인이 된 찰방察訪 이자유李玆由가 벼슬하지 않고 거기에 집을 지었었다. 산속에 조금 널찍한 곳이 있고, 논이 있으며, 시내와 암석 경치가 뛰어나니, 농사지으면서 편안하고 고기 낚으면서 즐길 만하다. 이것이 하나의 동천洞天[749]이다.

 춘천부春川府 북쪽에 청평산이 있다. 산중에 사찰이 있고, 사찰 옆에 고려 처사 이자현李資玄의 곡란암鵠卵庵 옛터가 있다. 산 남쪽으로 10여 리 가면 소양강에 이르니 맥국貊國 천년의 고도故都이다. 국외局外에 우두대촌牛頭大村이 있으니, 한 무제漢武帝가 팽오彭吳를 시켜 우두주牛頭州를 통하게 했으니, 곧 이곳이다. 산중에 널따랗게 평야가 있고, 두 강이 그 사이에 물을 부어 주며 바람 기운이 밀도 있고 강산이 맑고 밝으며 토지가 비옥하여 대대로 사대부가 많이 거처한다.

강릉부江陵府 20리에 율곡栗谷 이이李珥의 고향이 있으니, 현재 송담서원松潭書院[750]이 있는 곳이다.

江原道

江原道。在咸鏡慶尙之間。西北隣黃海道谷山兔山縣等。西南與京圻忠淸相接。自鐵嶺南。至太白山。東有九郡。曰歙谷。與咸鏡道安邊接界。曰通川。曰高城。曰襄陽。曰江陵。曰三陟。曰蔚津。曰平海。平海南與慶尙道寧海接界。九郡皆在東海上。南北相距至於千里。東西纔爲二百里之地。嶺脊旣阻西北。而東南幷海。九郡之西。則爲金剛雪嶽五臺頭陁太白等山。山海之間。多奇勝處。洞府幽深。水石淸潔。金剛。法起菩薩常住說法之處。雪嶽。金東峰學道。五臺。萬文殊常住。大關嶺之南。歷雙溪白鳳兩嶺。爲頭陁山。山上有古人石城之所築。下有重峰寺。寺北卽江陵臨溪驛。高麗時李承休。隱此而近者。故察訪李玆由。不仕而築室其中。山中少開平原。有水田。且溪澗岩石絶勝。宜耕而且安。宜漁而且樂。是則一洞天也。春川府北。有淸平山。山中有寺。寺傍有高麗處士李資玄鵠卵庵故基。山南十餘里。臨昭陽江。爲貊國千年故都。局外有牛頭大村。漢武使彭吳。通牛頭州。卽此地也。山中濶展平野。二江灌注於中。風氣固密而江山淸曠。土地饒沃。多世居士大夫。江陵府二十里。有栗谷李珥之鄕。今松潭書院是也。

경기도

경기도는 3도의 가운데 있다. 동북쪽으로 강원도와 만나고 서쪽으로 황해도와 만나고 남쪽으로 충청도와 만난다. 송악松岳은 왕씨王氏가 도읍으로 삼았던 곳이다. 삼각산三角山은 우리 조선이 운명을 연 곳이다.

한강으로 허리띠를 삼으니, 한강의 근원은 하나는 태백산에서 나오고, 하나는 오대산에서 나온다. 강릉 서쪽이 대관령이고, 대관령 북쪽이 오대산이다. 우통于筒의 물이 여기서 나와 한강의 근원이 되고, 영월에 이르러 합류한다. 서남쪽으로 양근楊根[751]과 양주楊州 사이에 이르러 용진龍津과 합하여 한강 목구멍에 해당하는 곳이 된다.

천마산 아래 정암靜庵 조광조趙光祖[752]의 옛터가 있다. 강화도는 동북쪽으로 강을 두르고 서남쪽으로 바다를 두른 큰 섬이다. 한양 수구水口의 나성羅星이니,[753] 한강이 통진通津 서남쪽에 오면 터져서 갑곶甲串 나루가 되고, 또 남쪽으로 마니산 뒤쪽 붕홍崩洪[754] 장소에 이르러 석맥石脈이 수중으로 가로 뻗어 대문처럼 되어 있다. 그 중앙에 조금 들어간 곳이 손돌목(孫石項)[755]이다. 남쪽으로는 서해 큰 바다가 되고, 북쪽으로는 풍덕豊德(개풍) 승천포昇天浦가 있다. 강을 사이에 두고 강기슭이 모두 석벽石壁이고, 벽 아래는 진흙 밭이다. 동쪽으로 갑곶에서 남쪽으로 손돌목에 이르기까지 오직 갑곶에서만 배를 사용할 수 있다. 다른 기슭과 북쪽 기슭은 모두 진흙 밭이라서 난리를 피할 수 있다. 그래서 고려 고종이 몽고 병사들을 피해 10년간 도읍으로 삼았으니, 육지는 문드러졌어도 끝내 이곳을 범하지는 못했다.

京畿道

京圻在三道之中。東北與江原接界。西與黃海接界。南與忠淸接界。松岳是王氏之所都。三角是我朝啓運。以漢江爲腰帶。漢江之原。一出於太白山。

一出於五臺山。江陵西爲大關嶺。嶺北爲五臺。于箇[1]之水。於是乎出。爲漢江之原。至寧越合流。西南至楊根楊州之間。與龍津。合爲漢江咽喉之地也。天摩山下有靜庵趙光祖之古基。江華東北環江。西南環海。爲大島。爲漢陽水口之羅星。漢水至通津西南。圻而爲甲串渡。又南至摩尼後崩洪處。石脈橫亘水中。如門。其中央稍凹。是爲孫石項。南則是爲西海之大洋。北則豊德昇天浦。隔江。江岸皆石壁。壁下卽泥濘。東自甲串。南至孫項。惟甲串可用船。餘岸北岸。皆泥濘故。可以避亂。是以高麗高宗避蒙兵移都十年。雖陸地糜爛。終不可犯。

---
1) ㉮ '箇'는 '筒'의 오자인 듯하다.

충청도

충청도는 전라도와 경기도 사이에 있다. 서쪽으로 바다와 접하고 동쪽으로 경상도와 접하며, 동북쪽 모서리 충주 등의 읍은 강원도 남쪽으로 불쑥 들어갔다. 남쪽 절반은 차령車嶺 남쪽에 있어 전라도와 가깝다. 북쪽 절반은 차령 북쪽에 있어 경기도와 가깝다. 물산의 풍부함은 호남·영남에 미치지 못하지만 산천이 평평하고 예쁘며, 나라의 남쪽에 가까운 곳에 있어서 선비들의 고장이 되었다. 학사學士 남수문南秀文[756]과 우암尤庵 송시열宋時烈,[757] 동춘同春 송준길宋俊吉[758] 등이 회덕懷德 출신이고, 사계沙溪 김장생金長生[759]은 연산連山 출신이다. 기허당騎虛堂 영규靈圭는 공주 출신이다.

공주의 서북쪽에 무성산茂盛山이 있는데 토산土山으로서 구불구불 도는 형세다. 안에 마곡사摩谷寺와 유구역維鳩驛이 있다. 계곡에는 시냇물이 많고 논이 비옥하며, 목화와 기장, 벼에 적합하다. 사대부와 평민이 한번 여기에 살면 풍년인지 흉년인지 구별 없이 넉넉한 부富를 보유하게 되는 이가 많고, 떠돌아 옮기는 근심이 적다. 남사고南師古[760]의 『십승기十勝記』에 이르기를, "유구역과 마곡사 두 물길 사이가 병화를 피할 곳이다."라고 했다.

청풍의 동쪽과 단양의 북쪽과 영춘永春, 이 세 읍은 모두 시냇물 골짜기로 가파르고 험하여 너른 들이 적다.

충주 동북쪽이 제천이다. 이 읍은 사면이 높은 산으로 '산 위에 맺은 형국(山上結局)'[761]이다. 안에는 들을 개척하고 산이 낮아 환하고 밝으며, 또한 사대부가 많다. 그러나 지세가 높고 바람이 차며 땅은 척박하고 면綿이 없어 부자는 적고 가난한 이가 많다.

부여는 백제 시조 온조溫祚가 도읍으로 삼았던 곳이다. 나라를 전한 지 30세世 되던 의자왕義慈王에 이르러 황음무도荒淫無度하니 당 고종唐高宗이

소정방蘇定方을 보내 공격하여 멸했다. 좌평佐平 성충成忠[762]은 간언하다가 대왕포大王浦에서 죽으니, 현재 백마강白馬江이 그곳이다. 궁녀들이 난리 때 강에 뛰어들어 죽으니, 현재 낙화암이 그곳이다.

홍주洪州 노은동魯隱洞에는 성삼문成三問[763]의 옛 거처가 있다.

한산韓山에는 목은牧隱[764]과 가정稼亭[765]의 옛 거처가 있다.

청주淸州에는 남南·이李 사당이 있다. 무신년(1728)에 적이 침입하였을 때 영장營將 남연년南延年[766]이 칼로 베임을 당하면서도 굴하지 않고 죽었다. 병사兵使 이봉상李鳳祥[767]도 굴하지 않고 죽었다.

속리산의 운장대雲莊臺와 보령의 영보정永保亭과 청주淸州의 화양동華陽洞은 모두 절경絶景으로 일컬어진다.

산과 물이 수려하고 의관문물衣冠文物의 성대함이 이와 같다.

忠淸道

忠淸道在全羅京圻之間。西與海接。東與慶尙接。東北角忠州等邑。斗入江原之南。南一半在車嶺之南。近全羅。北一半在車嶺之北。隣京圻。物産之多不及二南。然山川平嫩。居國之近南。玆爲衣冠淵藪。南學士秀文。宋尤庵時烈。宋同春俊吉。皆出懷德。金沙溪長生。出連山。騎虛堂靈圭。出公州。公州西北。有茂盛山。土山盤回。內有摩谷寺維鳩驛。洞壑多潤水而水田饒沃。且宜木綿黍粟。士大夫與平民。一居於此。不知年歲豊凶。多保全厚富。而少流移遷徙之患。南師古十勝記云。以維摩兩水間。爲避兵地。淸風之東。丹陽之北。永春。此三邑。皆是溪洞巉險。少開野處。忠州東北爲提川。此一邑。四面高山。山上結局。內則野拓山低。晃然明朗。亦多士大夫。然地高風寒。土瘠無綿。少富多貧。扶餘卽百濟始祖溫祚所都。傳國三十世。至義慈王。荒淫無度。唐高宗遣蘇定方。攻滅之。佐平成忠諫死於大王浦。今白馬江是也。宮人臨亂投江而死。今落花岩是也。洪州魯隱洞有成三問舊居。韓山有牧隱稼亭之舊居。淸州有南李之祠。戊申賊入。營將南延年。披斫而不屈死。兵使李鳳祥亦不屈死。俗離之雲莊臺。保寧之永保亭。淸州之華陽洞。俱以絶勝稱。山水秀麗。其衣冠文物之盛。爲若此也。

경상도

경상도는 가장 아름다운 곳으로 강원도 남쪽에 있다. 서쪽으로는 충청도·전라도와 만난다. 고려 때부터 우리 조선에 이르기까지 상하 수천 년 간 경상도 내에서 장수와 재상, 공경대부公卿大夫와 문장·덕행의 인물과 공훈을 세우고 절개를 세운 이들과 불교·도교 인물들이 많이 나왔다. 그래서 '인재 창고'라 부른다.

예안禮安과 안동安東, 순흥順興, 예천醴泉 등의 읍들은 태백산과 소백산 남쪽에 있어 신령스런 복된 땅(神皐福地)이다. 태백산 아래 산은 평평하고 너른 들판이 수려하고 맑으며, 흰 모래와 굳센 땅의 기색이 완연하여 한양 같다. 예안은 퇴계退溪 이황李滉의 고향이다. 안동은 서애西崖 유성룡柳成龍의 고향이다. 이 다섯 읍에 사대부가 가장 많은데 모두 퇴계와 서애의 문인 자제들이다. 윤리를 밝히고 도학을 중시하니, 비록 외딴 자그만 마을이라도 독서하는 소리가 들리고, 가난한 집의 선비라도 도덕과 성명性命을 담론한다.

경주慶州에는 회재晦齋 이언적李彦迪[768]의 고향이 있다.

밀양密陽에는 점필재佔畢齋 김종직金宗直[769]의 고향이 있다.

현풍玄風에는 한훤당寒暄堂 김굉필金宏弼[770]의 고향이 있다.

인동仁同에는 여헌旅軒 장현광張顯光[771]의 고향이 있다.

금산金山에는 참판 최선문崔善門[772]의 고향이 있다.

선산善山에는 야은野隱 길재吉再의 고향이 있다.

성주星州에는 동강東岡 김우옹金宇顒[773]과 한강寒岡 정구鄭逑[774]의 고향이 있다.

삼가三嘉에는 남명南溟 조식曺植[775]과 왕사王師 무학無學의 고향이 있다.

안음安陰에는 동계桐溪 정온鄭蘊[776]의 고향이 있다.

하동河東에는 일두一蠹 정여창鄭汝昌[777]의 고향이 있다.

영해寧海에는 왕사王師 혜근惠勤⁷⁷⁸의 고향이 있다.

상주尙州도 이름난 유학자와 현달한 관리, 진정한 승려와 도인들이 많은데, 우복愚伏 정경세鄭經世⁷⁷⁹와 창석蒼石 이준李埈⁷⁸⁰도 모두 노인奴人으로 현달한 이들이다.

그 산천과 토지가 청명하고 수려한 고로 세속에서는 "조선의 인재들 절반이 영남에 있다."고들 한다.

慶尙道

慶尙道。地理最佳。在江原之南。西與忠淸全羅接界。自高麗。至我朝。上下數千年間。一道之內。多出將相公卿文章德行之士。與夫立勳樹節之人。仙釋道流。號爲人才府庫。禮安安東順興醴泉等邑。在太白小白之南。玆爲神皐福地。而太白之下。平山廣野。明秀淸朗。白沙堅土。氣色完然。如漢陽。禮安卽退溪李晃之鄕。安東卽西崖柳成龍之鄕。玆五邑。最多士大夫。而皆退溪西崖之門人子弟也。明倫義重道學。雖孤村殘里。輒有讀書之聲。鶉衣瓮牖。亦皆談道德性命矣。慶州有晦齋李彦廸之鄕。密陽有佔俾¹⁾齋金宗直之鄕。玄風有寒暄堂金宏弼之鄕。仁同有旅軒張顯光之鄕。金山有崔判書善門之鄕。善山有野隱吉再之鄕。星州有東岡金宇顒寒岡鄭逑之鄕。三嘉有南溟曹植王師無學之鄕。安陰有桐溪鄭蘊之鄕。河東有一蠹鄭汝昌之鄕。寧海有王師惠勤之鄕。尙州亦是多名儒顯官眞僧道人。而鄭愚伏經世。李蒼石峻。²⁾皆以奴人顯達者也。其山川土地。淸明潁秀故諺曰。朝鮮人才。半在嶺南。

1) ㉠ '俾'은 '畢'의 오자인 듯하다. 2) ㉠ '峻'은 '埈'의 오자인 듯하다.

전라도

전라도는 동쪽으로 경상도와 만나고 북쪽으로 충청도와 만나며 토지가 비옥하다. 서남쪽은 바다가 있어 들판이 많고 산이 적다. 풍속이 성색聲色을 숭상하며, 경박한 이들이 많다. 공교로움에 치중하여 문학을 중시하지 않으니, 이 때문에 과거시험으로 현달한 이가 경상도보다 못하다. 그러나 인걸은 영험한 땅에서 나오므로 이름나고 통달한 선비와 충의忠義 장수와 문장 도덕과 선교仙敎·불교의 고인高人이 또한 자연히 적지 않다.

고봉高峰 기대승奇大升[781]은 광주 사람이고, 일재一齋 이항李恒[782]은 부안扶安 사람이며, 하서河西 김인후金麟厚[783]는 장성長城 사람이며, 눌재訥齋 박상朴詳[784]은 광산光山 사람인데, 이들은 도학道學으로 칭송된다.

제봉霽峰 고경명高敬命[785]과 건재健齋 김천일金千鎰[786]과 참의參議 전구생全俱生은 다 광주 사람인데, 모두 절의節義로 칭송된다.

장군 정지鄭地[787]와 금남錦南 정충신鄭忠信[788]도 광주 사람인데, 장수로 칭송된다.

고산孤山 윤선도尹善道[789]는 해남海南 사람이고, 묵재默齋 이상형李尙馨[790]은 남원南原 사람이며, 태천泰川 이윤성李潤成은 영광靈光 사람인데, 모두 문학으로 칭송된다.

찬성贊成 오겸吳謙[791]은 광주 사람이고, 의정議政 이상진李尙眞[792]은 전주全州 사람인데, 모두 재상으로 현달하였다.

문필로는 고부古阜의 옥봉玉峰 백광훈白光勳[793]과 영암靈巖의 고죽孤竹 최경창崔慶昌[794]이다. 내가 직접 본 것으로 말하자면, 전주全州의 창암蒼巖 이삼만李三晚[795]이 중국 남경南京 사람 오도삼吳道三과 명성이 천하에 가득했다.

임시 머문 것으로 보자면, 부윤府尹 신말단申末丹[796]과 이상二相 이계맹李繼孟[797]이 김제金提에 머물렀고, 판서 이후백李後白[798]이 해남에 머물렀고,

판서 임담林墰799이 무안務安에 머물렀다.

단학丹學으로는 도사 남궁두南宮斗800가 함열咸悅 사람이고, 청하靑霞 권극중權克中801이 고부 사람인데, 모두 수련과 방술方術로 유명하다.

선학禪學으로는 설파雪坡802와 연담蓮潭803이 강사講師로 칭송되고, 율봉栗峰과 용암龍岩이 법사法師로 칭송되어 조선에서 유명하다.

이들 모두 활달하고 웅준雄俊하여 고금에 명성을 날렸다.

또한 안우산安牛山804이나 정송강鄭松江,805 김학성金鶴城806 같은 부류는 즐비하게 많아 이루 기록하지 못한다.

全羅道

全羅道。東與慶尙接界。北與忠淸接界地饒沃。西南濱海。多野小山。俗尙聲色。人多儇薄。傾巧而不重文學。以此科第顯達。遜於慶尙。然人傑。出自地靈。名顯達士。忠義將帥。文章道德。仙釋高人。亦自不少。奇高峰大升。光州人。李一齋恒。扶安人。金河西獜厚。長城人。訥齋朴詳。光山人。并以道學稱。高霽峰敬命。金健齊[1]千鎰。全燾議俱生。并光州人。皆以節義稱。鄭將軍地。鄭錦南忠信。并光州人。亦以將帥稱。尹孤山善道。海南人。李默齋尙馨。南原人。李泰川潤成。靈光人。并以文學稱。吳贊成謙。光州人。李議政尙眞。全州人。皆以宰相顯達。文翰則古阜白玉峰光勳。靈岩崔孤竹慶昌。以余之所親見者言之。全州李蒼巖三晩。與中國南京人吳道三。名滿天下。寓居則申府尹末丹。李二相繼孟。居金提。李判書後白居海南。林判書墰居務安。丹學則南宮道士斗。咸悅人。權靑霞克中。古阜人。皆以修鍊方術著名。禪學則雪坡蓮潭以講師稱。栗峰龍岩。以法師稱。名滿朝鮮。此皆磊落雄俊。揚聲於今古。又如安牛山。鄭松江。金鶴城之類。比比有之。而不可勝記。

1) 영 '齊'는 '齋'의 오자인 듯하다.

해산기 海山記

무릇 바다의 산에는 또한 기이한 것이 많다. 제주 한라산 이것이 영주瀛洲[807]다. 산 위에 큰 못이 있는데 사람들이 시끄럽게 떠들면 구름과 안개가 크게 발생한다. 꼭대기에 네모진 바위가 있는데 사람이 깎아 놓은 듯하다. 그 아래 잔디밭으로 오솔길이 나 있다. 향기로운 바람이 온 산에 가득하고 때때로 피리 소리가 나는데 어디서 나는지 모른다. 사람들이 전하길, 신선들이 노니는 곳이라 한다.

산 북쪽은 제주 읍치邑治[808]로서 옛날 탐라국耽羅國인데 신라 때부터 복속되었다. 원元나라 때 방성房星[809] 분야라고 하여 준마 암수를 산에 풀어 놓고 목장으로 삼았다. 좋은 말을 낳으면 세공歲貢[810]으로 바쳤다.

제주 읍치 동서쪽에 족의현族義縣과 대정현大靜縣이 있는데 제주와 크기가 같다. 목사와 두 고을 수령이 예로부터 왕래하였으나 표류하는 근심은 없다. 또 조정 관리들이 많이들 이곳으로 유배 오는데 또한 표류하는 근심이 없으니 왕령王靈[811]이 멀리 미치고 백령百靈이 순종함을 볼 수 있다.

완도는 전라도 강진 바다에 있는데 육지와 거리가 10리요, 신라 때 청해진淸海津으로 장보고張保皐가 머물던 곳이다. 안에는 좋은 샘과 돌이 많다. 지금은 첨사진僉使鎭[812]을 두었다.

군산群山은 전라도 만경萬頃 바다에 있고, 역시 첨사僉使를 두었다. 전체가 돌산으로 여러 봉우리가 뒤를 막고 좌우를 에워싸서 가운데는 샘물 모양의 항구가 되어 선박을 보관할 수 있다. 앞에는 어량漁梁(어장)이라, 매년 봄여름 고기 잡을 때가 되면 각읍 상선들이 운무처럼 모여들어 해상에서 판매를 한다. 거주민들이 이 때문에 부를 얻고, 마침내 의식주가 풍족하여 사치함이 육지 백성보다 더 심하다.

덕적德積은 충청도 서산 바다에 있으니 당나라 소정방蘇定方이 백제를 칠 때 병사를 머물게 하던 곳이다. 삼석봉三石峰이 뒤에서 하늘로 솟아 있는데 갈라진 기슭이 둘러싸고 있고, 안에는 샘물 모양의 항구가 되어 물이 얕고 모래가 하얗고, 배를 정박시킬 수 있다. 샘물이 높은 데서 날아 밑으로 떨어지고 구불구불 평평하게 흐르며, 층암과 너럭바위가 굽이굽이 맑고 기이하다. 매년 봄여름에 두견杜鵑(진달래)과 철쭉이 온 산에 가득 피어난다. 골짜기와 계곡 사이에 흐드러져 수놓은 비단 같다. 바닷가는 모두 하얀 모래사장인데 왕왕 해당화가 모래를 뚫고 흐드러지게 피어난다. 바다 섬이지만 정말 신선 경치다. 거주민들은 모두 고기잡이로서 부유한 이가 많다. 그러나 다른 섬들은 샘물이 풍토병을 일으키는데, 덕적과 군산만 그렇지 않다.

금산錦山은 남해 섬 가운데 있다. 영남의 절경으로서 세존대世尊臺와 음성굴音聲窟이 모두 경치를 찾아 완상하는 곳이다.

울릉도는 강원도 삼척 바다에 있다. 6일 걸리는 거리다. 길이는 백여 리, 너비는 60여 리이며, 사면에 석각石角(돌 모서리)들이 아스라이 서 있다. 사찰 옛터가 많다. 대나무는 서까래처럼 굵고, 쥐는 고양이처럼 크다. 옛날 우산국于山國이다. 신라 지증왕智證王 때 이사부異斯夫가 나무 사자를 배에 싣고 가서 속이기를, "복종하지 않으면 이 짐승을 풀어서 밟아 죽이도록 하겠다." 하니, 사람들이 두려워서 항복하였다. 그 나라에는 윗사람에게 거역하고 의롭지 않은 이들이 많았는데 그래서 그곳을 비워 버렸다. 고려 최우崔瑀[813]가 백성들을 이주시켜 채우고자 했으나 바람과 파도가 험하고 나빠서 실행하지 못했다.

이외에 명산승지名山勝地가 많은데 다 기록하지 못한다.

海山記

夫海山中。亦多奇異。濟州漢拏山。是爲瀛洲。山上有大池。每人語喧鬧。則輒雲霧大作。絶頂有方岩。如人鑿成。其下莎草成蹊。香風滿山。時出笙簫聲。不知自何來。諺傳神仙恒遊之處。山北則濟州邑治。古耽羅國也。自新羅來附。元以爲房星分野。縱駿馬牝牡於山爲牧場。至產良馬。歲貢。濟州邑治東西。有旌義大靜二縣。與濟州大同。而牧使與二邑守令。自古徃來。無漂溺之患。又朝廷搢紳。多竄謫於此。而亦無漂溺。可見王靈之遠曁。而百靈奉順也。莞島在全羅康津海中。距陸十里。卽新羅淸海津。張保皐所居地。而內多好泉石。今置僉使鎭。群山在全羅萬頃海中。亦置僉使。而全身爲石山。群峰障後。左右環擁。中爲泌港。可藏船舶。而前爲漁梁。每春夏漁採時。各邑商船。雲擁霧簇。販賣於海上。居民以此致富竟治衣食室屋。其豪侈。甚於陸民。德積在忠淸瑞山海中。卽唐蘇定方。伐百濟時。駐兵之所也。三石峰在後挿天而支麓環衛。內爲泌港。水淺沙白。可泊舟船。飛泉自高瀉下。逶迤平川。層巖盤石。曲曲淸奇。每春夏杜鵑躑躅滿山遍開。洞壑之間。爛若錦繡。海邊皆白沙汀。而徃徃海棠透沙爛開。雖海島。眞仙境也。居民皆以漁採。多富厚者。然諸島。皆是瘴泉。獨德積群山無之。錦山在南海島中。是爲嶺南絶勝。世尊臺音聲窟。皆爲探景遊賞之處。鬱陵島在江原三陟海中。是爲六日程地長百餘里。廣六十里。四面石角嵯峨。多寺刹古址。竹大如椽。鼠大如猫。古于山國。新羅智證王時。異斯夫。以木獅子載舟。詫之曰。不服。則放此獸。踏殺之。國人懼。乃降。其國人多有逆上不義者。仍空其地。高麗崔瑀。欲移民以實之。風濤險惡。未果。此外多有名山勝地。俱不盡記。

통도사 기문

당나라 정관貞觀 12년(638)에 자장 율사慈藏律師가 종남산終南山 운제사雲際寺에 들어가 문수보살상 앞에서 밤낮으로 열심히 참회하였다. 하루는 문수보살이 인도 승려로 변하여 와서는 범어梵語를 주었는데, 율사는 해석하지 못했다. 다음날 승려가 다시 와서는 그 게송을 번역하여 주었다.

"일체법에 자성이 없는 줄 알라. 이처럼 법성을 알면 곧 노사나불盧舍那佛[814]을 보리라."

말을 마치고는 비라금점 가사緋羅金點袈裟[815] 한 벌과 전신사리 백 매, 불두골佛頭骨, 불지절佛指節, 주패금엽경珠貝金葉經 등을 주면서 말했다.

"너희 나라 남쪽 취서산鷲栖山 아래에 독룡毒龍의 못이 있으니 거기에 이것을 안치하면 불법이 오래 머물 것이다."

율사가 본국에 돌아와 선덕여왕과 바람을 같이하여 자취를 찾아 취서산 아래에 이르러 용을 위해 설법을 하고, 이 못을 메워 금강계단金剛戒壇을 짓고 사리와 가사를 안치하기를 청하였다. 절을 짓고는 '통도사通度寺'라 하였다.

그 터의 사방 주위는 4만 7천 보步이고, 동쪽에는 흑석봉黑石峰이 있고, 남쪽에는 사천沙川과 포천봉布川峰이 있으며, 북쪽에는 동을산冬乙山이 있다.

자장 이후로 지금까지 1,200여 년간에 이름난 승려들이 출입하고 상주하여 나라의 빛이 되고 중생을 교화한 일을 이루 다 기록할 수 없다. 사리의 영험함과 가사의 희귀함은 본래 그러한 것이고, 산의 영험함을 나 또한 보았으니, 어찌 평범하게 알고 말 것인가.

을미년(1835) 정월 1일에 두 마리 큰 뱀이 굼틀거리며 기어서 마당으로 오고 계곡물이 3일부터 6일까지 끊어졌다. 이 무슨 변괴인가. 사찰 사람들이 모두 말하길, "이 사찰에 재앙이 있으면 이에 앞서 또한 물이 끊기는 변이가 있었거니와 뱀이 옴이 그 때가 아니니, 이것은 재앙을 미리 알려주는 징험이 아니겠는가." 했다. 일이 괴이해서 우리 용암 화상龍岩和尙께서 산사의 무리 천여 명과 함께 간절히 부처님께 기도하여 재앙을 피하기를 구하니, 재앙이 이에 미치지 않았다. 화복은 일정한 문이 없어 오직 사람이 부르는 것이라는 것을 여기서 알 수 있다.

사찰의 영험한 자취가 이와 같고, 문수보살이 이르길, 삼재三災가 이르지 않는다고 하니, 해동 제일의 명승지가 이 사찰을 놔두고 어디서 구해지리오. 사찰은 양산군梁山郡 서남쪽 40리에 있으며 영남의 복지福地가 된다. 승려 무리가 되어서 물외物外에 노닐고 싶은 사람이 있으면 한번 이 절을 방문하여 금강계단에서 인연 맺음이 좋을 것이다.

通度寺記

唐貞觀十二年。慈藏律師。入終南山雲際寺。於文殊像前。日夜勤求懺悔。一日文殊。化作梵僧來。授梵語。師未解。明日僧復來。譯其偈云。了知一切法自性無所有。如是解法性。卽見盧舍那。言訖。卽以緋羅金點袈裟一領。全身舍利百枚。佛頭骨。佛指節。珠貝金葉經等。授之。而謂曰。汝國境南鷲栖山下有毒龍池。於此安此。佛法久住。師還本國。與善德大王。同願尋蹤。到鷲栖山下。爲龍說法。請此池塡之。而築金剛戒壇。安舍利袈裟。創寺。因名通度。其基地四方。周四萬七千步。東有黑石峰。南有沙川布川峰。北有冬乙山。自慈藏以後。至今一千二百餘年之間。名僧巨釋。出入常住。爲國之光。化生之事。不可勝記。舍利之靈異。袈裟之稀奇。自是常然。山之靈驗。余亦及見。其何凡然知之也。乙未正月初一日。有兩大蛇。蜿蜒腹行于殿庭。洞水斷流。自三日至六日。此何等變恠。寺之人僉曰。此寺若有灾殃。前此亦有斷水之異。蛇行不爲其時。此豈非灾禍先告之驗。事是爲恠然。我師龍岩和尙。與山之衆千有餘人。懇禱佛前。以求免禍。禍此不及。禍福無門。惟人所召者。驗此之云矣。寺之靈迹如是。文殊云。三災不到。海東第一名勝。捨此寺奚求。寺在梁山郡西四十里。爲嶺南福地。墮在僧數。若有遊心物外之人。一訪此寺。結緣金剛戒壇爲好。

해인사 기문

해인사는 신라 애장왕哀莊王[816] 때 순응順應 대사와 이정利貞 대사가 창건하였고, 희랑 조사希浪祖師가 중창하였다. 최고운崔孤雲(최치원)이 처자를 데리고 들어가 신선이 되었고, 삼목귀왕三目鬼王이 팔만대장경을 간행하여 유진留鎭하게 하였다. 산의 절경과 진묘眞妙함은 자세히 말할 수 없다.

야로冶爐에서 시내 옆으로 20리 가면 홍류동紅流洞에 이르고, 여기서 절까지 10리 떨어져 있다. 두 산이 마주해 있는데 모두 층암절벽이고 봉우리가 돌고 길이 에둘러 다만 물소리만 들린다. 언덕 틈으로 보면, 좌우 석각石角들이 포개져 있거나 깎은 듯, 팔을 뽑는 듯 깃발을 세운 듯하다. 다음에 샘물이 보이는데 첩첩 산봉우리와 굽은 길과 흰 바위와 층층 바위를 따라 북쪽에서 오는데 쏟아지는 듯 흩뿌리는 듯 비단을 걸쳐놓은 듯 선이 끊어진 듯 보인다. 물굽이 바위에 조정 관리들의 이름이 많이 새겨져 있는데, 우러러보고 굽어 살펴도 인적은 전혀 없다. 한가로이 최 선생의 "미친 듯 층층 바위를 달린다"[817]라는 구절을 읊조리며 시내를 밟고 들어가면 물과 바위가 서로 부딪쳐 반짝반짝 반들반들 구슬을 튀기고 옥을 흩뿌리니 이목을 놀라게 한다. 봉우리가 천 개요, 계곡도 만 개나 되는데, 가운데는 평지라서 둘레가 10여 리나 된다. 여기에 터를 잡아 절을 지으니 나라의 비보裨補[818]가 되었다.

이러한 뛰어난 경치가 천지간에 얼마나 되겠는가. 오직 사방의 이목과 지팡이, 신발이 미칠 수 있는 것은, 봄에는 수놓은 비단처럼 계곡에 꽃이 피고 여름에는 석문石門 개울에 구름 끼고 가을에는 온 산에 단풍 들고 겨울에는 바위에 점찍는 푸른 솔 있어 그야말로 별천지가 되고, 다시 영남의 금강산이 된다.

보안각普眼閣[819]의 기이함은 예로부터 그러하거니와, 내가 본 걸로 말하자면, 병자년(1816) 2월 1일에 불이 절 전체를 태웠지만 장경藏經은 태우지 못했으니, 불천佛天이 호위하매 이와 같은 좋은 일이 있는 것이다. 사람들이 이 절을 법보法寶라고 하는 것이 어찌 이 때문이 아니겠는가.

海印寺記

海印寺。新羅哀莊王時。順應利貞兩大師所剏。希浪祖師重剏。崔孤雲。率妻子入化爲仙。三目鬼王。刊八萬藏經。留鎮。山之絶勝眞妙。不可覼縷而言之。自冶爐。傍溪行二十里。至紅流洞。自此入寺。已隔十里。兩山相對。皆是層岩絶壁。峯回路轉。但聞水聲而已。入缺岸初見。左右石角。或疊或削。如引臂。如竪幢。次見泉澗。隨疊峰曲路白石層岩而北來。如瀉如洒。如懸練。如絶線。其於石之面水之角。多題于朝廷搢紳之名。仰看俯察。絶無人迹。閑吟崔先生狂奔疊石之詠。踏溪而入。水石相薄。磷磷鑿鑿。跳珠濺玉。動驚耳目。峰是千矣。壑亦萬矣。而中有平地。周回可十餘里。於此乃開基造寺。爲國裨補。斯境絶勝。天地間其有幾何。惟四方耳目杖屨可及者。春有錦繡谷花。夏有石門澗雲。秋有滿山丹楓。冬有點石靑松。別爲壺中天地。而更作嶺南之金剛。普眼閣希奇。自古然矣。以余及見言之。丙子二月初一日。天火焚渾寺。藏經未能。佛天衛護。有若斯之善矣。人以此寺爲法寶云者。豈非此也耶。

송광사 기문

천관산天冠山에서 북쪽으로 향하다가 승평昇平 서쪽 80리 큰 맥에 이르러 나뉘어 둘로 되니, 동쪽은 장군대좌형將軍大坐形[820]인데 대각 국사大覺國師[821]가 선암사仙巖寺를 창건하였고, 서쪽은 풍취라대형風吹羅帶形[822]인데 보조 국사普照國師[823]가 송광사松廣寺를 창건하였다.

송광사의 지형은 골짜기가 깊고 봉우리가 험하여 모후산母后山과 맞서고 있다. 넓은 길이 서쪽으로 통하여 개울을 따라 10리를 들어가면 좌우에 고송古松과 삼나무가 있는데, 크기는 겨우 18아름(圍)이요 높이는 몇 십 척이나 되는지 알 수 없다. 긴 가지가 구름을 건드리고 낮은 가지는 못을 스치는데, 기를 세운 듯하고 덮개를 펼친 듯하며 용과 뱀이 솔 아래를 내달리는 듯하다. 가지가 무성하게 뻗고 잎과 넝쿨이 빽빽해서 해와 달을 가려 빛이 땅에 이르지 못한다. 무더운 여름에도 바람 기운이 7, 8월 같고, 또 층암절벽이 성처럼(埕塊) 공중에 우뚝하고 잡목과 풀들이 그 위를 덮고 있다. 녹음이 짙고 붉은 과일이 주렁주렁한데 이름은 알지 못한다. 사계절이 동일하다.

사찰의 동쪽에 석간石澗[824]이 있는데, 그 위 누각을 에둘러서 서쪽으로 운로雲路를 뚫고 낙강洛江으로 들어간다. 사찰 서북쪽 벼랑의 오른쪽 터에는 대를 쪼개 허공에 시렁을 설치하여 벼랑 위 물줄기를 끌어 석정石井에 떨어지게 하였다. 나뉘어 떨어지는 물줄기는 처마에서 섬돌로 떨어지기도 하는데 방울방울이 구슬을 엮어 놓은 듯하고 부옇게 이슬비 같기도 하다.

사찰 앞에는 시내를 누르는 모양으로 우화각羽化閣[825]을 지어 돌기둥으로 받쳐 놓았다.

사찰 왼쪽에는 수석정水石亭을 쌓아 층암層巖으로 지탱해 놓았다.

나머지 삼일三日 용각龍角과 삼청三淸 홍교虹橋와 천자天子의 늙은 계수(老桂)와 앞 시냇가의 고향수枯香樹[826]와 북대北臺 아래 청옥천淸玉泉과 진악琜樂 위의 보리수와 16국사國師[827]의 옥정축玉幀軸(족자)과 대웅전大雄殿의 능견난사能見難思[828] 등 이 모든 것들이 사찰의 희기한 고적古迹이다.

그리고 인재 배출이 16국사 이후로부터 대대로 끊이지 않으니, 사람들이 조계산을 승보僧寶라 부른다는 것이 정말 거짓이 아니로다.

松廣寺記

山自天冠而北向。至昇平西八十里之大脉。分爲二焉。東則將軍大坐形。大覺國師創仙岩寺。西則風吹羅帶形。普照國師創松廣寺。松廣之爲局也。洞壑深邃。峰巒巉嶮。與母后山相對。洞路西通。綠溪入十餘里。左右有古松老杉。大僅十八圍。高不知幾十尺。脩柯憂雲。低枝拂潭。如幢竪。如盖張。如龍蛇之走松下。多棫樸棫楼。葉蔓騈織。承翳日月。光不到地。至於盛夏。風氣如七八月時。又層崖積石。歸空堁坈。雜木異草。盖覆其上。綠陰濛濛。朱實離離。不知其名。四時一色。寺之東有石澗繞枕溪樓。而西穿雲路。入于洛江。寺之西北崖右址。以剖竹架空。引崖上泉脈。注于石井。分綫瀝懸。自簷注砌。累累如貫珠。霏霏如雨露。寺之前。壓溪結羽化閣。以石柱承焉。寺之左。築水石亭。以層岩撑焉。其餘三日之龍角三淸之虹橋。天子之老柱。前溪傍枯香樹。北臺下淸玉泉。琜樂上菩提樹。十六國師玉幀軸。大雄殿能見難思。此皆寺之希奇古迹。又人才之出。自十六師以後。無世無之。人以曹溪。爲僧寶云。信不誣矣。

혼령을 천도하는 수륙재 권선문

옛날 아난 존자阿難尊者는 항하恒河(갠지스 강) 모래 수만큼의 무량한 아귀餓鬼들을 천도하였고, 유수 장자流水長者[829]는 말라 죽게 된 수많은 물고기들을 구원하였습니다. 혼령을 천도하고 물고기를 구한 것 모두 성불한 원인이요 조사祖師가 된 기틀입니다. 옛날도 이러한데 지금 왜 그렇지 않겠습니까?

우리의 이 육지에 지체된 혼백이 어둔 곳에서 슬피 울어 대고, 저 물에서는 노니는 물고기들이 연못에서 활발히 움직여 댑니다. 이제 아난의 자비와 유수의 인仁으로 혼령을 천도하고 물고기를 구하려고 선문善門들께 우러러 고합니다.

엎드려 바라건대 유루有漏의 티끌 재물을 아끼지 마시고 가없는 선한 인연을 맺으소서.

그리고 이에 봉축奉祝하노니, 엎드려 바라건대 우리 주상 세 전하께서는 삼천세계를 포괄하여 사방 경계로 삼으시고 5백 년을 1년으로 삼으소서.

동참하여 인연 맺는 모든 시주들께는 구횡九橫[830]이 침범하지 못하고 오복五福[831]이 갖춰질 것입니다.

이 수륙재를 힘입어 모든 중생들은 팔난八難을 넘어 십지十地의 세계로 들어가고 일생 동안 광겁廣劫의 과실이 원만할 것입니다.

度魂水陸勸善文

昔阿難尊者。度恒河沙數無量餓鬼。流水長者。救十千數入死涸魚。度魂救魚皆是成佛之因。作祖之基。古旣如是。今何不然。惟我此陸滯魄。哭啾啾於天陰。惟彼水府游魚。活潑潑於淵藪。今以阿難之慈。流水之仁。度魂救魚次。仰告善門。伏願莫惜有漏之塵財。仍結無邊善緣。仍玆奉祝。伏願。

我主上三殿下。罩三千界爲四境。籌五百歲爲一春。同叅結緣諸大施主。九橫不侵。五福具足。蒙此水陸。諸多衆生。八難超十地之界。一生圓廣劫之果。

사찰 건립의 권선문

옛날에 두 사람이 있었는데 한 사람은 사찰을 세워 육화六和[832] 승려를 편히 거하게 했고, 한 사람은 교량을 지어 만인을 건널 수 있게 해 주었습니다. 보시한 마음은 동일한데 복을 받음은 같지 않습니다. 복을 받게 됨에 동일하게 국왕이 되었는데, 한 사람은 문을 열어 나라를 다스리니 그 마음이 호호탕탕 걸림이 없었고, 한 사람은 문을 닫고 나라를 다스리니 그 마음이 살얼음 밟듯 했습니다. 호호탕탕 걸림이 없는 이는 사찰을 보시한 사람이고, 살얼음 밟듯 한 이는 교량을 보시한 사람입니다. 보시는 동일하건만 보응은 같지 않으니 사찰을 보시한 공이 어찌 크지 않겠습니까.

이제 사찰을 세우는 일로 단문檀門들께 우러러 고합니다. 엎드려 바라건대 군자들께서는 한계가 있는 티끌 재물로 무루無漏의 선한 인연을 심으소서.

그리고 이에 엎드려 축원하노니, 주상 세 전하께서는 삼황오제三皇五帝를 계승하여 단계檀溪의 숙원宿願을 완성하고 내원樑園의 전공前功을 성취하소서.

新建寺刹勸善文

昔有文.[1] 一以建寺刹. 安居六和之僧. 一以作橋梁. 能通萬人之濟. 施心一也而受福不同. 當其受福也. 同作國王而一以開門而治國. 其心蕩蕩無碍. 一以閉門而治國. 其心如履薄氷. 蕩蕩無碍者. 施寺刹之人也. 如履薄氷者. 施橋樑之人也. 施旣一同. 而福報不同. 施寺刹之功. 豈不大乎. 今以建寺刹次. 仰告檀門. 伏願僉君子. 以有限之塵財. 種無漏之善因. 仍玆伏祝. 主上三殿下. 四彼三皇. 六玆五帝. 成檀溪之宿願. 就樑園之前功.

---
1) 역 '文'은 '二人'의 오기인 듯하다.

예수함합별문 預修緘合別文[833]

　삼가 생각건대 머리로 하늘을 이고 발로 땅을 밟고 있는 중생의 십사十使[834] 번뇌는 끝이 없고, 음陰에 거하여 양陽을 판단하는 명왕冥王의 1층 업경業鏡[835]은 비춤이 있는데, 항하 물가에서 아난阿難의 큰 지혜를 만나지 못하고 동태사同泰寺[836]에서 양 무제梁武帝의 깊은 마음을 얻기 어렵도다. 사덕四德[837]과 삼심三心[838]은 듣기 어렵고, 팔개八盖와 오욕五欲은 점점 더해 가네.

　부처님을 받드는 제자 아무개는 삶의 악업을 제거하고 무루無漏의 선한 인연을 맺고자 시왕 열문十王列門에 성의를 바치고 사직사자四直使者[839]께 정성을 돌립니다.

　판관判官 귀왕鬼王은 악을 끊는 날에 이 몸을 보호하고, 주동注童 녹사錄事(아전)는 선을 닦는 때에 이 목숨을 돌보소서. 한 구절 묘법妙法을 들을 수 있으면 지옥이 변하여 연못이 되고, 시부왕정十府王庭에 참여하면 철성鐵城[840]이 변하여 선계仙界가 됩니다.

　삼가 바치노니 빈번蘋蘩[841] 공물을 깨끗이 하고, 덕을 닦아서(聿修)[842] 쭉정이라는 비난을 없애리다. 이렇게 하여 존귀한 영령을 항상 즐거운 마을에 받들고 여러 중생을 크게 혼란한 곳에서 건지리다.

　삼가 올립니다.

預修緘合別文

切以。頭天脚地。衆生之十使煩惱無邊。居陰判陽。冥王之一層業鏡有照。恒河水邊。未逢阿難之大智。同泰寺裡。難得梁皇之深心。四德三心難聞。八盖五欲轉盆。奉佛弟子云云。欲除有生之惡業。願結無漏之善緣。獻誠懇于十王列門。歸悃愊于四直使者。判官鬼王。護念此身於斷惡之日。注童錄事。扶顧斯命於修善之時。得聞一句妙法。地獄變成蓮池。奉叅十府王庭。

鐵城化爲仙界。克供而潔蘋蘩之薦。聿修而芟秕稗之譏。是以奉尊靈於常樂之鄉。濟群品於大迷之域。謹疏。

덕사 불량 서문

□산 50여 사찰에 모두 불량佛粮이 없는데 유독 이 흥국사興國寺만 불량으로 큰 인연을 맺으니, 이 산이 나라의 기둥이 되고, 보시하는 이의 부처께 드리는 정성이 넓고 크며 깊고 깊도다.

도광道光 신축년(1841) 흑백이 상응하여 청부青蚨(돈)와 홍방紅鮮으로 불량의 계를 맺고 무연자비無緣慈悲[843]를 베풀었도다. 윗자리에 있어 감응하는 대로 반드시 통하고, 큰 바람을 맺으니 일마다 이루어지지 않음이 없으니, 제齊의 보덕사報德寺[844]와 수隋의 흥국사興國寺[845]가 앞 시대에서 홀로 아름다움을 독차지하지 못하네. 금전金田의 두터운 이익과 옥엽玉葉의 오랜 세월은 보시하고 받은 것이 크니, 우리 동참하는 이들이 삼륜三輪[846] 공적空寂으로 부처님의 행동에 부합하고 부처님의 덕에 보답하면, 티끌 국토에 부처님을 따라 인연대로 태어나 보현普賢과 공양하는 행해行海가 그 위대함을 같이 이루리라.

성상聖上(헌종) 즉위 8년 임인년(1842) 7월 쓰다.

德寺佛粮序文

□山五十餘刹。皆無佛粮。獨此興國以佛粮結大緣。此山之爲國楨幹。施人之入佛悃愊。廣且大矣。采且深矣。道光辛丑。白黑相應。以青蚨紅鮮。結佛粮之契焉。施無緣之慈焉。居上位而有感必通。結大願而無事不成。齊之報德。隋之興國。不獨全美於前昔。金田之厚利。玉葉之長春。得施者受者大焉。惟我同叅諸人。以三輪空寂。合佛之行。報佛之德。塵墨國土。從佛之隨緣降誕。與普賢供養之行海。同成其大。聖上卽位八年壬寅七月日序。

주

1 구담씨瞿曇氏 : ⓢ Gautama, Gotama. 석가 종족의 성씨이고, 주로 석가모니를 가리킨다.
2 현겁賢劫 : ⓢ bhadra-kalpa. 발타겁跋陀劫·파타겁波陀劫이라 음역. 현시분賢時分·선시분善時分이라 번역. 삼겁三劫의 하나. 세계는 인수人壽 8만 4천 세 때부터 백 년을 지낼 때마다 1세씩 줄어들어 인수 10세에 이르고, 여기서 다시 백 년마다 1세씩 늘어나서 인수 8만 4천 세에 이르며, 이렇게 1증增 1감減하는 것을 20회 되풀이하는 동안, 곧 20증감增減하는 동안에 세계가 성립되고(成), 다음 20증감하는 동안에 머물러(住) 있고, 다음 20증감하는 동안에 무너지고(壞), 다음 20증감하는 동안은 텅 비어(空) 있다. 이렇게 세계는 성成·주住·괴壞·공空을 되풀이하니, 이것을 대겁大劫이라 한다. 과거의 대겁을 장엄겁莊嚴劫, 현재의 대겁을 현겁賢劫, 미래의 대겁을 성수겁星宿劫이라 한다. 현겁의 주겁住劫 때에는 구류손불拘留孫佛·구나함모니불拘那含牟尼佛·가섭불迦葉佛·석가모니불 등의 1천 부처님이 출현하여 세상 중생을 구제하는데 이렇게 많은 부처님이 출현하는 시기이므로 현겁이라 이른다.
3 변화의 길에서 마음껏 뛰놀며 : 『莊子』「大宗師」의 구절. 본래는 "汝將何以遊夫遙蕩恣睢轉徙之塗乎"라고 하여 '遙蕩恣睢'도 '塗'를 수식하는 말인데, 여기서는 서술어로 변화시켰다.
4 선림禪林에 묵형墨刑을~의형劓刑을 가한다 : 불교를 방해한다는 뜻이다. 묵형은 죄인의 이마나 팔뚝 따위에 먹줄로 죄명을 써넣던 형벌이고, 의형은 코를 베던 형벌이다. 『장자』「대종사」에 허유許由가 의이자意而子에게 "요임금이 이미 너에게 인의로써 묵형을 가하고 시비로써 의형을 내렸다.(夫堯旣已黥汝以仁義。而劓汝以是非矣。)"라고 말하는 구절이 있다.
5 신체를 무너뜨려 : 출가를 가리킨다.
6 총명을 물리치고~지혜를 버려 : 『장자』「대종사」에서 '좌망坐忘'을 설명하는 구절이다.
7 만물을 버무려~미치게 하려고 : 『장자』「대종사」에 "우리 스승이여, 우리 스승이여, 만물을 버무리지만 의라 하지 않고, 은택이 만세에 미치지만 인이라 하지 않는다.(吾師乎。吾師乎。韲萬物而不爲義。澤及萬世而不爲仁。)"라는 구절이 있다.
8 율봉栗峰 : 청고靑杲(1738~1823). 율봉은 호. 자는 염화拈花. 속성은 백씨. 순천順天 사람. 19세 때 대준大俊에게 출가하였다. 운월 숙민雲月淑敏에게 구족계를 받았고, 청봉 거안靑峰巨岸에게 법을 받았다. 금강산 마하연에서 『금강경』을 연구하여 많은 학도를 지도하였으며, 가르침을 받은 자가 수천 명에 이르렀다. 화악 지탁華嶽知濯(1750~1839)이 화양사華陽寺에 있을 때 어떤 승려가, 보개산寶蓋山 석대암石臺庵에

서 율봉 청고栗峯靑杲 대사께서 설법하여 법중法衆이 운집하니 거기 가는 게 좋겠다고 권하였다는 기록이 있다. 『三峯集』「행장」 참고.

9   불명산佛明山 : 여러 곳에 동명의 산이 있으나, 뒤에 쌍계사가 나오는 것으로 보아 논산에 있는 산을 가리키는 듯하다.

10 염부주閻浮洲 : ⓢ jambu-dvīpa의 음사. jambu는 나무 이름, dvīpa는 주洲. 수미산 남쪽에 있다는 대륙. 여기에 잠부 나무가 많으며, 우리 인간들이 사는 곳이라 한다.

11 올빼미 눈이~황제가 됨 : 『장자』「徐武鬼」에서 "약이란 것은 사실 오두, 길경, 계옹, 시령 등인데, 이것들이 때에 따라 주제가 될 뿐 어찌 다 말하겠는가.(藥也。其實、菫也。桔梗也。鷄癰也。豕零也。是時爲帝者也。何可勝言。)"라고 했고, 이어서 "올빼미의 눈은 적합한 바가 있고, 학의 다리는 길다는 장점이 있다.(鴟目有所適。鶴脛有所節。)"라고 했다.

12 따르든 따르지~힘쓰지 않든 : 『書經』「康誥」에서 인용한 말.

13 삼황三皇 : 문헌에 따라 다른데, 『십팔사략』과 『帝王世紀』 등에 따르면, 복희伏羲, 신농神農, 황제黃帝를 가리킨다.

14 오룡五龍 : 형제 다섯이 나눠 정치하던 시기. 인황人皇 이후로 인류가 시작되어 황제黃帝가 나오기까지를 십기十紀로 구분하는데 이것의 두 번째 단계. 형제의 이름은 황백皇伯, 황중皇仲, 황숙皇叔, 황계皇季, 황소皇少. 십기는 ① 구두기九頭紀 : 인황人皇 시기 형제 9인이 집권. ② 오룡기五龍紀. ③ 섭제기攝提紀 : 59성姓이 다스리던 시기. ④ 합락기合雒紀 : 3성姓이 다스리고, 골짜기에 거주하던 시기. ⑤ 연통기連通紀 : 6성姓이 다스리던 시기. ⑥ 서명기敘命紀 : 4성姓이 다스리던 시기. ⑦ 순비기循蜚紀. ⑧ 인제기因提紀. ⑨ 선통기禪通紀 : 염제炎帝 신농씨神農氏에서 마감함. ⑩ 소흘기疏仡紀 : 황제黃帝 헌원씨軒轅氏에서 시작함. 당唐 사마정司馬貞의 『補史記』「三皇本紀」에서 『春秋緯』 인용.

15 육기六紀 : 당唐 공영달孔穎達이 「禮記正義序」에서 이르길, "六藝論」에서 '수황遂皇 후에 육기六紀를 지나 91대代 복희伏犧에 이르러 비로소 열두 마디 말의 가르침을 지었다'라고 했다. 방숙기方叔機는 주석에서 '육기'라는 것은 구두기九頭紀, 오룡기五龍紀, 섭제기攝提紀, 합락기合洛紀, 연통기連通紀, 서명기序命紀를 말한다."라고 했다.

16 뱀의 몸에~한 성황聖皇 : 복희伏羲를 가리킨다. 주형은 눈과 눈썹 사이인 형衡의 골 상骨相이 마치 옥玉을 연결한 것같이 되어 있는 것, 일각은 이마 중간이 도톰하고 튀어나와 해처럼 보이는 모양. 『春秋緯』에서는 복희의 모습을 용신龍身, 우수牛首, 거견渠肩, 대액大腋, 산준山准, 일각日角, 대목大目, 주형珠衡, 준호駿毫, 옹렵翁鬛, 용순龍脣, 구치龜齒라 하였다.

17 팔괘를 그리고 8순純을 거듭하였으며 : 팔순괘八純卦는 건乾·감坎·간艮·진震·손巽·이離·곤坤·태兌의 중괘重卦로 된 팔괘八卦를 가리킨다.

18 진실로 공경하고~모두 빛내서 : 『書經』「堯典」에서 인용한 말. "允恭克讓, 庶績咸熙."
19 율려律呂를 조율하여 팔풍八風을 펼치고 : 팔풍에 대해『국어國語』「주어周語」의 주에서 이르기를, "정서正西를 태兌라 하여 금金이 되고 여합풍閶闔風이 되며, 서북을 건乾이라 하여 석石이 되고 부주풍不周風이 되며, 정북正北을 감坎이라 하여 혁革이 되고 광풍廣風이 되며, 동북을 간艮이라 하여 포匏가 되고 융풍融風이 되며, 정동正東을 진震이라 하여 죽竹이 되고 명풍明風이 되며, 동남을 손巽이라 하여 목木이 되고 청풍淸風이 되며, 정남正南을 이离라 하여 사絲가 되고 경풍景風이 되며, 서남을 곤坤이라 하여 와瓦가 되고 양풍凉風이 된다."라고 하였다. 『性理大全』에서는 옛날에 성왕이 음악을 만들어 팔풍의 기운을 펼쳤다는 말이 있다.
20 선기璇璣를 관찰하여 칠정七政을 다스린다 : 당나라 석법림釋法琳이 찬술한 『辯正論』에서 인용한 말. 칠정은 해와 달 그리고 다섯 별이다. 『서경』「舜典」에서 "천문을 관측하는 선기와 옥형으로 칠정의 운행을 질서 있게 파악한다.(在璿璣玉衡以齊七政)"라고 하였다.
21 혁혁하게 융성한~많은 인물들 : '혁혁하게 융성한 주周(奕奕隆周)'는 『시경』「小雅」〈正月〉의 '奕奕宗周'와 유사하다. '가지런한 많은 인물들(濟濟多士)'은 『시경』「周頌」〈淸廟〉 등에 나온다.
22 '관저關雎'와 '인지麟趾'의~〈소남召南〉의 교화 : '관저'와 '인지'는 『시경』〈周南〉에 있는 노래. 〈주남〉과 〈소남〉은 『시경』「國風」에 있는 편명.
23 육정六政 : 도道, 덕德, 인仁, 성聖, 예禮, 의義. 『大戴禮記』「盛德」의 "천지와 사람과 사물을 다스리는 데 육정이 있다.(御天地與人與事者亦有六政)"라는 구절의 주석 참조.
24 구전九田과 사정四井 : "아홉 농부가 1정을 운영하고 네 정을 1읍으로 삼는다.(九夫爲井。四井爲邑。)"라는 구절이 『周禮』「地官」〈小司徒〉에 나온다. '정井'은 9백 묘畝, '부夫'는 농부가 아니라 1백 묘를 뜻하는 단위로 해석하기도 한다.
25 이건리건 : 제후를 세움을 가리킨다. 『周易』「屯卦」 "원형리정하니 가는 바를 두지 말라. 제후를 세움이 이롭다.(元亨利貞. 勿用有攸往. 利建侯。)"라고 한 데서 나온 말이다.
26 덕으로 천하를~오랑캐에 있으며 : 『春秋左氏傳』「昭公」 23년 조에 "옛날 밝은 천자의 시절에는 지키는 책임이 사방의 이적에게 있었는데, 천자의 위엄이 쇠해지자 지키는 책임이 제후에게 있게 되었다.(古者天子。守在四夷。天子卑。守在諸侯。)"라는 말이 나온다.
27 보진보진 태화太和 : 보진은 『淮南子』의 '全性保眞'에서 나온 말이다. 타고난 본원을 잘 지킨다는 뜻이다. 태화는 음양이 화평함 또는 태음太陰, 태양太陽, 중화中和의 기운이 하나로 합쳐진 것을 말한다. 『太平經』.
28 사성 삼성四姓三姓 : 십기十紀 가운데 합락기合雒紀를 다스리던 삼성과 서명기敘命紀를 다스리던 사성.

29 오제 삼왕五帝三王 : 삼황오제. 삼황은 일반적으로 복희씨伏羲氏, 신농씨神農氏, 여와씨女媧氏를 말한다. 오제에 대해서 사마천이 든 것은 황제 헌원黃帝軒轅, 전욱 고양顓頊高陽, 제곡 고신帝嚳高辛, 제요 방훈帝堯放勳(陶唐氏), 제순 중화帝舜重華(有虞氏)이며, 별도로 소호少昊 등을 드는 경우도 있다.

30 주공周公 : 성은 희姬, 이름은 단旦. 주周를 창건한 무왕武王의 동생으로 나이 어린 성왕이 제위에 오르자 섭정하게 되었는데, 당시 주왕紂王의 아들 무경武庚과 주공의 동생 관숙管叔·채숙蔡叔 등이 대반란을 일으켰다. 주공은 소공召公과 협력하여 이 난을 진압하고 낙양洛陽 부근 낙읍洛邑(成周)에 진鎭을 설치하였다. 예악禮樂과 법도를 제정하여 주 왕실 특유의 제도 문물을 창시하였다.

31 이로李老 : 노자老子. 노자의 성은 이李, 이름은 이耳, 자는 담聃이다.

32 적조寂照 : 적寂은 적정寂靜, 조照는 조감照鑒의 뜻이다. 지혜의 본체는 공적空寂하여 관조觀照의 작용이 있으니, 곧 좌선의 당체當體인 지관止觀이다. 산란한 마음을 가라앉히고 지혜로써 모든 현상의 모습을 있는 그대로 응시한다는 뜻이다.

33 육취六趣 : 육도六道. 인간이 윤회하는 지옥·아귀·축생·아수라阿修羅·인간·천상.

34 구정九鼎 : 하나라 우 임금이 아홉 주州의 제후들이 바친 청동을 모아 만든 솥.

35 육친六親 : 부父, 모母, 형兄, 제弟, 처妻, 자子.

36 시작과 어미를 말하고 : 『老子』에서 "무無는 천지의 시작을 말하고, 유有는 만물의 어미를 말한다.(無。名天地之始。有。名萬物之母。)"라고 했다.

37 순환(徼)과 오묘함이 있어서 : 『노자』에서 "그러므로 항상 욕심이 없음으로써 그 오묘함을 관찰하고, 욕심이 있음으로써 그 순환을 관찰한다.(故常無欲。以觀其妙。常有欲。以觀其徼。)"라고 했다.

38 하나를 포용하여 바르게 되고 : 정정精精을 오롯이 고수하여 도를 잃지 않음. 하나는 도를 가리킨다. 한漢나라 가의賈誼의 『新書』「道術」에서 "언행에 하나를 안으면 바르고, 바름에 반하면 거짓이 된다.(言行抱一謂之貞。反貞爲僞。)"라고 했다.

39 옥액운영玉液雲英 : 옥액은 옥에서 나오는 즙. 마시면 오래 산다 하여 선약仙藥으로 친다. 운영은 『神農本草經』에 따르면 사기邪氣를 제거하고 오장五臟을 안정시키는 광물질이다. 운모雲母, 운화雲華 등으로 불린다.

40 하늘 문에서 베옷 입고 : 원문 '被褐閶闔'은 진晉나라 좌사左思가 지은 〈詠史詩〉 8수 가운데 제5수 "베옷을 입고 도성 나와서 당당한 걸음으로 허유 뒤따라 천 길 높은 산봉에 옷 먼지 털고, 만리 강물에 발을 씻노라.(被褐出閶闔。高步追許由。振衣千仞岡。濯足萬里流。)"에서 나온 말이다. 『文選』 권21.

41 참된 근원에~투분투분이 있다 : 여래如來의 성도成道에 대한 것으로 『華嚴論節要』에서 나온 말이다.

42 이제십지二諦十地 : 이제는 진제眞諦와 속제俗諦를 가리키는 말. 제諦는 변치 않는

진리. 십지는 보살의 열 가지 수행 단계.『화엄경』에서 천명한 52위 중 제41에서 제50까지의 십지와 천태종天台宗의 통교通敎 십지가 있다.

43 기원祇園 : 기원정사祇園精舍의 준말. 옛날 중인도 마가다 사위성舍衛城 남쪽에 있던 절. 석가모니의 수도와 설법을 위해 수달 장자須達長者가 세웠다.

44 녹원鹿苑 : 녹야원鹿野苑. 사르나트(Sarnath). 석가모니가 성도成道한 지 21일 뒤에 처음으로 법륜法輪을 굴려 교진여憍陳如 등 다섯 비구를 제도한 곳. 인도 북부 우타르푸라데시주州의 남동쪽에 있는 바라나시市 북쪽에 있다.

45 칠처구회七處九會 : 80권본『화엄경』에서 1부 39품을 일곱 곳의 아홉 회상에서 말하였다고 하는 것. 제1회 6품은 보리도량菩提道場, 제2회 6품은 보광명전普光明殿, 제3회 6품은 도리천忉利天, 제4회 4품은 야마천夜摩天, 제5회 3품은 도솔천兜率天, 제6회 1품은 타화천他化天, 제7회 11품은 보광명전, 제8회 1품은 보광명전, 제9회 1품은 중각강당重閣講堂이다. 이에 비해 60권본『화엄경』에서는 34품을 7처 8회에서 말하였다고 한다.

46 사과四果 : 소승에서 깨달음의 결과로 설정한 단계들. 수다원과, 사다함과, 아나함과, 아라한과.

47 구류九流와 칠략七略 : 구류는 한漢나라 때의 아홉 학파. 유가儒家, 도가道家, 음양가陰陽家, 법가法家, 명가名家, 묵가墨家, 종횡가縱橫家, 잡가雜家, 농가農歌 등. 칠략은 전한前漢 때의 서적 분류 목록. 유향劉向의 별록別錄에 입각하여 그의 아들 흠歆이 지은 것이다. 책 목록의 시조로서 집략輯略, 육예략六藝略, 제자략諸子略, 시부략時賦略, 병서략兵書略, 술수략術數略, 방기략方技略으로 분류했다.

48 화회和會 : 경이나 논의論議의 해석에 있어서 서로 다른 말과 뜻의 일치점을 찾는 일.

49 다섯 형벌에~가장 크다 : 이 구절은『孝經』「五刑章」에 나온다.

50 불효에 세~없음이 중대하다 : 이 구절은『孟子』「離婁」에 나온다.

51 토지가 있으면~쓰임이 있다 : 이 구절은『大學』에 나온다.

52 다섯 묘畝의~춥지 않다 : 다섯 묘의 대지는 주周나라 때 정전井田 제도에 따라 성년 남자 한 사람에게 주어진 주택지이다. 1묘는 100보步, 1보는 사방 6척尺이었다고 한다. 정전제井田制에서 한 농가가 배정받은 전지田地를 말한다. 900묘를 1정井으로 하고, 이를 9등분하여 중앙의 100묘는 공전公田으로 삼아 공동 경작하여 그 수확을 조세로 국가에 바치고, 그 주위의 각 100묘는 사전私田으로 여덟 개 가호家戶에서 나누어 경작하였다. 여기 인용한 구절은『맹자』「梁惠王」편에 보인다.

53 태극이 움직여~양의兩儀가 설립된다 : 이 구절은『近思錄』등에 나온다.

54 형상 없음을~늘 존재하고 : 이 구절은『大通經』에 나온다.

55 형체 없음을~수 있다 : 이 구절은『洞古經』에 나온다.

56 하늘보다 먼저~가운데 있다 : 이 구절은 『大通經』에 나온다.
57 복기복氣 : 기를 몸 안에 갈무리한다는 뜻이다.
58 태胎는 복기복氣하는~기를 지키라 : 이 구절은 『胎息經』에 나온다.
59 하선고何仙姑 : 팔선八仙 중의 한 명. 북송 인종 때 영주永州의 여자(당나라 측천무후 무렵의 광주 증성현의 여자라고도 한다.)로, 길흉을 예언하는 능력이 있었다고 한다.
60 하선고何仙姑가 이른바~것이 아니라 : 이 말은 『脈訣彙辨』에는 '구장춘丘長春', 『도덕경』 주석에는 '구조邱祖'가 한 말이라고 되어 있다.
61 나도 없고~생겨남이 없다 : 이 구절은 80권본 『화엄경』에 나온다.
62 제법諸法은 스스로~무생이라 말한다 : 이 구절은 『中論』에 나온다. 다만 『중론』에는 '是故說無生'이 '是故知無生'으로 되어 있다.
63 무명실성無明實性이 곧 불성佛性이라 : 이 구절은 영가永嘉 선사의 〈證道歌〉에 나온다.
64 마음과 부처와~차별이 없다 : 이 구절은 80권본 『화엄경』에 나온다.
65 마음을 잡는~지혜를 발한다 : 이 구절은 『능엄경』에 나온다.
66 백이와 숙제는 고죽군孤竹君의 두 아들이다. 아버지가 숙제를 후계자로 삼고 싶어 했고, 아버지가 죽자 숙제는 백이에게 양보했는데, 백이는 아버지의 명이라며 자리를 피했다. 숙제도 자리를 피했다. 백이와 숙제는 서백 창西伯昌이 노인을 잘 봉양한다는 소식을 듣고 갔는데 무왕이 지위를 계승하여 주紂를 정벌하매, 이를 비판하고 수양산에 들어가 굶어 죽었다. 『史記』 「伯夷列傳」.
67 이승二乘 : 성문승聲聞乘과 연각승緣覺乘.
68 사과四果 : 소승불교小乘佛敎의 성문聲聞들이 탐貪·진瞋·치癡를 끊고 성도成道에 들어가 부처가 되는 네 단계의 증과證果. 과果는 무루지無漏智가 생기는 지위. 수다원과須陀洹果, 사다함과斯陀含果, 아나함과阿那含果, 아라한과阿羅漢果를 통틀어 일컫는다.
69 대아大雅 : 평교간平交間이나 문인文人에 대하여 편지 겉봉 이름 밑에 쓰는 말.
70 광명장光明藏 : 광명의 창고. 『思益經』에서 여래의 몸은 한량없는 광명장이라고 하였다.
71 해인삼매海印三昧 : 부처가 『화엄경』을 설명하면서 도달한 삼매의 경지. 바다에 풍랑이 쉬면 삼라만상 모든 것이 도장 찍히듯 그대로 바닷물에 비쳐 보인다는 뜻으로 모든 번뇌가 사라진 부처의 마음속에는 과거와 현재·미래의 모든 업이 똑똑하게 보인다는 것을 의미한다.
72 무하향無何鄕 : 무하유지향無何有之鄕. 아무것도 없는 허무한 고장이라는 뜻인데, 흔히 이상향을 뜻하는 말로 쓰인다. 장자莊子가 혜자惠子와 더불어 논변하면서 말하기를, "현재 당신은 큰 나무를 가지고 있으면서 그것이 쓸 데가 없다고 걱정하고 있는

데, 어찌하여 그 나무를 아무것도 없는 고장, 광막한 들판(無何有之鄕。廣莫之野。)에다가 심어 놓고서 하는 일 없이 그 곁을 왔다 갔다 하거나 그 아래에서 노닐다가 드러누워 낮잠을 자지 않는가?"라고 하였다. 『莊子』「逍遙遊」.

73 제물론齊物論 : 세상 모든 종류의 진위 시비를 가리는 논쟁을 모두 상대적인 것으로 보고, 잡론雜論을 한결같이 하나로 귀속시키는 것을 말한다.

74 십악十惡 : 몸·입·뜻으로 짓는 십악을 말한다. 살생殺生·투도偸盜·사음邪婬·망어妄語·양설兩舌·악구惡口·기어綺語·탐욕貪欲·진에瞋恚·사견邪見.

75 십선十善 : 몸·입·뜻으로 십악을 범하지 않는 것. 불살생不殺生·불투도不偸盜·불사음不邪婬·불망어不妄語·불양설不兩舌·불악구不惡口·불기어不綺語·불탐욕不貪欲·부진에不瞋恚·불사견不邪見.

76 반 이랑과 작은 못(半畝方塘) : 사람의 마음을 비유하는 뜻으로 쓰인다. 주자朱子의 시 〈觀書有感〉 제1수 "반 묘의 네모난 연못이 거울처럼 열리니, 하늘빛과 구름 그림자가 함께 배회하네. 묻노니 저 어찌 이렇게 맑은가? 근원의 샘물이 콸콸 흘러들기 때문이라네.(半畝方塘一鑑開。天光雲影共徘徊。問渠那得淸如許。爲有源頭活水來。)"에서 유래한다.

77 이 이하는 『業報差別經』을 초략하여 조금 수정한 것이다.

78 타인에게 싸워서~하는 것이니 : 『業報差別經』에는 "타인에게 싸워서 서로 해치게 하는 것이니(敎人戰鬪。互相殘害。)"가 "싸움을 자신이 일으켜 사람들이 서로 해치게 한다(戰鬪自作。敎人互相殘害。)"로 되어 있다.

79 보개寶盖 : 보관寶冠. 불상을 보호하고 장식하기 위하여 머리 위에 설치하는 것. 『업보차별경』에 보개에 관한 말은 없다.

80 『업보차별경』에는 이 다음에 지옥의 과보를 얻는 내용이 있는데 생략되었다.

81 굶주림 때문에~말라 죽으니 : 『업보차별경』에는 "⑨ 먹지 못해서 죽으며, ⑩ 괴로움에 쪼들려 죽는다.(九者因飢而亡。十者枯渴而死。)"라고 했다.

82 칠만七慢 : ① 만慢 : 자기보다 못한 이에 대하여 우월감을 품고 높은 체하는 것. ② 과만過慢 : 자격이 같은 이에 대하여 우월감을 품고 높은 체하는 것. ③ 만과만慢過慢 : 자기보다 나은 이에 대하여 우월감을 품고 높은 체하는 것. ④ 아만我慢 : 자기의 능력을 믿고 다른 이를 업신여기는 것. ⑤ 증상만增上慢 : 자기를 가치 이상으로 보는 것. ⑥ 비열만卑劣慢 : 겸손하면서도 일종의 자만심을 가지는 것. ⑦ 사만邪慢 : 덕 없는 이가 스스로 덕 있는 줄로 잘못 알고 삼보三寶를 경만하며 높은 체하는 것. 『업보차별경』에는 ④ 교만憍慢, ⑤ 아만我慢, ⑥ 증상만增上慢, ⑦ 대만大慢, ⑧ 사만邪慢, ⑨ 만만慢慢으로 되어 있는데, 저자가 칠만으로 요약한 것이다.

83 아수라阿修羅 : ⓢ asura. 육도六道의 하나. 십계十界의 하나. 싸우기를 좋아하는 귀신. 『리그베다』에서는 가장 우승한 성령性靈이란 뜻으로 사용된다. 중고 이후에는 무

서운 귀신으로 인식되었다.

84 인취人趣: 미혹한 중생들이 생사를 반복하며 돌아다니는 일곱 갈래의 하나. 나머지는 지옥취地獄趣·아귀취餓鬼趣·축생취畜生趣·신선취神仙趣·천취天趣·아수라취阿修羅趣이다.

85 욕천欲天: 삼계 중 욕계에 딸린 여섯 종류의 하늘. 이 하늘 사람들은 모두 욕락이 있으므로 욕천이라 한다. ① 사왕천四王天: 수미산 제4층의 네 면에 있는 지국천(동)·증장천(남)·광목천(서)·다문천(북)의 사왕과 그에 딸린 천중들이다. ② 도리천忉利天: 삼십삼천이라 번역. 수미산 꼭대기에 제석천을 중심으로 하고 사방에 8천씩이 있다. ③ 야마천夜摩天: 선시천善時天·시분천時分天이라 번역. 때를 따라 쾌락을 받으므로 이렇게 이른다. ④ 도솔천兜率天: 지족知足이라 번역. 자기가 받는 오욕락에 만족한 마음을 내므로 이렇게 이른다. ⑤ 화락천化樂天: 또는 낙변화천樂變化天. 오욕의 경계를 스스로 변화하여 즐긴다. ⑥ 타화자재천他化自在天: 다른 이로 하여금 자재하게 오욕의 경계를 변화하게 한다. 육천 중 사왕천은 수미산 허리에 있고, 도리천은 수미산 꼭대기에 있으므로 지거천地居天, 야마천 이상은 공중에 있으므로 공거천空居天이라 한다.

86 유루有漏: Ⓢ sâsrava. 번뇌가 있음을 뜻하는 말. 번뇌가 없는 무루無漏에 상대되는 말이다.

87 증상심增上心: 강성한 마음.

88 전륜성왕轉輪聖王: Ⓢ cakravarti-rāja. 칠보七寶를 갖추고 정법正法으로 수미산의 사방에 있는 대륙을 다스리는 왕으로, 하늘로부터 받은 윤보輪寶를 굴려 모든 장애를 물리친다고 한다.

89 증번繒幡: 보상개. 당번幢幡. 당幢은 중생을 지휘하고 모든 마군들을 굴복시키는 표시라는 뜻도 있다. 번幡은 정정과 혜慧의 손을 본뜬 것이라 하며, 사바라밀(常·樂·我·淨)의 발을 본뜬 것이라고도 한다. 이는 일종의 깃발로, 불보살의 덕을 기리고 도량 장엄을 나타내기 위해 사용한다. 번幡의 종류는 정번庭幡, 관정번灌頂幡, 평번平幡, 사번絲幡, 옥번玉幡이 있다.

90 영락纓絡: 구슬을 꿰어서 만든 목걸이.

91 무애변無碍辯: 사무애지四無礙智·사무애해四無礙解라고도 한다. 마음의 방면으로는 지智 또는 해解라 하고, 입의 방면으로는 변辯이라 한다. ① 법무애法無礙: 온갖 교법에 통달한 것. ② 의무애義無礙: 온갖 교법의 요의要義를 아는 것. ③ 사무애辭無礙: 여러 가지 말을 알아 통달치 못함이 없는 것. ④ 요설무애樂說無礙: 온갖 교법을 알아 중생이 듣기 좋아하는 것을 말하는 데 자재한 것.

92 사보四寶: 금·은·유리·파리玻璃(수정).

93 수미산의 사방에 있는 네 개의 대주大洲 이름은 문헌에 따라 조금 다르다. ① 남섬부

주 : 구역舊譯은 남염부제南閻浮提이니, 수풀과 과일로써 이름을 지었다. ② 동비제하주 : 승신주勝身洲(Pūrva-videha)라 하고, 구역은 동불바제東弗婆提이니, 몸의 형상이 수승하므로 승신勝身이라 한다. ③ 서구다니주 : 우화주牛貨洲라 하니, 소를 화폐로 사용하므로 우화牛貨라 한다. ④ 북구로주 : 구역은 북울단월北鬱單越이며, 승처勝處라 번역하니, 4주 중에서 국토가 가장 수승하므로 승처라 한다.

94 유순由旬 : 인도 이수里數의 단위. 성왕聖王이 하루 동안 가는 거리. 40리(혹 30리)에 해당한다. 또 대유순은 80리, 중유순은 60리, 소유순은 40리라고 한다. 1리도 시대를 따라 그 장단이 같지 않다. 1리를 360보步, 1,800척이라 하면, 1유순은 6마일의 22분의 3에 해당한다.

95 능작천왕能作天王 : 대개 능천주能天主라고 번역된다. '양梁나라'를 언급한 것은 위 대목의 원 출처인『經律異相』이 양나라 사문 승민僧旻과 보창寶唱 등이 엮었기 때문이다. 명나라 본에는 '梁'이 '此'로 되어 있다.

96 『大樓炭經』권4「忉利天品」에 따르면 도리천의 너비가 사방 320만 리이고, 석제환인의 성 너비는 240만 리로 되어 있다.

97 도리천에 관한 부분은『경률이상』권1「忉利天」에서 인용한 것이다.

98 진단국震旦國 :『釋迦方志』에는 '振旦'으로 되어 있으며, '神州'의 칭호라는 주석이 있다.

99 크게 세~8천 리 : 이 단락은『석가방지』「中邊篇」의 '二言里者'에 나온다.

100 미로迷盧 :『석가방지』에는 '蘇迷山'으로 되어 있다.

101 이 단락은『석가방지』「中邊篇」의 '四言水者'에 나온다.

102 여기까지는『석가방지』「중변편」의 '四言水者' 이후에 나온다.

103 『흥기행경興起行經』: 후한後漢의 경맹상康孟詳이 번역한 책.『十緣經』,『嚴誡宿緣經』이라고도 한다. 석가불의 열 가지 본생담을 서술하였다.

104 이 단락의 내용은 모두『석가씨보』에서 인용한 것이다.

105 곽박郭璞 : 유곤劉琨과 더불어 서진西晋 말기부터 동진東晋에 걸친 시풍詩風을 대표하는 시인이다. 시에는 노장老莊의 철학이 반영되어 있으며, 〈遊仙詩〉 14수가 특히 유명하다. 부賦에서는 〈江賦〉가 널리 알려져 있다.『爾雅』,『山海經』,『方言』,『楚辭』 등에 주註를 달았다.

106 화장찰토華藏刹土 : 연화장장엄세계해蓮華藏莊嚴世界海. ⓢ padmagarbhalokadhātu. 비로자나불이 있는 공덕무량功德無量·광대장엄廣大莊嚴의 세계를 말한다. 이 세계는 큰 연화로 되고, 그 가운데 일체국一切國·일체물一切物을 모두 간직하였으므로 연화장세계라 한다. 찰토刹土는 ⓢ kṣetra의 음사인 찰刹에, 그 번역인 토土를 붙인 말로 국토를 뜻한다.

107 주공周公이 간수澗水의~자리 잡고 : 주周나라의 도읍지였던 낙읍洛邑을 선택한 일

은 『書經』「洛誥」에 보인다.

108 내려와 뽕나무를~길하다 하였으니 : 원문 '降觀于桑. 卜云其吉.'은 위 문공을 칭송한 『시경』「鄘風」〈定之方中〉의 구절이다.

109 홍흥泓 선사 : 당나라 승려. 중종 신룡神龍 연간(705~706)에 경사京師에서 활동하였다. 매장하는 법에 정심하여 산과 들을 볼 때마다 그림을 그렸고, 또 관상을 봄에 착오가 없었다고 한다.

110 곽경순郭景純 : 경순은 동진東晋 곽박郭璞의 자. 그는 풍수지리에 관해서 『青鳥經』을 부연하여 『葬經』을 저술하였다. 『장경』은 귀해서 비단 주머니에 보관해야 한다고 해서 '금낭경錦囊經'으로도 불린다.

111 동북쪽의 구덩이 : 『睡隱集』의 「地理之說」에 병기되어 있는 질문을 보면, "동북쪽에 큰 구덩이가 있어서 장열張說의 부귀가 과연 한 세대에 그쳤다.(則東北有大坎. 而張說之富貴. 果止一世.)"라고 되어 있다. 장열(667~730)은 당나라 문학가이자 정치가이다.

112 팔 부러진 공공 : 『睡隱集』의 「地理之說」에 병기되어 있는 질문을 보면, "응당 팔 부러진 공공을 낸다 하더니, 양호羊祜가 말에서 떨어지고 과연 삼공三公을 얻었다.(應出折臂公. 而羊祜之墜馬. 果得三公.)"라고 하였다. 송宋 유의경劉義慶의 『世說新語』 「術解」를 보면, "어떤 이가 양호 부친의 묘를 보고는 후에 응당 명을 받은 임금을 낼 것이라 했다. 양호가 그 말이 싫어서 묘소를 파헤쳐 형세를 훼손했다. 관상쟁이가 보고는, 그래도 팔 부러진 삼공은 내겠다고 했다. 그 후 양호는 말에서 떨어져 팔이 부러졌는데 지위가 과연 공공에 이르렀다."라는 구절이 있다.

113 충방种放 : 955~1015. 북송北宋 낙양洛陽 사람. 자는 명일名逸, 자호는 운계취후雲溪醉侯. 역학易學에 정심하고 과거를 보지 않고 종남산終南山에 은거하며 제자를 길렀다. 『郡齋讀書志』에는 자가 명일明逸로 되어 있고, 『宋史』 본전本傳에는 명일名逸로 되어 있다.

114 이 물음은 과거 대책對策의 질문을 가져온 것이다. 강항姜沆(1567~1618)의 『수은집』의 「지리지설」에 병기되어 있는 질문과 비교할 때 약간의 가감이 있을 뿐이다. 강항은 전라도 영광 출신으로 1582년 16세에 대책으로 향시에 합격하였고, 1587년에 향시 삼장三場에 합격, 1588년 진사시에 합격, 1593년 정시庭試에 병과丙科로 합격하였다. 성혼成渾의 문인이라는 이유로 탄핵을 받았고, 제자 윤순거尹舜擧가 문집을 간행하였다. 답변의 내용도 대부분「지리지설」의 것을 가져왔다.

115 석 달~입맛을 잃고 : 『論語』「述而」에서 "공자가 제나라에서 소 음악을 듣고서는 석 달 동안 고기 맛을 알지 못하고, 말하기를 음악의 지극함이 이런 정도인 줄은 생각하지 못했다고 했다.(子在齊聞韶. 三月不知肉味. 曰. 不圖爲樂之至於斯也.)"라고 했다.

116 종일토록 바보 같으며 : 『논어』「爲政」에서 "공자가 말하길, 내가 안회와 종일 이야기 했는데 어긋나는 의견이 없어 바보 같더니 물러나 사생활을 살펴보니 또한 잘 실행

하고 있으므로 안회는 바보가 아니라고 했다.(子曰。吾與回言終日。不違如愚。退而省其私。亦足以發。回也不愚。)"라고 했다.

117 기소沂에서 목욕하고~쐬는 것 : 『논어』 「선진先進」에서 공자가 제자들에게 자기를 알아준다면 무엇을 하겠냐 묻자, 정치를 하겠다는 다른 제자들과 달리 증석曾晳이 답변한 말이다. 제자들의 발언에 공자는 증석과 함께하겠다고 하였다.

118 삼승三乘 십이분교十二分敎 : 삼승은 성문, 연각, 보살. 십이분교는 부처님의 일대 교설敎說을 그 경문의 성질과 형식으로 구분하여 열두 가지로 나눈 것. ① 수다라修多羅(S sūtra) : 계경契經·법본法本이라 번역, 산문체의 경전. ② 기야祇夜(S geya) : 중송重頌·응송應頌이라 번역, 산문체 경문의 뒤에 그 내용을 운문으로 노래한 것. ③ 수기授記(S vyākaraṇa) : 경 중에 말한 뜻을 문답 해석하고, 또는 제자의 다음 세상에 날 곳을 예언한 것. ④ 가타伽陀(S gāthā) : 풍송諷頌·고기송孤起頌이라 번역, 사언四言·오언五言 또는 칠언七言의 운문. ⑤ 우타나優陀那(S udāna) : 무문자설無問自說이라 번역, 남이 묻지 않는데 부처님이 스스로 말씀하신 경. 『아미타경阿彌陀經』 등. ⑥ 니타나尼陀那(S nidāna) : 연기緣起·인연因緣이라 번역, 경 중에서 부처님을 만나 법을 들은 인연 등을 말한 것. ⑦ 아파타나阿波陀那(S avadāna) : 비유라 번역, 경전 중에서 비유로써 은밀한 교리를 명백하게 한 곳. ⑧ 이제왈다가伊帝曰多伽(S itivṛttaka) : 본사本事라 번역, 부처님이나 제자들의 지난 세상 인연을 말한 곳. 사타가는 제함. ⑨ 사타가闍陀伽(S jātaka) : 본생本生이라 번역, 부처님 자신의 지난 세상에서 행하던 보살행을 말한 곳. ⑩ 비불략毘佛略(S vaipulya) : 방광方廣·방등方等이라 번역, 방정方正 광대한 진리를 말한 곳. ⑪ 아부타달마阿浮陀達摩(S adbhuta-dharma) : 미증유법未曾有法·희유법希有法이라 번역, 부처님이 여러 가지 신통력부사의神通力不思議를 나타내는 것을 말한 것. ⑫ 우바제사優波提舍(S upadeśa) : 논의論議라 번역, 교법의 의리를 논의 문답한 것을 말한다.

119 향상일규向上一竅 : 위를 향하는 하나의 구멍.

120 성해性海 : 변하지 않는 진리나 청정한 본성을 바다에 비유한 말. 진리의 세계. 깨달음의 세계.

121 보현보살 : S Samantabhahra. 변길遍吉이라 번역. 문수사리보살과 함께 석가여래의 협사脇士로 유명한 보살. 문수보살이 여래의 왼편에서 모시고 여러 부처님들의 지덕智德·체덕體德을 맡음에 대하여 이 보살은 오른쪽에서 모시고 이덕理德·정덕定德·행덕行德을 맡았다. 또 문수보살과 같이 일체 보살의 으뜸이 되어 언제나 여래의 중생 제도하는 일을 돕고 드날린다.

122 소강절邵康節 : 소옹邵雍(1011~1077). 강절은 시호. 송宋나라 학자, 시인. 도가사상의 영향을 받고 유교의 『역易』을 발전시켜 특이한 수리철학數理哲學을 만들었다.

123 〈금등金縢〉: 『書經』 「周書」의 편명. 주나라 무왕武王의 병이 위독해지자 그 아우인

주공周公이 병의 쾌유를 비는 책서策書, 곧 〈금등지서金縢之書〉'를 지어 태왕太王·왕계王季·문왕文王을 위한 세 개의 제단에 자신을 대신 죽게 해 달라고 하는 내용을 올려 마침내 무왕이 회복되었으며, 이후 무왕이 죽은 뒤 조카인 성왕成王을 보좌하던 주공이 아우인 관숙管叔 등에 의해 모함을 받고 동쪽으로 물러가게 되었는데, 관숙 등이 잡혀 죽은 후 성왕이 〈금등지서〉를 읽어 보고 주공의 진심을 알게 되어 더욱 존경하게 되자 재변인 벼락과 바람이 그치고, 다시 풍년이 들게 되었다. 그러므로 〈금등〉은 곧 위태로운 주나라 왕실을 지키고자 한 주공의 노력과 마음이 나타나 있는 편으로서, 신하 된 자가 임금의 병환의 회복을 빌거나 나라에 대한 충성심을 나타냄을 비유한다.

124 왕망王莽 : B.C. 45~A.D. 23. 전한前漢 말의 정치가이며 '신新' 왕조(8~24)의 건국자. 갖가지 권모술수를 써서 최초로 선양혁명禪讓革命에 의하여 전한의 황제 권력을 찬탈하였다.

125 가득하면 손해를~가르침을 드리웠습니다 : "가득하면 손해를~이익을 받는다(滿則招損, 而謙則受益)"는 『서경』 「大禹謨」에 나오는 표현이다. 『주역』의 「地山謙卦」에서 "천도는 가득함을 덜고 겸손함을 더한다.(天道虧盈而益謙)"라고 한 부분이 관련된다.

126 동쪽 지역을 크게 살핀 것 : 『서경』 「洛誥」에 나오는 말.

127 초구楚丘 : 춘추전국시대 위나라는 제 환공의 도움을 받아 초구를 수도로 삼아 재건되었다.

128 창록蒼籙 : 창신蒼神의 부록符籙이니, 주周나라가 일어날 때의 길상吉祥을 말한 것이다. 창신은 고대 동방 칠수七宿의 총칭. 『春秋元命包』에서 "은나라 때 오성이 방에 모였다. 방이란 창신의 정精이니, 주나라가 이것에 의지하여 흥했다.(殷時五星聚於房. 房者蒼神之精. 周據而興.)"라고 했다.

129 마음이 성실했기 때문 : 위 문공을 찬양한 『시경』 〈定之方中〉에 나오는 표현이다.

130 후한後漢 때 청오자青烏子가 풍수지리의 원전 격인 『青烏經』을 저술하였다. 내용은 음양이법陰陽理法과 생기生氣와 산의 형상을 살펴 묘 터를 잘 정해야 한다는 것이다.

131 왕돈王敦은 진晉나라 왕도王導의 종형從兄으로 무제武帝의 딸 양성 공주襄城公主와 결혼했다. 원제元帝 때 강동江東을 진압하여 정남대장군征南大將軍이 되어 권력을 전횡하다가 드디어 무창武昌의 난을 일으켰으나 실패하였다. 난을 일으키기 전에 곽박에게 점을 치게 했더니, 곽박은 모반을 하면 큰 화를 당할 것이라 했고, 화가 난 왕돈이 곽박 자신의 수명에 대해 점 쳐보라 했더니, 오늘 대낮에 죽을 것이라 했다. 결국 왕돈은 부하를 시켜 곽박을 사살했다.

132 일행 선사一行禪師(673~727)의 속명은 장수張遂. 당나라 현종이 자문을 구하던 승려였다. 가물 때 비를 내리게도 하였는데, 현종이 사직의 운명에 대해 묻자 "임금 수레가 만 리 행차할 것(鑾興有萬里之行)"이라 하였다. 현종은 이것이 길하다고 여겼으나

결국 안녹산安祿山의 난리 때 사천四川으로 피신하면서 이 구절의 의미를 깨달았다. 명황明皇은 현종의 별호.
133 자신에게서 나와 자신에게 돌아가고 : 증자曾子의 말로서, 『孟子』「梁惠王」에 나온다.
134 진박陳搏 : 『宋史』에서는 진단陳摶이라고도 하였다. 872~989. 자는 도남圖南, 자호는 부요자扶搖子. 화산華山에 은거하였다. 송 태종이 희이 선생希夷先生이라는 칭호를 내려 주었다. 그의 선천도설先天圖說은 송나라 이학理學에 큰 영향을 끼쳤다. 그의 무극도無極圖에 의거하여 주돈이周敦頤가 태극도太極圖를 만들었다.
135 한신韓信 : 한나라 초기 무장. 회음淮陰(江蘇省) 출생. 항량項梁과 항우項羽를 따랐지만 중용되지 못하고, 한왕漢王 유방劉邦에게 망명하여 한나라를 세우는 데 지대한 공을 세운다. 그러나 모반을 꾀한다는 고발에 초왕楚王에서 회음후淮陰侯로 강등되었고, 끝내 살해당했다.
136 장풍藏風 : 혈 주변의 산세가 혈을 중심으로 잘 감싸 주어 외부로부터 바람을 막아 혈의 기운을 잘 보호하는 것.
137 위재韋齋 : 주희朱熹의 부친 주송朱松의 호.
138 오해五害 : 장사지내지 않는 다섯 가지 산. 민둥산, 무너진 산, 돌산, 생기가 멈추지 않고 흘러가는 산(過山), 홀 산(獨山). 『錦囊經』.
139 경중원京仲遠 : 송나라 사람. 양만리楊萬里와 교류하였다.
140 양성재楊誠齋 : 양만리楊萬里(1127~1206). 자는 정수廷秀, 호는 성재誠齋. 시詩에 있어서 처음에는 강서파江西派를 배웠다가 후에 왕안석王安石과 만당晩唐의 시를 배워 신선한 '양성재 시체詩體'를 개발했다. 『誠齋集』이 있다.
141 천수산天壽山 : 북경 북쪽으로 30km 창평현昌平縣 북쪽에 있다. 명나라 황제 13능이 여기에 있다.
142 나는 도끼 모양을 따르겠다 : 『예기』「檀弓」에 나오는 말. 도끼 모양은 '말갈기 같은 봉분(馬鬣封)'을 가리킨다고 『예기』에 기술되어 있는데, 유종원은 이 구절을 인용하면서 "도끼 모양은 옆은 좁고 칼날처럼 위로 길다.(斧形旁殺刃上而長)"라고 주를 달았다.
143 북망산北邙山 : 하남성河南省 낙양洛陽 북쪽에 있는 산. 후한後漢의 여러 능과 당송唐宋 때 명신名臣의 묘가 많다.
144 구원九原 : 현재 산서성山西省 운성시運城市 신강현新絳縣 북쪽에 있다.
145 추구芻狗 : 짚으로 만든 개. 제사에서 정중하게 쓰는데 제사가 끝나면 버리므로 '필요할 때 찾고 쓸 일이 없으면 버림, 가치 없이 된 물건'이라는 뜻으로 쓴다.
146 『홍낭경紅囊經』· 『금낭경錦囊經』 : 『금낭경』은 곽박이 쓴 『장경』의 이칭. 『홍낭경』은 명나라 이삼소李三素가 쓴 『天機貫旨紅囊經』을 말한다. 이삼소는 강희강서의풍지리풍수종사康熙江西宜豐地理風水宗師. 이 책에 이정李禎(1376~1452)의 발문이 있다. 이

정의 자는 창기昌祺로, 『永樂大典』을 찬수하는 데 참여하였다.

147 천괘天卦·지괘地卦 : 『象村稿』「先天竅管」에 따르면, 북송 때 소옹邵雍의 『皇極經世書』의 이른바 천괘·지괘란 건곤을 나눈 것으로, 「夬卦」에서 「復卦」까지는 천괘, 「姤卦」에서 「복괘」까지는 지괘가 된다(經世書之所謂天卦地卦。中分乾坤。自夬至復爲天卦。自姤至復爲地卦。)고 하였다.

148 등사 현무螣蛇玄武 : 등사는 하늘을 나는 뱀으로 중앙을 지키고, 현무는 북쪽을 지킨다. 둘 다 육신六神에 속하는데, 육신은 사주팔자의 길흉화복을 간명看命하기 위한 수단으로 오행의 음양을 세분한 것이다.

149 38 : 묘지를 택하는 방법에 관한, 당나라 일행一行 선사가 쓴 38장將의 법.

150 도가 장차~폐해짐도 명이라고 : 이 구절은 『史記』「仲尼弟子列傳」에 나온다.

151 복서卜筮 : 점. 거북 껍질이나 소뼈를 불에 태워 갈라지는 모양을 보고 길흉을 헤아리는 것을 복, 서죽筮竹과 산가지(算木)를 이용하여 얻은 수로 헤아리는 것을 서라고 한다. 복은 은나라 때, 서는 주나라 때 유행했다.

152 공자가 배에~없음을 점쳤고 : 공자 제자 자공子貢이 밖으로 공부하러 간 지 오랜 시간이 흘러도 돌아오지 않자 공자가 점을 쳤다. 정괘鼎卦를 얻었는데, 발이 없는 정鼎이었다. 제자들은 발이 없으니 자공이 돌아오지 않을 것이라고 했지만 안회顔回는 미소를 지었다. 공자는 안회가 웃는 것은 자공이 돌아올 것이라 해석했기 때문이라고 말했다. 그래서 제자들이 안회에게 그 이유를 물으니, 안회는 발이 없으니 배를 타고 올 것이라 했다. 남조南朝 양梁나라 예운殷芸의 『殷芸小說』.

153 군평君平은 성도成都에서 점쳤고 : 서한西漢의 엄준嚴遵(자는 君平)은 성도成都 시장에서 점을 쳐서 생계를 꾸렸는데, 매일 백 냥을 얻으면 생활하기에 충분하다며 문을 닫고 책을 읽으며 구차히 얻으려 하지 않았다고 한다. 『漢書』「王貢兩龔鮑傳序」.

154 일행一行은 스님인데~미루어 계산하였으니 : 일행 선사는 724년에 역법曆法 개편 작업을 시작하여 역법에 『易』의 형이상학을 결부시킨 『大衍曆』(52권)을 완성시켰다. 이 역법에 의하여 계산된 태음력은 그의 사후인 729년부터 전국에 배포되었다.

155 복사卜師가 거북점의~조짐을 살펴봄 : 『周禮』「春官宗伯」의 구절 '卜師掌開龜之四兆'에서 '開'는 '점서를 꺼내 본다(開出其占書也)'라는 뜻이라고 하였다. 한漢나라 때 정현鄭玄이 주注를 달고, 당唐 가공언賈公彦이 소疏를 단 『周禮注疏』참고.

156 태복太卜이 세~법을 관장하였으니 : 『주례』「春官宗伯」의 구절. 네 조짐은 방조方兆, 공조功兆, 의조義兆, 궁조弓兆, 세 조짐은 옥조玉兆, 와조瓦兆, 원조原兆이다.

157 49가지 : 『주역』에서 산가지가 50개인데 먼저 그중에 하나를 빼어 태극이라 하여 구별하고, 나머지 49개를 두 손에 나눠 잡고 점을 친다.

158 신을 궁구하고 조화를 안다(窮神知化) : 『周易』「繫辭」에 나오는 말.

159 오묘한 것들의~현묘함을 찾고 : 『道德經』 1장에서 "현묘한 중에서도 더욱 현묘하니

오묘한 것들의 문이다.(玄之又玄。衆妙之門。)"라고 하였다.

160 큰 바탕(太素) : 『列子』「天瑞」에서 "태소란 바탕의 시작이다.(太素者。質之始。)"라고 하였다.

161 방方·공功·의義·궁弓과 옥玉·와瓦·원原 : 이들은 앞서 나온 거북점의 조짐 이름이다. 『周禮注疏』에 따르면, 방·공·의·궁의 뜻은 알 수 없고, 옥·와·원은 거북 껍질의 갈라지는 모양이 옥·기와·들밭(原田)과 같음을 표시한 것이다. 두자춘杜子春은 옥조玉兆는 전욱顓頊의 조짐이고, 와조瓦兆는 요堯의 조짐이고, 원조原兆는 주나라의 조짐이라고 했다.

162 국청사國淸寺 : 절강성浙江省 태주시台州市 천태현天台縣 불하령佛霞岺의 동북쪽에 있는, 천태종의 본산이라 일컬어지는 사찰. 개성에 있는 동일 명의 사찰은 의천義天이 이곳에서 천태교학 강의를 본격적으로 시작한 곳이다.

163 사賜 : 공자 제자 자공子貢의 이름이 단목사端木賜이다.

164 쇠는 짧고~길다(金短木長)는 설說 : 겨울철에 소옹邵雍(자는 康節)이 유시酉時에 화로를 끼고 앉아 있는데 문을 두드리는 소리가 들렸다. 처음에 한 번 낮은 소리가 나고, 이어서 다섯 번 낮은 소리가 나더니, 물건을 빌려 달라고 하였다. 강절은 아들에게 무엇을 빌리러 온 것인지 추측해 보라고 했다. 처음의 한 소리는 건乾에 속하여 상괘上卦가 되고, 뒤의 다섯 소리는 손巽에 속하여 하괘下卦가 된다. 유시酉時는 10으로 동효動爻이니 '(1+5+10)÷6'은 2와 나머지 4가 된다. 그래서 대성괘大成卦는 천풍구天風姤가 된다. 구사효九四爻가 움직이매 손괘巽卦는 목木이 되고, 호괘互卦(卦象만으로 설명이 부족할 때 내효괘, 즉 2효부터 4효까지와, 외효괘, 즉 3효부터 5효까지의 象을 취하여 보충하는 것) 중건重乾을 보고, 괘를 써서 또 건乾이 된다. 괘상卦象에서 세 개 건괘乾卦는 금金에 속하고, 두 개 손괘巽卦는 목에 속한다. 그러므로 빌리러 온 물건은 금속 목기木器일 것이다. 그리고 괘의 이치에 있어서 금속물金屬物은 일반적으로 짧고, 목제물木制物은 일반적으로 길다. 강절의 아들은 그러므로 빌리러 온 물건은 호미일 것이라고 했다. 그러자 강절은 호미가 아니라 도끼가 틀림없다고 했다. 괘상으로 추론하면 도끼든 호미든 타당하지만 괘의 이치로 추측해 보면 겨울철 밤에 호미가 무슨 소용인가, 당연히 땔감을 쪼개는 데 쓰는 도끼가 합당하다는 것이다.

165 여자는 솥의~경계해야 한다 : 솥의 발이 부러지면 솥에 있던 내용물이 쏟아져 버리기 때문이다. 이는 『주역』「鼎卦」 구사효九四爻의 "솥의 다리가 부러져서 수라상의 음식이 쏟아지니, 부끄러워 얼굴에 땀이 흥건하다. 나쁜 결과가 올 것이다.(鼎折足。覆公餗。其形渥。凶。)"라는 말에서 나온 것이다.

166 천진교天津橋를 거닐다~등용하리라고 탄식했다 : 소옹邵雍이 밤중에 낙양洛陽의 천진교를 거닐다 때 아닌 두견새 울음을 듣고, 봄기운은 남쪽에서 북쪽으로 올라오는 법인데 두견새가 우는 것으로 보아 남방 태생인 왕안석王安石이 득세하여 천하가 혼

란할 것이라 예언했다 한다.
167 낙읍洛邑을 먹어 들어갔기 때문이니 : '낙읍을 먹어 들어간다(惟洛食)'라는 구절은 『서경』「洛誥」에 나오는 말. 윤휴尹鑴의 『白湖全書』「雜著」〈讀尙書〉의 "하수河水를 앞으로 하고 제수濟水를 뒤로 하여 진유溱洧를 먹는다."라는 말과 같으며, 낙읍에 가깝다는 뜻이라고 했다.
168 삼명三命 : 세 가지 운명. 곧 명대로 복을 누림과 착한 일을 해도 해害를 입음, 그리고 선악 간에 마땅한 갚음을 받는 것의 세 가지.
169 이 구절과 아래 인용 구절은 『寶藏論』에 나온다.
170 금단 옥액金丹玉液 : 금단은 도사道士가 정련한 황금의 정精으로 만든 환약. 먹으면 장생불사長生不死의 신선이 된다고 하는 영약靈藥. 옥액은 옥에서 나는 즙. 마시면 오래 산다고 하여 도가에서는 선약으로 친다.
171 여재呂才 : 606~665. 당나라 철학가. 본문의 말은 『舊唐書』「呂才傳」에 나온다.
172 장평長平에서 구덩이에 묻힌 군졸들 : 장평은 산서성山西省 고평시高平市 서북西北에 있는 마을. 『史記』「白起王翦列傳」에 따르면, 조趙나라 장수 조괄趙括이 진秦나라 무안군武安君 백기白起에게 패하였는데, 백기는 항복한 조나라 군졸 40만 명을 모두 구덩이에 파묻어 죽였다고 한다.
173 삼형三刑 : 십이지十二支를 사방에 세 개씩 배치하여 형살刑殺을 따지는 것. 사巳·유酉·축丑은 서방에, 인寅·오午·술戌은 남방에, 해亥·묘卯·미未는 동방에, 신申·자子·진辰은 북방에 형이 있다고 한다.
174 육합六合 : 월건月建과 일신日辰의 지지地支가 상합하는 길일. 자子는 축丑과 합하고, 인寅은 해亥와 합하고, 묘卯는 술戌과 합하고, 진辰은 유酉와 합하고, 사巳는 신申과 합하고, 오午는 미未와 합하니, 이를 육합이라 한다.
175 영안 부원군永安府院君 : 김조순金祖淳(1765~1832). 본관은 안동, 초명은 낙순洛淳, 자는 사원士源, 호는 풍고楓皐. 순조의 장인으로 영의정 창집昌集의 4대손이며 아버지는 부사 이중履中이다. 딸이 순조의 비 순원왕후純元王后로 봉해지자 영돈녕부사 領敦寧府事로 영안 부원군에 봉해졌다. 어릴 때부터 기량과 식견이 뛰어났으며 성격이 곧고 밝아서 정조의 사랑을 받고 왕세자의 보도輔導를 맡았고, 국구國舅가 된 뒤로는 왕을 보필하여 군덕君德을 함양시키는 일에 진력하였다. 문장이 뛰어나 초계문신이 되었고 많은 저술을 남겼으며, 죽화竹畫도 잘 그렸다. 저서로 『楓皐集』이 있다.
176 현암玄巖 : 경기도 이천시 백사면 현방리. 이곳에 1833년에 지방 유림의 건의로 김조순을 기리는 서원을 세웠고, '현암'이라 사액賜額되었다.
177 영원사靈源寺 : 경기도 이천시 백사면 송말리 원적산圓寂山에 있는 사찰. 신라 선덕여왕 7년(638)에 창건되었다. 이후 몇 차례 중창되었으며 한때 폐허가 되었던 것을 1825년(순조 25) 치감致鑑이 김조순의 시주를 받아 중창하면서 절 이름을 현재의 영

원사로 바꿨다.

178 개사開士 : 보살 또는 고승을 달리 이르는 말. 법을 열어 중생을 성불成佛할 수 있는 길로 인도하는 사부라는 뜻이다.

179 빈도貧道 : 자신의 도가 부족하다는 뜻으로 승려가 스스로를 일컫는 겸사.

180 왕순王珣 : 349~400. 자字는 원림元琳, 어릴 때 소자小字는 법호法護. 동진東晉의 저명한 서법가書法家 왕도王導의 손자이자 왕희지王羲之의 조카.

181 진晉나라 태복경太僕卿~않음이 없습니다 : 당唐의 법림法琳이 지은『辯正論』권3에서 발췌한 것이다.

182 총림叢林 : 승려들의 참선수행 전문도량인 선원禪院과 경전 교육기관인 강원講院, 계율 전문교육기관인 율원律院 등을 모두 갖춘 사찰. 여기서는 불교계 전반을 뜻하는 말로 쓰였다.

183 문방門榜 : 도량을 세우고 방을 걸어 제시하는 글인 '도량방' 가운데 신어神馭(신주, 위판)를 맞이하는 내용을 말한다. 이유원李裕元(1814~1888)의『林下筆記』참조.

184 기타祇陁 : 기타祇陀. Ⓢ Jeta, Jetṛ. 인도 사위성 바사닉왕의 태자 이름. 자기 소유의 수풀, 기타림祇陀林을 석존에게 바친 일로 유명하다.

185 견고림堅固林 : 사라림娑羅林. 사라(Ⓢ slavṛkṣa)는 겨울철에도 시들지 않아서 '견고'라 한다.『翻譯名義集』참조. 부처님이 구이성拘夷城 역사생지력사生地 희련하熙連河 옆의 견고림 한 쌍의 나무들 사이에서 열반하셨다고 한다.

186 사위성舍衛城 옆에는~거꾸러져 있네 : 이 문장은「集古今佛道論衡序」에 나온다.

187 법류法流를 열어~혼미함을 비추네 : 이 문장은『辨正論』권2에 나오는데 '開法流'가 '鏡法流'로 되어 있다.

188 안도安道 : 대규戴逵(326~396)의 자字. 동진東晉의 저명한 미술가이자 음악가.

189 원적圓寂 : 원만圓滿 구족한 적멸寂滅. 모든 번뇌를 완전히 소멸한 열반의 상태. 승려의 죽음을 뜻하기도 한다.

190 감실龕室 : 불상을 모시는 방이 있는 탑.

191 크고 넓음을~바람에 흔들리네 : 이 문장은『변정론』권3에 나오는데 순서와 표현이 조금 다르다. "乃開拓規摹。備加輪煥。七重周亘。百栱相持。龕室高竦。欄宇連袤。金盤捧雲表之露。寶鐸搖天上之風。"

192 길조吉鳥가 날아~광명으로 비추도다 : 이 문장도『변정론』권3에 나오는데 순서와 표현이 조금 다르다. "照淨土於神光。開化佛於圓影。"

193 우리 주상~경사를 내리소서 : 태양으로 나아가고 구름을 바라본다는 것은 임금을 사모함을 가리킨다.『史記』「五帝本紀」에 "제요帝堯는 방훈放勳인데, 인자함이 하늘 같고 지혜가 신 같아 나아가매 태양 같고, 바라보매 구름 같다.(帝堯者放勳。其仁如天。其知如神。就之如日。望之如雲。)"라고 하였다.

194 왕비 전하 : 순원왕후純元王后(1789~1857)를 가리킨다. 김조순의 딸.
195 옥청玉淸 : 신선이 사는 세 궁전인 삼청三淸의 하나. 나머지는 태청太淸과 상청上淸.
196 문손文孫 : 임금의 자손. 『書經』「立政」의 '文子文孫'에서 나온 말이다.
197 세자 저하 : 효명세자孝明世子(1809~1830)를 가리킨다. 1812년에 왕세자에 책봉되었고, 1827년에 대리청정代理聽政을 하여 치적에 힘썼으나 4년 만에 죽었다.
198 능히 성숙하시고(克岐) : 『시경』「大雅」〈生民〉 "태어나 기어다니매 능히 성숙하시니(誕實匍匐。克岐克嶷。)"에서 나온 말이다.
199 육수六修 : 육예六藝 닦음을 가리키는 듯하다. 육예는 군자가 익혀야 할 예禮, 악樂, 사射, 어御, 서書, 수數이다.
200 구기九旗 : 휘호徽號나 등급의 다름을 표시하기 위한 아홉 종류의 깃발로, 상常, 기旂, 전旜, 물物, 기旗, 여旟, 조旐, 수旞, 정旌 등을 말한다.
201 구변九辯 : 춘추시대 초나라 왕족 출신인 굴원屈原의 제자로서 초나라의 궁정 시인인 송옥宋玉은 스승 굴원에 대한 동정심과 왕에 대한 억울한 마음을 『楚辭』에 수록된 「九辯」에 나타냈다. 여기서는 충성심을 나타내는 뜻을 쓴 듯하다. 또는 보살들이 특별히 지니는 아홉 가지 변재辯才를 지칭하기도 하는데, 무차변無差辯, 무진변無盡辯, 상속변相續辯, 부단변不斷辯, 불겁약변不怯弱辯, 불경포변不驚怖辯, 불공여변不共餘辯, 무변제변無邊際辯, 일체천인소애중변一切天人所愛重辯이다.
202 팔능八能 : 음양과 율력과 오음五音 등을 잘 조화시키는 능력. 『後漢書』「儀禮志」에서 "팔능을 잘하는 여덟 명에게 황종黃鍾의 율간우律間竽를 불거나 황종黃鍾의 종을 치거나 음양을 가늠(度晷景)하게 하였다."라고 했고, 『樂府詩集』「郊廟歌辭」〈高明樂〉에서 "인물은 팔능을 갖추고, 음악은 팔변八變에 부합하다."라고 했다.
203 오화五花의 판위 : 오화는 중서사인中書舍人의 별칭. 당唐나라 때 최고 정치 기관인 중서성中書省에 중대사가 있으면, 중서사인들이 각각 소견을 적어서 제출하였는데, 그것을 오화판사五花判事라 하였다. 『職林』.
204 봉황지鳳凰池 : 중서성中書省의 별칭. 옥당玉堂, 봉지鳳池.
205 추로鄒魯 : 추鄒는 맹자孟子의 출생지, 노魯는 공자孔子의 출생지.
206 이주二周 : 동주東周와 서주西周. 기원전 770년에 주 평왕周平王이 동쪽으로 옮긴 후 낙양洛陽으로 천도한 것을 동주라 하고, 그 이전 풍호豐鎬를 도읍으로 했던 시기를 서주라 한다. 그런데 주 평왕이 낙양으로 옮긴 후 주 고왕周考王 때까지를 약소한 동주 가운데 서주라고 구별하기도 한다.
207 임치臨淄 : 산동성山東省 광요현廣饒縣 남부에 있던 도시. 서주西周 시대에 제 헌공齊獻公이 기원전 859년 박고薄姑로부터 이곳으로 천도遷都한 뒤 기원전 3세기 말 제나라가 멸망할 때까지 도읍으로 번영하였다.
208 도도가 융성한~모두 칭송하도다 : 이 문장은 「낙빈왕이 제주 부로들을 위해 봉선에

참석하는 것을 청한 글(駱賓王爲齊州父老請陪封禪文)」에 나오는데 표현이 조금 다르다. "是知道隆光澤。既輯玉於雲台。業紹禋宗。必塗金於日觀……然而鄒金魯舊邦。臨淄遺俗。俱沐二周之化。咸稱一變之封." 낙빈왕은 당나라 초기의 시인이다.

209 삼유三有 : 중생의 세 가지 생존 상태. 욕유欲有는 탐욕이 들끓는 욕계의 생존. 색유色有는 탐욕에서는 벗어났으나 아직 형상에 얽매여 있는 색계의 생존. 무색유無色有는 형상의 속박에서 완전히 벗어난 무색계의 생존이다.

210 육도六途 : 지옥, 아귀, 축생, 수라, 하늘, 인간 세상.

211 사은四恩 : 국왕, 부모, 중생, 삼보三寶의 은혜.

212 구양歐陽 문충공文忠公 : 구양수歐陽修(1007~1072). 문충공은 시호. 송나라의 정치가 겸 문인. 한림원 학사翰林院學士 등의 관직을 거쳐 태자 소사太子少師가 되었다. 송나라 초기의 미문조美文調 시문인 서곤체西崑體를 개혁하였고, 당나라의 한유를 모범으로 하는 시문을 지었다. 당송팔대가唐宋八大家의 한 사람이었으며, 후배들에게 많은 영향을 주었다.

213 태고太古 : 1301~1382. 고려 말기의 승려. 본관은 충청도 홍주洪州, 속성은 홍씨洪氏. 첫 법명은 보허普虛, 태고는 호. 법명은 보우普愚이다.

214 소요逍遙 : 1562~1649. 조선 중기의 승려. 성은 오씨吳氏. 소요는 호. 법명은 태능太能. 전라남도 담양 출신. 서산 대사 휴정休靜의 전법 제자傳法弟子.

215 진묵震默 : 1562~1633. 조선 중기의 승려. 진묵은 호. 법명은 일옥一玉. 출생지는 전라도 만경현 불거촌이다.

216 규장珪璋 : 옥으로 만든 귀중한 그릇 또는 예식 때 장식으로 쓰는 구슬이라는 뜻으로, 훌륭한 인품을 이른다.

217 명당明堂과 곡대曲臺 : 명당은 천자가 제후를 조회하는 당이다. 명당에서 조회하는 서열 및 제사에 사용되는 기물, 음악 등을 기록한 것이『예기』「明堂位」편이다. 곡대는 한나라 천자의 사궁射宮인데, 후창后蒼이 거기에서『禮經』을 편찬, 교정하였다.

218 좌구명左丘明·자하子夏·한유韓愈·맹교孟郊 : 좌구명은 춘추시대 노나라 학자로서『춘추좌씨전』과『國語』의 지은이로 알려졌다. 자하는 공자의 제자로서 시와 예에 통하였으며, 공자의『춘추』를 전하여『公羊傳』과『穀梁傳』의 원류를 이루었다. 한유는 당나라 문학가로서 문체 개혁을 선도하였다. 맹교는 당나라 시인인데 한유의 주장에 동조하여 외면적인 고풍古風 속에 예리하고 창의적인 감정과 사상을 담아냈다.

219 엄중淹中과 직하稷下 : 엄중은 노나라 마을 이름으로, 일례逸禮 39편이 출토되었다. 일례는『儀禮』17편 이외에 고문古文의『禮經』을 말한다. 직하는 전국시대 제나라 도읍인 임치臨淄의 직문稷門 아래에 있었던 학궁學宮을 가리킨다. 제자백가들이 모여들어 학문의 꽃을 피웠다.

220 삼청 삼통三淸三洞 : 삼청이란 옥청玉淸, 상청上淸, 태청太淸을 말한다. 이 셋은 도교

의 36천 가운데 가장 높은 것이다. 원시천존元始天尊이 옥청, 영보천존靈寶天尊이 상청, 도덕천존道德天尊이 태청을 주관한다. 삼통이란 통진洞眞, 통현洞玄, 통신洞神이라 하여 불교의 경율론 삼장처럼 도장경道藏經을 분류하고 이를 합칭한 것이다. 현묘함을 통달함에 셋이 있음을 말한다. 『雲笈七籤』참조.

221 구부 구선九府九仙 : 삼청에 해당하는 태청太清의 세계에 구선九仙이 있고, 상청上清의 세계에 구진九眞이 있으며, 옥청玉清의 세계에 구성九聖이 있어 모두 27위位라 한다.

222 영보 도명靈寶度命 : 『太上洞玄靈寶轉神度命經』이외 비슷한 제명의 책들이 있다. 조선시대 도류道流를 뽑기 위한 시험과목 중 '독讀'은 『영보경』으로 했다고 『경국대전』에 전한다.

223 삼청 삼통三淸三洞의~영보 도명靈寶度命 의식 : 「辯正論序」에서 가져온 표현이다.

224 용궁 바다에~둔 보물 : 현세의 불법이 유행하지 않게 될 때에는 용왕이 용궁에서 경전을 수호한다고 한다.

225 문원文苑의 한림翰林 : 문원은 예문관의 별칭이고, 한림은 예문관藝文館 검열檢閱의 별칭이다.

226 황상黃裳 : 『주역』「坤卦」육오六五에 "그 덕이 황색 치마와 같으니, 크게 선하여 길하다.(黃裳元吉)"라는 말이 나온다. 노란색은 왕을 가리키나 치마이므로 왕 다음의 실권자를 가리킨다.

227 산도山濤 : 진晉나라 사람으로서 이부 상서吏部尙書가 되어 좋은 인물을 많이 등용하였다.

228 조무趙武 : 진晉 헌문자獻文子 조무의 새집이 준공되자 대부들이 가서 축하하였다. 그 자리에서 장로가 말하기를, "규모가 크고 화려하여 아름답도다. 여기에서 노래하고 여기에서 곡읍을 하고, 여기에서 국빈과 종족을 모아 즐기리로다.(美哉輪焉。美哉奐焉。歌於斯。哭於斯。聚國族於斯。)"라고 하니, 헌문자가 장로의 말을 되풀이하면서 두 번 절하고 머리를 조아리자, 군자들이 축사와 답사를 모두 잘했다고 칭찬하였다. 『예기』「檀弓」.

229 영사靈蛇의 구슬을~옥玉을 찼습니다 : 이 구절은 삼국시대 위魏나라 조식曹植의 「양덕조에게 보낸 편지(與楊德祖書)」중 "사람마다 말하길 영사의 구슬을 갖고 있다고, 집집마다 형산의 옥을 지니고 있다 말합니다.(人人自謂握靈蛇之珠。家家自謂抱荊山之玉。)"라는 구절을 차용한 것이다. 영사의 구슬이란, 『淮南子』「覽冥訓」에서 "수후隋侯가 창자 끊긴 뱀을 보고 약을 발라 주었더니, 뒷날 이 뱀이 강 속에서 큰 주옥을 물고 나와서 은혜를 갚았다."라고 한 데서 나온 말이다. 좀처럼 얻기 어려운 보물로, 문인에게는 훌륭한 문장을 뜻한다. 형산은 보배 옥이 나는 것으로 유명하며, 화씨벽和氏璧도 여기서 나온 것이다. 형산의 옥 역시 진귀한 것을 뜻한다.

230 중관中觀 : 유가유식瑜伽唯識과 함께 인도 대승불교의 대표적인 2대 사상으로 불린다. 2세기에서 3세기에 걸쳐 활약했던 용수龍樹가 『中論頌』과 기타 저작을 내어 원시불교의 근본사상인 연기설緣起說을 공空의 입장에서 심화시켜 철학적 기초를 세웠다.

231 십이인연 : 생로병사라는 사고四苦로 표현되는 우리들 존재는 무명無明에서 시작해서 노사老死로 끝나는 다음과 같은 열두 종류의 계기에 의해서 성립한다고 보는 인과법칙이다. 무명無明→행行→식識→명색名色→육처六處→촉觸→수受→애愛→취取→유有→생生→노사老死.

232 『기신론起信論』과 『백론百論』: 『기신론』은 마명馬鳴(Ⓢ Aśvaghoṣa)이 저술했다고 하거나 중국에서 만들어졌다고 한다. 내용은 인간의 마음(衆生心)이란 공간적으로는 전 세계를 인식의 내용으로 하고, 시간적으로는 영원한 과거로부터의 역사를 포함하면서 무한한 미래를 개척하며, 망상妄想과 깨달음의 두 가지 성질을 지니고 있으니, 이 마음의 위대성을 대승大乘이라고 하는데, 이 마음을 수행함으로써 망상에서 벗어나 깨달음에 도달할 수 있다는 것이다. 『백론』은 용수龍樹(Ⓢ Nagarjuna)의 제자인 제바提婆(Ⓢ deva)가 지은 책이다. 외도의 좋지 못함을 말하고, 대승불교와 소승불교의 옳은 것을 설파했다.

233 오래도록 중관中觀과 ~『백론百論』을 공부하여 : 이 구절은 『辯正論序』의 "加以舊習中觀, 少蘊法華."를 변용한 것이다.

234 마명馬鳴과 용수龍樹 : 마명은 중인도 마가다 사람으로 불멸 후 6백 년경에 출세한 대승의 논사論師이다. 본래 외도의 집에 나서 논의를 잘하며 불법을 헐뜯었으나 협존자脇尊者(일설에는 富那奢)와 토론을 벌여 설복당하고 그의 제자가 되었다. 북쪽의 월지국으로 들어가 임금의 보호를 받으며 대승불교를 선전하였다 하여 그를 대승불교의 시조라고 한다. 용수는 마명의 뒤에 출세하여 대승법문을 성대히 선양하니, 대승불교가 그로부터 발흥하였으므로 후세에는 그를 제2의 석가, 8종宗의 조사 등으로 일컫는다.

235 『화엄론華嚴論』: 당나라 때 이통현李通玄이 쓴 『新華嚴經論』.

236 옛날 융주隆州~그을렸다고 합니다 : 이 이야기는 『法苑珠林』 등에 나온다.

237 십계十界 : 불계佛界·보살계菩薩界·연각계緣覺界·성문계聲聞界(이상은 깨달은 세계), 천상계天上界·인간계人間界·수라계修羅界·축생계畜生界·아귀계餓鬼界·지옥계地獄界(이상은 미혹한 세계) 등이다.

238 팔부八部 : 불법을 수호하는 천天, 용龍, 아수라阿修羅, 야차夜叉 등 여덟 종류의 신장神將.

239 삼륜三輪 : 중생을 위해 몸과 뜻과 말로 행하는 세 가지 활동. 윤輪은 전륜성왕이 윤보輪寶를 굴려 모든 장애를 부수듯 중생의 번뇌를 부순다는 뜻이다.

240 통적通籍 : 문적門籍이나 명패名牌에 성명과 연령 등을 적어 궁문宮門의 출입을 허가해 주던 일. 관적官籍에 오름을 뜻하기도 한다. 여기서는 본적本籍의 의미로 쓴 듯하다.

241 적량공狄梁公 : 당나라의 명재상인 적인걸狄仁傑. 적인걸이 사후에 양국공梁国公에 봉해졌기 때문에 얻게 된 칭호. 적인걸이 하양河陽에 어버이를 남겨 두고 병주幷州로 벼슬살이를 나가다가 태항산太行山에 올라 흰 구름이 외롭게 나는 것을 바라보고 고향에 계신 부모를 그리워한 일이 있다. 『舊唐書』 권89 「狄仁傑列傳」.

242 대애도大愛道 : Ⓢ mahāprajāpatī. 싯다르타의 어머니 마야(māyā)의 여동생. 마야가 싯다르타를 낳은 지 7일 만에 세상을 떠나자 그를 양육하였다.

243 의수意樹 : 사람의 마음을 비유적으로 이르는 말. 나무에 따라 좋은 열매가 열리기도 하고 나쁜 열매가 열리기도 하듯이, 사람의 마음에 따라 좋은 인과응보를 얻기도 하고 나쁜 인과응보를 받기도 한다는 뜻이다.

244 용암龍岩 : 1783~1841. 율봉 청고栗峰青杲의 법손法孫. 저자인 공여 대사의 스승.

245 사리闍黎 : 제자의 품행을 규정糾正하는 일을 하거나 일반 승려들에게 덕행을 가르치는 승려를 높여 부르는 말. 본래 Ⓢ Ācārya로서, '아사리阿闍梨'라고 음역하였는데, '사려闍黎, 사리闍利, 사리闍梨'로 줄여서 표기하기도 하며, '궤범軌範' 또는 '정행正行'으로 의역하기도 한다.

246 작로鵲爐 : 작미로鵲尾爐. 자루가 긴 향로를 말한다. 남조南朝의 제齊나라 왕염王琰의 『冥祥記』에, 비숭선費崇先이 경전을 들을 때마다 작미鵲尾 향로를 무릎 앞에 놓았다는 말이 있다.

247 굴窟에 상왕象王이~길조 나타났도다 : 최치원崔致遠의 「新羅迦耶山海印寺善安住院壁記」를 인용한 것이다. 최치원의 글은 다음과 같다. "觀其鯨桿騰雷。鵲爐飛霧。仰三尊而有裕。顧四衆以無讙。窟現象王。緩擧象王之步。座升師子。高揚師子之音。"

248 삼변정토三變淨土 : 시방의 분신分身 제불諸佛을 모으기 위하여 부처님께서 세 번 국토를 청정히 하는 의식으로 나타난 것. 『법화경』 「見寶塔品」 제11.

249 팔구八區 : 팔방의 구역. 곧 온 천하.

250 팔인 팔지八忍八智 : 견도見道에 들어가 사성제四聖諦를 관하여 이룬 무루의 법인 법지法忍法智. 이것을 16심心이라 한다. 유식종에서는 16심을 모두 견도라 하고, 구사종에서는 앞의 15심은 견도, 뒤의 1심을 수도修道라 한다. 고법인苦法忍·고법지苦法智·고류인苦類忍·고류지苦類智·집법인集法忍·집법지集法智·집류인集類忍·집류지集類智·멸법인滅法忍·멸법지滅法智·멸류인滅類忍·멸류지滅類智·도법인道法忍·도법지道法智·도류인道類忍·도류지道類智.

251 팔고八苦 : 중생들이 받는 여덟 가지 괴로움. 곧 생고生苦·노고老苦·병고病苦·사고死苦·애별리고愛別離苦·원증회고怨憎會苦·구부득고求不得苦·오음성고五陰盛苦를

가리킨다.

252 마하연摩訶衍 : 여기서는 암자 이름인데, 본래 ⑤ mahā-yāna의 음사로 뜻은 대승大乘이다.

253 선나禪那 : ⑤ dhyāna의 음사. 정정·정려靜慮·사유수思惟修라 번역. 마음을 한 곳에 집중하여 산란하지 않은 상태. 마음을 고요히 가라앉히고 한 곳에 집중하는 것이다.

254 칠불七佛 : 과거에 나타난 일곱 부처. 비바시불毘婆尸佛, 시기불尸棄佛, 비사부불毘舍浮佛, 구류손불拘留孫佛, 구나함불拘那含佛, 가섭불迦葉佛, 석가모니불釋迦牟尼佛.

255 법기法起 : ⑤ Dharmogata. 담무갈曇無竭. 금강산에 상주하며 설법을 한다는 보살. 『화엄경』「菩薩住處品」.

256 지혜의 문이~자취를 감추도다 : 이 문장은 당唐 경주 자사慶州刺史 위정魏靜이 찬술한 「禪宗永嘉集序」에서 발췌한 것이다.

257 색이 아니로되~능하여 마음이라 : 이 문장은 「辯正論序」에서 발췌한 것이다.

258 빛을 발함이~파도 넘실대누나 : 이 문장은 「선종영가집서」에서 발췌한 것이다.

259 발우 속의 호랑이 달아났네 : 세존世尊께서 우루빈라優樓頻螺 가섭迦葉의 석실石室에 들어가 화광삼매火光三昧에 들자 그곳에 있는 독룡毒龍이 견디지 못하고 발우로 피신하였다. 『大藏一覽』「度生品」. 제齊나라 승려 혜조慧稠가 회주懷州 왕옥산王屋山에 있을 때 호랑이가 싸우는 소리를 듣고 석장으로 말렸다고 한다. 석장해호錫杖解虎. 『續高僧傳』.

260 김원량金元良이 오지~열 것인가? : 김원량은 신라 원성왕元聖王의 모친인 소문왕후昭文王后의 큰 외숙이요 원성왕의 왕비 숙정왕후肅貞王后의 외조外祖로서 파진찬을 지낸 인물. 김원량이 건물을 희사하였는데 주변 경관 중에 고니 모양의 바위가 있어서 사원의 이름을 곡사鵠寺라 하였다는 기록이 최치원의 「大嵩福寺碑銘並序」에 보인다.

261 호암虎岩과 청봉靑峰 : 호암은 호암 체정虎巖體淨(1687~1748)으로 청허 휴정 대사(1520~1604)의 5세, 청봉은 그 제자인 청봉 거안靑峰巨岸이다.

262 재조지은再造之恩 : 죄를 지어 형벌에 처해질 사람의 죄를 사면하여 구원한 은혜.

263 내원㮈園의 전공前功 : 신라시대 김원량金元良이 예전에 저택을 희사하여 곡사鵠寺를 세운 공덕을 말한다. 내원은 내녀㮈女의 동산이라는 말인데, ⑤ āmra의 의역으로, 암몰라원菴沒羅園으로 음역된다. 내수㮈樹에서 출생했기 때문에 내녀라는 이름이 붙게 되었다고 하는데, 뒤에 마갈다국摩竭陀國 빈바사라왕頻婆娑羅王의 왕비가 되었으며, 양의良醫 기바耆婆를 낳았다고 한다. 그 동산은 중인도 폐사리吠舍釐(Vaiśālī) 성 부근에 있었으며, 내녀가 불타에게 바치자 불타가 이곳에서 『유마경』을 설했다고 한다. 김원량이 신라 왕실의 외척이기 때문에 고운이 왕비인 내녀의 고사를 인용하여 이렇게 비유한 것이다. 『出曜經』 권3, 『四分律』 권39.

264 단계檀溪의 숙원宿願을~손상하지 않으려고 : 이 문장은 최치원의 「대숭복사비명병서」에 보인다. 거기에 다음과 같은 협주가 달려 있다. 단계의 숙원에 대하여는 "양 무제가 나무를 베어 단계에 가라앉혀 두고 띠를 언덕처럼 쌓고서는 발원하기를, 일이 이루어지면 이 재목으로 가람을 짓겠다고 하여 마침내 뜻대로 되었다.(梁武帝伐竹木沈檀溪。積茅如岡阜。立願云。事若成。則當以此材建立伽藍。竟得如意。)"라고 하였고, 내원의 전공에 대하여는 "서역에 가운데가 빈 내수가 있는데 여자가 가운데서 나왔기에 왕이 취하여 왕비로 삼고, 그 땅에 사찰을 세워 내원이라 하였다.(西域有中虛榛樹。女子從中而出。王取而爲后。建寺於其地。號榛苑。)"라고 하였다.

265 소현정서昭玄精署 : 북위北魏 소현사昭玄寺. 불교 사무를 관리하는 기구로 대통大統과 통통을 장관으로 하였다.

266 지율진문持律眞門에서 특출한~승상僧象을 뽑았도다 : 이 문장은 「대숭복사비명병서」를 변용한 것이다. "이에 건례 선문建禮仙門에서 특출한 인재들을 발탁했고, 소현정서에서 출중한 승려들을 뽑았다.(爰用擇人龍於建禮仙門。擧僧象於昭玄精署。)" 협주에서 "마급馬岌이 송섬을 '인중지룡人中之龍'이라 했다."라고 했고, 건례는 마힐摩詰의 시에 나오는데, 예조禮曹의 문을 가리킨다 했고, 소현정서는 지율원持律院이라 했다. 건례 선문을 여기서는 불교적 명칭으로 바꾸었다.

267 원거鶢鶋 : '원거爰居'라고도 한다. 봉황과 비슷한 바다 새 이름. "바다 새 원거가 노나라 동문 밖에 3일 동안 머무르자 장문중이 사람들에게 제사 지내게 하였으니, 새인 줄 모르고 신이라 여겼던 것이다.(海鳥爰居。止魯東門外三日。臧文仲使國人祭之。不知其鳥。以爲神也。)"라는 기록이 『左傳』에 있다.

268 날짜를 헤아려서~규모를 펼치는도다 : 이 문장은 「대숭복사비명병서」에 있는 "그러고는 별을 점치고 날을 헤아려 웅장한 규모의 공사를 널리 시행하면서 진흙을 이기고 쇳물을 부으며 다투어 묘한 솜씨를 보여 주었다.(於是占星揆日。廣拓宏規。合土範金。爭呈妙技。)"라는 문장을 변용한 것이다. '날짜를 헤아려' 구절에 "『시경』〈정지방중〉에 '날짜를 헤아리네'라 하였으니, 초나라 궁전을 짓는 일이다.(詩云。定之方中。揆之以日。乃作楚宮之事也。)"라고 하였다.

269 수倕의 재목과~가파르게 설치하였도다 : 이 문장은 「대숭복사비명병서」에 있는 "눈처럼 하얀 사다리는 수倕가 재목을 아슬아슬하게 설치한 것 같고, 서리처럼 하얀 흙벽은 노獿가 백악白堊(흰 흙)에 향을 버무려서 바른 것 같다.(雪梯而倕材架險。霜塗而獿堊黏香。)"를 변용한 것이다. 협주에서 "나무를 깎아 사다리를 만드니 눈처럼 하얗다.(削木爲梯。其白如雪。)", "수倕는 황제黃帝 때의 훌륭한 장인 이름(黃帝時巧匠名)"이라 했다. 노獿는 '노獶' 또는 '노獿'라고도 하는데, 원주에서 "옛날 토공土工"이라 했다.

270 옥찰玉刹과 금령金鈴은~바람을 부딪치도다 : 이 문장은 「대숭복사비명병서」에 있는

"옥으로 된 찰간刹竿에는 봉래도蓬萊島를 비추는 달이 걸려서 두 송이 서리 머금은 연꽃이 피어나고, 금으로 된 풍경風磬에는 솔 우거진 시내에서 불어오는 바람이 부딪쳐서 사시사철 하늘의 음악을 연주하였다.(玉刹掛蓬溟之月。兩朶霜蓮。金鈴激松澗之風。四時天樂。)"라는 문장을 변용한 것이다. '찰간'의 협주에서 "법당 위의 좌우에 흰 장대가 있다.(法堂上左右白竿)"라고 했다.

271 바위산 기슭을~회랑回廊으로 변화시켰다 : 이 문장은 「대승복사비명병서」에 있는 "바위산의 기슭을 깎아 내어 담장을 돋우고, 시냇물을 굽어보며 문 앞이 트이게 하였다. 거친 섬돌은 금 장식 계단으로 바뀌었고, 낮은 곁채는 아로새긴 회랑으로 달라지게 하였다.(劚岊麓而培垣。壓溪流而敞戶。易荒階以釦砌。變卑廡以瑂廊。)"라는 문장을 변용한 것이다.

272 화려한 우물~끼어 있네 : 이 문장은 「대승복사비명병서」에 있는 "綺井華攢而䩆䪑。繡栭枝擁而杈枒。"를 변용한 것이다. 그 협주에서 '기정綺井'은 마름이나 연꽃 등 수초를 그려서 덮은 것으로 불을 피하기 위하여 우물 위 덮개를 만든 것이라 했고, '䩆䪑'은 발음이 '압잡'이며 꽃이 늘어선 모양이라 했다. '杈枒'는 발음이 '차아'로서 두공과 평고대가 이빨처럼 서로 맞물린 상태라 했다.

273 아홉 길 : 원래는 높은 산을 의미하는데 여기서는 높은 건물을 뜻한다. 『書經』「旅獒篇」에 "아홉 길의 산을 만드는 데에 완성 단계에서 한 삼태기의 흙이 모자라도 일을 다 이루지 못한다.(爲山九仞之功。虧一簣。)"라고 한 데에서 나온 말이다.

274 구산선문九山禪門 : 선종 일반을 가리킨다. 본래는 8세기경 통일신라 시대에 당나라에 유학하여 달마의 선법禪法을 배워 와서 구산九山을 각기 개창한 아홉 조사를 말한다.

275 어영차 : 상량할 때 일꾼들이 내는 소리.

276 들보 동쪽으로 던져라 : 건물을 지을 때 반드시 길일을 택하여 상량식을 하는데, 이때 떡이나 기타 잡물雜物을 싸 가지고 와서 축하하면서 이것을 장인匠人들에게 먹인다. 그러면 장인의 우두머리가 떡을 대들보에 던지면서 상량문을 읽고 축복을 한다. 『文體明辯』부록 권13 상량문.

277 파륜암과 법기암 : 금강산에는 법기보살과 파륜波崙보살의 화신으로 알려진 법기암과 파륜암으로 불리는 바위들이 있다. 파륜보살은 ⓢ Sadaprarudita, 살타파륜薩陀波倫이라 하고, 의역하여 상제常啼보살이라 한다. 보자普慈보살·상비常悲보살이라고도 한다. 말법 세상에 태어나 중생에 이익을 주기 위해 불도를 추구하고 텅 빈 숲 속에서 안타까운 마음으로 운다고 한다.

278 급고독원의 정사(給園精舍) : 기수급고독원祇樹給孤獨園에 있는 기원정사祇園精舍. 중인도 사위성에서 남쪽으로 1마일 지점에 있다. 부처님이 설법한 유적지이다.

279 삼구三句를 뛰어넘으매~오름(返擲)을 다하고 : 영주郢州 대양산大陽山 경현 선사警

玄禪師가 상당上堂하여 선덕禪德들은 평상무생구平常無生句와 묘현무사구妙玄無私句와 체명무진구體明無盡句를 밝혀야 한다고 했다. 제일구第一句는 일로一路에 통하고, 제이구는 빈주賓主가 없고, 제삼구는 겸하여 간다(兼帶去). 1구를 말하면 사자가 으르렁대고(嚬呻), 2구를 말하면 사자가 튀어 오르고(返擲), 3구를 말하면 사자가 땅에 웅크린다(踞地). 놓으면 시방을 두루 하고, 잡으면 일시에 좌단坐斷한다고 했다. 『五燈會元』 권14.

280 영각影閣 : 한 사찰을 창건 또는 중건하였거나 그 사찰에 머물면서 수행한 고승들의 영정이나 위패를 모신 사찰의 건물.

281 소목昭穆 : 사당祠堂에서 신주神主를 모시는 차례로 왼쪽 줄의 소昭, 오른쪽 줄의 목穆을 통틀어 일컫는 말. 『주례』에 의하면 제1세를 중앙에 모시는데 천자는 소에 2·4·6세, 목에 3·5·7세를 각각 봉안하여 삼소삼목三昭三穆의 칠묘七廟가 되고, 제후는 소에 2·4세, 목에 3·5세를 각각 봉안하여 이소이목二昭二穆의 오묘五廟가 되며, 대부大夫는 일소일목의 삼묘三廟가 된다.

282 육상六相 : 화엄종에서 만유의 모든 법에 낱낱이 여섯 종류의 모양이 있음을 말하였다. ① 총상總相 : 만유의 모든 법을 한 체體로 잡아 관찰하는 평등적 부문. 마치 가옥의 전체를 보아 한 집이라고 함과 같은 따위. ② 별상別相 : 부분적으로 관찰하는 차별적 부문. 마치 가옥을 조성한 기둥·기와·돌 등을 낱낱이 떼어서 보는 것과 같은 것. ③ 동상同相 : 낱낱 차별이 동일한 목적에 향하여 서로서로 협력 조화하는 통일적인 부문. 마치 기둥·들보 등의 부분이 협력 조화하여 한 집을 이룸과 같은 것. ④ 이상異相 : 낱낱이 제각기 본위本位를 지켜 피차의 고유한 상태를 잃지 않고, 서로 다른 점이 있는 것. 마치 기둥은 수竪로, 들보는 횡橫으로 제각기 본분을 지키어 서로 다름과 같은 것. ⑤ 성상成相 : 낱낱이 서로 의지하여 동일체同一體의 관계를 이룬 것. 마치 기둥과 들보가 서로 의지하여 한 집을 이룸과 같은 것. ⑥ 괴상壞相 : 낱낱이 어떤 일체一體인 관계를 가졌으나 오히려 각자의 본위本位를 잃지 않는 것. 마치 기둥과 들보가 서로 의지하여 한 집을 이루면서도 각자의 모양을 지켜 그 본분을 잃지 아니함과 같은 것.

283 기허 선사騎虛禪師 : 조선 선조 때의 승려. 의병장 영규靈圭의 호. 밀양 박씨, 공주 출신. 계룡산 갑사에서 출가하여 휴정의 문하에서 법을 깨쳐 그 제자가 되었다. 임진왜란 때 승병 수백 명을 규합하여 의병을 일으켜 청주성을 수복하는 데 공을 세웠다. 의병장 조헌이 전라도로 향하는 왜군을 공격하려 할 때 그는 관군과 연합작전을 전개하는 것이 좋다고 주장하며 공격을 늦추자고 주장했다. 조헌이 듣지 않고 작전을 강행하자 영규도 이에 참가하여 1592년 8월 18일 금산에서 왜군과 혈전을 벌였으나 중과부적으로 끝까지 싸우다 전사했다. 영규의 봉기는 승려로서는 임진왜란 최초의 의병으로 이후 승병 궐기의 도화선이 되었다.

284 무경 선사無竟禪師 : 조선 숙종 때의 승려 자수子秀(1664~1737)의 호. 속성은 홍씨洪氏, 자는 고수孤秀. 12세에 문식文式에게 출가하였고, 16세에 징파澄波에게 구족계具足戒를 받았다. 이어 운문사雲門寺의 추계 유문秋溪有門을 찾아가 공부한 후에 그의 법맥을 이어받았다. 백련사白蓮寺에서 개당開堂하고 내원암內院庵에서 강의하여 명성을 얻었다. 이후 여러 곳을 다니며 강의하였다. 서산 대사西山大師의 맥락을 이었으며, 유교·불교·도교의 이치가 하나라는 삼교설三敎說을 주장하였다. 선시禪詩에도 뛰어났다. 저서로『佛祖禪格』,『自己三宮寶鏡三昧』,『無竟集』,『無竟室中語錄』등이 있다.

285 도광道光 : 청나라 선종宣宗의 연호.

286 방장方丈 : 본래는 유마거사의 거처 크기를 말하는데 후에 사원寺院의 정침正寢을 가리키게 되었다.『釋氏要覽』에, 당나라 현경顯慶 연간에 왕현책王玄策이 서역에 갔다가 비야리성毘耶黎城에 도착하여 유마거사의 거처를 발견하고 수판手板으로 가로와 세로를 재보니 10홀笏이어서 '방장'이라 했다고 한다.

287 수선사修禪寺 : 신라 말 혜림慧林이 세운 절. 1208년에 왕명으로 송광사松廣寺라 개칭하였다.

288 구품 연대九品蓮臺 : 정토에 왕생하는 이가 앉는 아홉 종류의 연화대. 정토의 행자行者는 임종할 때에 성중聖衆의 마중을 받아 그들이 가지고 온 연대에 타고 정토에 가는데, 그 행자의 품위品位에 상품상생上品上生에서 하품하생下品下生까지 9품이 있으므로 연대에도 또한 9품이 있다. 상상품은 금강대金剛臺, 상중품은 자금대紫金臺, 상하품은 금련대金蓮臺. 중상품은 연화대蓮花臺, 중중품은 칠보연화七寶蓮華, 중하품은 경에 밝혀 있지 않고, 하상품은 보련화寶蓮華, 하중품은 연화, 하하품은 금련화유여일륜金蓮華猶如日輪에 앉아 왕생한다.

289 향산香山 : 당나라 시인 백거이白居易(772~846)의 호. 자는 낙천樂天.

290 상서尙書 백낙천白樂天 : 백낙천은 29세에 진사과에 최연소 급제하였고, 31세 되던 해에 관리임용고시 서판발췌과書判拔萃科에 합격하여 교서랑校書郞에 임명되었다. 그 후 상서주객랑중尙書主客郞中, 지제고知制誥, 항주 자사杭州刺史, 태자빈객太子賓客, 하남윤河南尹, 태자소부太子少傳 등을 두루 역임하였고, 71세에 형부 상서刑部尙書의 직함으로 공직에서 은퇴하였다.

291 하남河南 원집허元集虛와~광려匡廬에서 결사結社하였다 : 816년에 여럿이 초당을 짓고 다과를 베풀어 즐겼다는 기록이『白氏長慶集』의「廬山草堂記」에 있는데 이 글을 발췌한 것이다.

292 원미지元微之 : 원진元稹(779~831). 미지는 자. 당나라 낙양洛陽 사람. 백거이와 함께 신악부新樂府를 제창하였고, 사람들이 항상 백거이와 함께 '원백元白'이라 병칭하였다.

293 삼독과 팔사 : 삼독三毒은 탐욕貪欲·진에瞋恚·우치愚癡의 세 번뇌. 독이라 한 것은 『大乘義章』에서 "삼독이 모두 삼계의 온갖 번뇌를 포섭하고, 온갖 번뇌가 중생을 해치는 것이 마치 독사나 독룡毒龍과 같다."라고 하였다. 팔사八邪는 팔미八迷·팔계八計·팔류八謬·팔사八事, 또는 팔사행八邪行·팔사지八邪支라고도 한다. 즉 사견邪見·사지邪志(邪思惟)·사어邪語·사업邪業·사명邪命·사방편邪方便(邪正進)·사념邪念·사정邪定이다.

294 사대와 오욕 : 사대(四蛇)는 우리 몸을 구성하는 지地·수水·화火·풍風. 이들이 부족하거나 많으면 병을 일으켜 괴로움을 준다. 오욕五欲은 오묘욕五妙欲·묘오욕妙五欲·오묘색五妙色·오묘五妙라고도 한다. 오근五根의 대상이 되어 가의可意·가애可愛·가락可樂의 것으로 모든 욕망의 근원이 되는 것이다. 곧 색色·성聲·향香·미味·촉觸의 오경五境이다. 이 다섯 가지가 모든 욕망을 일으키므로 오욕이라 한다. 또는 재욕·색욕色欲(성욕)·음식욕·명예욕·수면욕睡眠欲이다.

295 원각 : 석가여래의 각성覺性. 원만圓滿 주비周備하여 조금도 결함이 없는 깨침.

296 우공 : 『列子』「湯問篇」에 나오는 인물. 어리석은 이의 대명사로 사용된다.

297 사과 : 소승불교의 성문聲聞들이 탐욕·진에·치癡를 끊고 성도成道에 들어가 부처가 되는 네 단계의 증과證果. 과果는 무루지無漏智가 생기는 지위. 수다원과須陀洹果·사다함과斯陀含果·아나함과阿那含果·아라한과阿羅漢果를 통틀어 일컫는다.

298 불난 집에서~줄 몰랐네 : 『법화경』「비유품」의 화택 비유를 말한다. 불난 집에서 아이들이 놀이에 몰두하여 집에서 나오려 하지 않자 아이들이 갖고 싶어 하던 양거羊車·녹거鹿車·우거牛車를 주겠다고 하자 아이들이 밖으로 나왔다고 한다.

299 사난 : 만나기 어려운 네 가지. 부처를 만나기 어려운 치불난値佛難, 부처의 설법을 대하기 어려운 설법난說法難, 설법을 이해하기 어려운 문법난聞法難, 가르침을 믿기 어려운 신수난信受難을 이른다.

300 병 속의 참새 : 의식을 가리킨다. 소식蘇軾의 시 〈三朶花〉에 "두 손으로 병 속의 참새를 막고자 하는데, 네 가닥 우물 속의 뱀이 무서워라.(兩手欲遮瓶裏雀, 四條深怕井中蛇)"라는 구절이 나온다. 이에 대해 왕문고王文誥는 불경佛經에서 사람 몸이 병이고, 신식神識이 참새와 같다고 한다. 두 손으로 막으려는 것은 신식이 날아가 버리는 것인데 되지 않는다. 어떤 이가 죽음을 피하고자 우물에 들어갔는데 네 마리 뱀을 만나 내려가지 못하였다고 한다. 네 마리 뱀은 사시四時를 비유한다고 했다.

301 『지장경』: 본이름은 『地藏菩薩本願經』. 2권. 당唐의 실차난타實叉難陀 번역. 지장보살이 지옥에서 온갖 고통을 받고 있는 중생들을 구제하기 위해 세운 큰 서원을 설한 경이다.

302 거북이 나무 만남보다 어려워 : 『열반경』권20 「高貴德王菩薩品」에 "사람의 몸 얻기 어려운 것이 우담발화와 같은데 내가 지금 이미 얻었고, 여래를 만나기 어려운 것이

우담발화보다 더한데 내가 지금 이미 만났으며, 청정한 법보를 보고 듣는 것이 어려운데 내가 지금 이미 들었으니, 비유컨대 눈먼 거북이 바다에 떠다니는 나무의 구멍을 만난 것과 같다.(人身難得如優曇花. 我今已得. 如來難値過優曇花. 我今已値. 清淨法寶難得見聞. 我今已聞. 猶如盲龜値浮木孔)"라는 말이 나온다.

303 그루터기 귀신과~위의 뱀은 : 그루터기를 귀신으로, 밧줄을 뱀으로 착각한다는 뜻으로, 전도된 마음의 허망한 경계(倒心妄境)를 비유한 것이다.『圓覺經大疏釋義鈔』등.

304 상림 : 상商나라 탕임금이 기우제를 지냈던 곳.『十八史略』권1.

305 〈육아〉:『시경』「小雅」의 편명. 부모가 돌아가신 후 그 은혜를 기리며 효도를 다하지 못했음을 슬퍼하는 내용이다.

306 평강군 : 강원도 북서쪽에 있는 지명.

307 이곳에 호승이~종을 알랴 : 두보의 율시 〈요노 아단에게 보여 주다(示獠奴阿段)〉에 "도간의 호노가 기이함을 놀랬었지.(曾惊陶侃胡奴异)"라는 구절이 있는데, 이에 대한 『補注杜詩』의 주석에 "도간이 호노를 얻었는데, 대화를 그다지 좋아하지 않고 항상 말 없이 앉아 있었다. 도간이 하루는 교외에 나갈 때 호노가 따라갔는데 호승이 보고는 놀라 예의를 표하고 말하길, 이는 북해산北海山 사자使者인데 적강한 것이라 했다. 도간이 기이하게 여겼는데 밤이 되자 간 곳을 알 수 없었다."라고 한다.『세설신어』를 보면, 호노는 도간의 열 번째 아들 도범陶範의 소자小字인데, 종으로 오인한 것이다.

308 소축 : 괘 이름. 풍천소축風天小畜. '아직은 시기상조'라는 의미가 있음.

309 공명 : 기바기바耆婆耆婆 [S] jībavajīvaka, jīvamjīvaka. 명명조命命鳥·공명조共命鳥라 번역. 자고새와 같은 새. 여기서는 운명을 같이한다는 의미를 차용한 듯하다.

310 중조산 : 산서성山西省 서남부에 있는 산. 전남 화순에도 있다.

311 비목 : 비목어比目魚. 즉 넙치는 두 눈이 한쪽에 붙어 있어 짝을 짓지 않으면 가지 않는다(不比不行)는 고사에서 유래하여, 형체와 그림자처럼 떨어질 수 없는 친구나 부부 관계를 뜻하는 말로 쓰인다.『爾雅』「釋地」.

312 〈벌목〉에 단금을 기약하고 : 〈벌목伐木〉은『시경』「小雅」의 편명. 친구 간에 우의가 돈독함을 나타내는 말로 사용된다. 단금斷金은 예리해서 쇠도 끊는다는 말의 줄임말로서 두 사람이 마음을 같이하거나 정의가 두터움을 표현하는 말이다.『주역』「계사상전」, "두 사람이 마음을 같이하면 그 날카로움은 쇠도 끊는다.(二人同心. 其利斷金.)"

313 의장으로 옥을 구하지 않았네 : 낙양雒陽의 양옹백楊雍伯이 의장義醬(음료수)을 만들어서 목마른 행인에게 주곤 하였더니, 어떤 사람이 돌을 주면서, "이 돌을 심어 두면 반드시 아름다운 옥을 얻게 될 것이다." 하였다. 그 후에 양옹백이 서씨徐氏 여인에게 혼인하기를 구하니, 서씨는 "흰 구슬 한 쌍을 받아야 혼인을 허락하겠다." 하였다. 그가 밭에 심어 둔 돌을 캐어 보니 옥이 한 쌍 있어서 결혼하게 되었다. 그래서 그곳을

옥전현玉田縣이라 했다고 한다. 『搜神記』.
314 송나라 거북은~창자 갈라지고 : 『장자』「外物」에 나오는 이야기. 송원군宋元君이 밤에 꿈을 꾸었는데 머리를 풀어헤친 사람이 나타나 재로宰路 연못에서 하백河伯의 처소로 가던 중에 어부 여차余且에게 잡혔다고 하였다. 꿈을 깨어 점을 쳐 보니 신령한 거북이라 해서, 어부 여차를 불러 거북을 바치라 해서 점을 쳐 보니 거북을 죽여 점을 치는 것이 좋다고 하여 거북을 갈라 72번 점을 쳤는데 틀림이 없었다고 한다.
315 변방 말은~복이 되었으니 : 새옹지마塞翁之馬 고사를 말한다.
316 낙민루 : 함흥에 있는 누각.
317 산이 온통 모두 두릅나무라네 : 두릅나무(棫樸)는 『시경』「大雅」의 편명이기도 하다. 이 시는 주나라 문왕文王의 교화를 노래한 것인데, 어진 이가 나라에 많이 기용이 되어 나라가 잘 다스려졌음을 무성한 두릅나무에 비교하였다. 따라서 어진 인재가 많은 것을 뜻하는 말이다.
318 장자의 나비 : 장자가 꿈에 나비가 되어 즐겁게 놀았다는 고사. 사물과 자기와의 구별을 잊음을 뜻한다. 『장자』「齊物論」.
319 가의의 〈복조부〉를 읊었나니 : 한나라 문인 가의賈誼가 약관의 나이에 황제의 측근에 있으면서 최연소 박사가 되었으나 대신들의 시기와 모함으로 인해 좌천되어 장사왕長沙王의 태부太傅가 되어서는 〈鵬鳥賦〉를 지었으니, 그 내용은 삶과 죽음을 동일시하고, 인생의 성패를 개의치 않는다는 것이다.
320 시비 속에~장과 곡이라 : 『장자』「駢拇」편에 장臧이란 사람과 곡穀이라는 사람이 양을 치는데 모두 양을 잃어서 그 까닭을 물으니, 장은 글을 읽다가, 곡은 바둑 두다가 잃었다고 한다.
321 호견 : 나무 이름. 『大智度論』에, 이 나무는 땅속에서 10년 있다가 가지와 잎이 완성되고 하루에 출생하여 백 길 높이로 자라니, 부처도 이와 같다고 하였다.
322 건토巾兔 : 두건 토끼. 허공의 꽃과 마찬가지로 환영을 가리킨다. 『答四十八問』에 공화空華와 건토巾兔에 대한 질문이 나온다.
323 광장광장 : 광장설상廣長舌相[S] prabhūtatanujihva) 또는 대설상大舌相. 삼십이상三十二相의 하나. 넓고 길고 얇고 보드라운 부처님의 혀 모양. 이는 허망하지 아니한 것을 나타내는 상相이다.
324 사리불 : [S] śāriputra. 십대제자의 하나. 마가다국(magadha國)의 바라문 출신으로, 지혜가 뛰어나 지혜 제일智慧第一이라 일컫는다. 이웃의 목건련과 함께 외도 사연沙然을 스승으로 섬기다가 뒤에 마승 비구로 인하여 석존에게 귀의하였다.
325 어떻게 사리불은~수 있나 : 『維摩經』에서 사리불이 부처님께 사바세계의 부정함에 대해 물어본 것을 가리키는 듯하다.
326 최담 : 구담瞿曇[S] Gotama)인 듯하다. 사라드바트(Śaradvat)라고도 하는 옛적 선인仙

人의 이름으로 석가족의 조상, 또는 교답마의 후예이다. 곧 석가 종족의 성으로 사용되며 특히 석존을 가리키는 말이다.

327 오온 : Ⓢ pañca-skandha. 온蘊은 모아 쌓은 것. 곧 화합하여 모인 것. 무릇 생멸하고 변화하는 것을 종류대로 모아서 다섯 종류로 구별한 것이다. ① 색온色蘊 : 스스로 변화하고 또 다른 것을 장애하는 물체. ② 수온受蘊 : 고苦·낙樂·불고불락不苦不樂을 느끼는 마음의 작용. ③ 상온想蘊 : 바깥 사물을 마음에 받아들이고, 그것을 상상하여 보는 마음의 작용. ④ 행온行蘊 : 인연으로 생겨나서 시간적으로 변천한다. ⑤ 식온識蘊 : 의식하고 분별하는 것.

328 사지 : 번뇌에 오염된 팔식八識을 질적으로 변혁하여 얻은 네 가지 청정한 지혜. ① 대원경지大圓鏡智 : 오염된 아뢰야식阿賴耶識을 질적으로 변혁하여 얻은 청정한 지혜. 이 지혜는 마치 모든 것을 있는 그대로 비추어 내는 크고 맑은 거울처럼, 아뢰야식에서 오염이 완전히 제거된 상태이므로 이와 같이 말한다. ② 평등성지平等性智 : 오염된 말나식末那識을 질적으로 변혁하여 얻은 청정한 지혜. 이 지혜는 자아에 대한 집착을 떠나 자타自他의 평등을 깨달아 대자비심을 일으키므로 이와 같이 말한다. ③ 묘관찰지妙觀察智 : 오염된 제육식第六識을 질적으로 변혁하여 얻은 청정한 지혜. 이 지혜는 모든 현상을 잘 관찰하여 자유자재로 가르침을 설하고 중생의 의심을 끊어 주므로 이와 같이 말한다. ④ 성소작지成所作智 : 오염된 전오식前五識을 질적으로 변혁하여 얻은 청정한 지혜. 이 지혜는 중생을 구제하기 위해 해야 할 것을 모두 성취하므로 이와 같이 말한다.

329 육근 : 육식六識의 소의所衣가 되어 육식을 일으켜 대경對境을 인식케 하는 근원. 안근眼根·이근耳根·비근鼻根·설근舌根·신근身根·의근意根.

330 준제 진언 : 온갖 마장이 다 소멸되고 다라니의 공덕이 빨리 성취된다는 진언.『千手經』에 나온다. "나무 사다남 삼먁 삼못다 구치남 다냐타 옴 자례주례 준제 사바하.(南無 颯哆喃 三藐三勃陀 俱胝南 怛姪他 唵 折隸 主隸 準提 娑婆訶)"

331 첨복 : Ⓢ Campaka. 나무 이름. 황화수黃花樹·금색화수金色花樹라 번역. 나무가 높고 크며, 꽃향기는 바람 따라 멀리 퍼지고, 금시조가 오면 그 위에 앉는다고 한다.

332 악전 : 당요唐堯 때 괴산槐山에서 약을 캐먹고 살았다는 신선 이름이다.『列仙傳』.

333 전갱조 : 800년을 살았다고 하는 전설적 인물. 성姓은 전錢, 씨氏는 팽彭, 이름은 전翦이라 하고, 또 전견錢鏗으로도 불린다.

334 명리를 달팽이~위에 다투네 : 달팽이의 두 뿔 위에서 만蠻과 촉觸의 두 나라가 있어 서로 다툰다는 이야기가『장자』「則陽」에 나온다.

335 사성 : 성문·연각·보살·불. 또는 성문 증과證果의 4위位. 즉 예류과預流果·일래과一來果·불환과不還果·아라한과阿羅漢果.

336 육범 : 육도六道를 윤회하는 중생. 육도는 천天·아수라·인간·축생·아귀·지옥.

337 창제唱題 : 경전의 제목을 부르다. 경전의 제목은 그 경전의 교설과 내용의 전체를 포함하고 있기 때문에 경전의 제목을 스스로 부르거나 다른 사람이 부르는 것을 들으면 큰 이익이 있다고 한다.

338 여항산餘杭山 아래~우족羽族이 있고 : 동진東晋 때의 유명한 승려 담익曇翼의 이야기다. 여항산의 사문 법지法志가 항상 『법화경』을 외웠는데 암자 옆에 있던 둥지의 꿩이 법사 곁에서 경을 듣더니 7년이 지나서는 초췌해졌다. 법지가 말하길, 네가 경전을 들었으니 사람으로 태어날 것이라고 했다. 다음날 꿩이 죽자 묻어 주었더니, 그날 밤 꿈에 동자가 절을 하며, 경전을 들어 날짐승에서 벗어나 산 앞에 있는 왕씨 집에 태어났다고 하였다. 법지가 그 집에 가서 보니, 아이가, 우리 스님이 왔다고 하였고, 법지가 아이를 쓰다듬어 주고 옆구리를 보니 꿩 날개 흔적이 있었다. 16세에 머리를 깎았는데 옆구리 깃털 때문에 이름을 익翼이라 하였다. 『佛祖統紀』 권26.

339 오흥현吳興縣에 나이를~비추比蒭가 있습니다 : 오흥 사람 석혜도釋慧度가 『법화경』과 『금강반야바라밀경』 등을 열심히 염송했는데 전염병에 걸려 죽었다가 5일 만에 살아나서는 사후 경험한 일을 얘기했다. 염라왕을 보았는데 지금의 왕과 같은 복장이고 시위하는 이들 모습도 비슷했다. 온아한 모습으로 판결을 하더니 문득 크게 화를 내며 혜도에게 묻기를 무엇을 했느냐고 했다. 『법화경』을 염송했다고 하니, 왕이 또 묻기를 다른 경전은 무엇을 염송했냐고 묻기에 『금강반야바라밀경』을 염송했다고 하니 염라왕이 예의를 갖추고 금상金床을 꺼내 혜도에게 앉도록 하고 경전을 염송해 달라고 했다. 그리고는 이 공덕이 불가사의하고 법사의 수명이 다하지 않았으므로 2기紀를 늘려 준다고 했다. 뒤에 과연 24년을 살았다. 진 문제陳文帝 원가元嘉 때에 죽으니 춘추가 70이 넘었다. 『弘贊法華傳』 권6.

340 승려를 맞아~벌써 안치하고 : 고려 22대 강종대왕康宗大王의 서녀庶女인 택주宅主는 권신權臣 진강공晉康公의 아내이다. 권세가 빙산처럼 오래가지 못함을 알고 인생이 불난 집처럼 편안하지 못함을 탄식하다가 원묘圓妙가 백련사白蓮社를 연다는 소식을 듣고 동참해서 외호外護가 되었다. 그리고 무량수여래상을 만들어 주전主殿에 안치하고, 또 금자金字 『蓮經』을 만들고 싶어 모든 것들을 빠짐이 없게 갖추어 원묘에게 바쳤다. 원묘는 산인山人을 청해 금자로 쓰도록 했다. 이후에 꿈에 신인神人이 나타나 금자 『법화경』이 벌써 도리천 제2 액리장額梨藏에 안치되었다고 알려 왔다. 『海東傳弘錄』, 『法華靈驗傳』.

341 부처를 연모하여~청소할 것입니다 : 후위後魏의 승려 발징跋澄이 『법화경』을 염송하며 서방에 가기를 원했다. 80세에 이르러 꿈에 붉은 옷을 입고 무관武冠을 쓴 사람이 손에 청소請疏를 들고 보여 주며, 천주제석天主帝釋께서 받들어 청하신다고 하였다. 발징은 대답하기를, 자신은 서방에 가고 싶고 도리천은 좋은 곳이기는 하지만 자신이 바라는 바가 아니라고 했다. 이에 그 사람은 즉시 사라지고 꿈이 깼다. 다음날 다

시 꿈을 꾸었는데, 7층 부도 속에서 발징은 5층에서 서쪽을 바라보았다. 거기엔 보승寶繩 계도階道가 끝없이 이어져 있었고, 두 금강역사가 방망이를 들고 양쪽에 있었으며, 청의동자青衣童子 몇 명이 백불白拂을 들고 청소하고 있었다. 동자들에게 묻기를, 여기가 어디냐고 했더니, 대답하기를 여기는 서방으로 가는 보승 계도이며 법사를 모시러 왔다고 했다. 법사가 잠에서 깨어 제자들에게 말하고는 재를 지내도록 했다. 재가 끝나자 단정히 앉아 입적하였다. 『홍찬법화전』 권6. "상의床衣를 물리치니"는 위 문장과 대구를 이루기 위한 표현인데, 고사에 비추어 볼 때 오류가 있다.

342 팔난八難 : 부처님을 보고 법을 듣는 것을 방해하는 여덟 가지 장애. 재지옥난在地獄難·재축생난在畜生難·재아귀난在餓鬼難.(이 세 곳은 고통이 심해서 불법을 듣지 못한다.) 재장수천난在長壽天難·재울단월난在鬱單越難.(이 두 곳은 즐거움이 너무 많아서 불법을 듣지 않는다.) ·농맹음아난聾盲瘖瘂難·세지변총世智辯聰·불전불후난佛前佛後難.

343 재약산載藥山 : 밀양 표충사가 있는 산. 재약은 부처의 이칭이다.

344 물 위에~나무를 알았습니다 : 눈먼 거북이 물에 뜬 나무를 만난다(盲龜浮木)는 고사를 가리킨다. 만나기 어려운 행운을 뜻하는 말인데 여기서는 그렇게 만나기 힘든 불법을 깨쳤다는 의미로 사용한 듯하다.

345 삼구三句 : 당나라 승려 임제 의현臨濟義玄의 일화에서 유래한 화두이다. 한 승려가 임제에게 어떤 것이 진불眞佛이고, 어떤 것이 진법眞法이며, 어떤 것이 진도眞道냐고 물었다. 이에 임제가 말하기를, "부처란 마음의 청정함이고, 법이란 마음의 광명이며, 참된 도란 온누리에 걸림이 없이 비추는 청정한 광명의 작용이다. 이 셋은 이름만 다를 뿐 하나이다. 진정한 도인은 잠깐 동안도 마음을 소홀히 하지 않아야 한다."라고 하였다. 또 덧붙여 말하기를 "제1구에서 깨달으면 불조사佛祖師가 될 것이고, 제2구에서 깨달으면 인천사人天師가 될 것이며, 제3구에서 깨달으면 제 몸도 구제할 수 없다."라고 하였다. 승려가 제1구는 무엇이냐고 물었더니, 임제는 "삼요三要의 인印을 찍고 떼니 빨간 점이 나타난다. 말을 하려고 머뭇거리기도 전에 이미 주인과 손님이 명백하게 나뉜다."라고 대답하였다. 제2구가 무엇이냐는 물음에는 "근본지根本智인 문수보살이 무착無著의 물음을 어찌 용납하겠는가? 그러나 방편의 후득지後得智가 일체를 끊는 근본지와 모순이 있겠느냐?"라고 대답하였다. 또 제3구는 무엇이냐고 묻자, "무대 위의 꼭두각시놀음을 잘 보아라. 줄을 당겨서 움직이는 것은 모두 무대 뒤에 사람이 있기 때문이다."라고 대답하였다. 이 같은 삼구 체제는 보통 선의 근본 가르침을 간명하게 나타내는데, 임제 이외에 분양 선소汾陽善昭와 파릉 호감巴陵顥鑑, 운문 문언雲門文偃, 현사 사비玄沙師備 등이 삼구를 말하였다.

346 오교 팔장五敎八藏 : 오교는 석가의 일대一代 교설을 다섯 종류로 분류하여 설명하는 것으로 시대에 따른, 또 사람에 따른 여러 분류 방법이 있다. 당나라의 법장法藏은

소승교小乘敎(『阿含經』)·대승시교大乘始敎(『解深密經』)·종교종교終敎(『楞伽經』·『勝鬘經』)·돈교頓敎(『維摩經』)·원교圓敎(『華嚴經』)로 구별했다. 팔장은 부처님이 말씀하신 법문을 여덟 종류로 나눈 것. 『菩薩處胎經』에서는, ① 태화장胎化藏 : 부처님이 태 안에서 화현化現하신 등의 일을 말한 『處胎經』. ② 중음장中陰藏 : 죽은 뒤에 새로 태어나지 못한 중유中有 때의 일을 말한 『中陰經』 등. ③ 마하연방등장摩訶衍方等藏 : 『화엄경』·『법화경』·『열반경』 등의 대승 경전. ④ 계율장戒律藏 : 부처님이 제정하신 재가在家·출가出家·대승·소승 등의 여러 가지 계품戒品, 곧 『五分律』 등. ⑤ 십주보살장十住菩薩藏 : 십지 보살의 인행因行을 닦아 과를 증득하는 법문을 말한 여러 대승경. ⑥ 잡장雜藏 : 2승·3승·인천人天 등의 인행을 닦아 과를 증득하는 것을 섞어 말한 것. ⑦ 금강장金剛藏 : 등각 보살의 금강유정金剛喩定의 모양을 말한 것. ⑧ 불장佛藏 : 일체 부처님께서 말씀하신 법문과 신통력으로 변화하여 중생들을 제도하신 등의 일을 말한 것.

347 1천7백 공안 : 『경덕전등록』에 등장하는 1,701분의 선사禪師들이 보여 준 기연機緣과 언행에서 유래한 것이다.

348 영원靈源 : 조선 중기의 승려. 15세에 발심수도發心修道하여 생사를 초탈할 뜻을 세웠으나 재물에 욕심이 많은 스승이 허락하지 않자 홀로 금강산 영원동靈源洞으로 들어가서 정진하여 도를 깨달았다. 30세 때 선정禪定에 들었다가 탐욕으로 재물에 집착했던 스승이 구렁이가 된 것을 알고는 범어사로 돌아왔다. 그는 스승이 들어가 있는 재물 창고 앞에 가서 스승의 옛 이름을 세 번 불렀다. 구렁이가 나오자, 그런 업신業身을 얻은 것은 전생에 탐하는 마음으로 재물을 모은 까닭이니, 몸과 마음의 집착을 버리라고 설법하였다. 이에 구렁이는 스스로 땅에 머리를 세 번 곤두박고 죽었다. 그 뒤 옛 스승은 다시 사람으로 태어나 영원의 제자가 되어 깨달음을 얻었는데, 그의 법명은 우운雨雲이었다 한다. 영원은 다시 영원동으로 가서 불법을 닦다가 만년에 지리산으로 들어가 영원사靈源寺를 창건하였다.

349 행견行堅 : 수나라 승려. 항상 선관禪觀을 닦고 절조節操가 엄정했다고 한다. 『宋高僧傳』 권24.

350 가지加持 : Ⓢ adhiṣṭhāna. 가加는 가피加被, 지持는 섭지攝持의 뜻이다. ① 부처님의 큰 자비가 중생에게 베풀어지고, 중생의 신심信心이 부처님의 마음에 감명되어 서로 어울림. ② 부처님 삼밀三密의 연緣에 의하여 중생의 삼업三業을 밝히는 것. ③ 부처님의 가피력을 입어 병·재난·부정·불길 등을 없애기 위하여 수행하는 기도법.

351 정업定業 : 전생으로부터 정해진 이승에서 받는 업보. 결정업決定業.

352 그 제목을~베풀어짐과 같고 : 당나라 무덕武德 연간에 좌감문교위左監門校尉를 지낸 청신사淸信士 이산룡李山龍이 갑자기 죽었는데, 심장 쪽에 손바닥만큼 온기가 남아 있어서 집안사람들이 차마 빈렴殯斂하지 못하고 기다렸더니 7일이 되자 소생하여

다음과 같이 말하였다. 내가 죽어서 어떤 저승의 관청에 갔더니 건물이 크고 마당이 넓은데 죄수 수천 명이 수갑이나 차꼬를 차고 서 있었다. 관리가 나를 데리고 청사 앞에 이르자 왕이 높은 상에 앉아서는 나에게 평소에 무슨 복업을 지었냐고 물었다. 나는, 재강齊講이 있을 때마다 보시를 하였다고 하였다. 왕은 다시, 몸으로는 무슨 선업을 지었냐고 물었다. 나는『법화경』을 염송했다고 하였다. 그러자 왕은 나를 올라오게 하여『법화경』을 염송하게 했다. 그래서『법화경』을 염송하자 뜰에 있던 죄수들이 다 사라졌다. 왕이 말하길, 경전을 외운 복은 자신만 이로운 게 아니라서 뜰에 있던 죄수들도 그 소리를 듣고 다 면죄된 것이라고 하였다. 그리고는 나를 회생하게 하였다.『홍찬법화전』 권8.

353 경전을 펼칠~것과 같습니다 : 당나라 662년에 낙양 사람 하현령何玄玲이 죽어서 저승의 주부主簿가 되었다. 인덕麟德 연간(664~665)에 하현령의 고향 사람이 죽어서 저승에서 현령을 만났다. 하현령은 고향 사람이 잘못 온 것이라며 돌려보냈다. 고향 사람이 돌아가다가 마을 할머니를 보았다. 할머니는 내가 지옥에서 고생하니 돌아가면 남편에게『법화경』을 한 부 만들어서 이 고통을 벗어나게 해 주라고 전해 달라 했다. 고향 사람이 소생하여 그 남편에게 전하자 남편은 급히 종이를 사서 사경寫經하게 했다. 고향 사람이 약속한 날 물가로 가니, 할머니는 남편이 종이를 산 날에 벌써 하늘로 왕생했다고 하였다.『홍찬법화전』 권10,『法華靈驗傳』.

354 보현普賢의 골수骨髓요 :『법화경』은 문수사리보살로 시작해서 보현보살로 끝을 맺는다.

355 등명燈明 : ⑤ dipā. 불·보살의 앞에 받드는 등불. 이것은 불·보살의 지혜가 밝은 것을 표시한다.

356 불지견佛知見 : 제법 실상의 이치를 깨닫고, 비춰 보는 부처님 지혜. 모든 부처님이 세간에 출현하시는 까닭은 중생으로 하여금 이 불지견을 얻게 하기 위한 것. 이것을 얻게 함에는 개開·시示·오悟·입入의 차례가 있다. 처음 십주十住 위位에서 1분分의 무명無明을 끊고 조그만 지견을 얻는 것을 개불지견開佛知見, 내지 십지十地의 마지막 위에서 무명을 완전히 끊고 지견이 원명圓明한 것을 입불지견入佛知見이라 한다.

357 구현칠조九玄七祖 : 9대까지의 자손과 7대까지의 조상.

358 팔수八水 : 팔공덕수. 여덟 가지의 공덕이 갖춰진 물. 여덟 가지의 공덕은 맑으며, 차며, 달며, 보드라우며, 흡족하며, 편안하며, 먹을 때 배고픔과 목마름과 일체의 근심 걱정이 다 없으며, 먹은 뒤에 몸이 충실함 등이다.

359 덕홍 각범德洪覺範 : 1071~1128. 주로 송 휘종徽宗 때 활약한 승려. 혜홍慧洪이라고도 한다. 각범은 자字, 자호는 적음寂音. 균주筠州 신창新昌(현재 宜豐縣) 사람. 보봉 극문寶峰克文 선사의 법사法嗣. 임제종臨濟宗 황룡계黃龍系. 시인과 학자로도 명성이 났다. 시문집『석문문자선』 24권,『寂音自序』 등의 저서가 있다.

360 전한前漢의 사마천은 『史記』를 저술하였고, 후한後漢의 반고는 『漢書』를 저술하였다.
361 칠원漆園 노인장 : 장자莊子가 칠원의 관리로 일한 적이 있어서 장자를 가리키는 말로 쓰인다.
362 전유展有 : 공여空如 대사의 호.
363 점치니(扐揲) : 늑설扐揲은 주역 점을 치는 방법. 서죽筮竹 50개 중에서 한 개를 뽑아 놓으니 태극이다. 49개를 둘로 갈라 좌우로 나누니 하늘과 땅이다. 왼쪽에 있는 서죽을 쥐고 오른쪽 서죽 중에서 한 개를 뽑으니 사람이다. 이를 왼손 새끼손가락에 끼우니 괘掛라 한다. 그 다음에는 왼손에 쥐고 있는 서죽을 오른손으로 네 개씩 나누니 봄·여름·가을·겨울이요, 설揲이라 한다. 넷씩 나누고 남는 것을 왼손 무명지 사이에 끼우니 늑扐이라 한다. 이것이 『주역』「계사 상전」에 다음과 같이 나온다. "(49를) 둘로 나누어 양의 도를 표현하고, 하나를 걸어 셋(天地人)을 표현하고, 넷씩 헤아려 세니 이는 사계절을 표현하고, 남는 것은 손가락 사이에 끼우니 이것은 윤달을 표현한다.(分而爲二以象兩。掛一以象三。揲之以四以象四時。歸奇于扐以象閏。)"
364 칠취七趣 : 중생들이 미혹함으로써 윤회하는 일곱 세계. 지옥취地獄趣, 아귀취餓鬼趣, 축생취畜生趣, 아수라취阿修羅趣, 인취人趣, 신선취神仙趣, 천취天趣이다.
365 자재自在 : 관음보살을 관자재보살觀自在菩薩이라고도 한다.
366 십구응신十九應身으로 시현示現하여~자재自在의 대자大慈입니다 : 『법화경』「보문품」에서는 관세음보살의 십구응신이 설해지고, 『능엄경』에서는 이것을 삼십이응신으로 부연했다.
367 모다라母陁羅 : 인印을 뜻한다. 인수印手는 삼십이상三十二相의 하나. 『首楞嚴經義海』.
368 오안 육통五眼六通 : 육안肉眼·천안天眼·혜안慧眼·법안法眼·불안佛眼의 다섯 가지 안목과 천안통天眼通·천이통天耳通·타심통他心通·숙명통宿命通·신족통神足通·누진통漏盡通의 여섯 가지 신통력.
369 삼명 팔해三明八解 : 삼명은 부처나 아라한이 갖추고 있는 세 가지 자유자재한 지혜. 숙명지증명宿命智證明은 나와 남의 전생을 환히 아는 지혜. 생사지증명生死智證明은 중생의 미래의 생사와 과보를 환히 아는 지혜. 누진지증명漏盡智證明은 번뇌를 모두 끊어 내세에 미혹한 생존을 받지 않음을 아는 지혜. 팔해는 팔해탈·팔배사八背捨라고도 한다. 여덟 종류의 관념. 이 관념에 의하여 오욕五欲의 경계를 등지고, 그 탐하여 고집하는 마음을 버리므로 배사라 하고, 또 이것으로 말미암아 삼계의 번뇌를 끊고 아라한과를 증득하므로 해탈이라고 한다. 내유색상관외색해탈內有色想觀外色解脫은 안으로 색욕을 탐하는 생각이 있으므로 이 탐심을 없애기 위하여 밖의 부정不淨한 퍼렇게 어혈 든 빛 등을 관하여 탐심을 일어나지 못하게 하는 것. 내무색상관외색해탈內無色想觀外色解脫은 안으로 색욕을 내는 생각은 이미 없어졌으나, 이것을 더욱

굳게 하기 위하여 밖의 부정한 퍼렇게 어혈 든 빛 등을 관하여 탐심을 다시 일으키지 않게 하는 것. 정해탈신작증구족주淨解脫身作證具足住는 깨끗한 색을 관하여 탐심을 일으키지 못하게 하는 정해탈淨解脫을 몸 안에 완전하고 원만하게 증득하여 정정定에 들어 있음. 공무변처해탈空無邊處解脫·식무변처해탈識無邊處解脫·무소유처해탈無所有處解脫·비상비비상처해탈非想非非想處解脫, 이 넷은 각각 능히 그 아랫자리의 탐심을 버리므로 해탈이라 한다. 멸수상정해탈신작증구족주滅受想定解脫身作證具足住는 멸진정滅盡定이니, 멸진정은 수受·상想 등의 마음을 싫어하여 길이 무심無心에 머무르므로 해탈이라 한다.

370 함유咸有에 일덕一德을 밝히시고 : 『서경』의 '함유일덕咸有一德'을 빌린 표현이다.
371 중화中和 : 희로애락喜怒哀樂이 발현되지 않은 상태를 중中이라 하고, 발현되어 모두 절도에 맞음을 화和라고 한다. 『中庸』.
372 일에 있어서~없음을 따르시도다 : 이 구절은 최치원의 「大嵩福寺碑銘竝序」를 원용한 것이다. 비명의 해당 구절은 다음과 같다. "신은 듣자오니, 왕王의 기틀은 선조의 덕으로 후손의 도모함을 높이는 것이라 하니, 정치는 인으로써 근본을 삼고 예법은 효도로써 으뜸을 삼는 것입니다. 인으로는 대중을 구제하는 정성을 다하고 효로는 어버이 높이는 법도를 세우는 것입니다. 하범夏範에서 그 치우침이 없는 것을 본받지 않음이 없고, 『시경』에서 효자는 다함이 없다는 것을 따라야 하나니……(臣聞, 王者之基, 祖德而峻孫謀以. 政以仁爲本, 禮以孝爲先. 仁以推濟衆之誠, 孝以擧尊親之典. 莫不體無偏於夏範. 遵不匱於周詩……)." 하범은 『서경』의 「洪範」을 가리킨다. 거기에서 "치우침이 없고 편당이 없으면 왕도가 넓도다.(無偏無黨, 王道蕩蕩.)"라고 하였다. 『시경』「대아」〈旣醉〉에서는 "효자는 다함이 없으니 영원히 동류를 주리로다.(孝子不匱, 永錫爾類.)"라고 하였다.
373 대형大兄 : 친구 간에 높여 이르는 말.
374 청운교靑雲橋와 홍진로紅塵路 : 청운은 벼슬을 뜻하고, 홍진은 번화한 거리를 뜻한다.
375 머리를 마주하매~없는 거문고로다 : 머리를 맞대고(交頭) 귀를 접한다(接耳)는 것은 두 사람이 가까이 앉아 대화함을 말한다. 구멍 없는 피리와 줄 없는 거문고는 깨달음의 경지를 뜻하는 선종禪宗의 표현이다.
376 앙산仰山의 밥(飯) : 당나라 앙산 혜적仰山慧寂이 스승인 위산 영우潙山靈祐에게 누군가 스승의 법도에 대해 물으면 무엇이라 대답해야 하는지 물으니, 위산 영우는 '죽 한 그릇과 밥 한 그릇(一粥一飯)'이라 했다. 아침에 죽 먹고 낮에 밥 먹는 일상생활이 수행이지 다른 무엇이 아니라는 뜻이다.
377 운문雲門의 떡(餠) : 당나라 운문 문언雲門文偃 선사에게 어떤 납자가 무엇이 부처와 조사를 뛰어넘는 말씀이냐고 물으니, 호떡이라고 답변했다고 한다.

378 진주鎭州의 무(蘿蔔) : 당나라 조주趙州에게 어떤 납자가, "소문을 들으니 화상께서는 남전 보원南泉普願 화상을 친히 모시고 배우며 그 법을 이은 제자라는데 과연 그렇습니까?"라고 물었다. 이에 조주는 엉뚱하게 "진주鎭州에서는 꽤 큰 무가 난다지."라고 대답하였다. 『벽암록』 30칙.

379 조주趙州의 차(淸茶) : 조주 스님이 자신을 찾아오는 학인을 보고 물었다. "그대는 이곳에 와 본 적이 있는가?" "처음입니다." "차나 한잔 하게나." 조주 스님은 또 다른 학인을 보고 물었다. "그대는 이곳을 와 본 적이 있는가?" "예, 전에 왔었습니다." "차나 한잔 하게나." 이때 원주 스님이 물었다. "스님께서는 어째서 이곳에 왔던 사람이나, 처음 온 사람에게도 차나 한잔 들라고 하십니까?" 그러자 이렇게 답했다. "원주, 자네도 차 한잔 하게나."

380 〈증도가證道歌〉 : 당나라 때의 승려 영가 현각永嘉玄覺(665~713)의 시편. 천태天台를 공부하였으며, 남종선의 시조인 육조 혜능慧能에게서 선요禪要를 듣고 하룻밤에 깨달음을 얻은 저자가 그 대오의 심경에서 증도의 요지를 247구 814자의 고시체로 읊은 시이다.

381 돌로 양치질하고~베고 누우니 : 진晉나라 손초孫楚가 장차 숨어 살려고 하면서, "돌을 베개 삼고 흐르는 물에 양치질하련다.(枕石漱流)"라고 말해야 할 것을 "물을 베고 돌로 양치질하련다.(枕流漱石)"라고 잘못 말했는데, 왕제王濟가 그 말을 듣고 잘못을 지적하자 손초가 "물을 베는 것은 속진에 찌든 귀를 씻어 내기 위함이요, 돌로 양치질하는 것은 연화煙火에 물든 치아의 때를 갈아서 없애려 함이다."라고 대답했던 고사가 전한다. 『世說新語』「排調」.

382 한산寒山과 습득拾得 : 당나라의 두 선승禪僧. 저서로 『삼은시집』(일명 『寒山詩集』)이 전해진다. 행각승行脚僧인 풍간豊干과 세 사람이 천태산 국청사國淸寺에 드나들며 남루한 모습으로 주방에 들어가 승려들의 남은 밥을 먹곤 하였다 하며, 이 세 사람을 삼은三隱 또는 삼성三聖이라고 부른다. 『삼은시집』은 한산의 시 314수를 중심으로 이들 세 사람의 시를 모은 것인데, 작품 중에는 민중을 대상으로 한 교훈적인 시라든가 선禪의 게偈를 닮은 것이 많으며, 그중에는 한산에 얽힌 전설을 노래한 것도 있다. 작품은 모두 오언고시五言古詩이다.

383 남가南柯 : 남가일몽南柯一夢. 남쪽으로 난 나뭇가지 아래에서 꾼 꿈, 즉 덧없는 꿈이나 부귀영화를 일컫는다.

384 천석고황泉石膏肓이요 연하고질烟霞痼疾이로다 : 당나라 은사隱士 전유암田游巖의 이야기. 당 고종이 숭산嵩山에 행차하였다가 그가 사는 곳에 들러 편안한지 안부를 물었다. 전유암은 "신은 샘과 돌이 고황에 걸린 것처럼, 자연을 즐기는 것이 고질병처럼 되었습니다.(臣所謂泉石膏肓, 煙霞痼疾者)"라고 대답하였다. 『唐書』「隱逸傳」.

385 삼관三觀 : 관법觀法의 내용을 세 종류로 나누는 것. 천태종에서 세우는 공관·가관·

중관을 천태삼관天台三觀이라 하고, 화엄종에서 세우는 진공관·이사무애관·주변함용관을 법계삼관이라 하고, 율종에서 세우는 성공관·상공관·유식관을 남산삼관이라 하고, 『종경록』에 있는 별상삼관·통상삼관·일심삼관을 삼종삼관이라 하고, 법상종의 자은慈恩이 세운 유관·공관·중관을 자은삼관慈恩三觀이라고 한다.

386 구오駈烏 : 절에서 먹는 음식을 보고 날아드는 까마귀를 쫓고, 또 파리 따위를 날리는 사미라는 뜻으로 일곱 살에서 열세 살까지를 구오 사미라 한다.

387 인因을 잘 닦는다 : 불과佛果를 얻게 되는 원인이 되는 보살행을 잘 닦는다는 뜻이다.

388 수기受記 : 부처로부터 내생에 부처가 되리라고 하는 예언을 받는 것.

389 아집我執과 법집法執과 비법집非法執 : 아집은 나(我)를 실재한 줄로 집착하는 소견, 법집은 현상을 실재한 것인 줄로 잘못 알고 고집하는 것이다. 대개 아집과 법집을 이집二執이라고 한다. 법과 비법의 구분은 반야부에서 무위법과 유위법으로 나누는데, 『금강경』의 다음과 같은 구절이 해당된다. "만일 보살마하살들에게 법(無爲法과 般若)이라는 생각이 전개된다면 자아에 대한 집착, 유정有情에 대한 집착, 영혼에 대한 집착, 개인에 대한 집착도 있게 될 것이다. 또 법이 아니라는 생각이 전개된다면 마찬가지로 그들에게도 자아에 대한 집착, 유정에 대한 집착, 영혼에 대한 집착, 개인에 대한 집착이 있게 될 것이다. 왜 그러한가 하면 보살마하살은 법(無爲法과 般若)과 법 아닌 것(有爲法, 想, sanjna)에 집착해서는 안 되기 때문이다. 그러므로 여래는 이에 대해 말하기를, '뗏목으로 비유되는 법문을 알고 있는 사람은 법조차 버려야 한다. 하물며 법 아닌 것이랴'라고 이미 말하였다."

390 전세前世의 업에 따라 두 가지 과보를 얻게 되는데, 정보는 오온五蘊이 화합하여 이룬 신체를 말하고, 의보는 신체가 의거하는 산하대지와 의복이나 음식 등을 말한다.

391 공자孔子가 네~삼았다고 했습니다 : 『논어』「子罕」"공자는 네 가지를 끊어 없앴으니, 사사로운 뜻이 없고, 기필함이 없고, 집착함이 없고, 아집이 없다.(子絶四。毋意。毋必。毋固。毋我。)"

392 금강왕의 보배로운 깨달음(金剛王寶覺) : 『수릉엄경』의 '시방十方 박가범薄伽梵의 오직 한 길, 열반에 이르는 문'을 표현하는 말이다.

393 법무아法無我 : 일체의 존재는 모두 인연에 따라 존재하는 것으로서 그 실체가 없다는 뜻이다. 인무아人無我·인공人空에 대칭되는 말로서 법공法空이라고도 한다.

394 무상無相 : 형상에 구애됨 없이 집착을 떠났다는 의미로서 진정한 해탈의 경지에 이름.

395 무견無見 : 만유는 무상한 것이어서 실재하지 않는 것과 같이, 사람도 죽으면 몸과 마음이 모두 없어져서 공무空無에 돌아간다고 고집하는 그릇된 소견.

396 육여六如 : 육유六喩라고도 한다. 『금강경』에서 "일체 유위법은 꿈, 환영, 거품, 그림

자 같고, 이슬 같고, 또한 번개 같으니 응당 이와 같이 보아야 한다.(一切有爲法。如夢幻泡影。如露亦如電。應作如是觀)"라고 했다. 세간의 일체법이 무상함을 말하는 것이다.

397 관지觀智 : 진리를 살펴보는 바른 지혜.
398 증입證入 : 깨달음의 경지에 들어가는 것.
399 여환금강삼매如幻金剛三昧 : 『首楞嚴經直指』에 따르면, "일체법이 환영 같음에 통달하므로 연緣을 그치고 근본에 돌아갈 수 있다. 문사수聞思修로 말미암아 금강삼매를 성취하는데, 또한 여환삼매如幻三昧라고도 한다. 이 여환금강삼매는 십지 이후에 증득하는 것인데, 바르고 진실한 각혜覺慧를 벗어나지 않는다. 비유하면 금강과 같으니 파괴할 수 없으며 일체 번뇌를 파괴할 수 있다.(達一切法如幻。故能息緣反根。由聞思修。成就金剛三昧。亦云如幻三昧。此如幻金剛三昧。十地以後所證。不出正真覺慧。喻如金剛。不可破壞。而能破壞一切煩惱)"라고 했다.
400 금강도후이숙식공金剛道後異熟識空 : 『八識規矩直解』에 따르면, 성불하기 이전의 일향유루一向有漏는 금강도후이숙식공을 기다려야 대원경지大圓鏡智에 상응하는 암마라식菴摩羅識을 이룬다 하였다.
401 여환삼매如幻三昧 : 모든 차별 현상은 실체가 없어 허깨비와 같다고 주시하는 삼매.
402 견사혹見思惑·진사혹塵沙惑·무명혹無明惑을 삼혹三惑 또는 삼장三障이라고 한다. 견사혹은 견도見道와 수도修道에서 끊는 견혹見惑·수혹修惑이다. 견혹은 우주의 진리를 알지 못하여서 일어나는 번뇌이고, 수혹은 낱낱 사물의 진상을 알지 못하여서 일어나는 번뇌이다. 진사혹의 진사는 많음을 비유한 것으로, 보살이 중생을 교화할 때에 마음이 어두컴컴하여 무량무수한 법문을 알아 자유자재하게 구제하지 못하는 것을 말함이니, 다만 혹체惑體가 많다는 뜻만이 아니고, 알지 못하는 법문이 많다는 뜻이기도 하다. 무명혹은 미혹의 근본을 이루어 지혜의 밝음이 없는 번뇌이다.
403 이장二障 : 혹장惑障을 두 가지로 나눈 것.『俱舍論』에는 번뇌장煩惱障과 해탈장解脫障, 『唯識論』에는 번뇌장과 소지장所知障, 『圓覺經』에는 이장理障과 사장事障, 『金剛般若波羅密經論』에는 번뇌장과 삼매장三昧障으로 구분하였다.
404 일전어一轉語 : 미혹한 마음을 싹 바꿔 깨달음에 들게 하는 간단명료한 한마디 말.
405 『선문염송禪門拈頌』: 고려의 승려 혜심慧諶(1178~1234)이 1226년(고종 13)에 수선사修禪寺에 있으면서 불조佛祖들의 염송 등을 모은 것을 후에 엮어 낸 책. 목판본. 30권 10책.
406 제접提接 : 스승이 문답을 통해 제자를 가르치고 지도하는 것.
407 인타라망因陁羅網 : 제망帝網. 제석천에 있는 보배 그물. 낱낱의 그물코마다 보배 구슬을 달았고, 그 보배 구슬의 한 개 한 개마다 각각 다른 낱낱의 보배 구슬의 영상을 나타내고, 그 한 보배 구슬의 안에 나타나는 일체 보배 구슬의 영상마다 또 다른 일

체 보배 구슬의 영상이 나타나서 중중무진重重無盡하게 되었다고 한다.

408 세계해선世界海旋 : 회오리 치는 세계 바다. 회오리는 중중무진을 형용하는 표현이다.

409 진금포眞金鋪 : 순금을 파는 가게. 석두 희천石頭希遷이 자신을 그렇게 표방하였다. 이에 대해 마조 도일馬祖道一은 잡화포雜貨鋪라고 하였다. 진금포는 순일하고 고고한 선풍을 가리킨다.

410 사조용四照用 : 임제종臨濟宗에서 수행자를 지도하는 방편으로 세운 네 가지 방법. 조照는 상대방의 속을 비추어 들여다보는 것이고, 용用은 수행자의 역량과 태도에 맞추어 지도하는 것이다. 선조후용先照後用은 먼저 비추어 보고 뒤에 쓰는 것으로, 사람이 있는 것이다. 선용후조先用後照는 먼저 쓰고 뒤에 비추어 보는 것으로, 법이 있는 것이다. 조용동시照用同時는 비춤과 쓰임이 동시에 있는 것으로, 밭을 가는 농부의 소를 빼앗고 주린 사람의 밥을 빼앗는 것이다. 조용부동시照用不同時는 물음과 대답이 다 같이 있는 것이다.

411 근거(巴鼻) : '파병把柄'에서 나온 말이다.

412 방편 : 원문의 구화漚和는 ⓢ upāya의 음사. 중생을 구제하기 위해 그 소질에 따라 임시로 행하는 편의적인 수단과 방법을 말한다.

413 묘희는 문수보살. 무착이 문수보살을 찾아 오대산에 갔다가 그곳에서 만난 노옹에게 이곳의 대중 숫자가 얼마나 되냐고 물었을 때, 문수보살의 화신인 노옹은 전삼삼 후삼삼前三三後三三이라고 답변하였다.

414 삼현三玄 : 임제가 "선의 종지宗旨를 제창함에 있어서 일구一句 가운데 모름지기 삼현문三玄門을 갖추고, 일현一玄 가운데 모름지기 삼요三要를 갖춘다."라고 한 것에서 비롯되었다. 삼현의 첫째는 체중현體中玄으로서 삼세일념三世一念 등이고, 둘째는 구중현句中玄으로서 모든 생각과 이론을 초월한 화두인 경절어구徑截語句 등이며, 셋째는 현중현玄中玄으로서 선상禪床에 올라가서 한참 동안 말없이 앉아 있거나 상대방을 주장자로 치거나 할喝을 하는 것 등이라고 하였다.

415 집어 뽑거나~구별한 것으로 : 염고拈古(산문체 해설), 송고頌古(운문체 설명), 대어代語(대신 말함), 별어別語(별도로 말함) 등을 가리킨다. 이외에 평창評唱(산문체의 염송 해설), 착어着語(짧은 촌평) 등이 있다. 책명으로는 분양 선소汾陽善昭의 '송고백측頌古百則'과 '공안대별백측公案代別百則' 그리고 설두 중현의 '설두송고백측' 등이 있다.

416 삼처전심三處傳心 : 석가가 가섭迦葉에게 세 곳에서 불교의 진수를 전했다는 말이다. 다자탑전분반좌多子塔前分半座, 영산회상거념화靈山會上擧拈花, 사라쌍수곽시쌍부沙羅雙樹槨示雙趺가 그것이다. 다자탑은 중인도 비사리성毘舍離城 북서쪽에 있다. 석가가 그곳에서 설법하고 있을 때 가섭이 누더기를 입고 뒤늦게 오자 여러 제자들이 그를 얕보았다고 한다. 그러자 석가는 자기가 앉아 있던 자리 절반을 가섭에게 양보

하여 거기 함께 앉도록 하였다. 두 번째로 석가가 중인도 왕사성王舍城 북동쪽 10리 지점에 있는 영취산靈鷲山에서 설법을 하고 있을 때 하늘에서 꽃비가 내렸다. 석가가 그 꽃송이 하나를 들어 보이자, 제자들이 모두 무슨 뜻인지를 몰라 어리둥절해하는데 가섭만은 빙그레 웃었다. 이에 석가는 "바른 법, 열반의 묘한 마음을 가섭에게 전한다."라고 선포하였다. 다음으로 석가가 북인도 쿠시나가라성(拘尸羅城) 북서쪽의 사라수沙羅樹 여덟 그루가 둘씩 마주 서 있는 사이에 침대를 놓게 하고 열반하자, 그 숲이 하얗게 변하였다. 가섭이 스승의 관 주위를 세 번 돌고 세 번 절하자, 관 속으로부터 두 발을 밖으로 내밀어 보였다는 것이다. 선종에서는 이를 교외별전敎外別傳의 유일한 근거라고 하여 매우 중요시한다.

417 환성喚惺 : 1664~1729. 조선 후기의 승려. 강원도 춘천 출신. 속성은 정씨鄭氏, 법명은 지안志安, 호는 환성喚惺, 자는 삼낙三諾.

418 팔방八棒 : 종사들의 방망이질 종류. 조사의 영을 내려서 깊은 이치로 돌아가게 하는 방망이질, 헛된 생각을 닥치는 대로 없애 올바른 이치를 따르게 하는 방망이질, 깊은 이치라도 내치고 올바른 이치라도 깎아내리는 방망이질, 모질게 질책하는 방망이질, 이 네 가지는 모두 벌을 주는 방망이질이니 '벌방罰棒'이다. 종지에 어긋남이 없으므로 상으로 때려 주는 방망이질은 '상방賞棒'이고, 헛된 것과 참된 것이 뒤섞여 있으니 이것을 가려 주는 방망이질은 '변방辨棒'이며, 눈먼 도리깨처럼 함부로 휘두르는 방망이질은 사리에 어두워서 눈이 먼 '할방瞎棒'이며, 범부이든 성인이든 모든 지견을 몽땅 쓸어내는 방망이질이야말로 올바른 이치를 드러내는 '정방正棒'이다.

419 임제의 삼구와~말이 된다 : 이 구절은 환성 지안의 저술인 『禪門五宗綱要』 등에 나온다.

420 오종五宗 : 선문의 다섯 종파. 임제종臨濟宗, 조동종曹洞宗, 운문종雲門宗, 위앙종潙仰宗, 법안종法眼宗.

421 운문삼구雲門三句 : 오대五代 시대에 운문 문언雲門文偃의 제자 덕산 연밀德山緣密이 운문종에서 수행자를 지도하는 방법을 세 구절로 정리한 것. 제1구 함개건곤函蓋乾坤은 하늘과 땅을 덮어 포용한다, 곧 진리는 모든 현상에 널리 퍼져 있다는 뜻이다. 제2구 절단중류截斷衆流는 모든 흐름을 끊어 버린다, 곧 수행자의 번뇌·망상을 명쾌하게 끊어 버린다는 뜻이다. 제3구 수파축랑隨波逐浪은 파도를 따라 흐름을 같이한다, 곧 수행자의 소질이나 능력에 따라 자유자재로 지도한다는 뜻이다.

422 파릉삼구巴陵三句 : 파릉은 운문 선사의 제자. 어떤 스님이 파릉에게 무엇이 제바종提婆宗인가 묻자, 은쟁반에 쌓인 눈(銀盌裏盛雪)이라 대답하고, 무엇이 취모검吹毛劍인가 물으니, 산호 가지마다 매달린 달(珊瑚枝枝撐著月)이라 하고, 조사의 뜻과 교의敎意가 같은가 다른가라는 물음에는 닭이 추워서 나무에 오르고 오리가 추워서 물로 내려간다(雞寒上樹。鴨寒下水。)고 하였다. 이 말을 들은 운문 선사는 매우 기뻐하며,

훗날 자신의 제삿날에 다만 이 세 마디 법문(三轉語)을 일러 주면 된다고 하였다. 『五家宗旨纂要』 참고.

423 분양삼구汾陽三句 : 분양은 분양 선소汾陽善昭(947~1024). 오대五代와 송宋나라 때 승려. 학인學人이 힘써야 할 구절에 대해 묻자, 가주에서 대상을 친다(嘉州打大像)고 하였고, 학인이 전신轉身할 구절에 대해, 섬주에서 쇠로 된 소에 물을 준다(陝舟灌鐵牛)고 하였고, 학인에게 절실한 구절에 대해, 서하에서 사자를 희롱한다(西河弄獅子)고 하였다.

424 풍고楓皐 : 김조순金祖淳의 호.

425 금구성언金口聖言 : 부처님이 직접 하신 말씀.

426 권교權敎 : 부처님이 대승의 진정한 가르침으로 대중을 인도하기 위해 사용한 방편으로서의 가르침.

427 삼근三根 : 중생의 소질을 세 가지로 나눈 상근上根·중근·하근.

428 아승기겁(僧祇時劫) : 보살이 불위佛位에 이르기까지 수행하는 햇수. 3기祇라고도 한다. 십주·십행·십회향의 3위位를 수행하여 마치는 데 1아승기겁을 지내며, 그동안에 7만 5천 부처님께 공양하고, 십지 중의 초지로부터 제7지에 이르기까지 수행을 마치는 데 제2 아승기겁을 지내며, 7만 6천 부처님께 공양하고, 제8지로부터 제10지의 수행을 마치는 데 제3 아승기겁을 지내며, 7만 7천 부처님께 공양한다고 한다.

429 견망見網 : 몸을 얽어매는 갖가지 삿된 견해.

430 응진應眞 : 공양 받음이 마땅한 진실한 사람. 아라한阿羅漢을 번역한 말.

431 화불化佛 : 중생의 근기와 소질에 따라 갖가지로 형상을 변하여 나타내는 불신佛身.

432 불퇴지不退地 : 반드시 성불이 결정되고 동시에 보살위에서 타락하지 않을 위치.

433 보리심菩提心 : ⓢ bodhi-citta. 깨달음을 구하려는 마음.

434 천제闡提 : ⓢ icchantika. 성불할 성품이 없는 이를 뜻한다.

435 비로자나毘盧遮那 : ⓢ vairocana. 부처님의 진신眞身을 나타내는 칭호. 부처님의 신광身光·지광智光이 이사무애理事無礙의 법계에 두루 비추어 원명圓明한 것을 의미한다.

436 십신十身 : 불·보살의 몸을 그 공덕에 의하여 열 종류로 나눈 것. 보리신菩提身·원신願身·화신化身·역지신力持身·상호장엄신相好莊嚴身·위세신威勢身·의생신意生身·복덕신福德身·법신法身·지신智身 등으로 구별한다.

437 연화장蓮花藏 미진수微塵數의 대인상大人相 : 연화장은 우주의 중심에 있다고 하는 비로자나불의 정토. 이 부처는 천 개의 잎을 가진 연화좌蓮華座에 앉아 있는데, 그 잎 낱낱은 낱낱의 세계를 상징하며, 그 낱낱의 세계에 백억 국토가 있고, 그 국토에 보신불報身佛이 출현한다고 한다. 미진수는 미세한 티끌처럼 헤아릴 수 없이 많은 수. 대인상은 삼십이상三十二相을 말한다. 대인大人은 전륜왕이나 불·보살, 삼십이상은 대

인의 상호相好이므로 대인상이라 한다.
438 아홉 번 모임 : 80권본 『화엄경』에서 1부 39품을 일곱 곳의 아홉 번 모임에서 말하였다고 하는 것. 제1회 6품은 보리도량菩提道場, 제2회 6품은 보광명전普光明殿, 제3회 6품은 도리천忉利天, 제4회 4품은 야마천夜摩天, 제5회 3품은 도솔천兜率天, 제6회 1품은 타화천他化天, 제7회 11품은 보광명전, 제8회 1품은 보광명전, 제9회 1품은 중각강당重閣講堂.
439 『선요禪要』: 원元나라 고승 고봉高峰(1238~1295)의 법문을 엮은 책. 선禪의 요령을 간추려 엮은 책으로, 고봉의 시자 지정持正이 기록하고 거사 홍교조洪喬祖가 엮었다.
440 『역본의易本義』: 송나라 주희朱熹가 상수역象數易과 의리역義理易을 절충하여 『주역』을 해석한 책.
441 신이함은 장소가~없는 것이다 : 출전은 『朱子語類』이다.
442 남헌 장씨南軒張氏 : 장식張栻(1133~1180). 남송 때 학자. 이름난 재상 장준張浚의 아들. 남헌은 호.
443 구산 양씨龜山楊氏 : 양시楊時(1053~1135). 북송 때 학자. 구산은 호.
444 왕기륭王起隆 : 명나라 사람. 『金剛經新異錄』 등의 저술이 있다.
445 쌍계사雙溪寺 : 여러 곳에 동명의 사찰이 있으나 여기서는 논산시 양촌면에 있는 사찰을 가리킨다.
446 후룡後龍 : 뒤쪽으로 바로 내려온 주된 산줄기.
447 응공應供 : 나한의 이칭. 마땅히 공양 받을 만하다는 뜻이다.
448 살적殺賊 : 나한의 이칭. 번뇌라는 적을 죽였다는 뜻이다.
449 단월檀越 : [S] dāna-pati의 음사. 시주施主.
450 순생順生과 순후順後의 과보 : 순생보는 현세에 지은 선악에 따라 내생에 받는 그 과보, 순후보는 받기는 받되 언제 받게 될지가 일정하지 않은 과보를 말한다.
451 분단생사分段生死 : 삼계에서 각기 업인業因에 따라 몸과 목숨 따위의 길고 짧음이 있는 범부의 생사生死.
452 변역생사變易生死 : 삼계에서 나고 죽고 하는 몸을 떠난 뒤 성불成佛하기까지 성자聖者가 받는 삼계 밖의 생사.
453 계내界內와 계외界外의~진사塵沙 · 나곡羅穀 : 계내는 삼계, 계외는 삼계 밖의 경계, 삼고는 고고苦苦 · 괴고壞苦 · 행고行苦로서 고고는 몸이 고苦의 연연緣에서 생겨 온갖 고통을 받는 것이고, 괴고는 자기 뜻에 애착을 느끼던 것이 괴멸하는 때에 받는 고통이고, 행고는 세간 모든 현상의 변화가 끝이 없는 것이다. 오고는 인간계에 대한 다섯 종류의 괴로움이니, 즉 생고生苦 · 노고老苦 · 병고病苦 · 사고死苦 · 애별리고愛別離苦, 팔고는 생고生苦 · 노고老苦 · 병고病苦 · 사고死苦 · 애별리고愛別離苦 · 원증회고怨憎會苦 · 구부득고求不得苦 · 오음성고五陰盛苦이다. 진사는 티끌과 모래와 같이 수량을 알

수 없는 번뇌를 말한다. 나곡은 비단인데, 여기서는 비단실처럼 미세한 번뇌를 가리키는 듯하다.

454 십유十喩 : 우주의 물物·심心 현상은 모두 공무空無하다는 이치를 표시한 열 가지 비유. 환幻·염염焰·수중월水中月·허공화虛空華·향향響·건달바성乾闥婆城·몽夢·영영影·경중상鏡中像·화化.

455 일심삼관一心三觀 : 천태종에서 행하는 관상觀想 방법의 하나. 일심을 대상으로 하여 그 가운데 공관空觀, 가관假觀, 중관中觀의 삼관을 동시에 실현하는 관법이다.

456 사지四智 : 번뇌에 오염된 팔식八識을 질적으로 변혁하여 얻은 네 가지 청정한 지혜. 대원경지大圓鏡智는 오염된 아뢰야식阿賴耶識을 질적으로 변혁하여 얻은 청정한 지혜. 이 지혜는 마치 모든 것을 있는 그대로 비추어 내는 크고 맑은 거울처럼 아뢰야식에서 오염이 완전히 제거된 상태이므로 이와 같이 말한다. 평등성지平等性智는 오염된 말나식末那識을 질적으로 변혁하여 얻은 청정한 지혜. 이 지혜는 자아에 대한 집착을 떠나 자타自他의 평등을 깨달아 대자비심을 일으키므로 이와 같이 말한다. 묘관찰지妙觀察智는 오염된 제육식을 질적으로 변혁하여 얻은 청정한 지혜. 이 지혜는 모든 현상을 잘 관찰하여 자유자재로 가르침을 설하고 중생의 의심을 끊어 주므로 이와 같이 말한다. 성소작지成所作智는 오염된 전오식前五識을 질적으로 변혁하여 얻은 청정한 지혜. 이 지혜는 중생을 구제하기 위해 해야 할 것을 모두 성취하므로 이와 같이 말한다.

457 법권法眷 : 같은 법문法門에서 수행하는 동료.

458 화주化主 : 중생을 교화하는 부처.

459 장張 : 당시 글을 잘 쓰던 인물인 듯하다. 「장 처사가 금자金字로 「행원품行願品」과 『법화경』을 필사하는 것에 대한 상축上祝과 서문」에 '張公'으로 나온다.

460 날마다 1되~나머지는 말랐는데 : 『釋門自鏡錄』에는 이 부분이 "날마다 1되 남짓 나왔는데 참혹한 고통이 독보다 더하였다.(日出升餘, 慘痛煩毒)"로 되어 있다.

461 나무들이 얽히고설킨~오묘함이 정밀했다 : 이 구절은 최치원의 「대숭복사비명병서」 가운데 "綺井華攢而輧轙, 繡栭枝擁而杈枒."를 차용한 것이다.

462 경행經行 : 좌선하다가 졸음을 방지하거나 병을 치료하기 위하여 가볍게 걸으면서 닦는 수행법.

463 혈망봉穴望峰 : 봉우리 상부에 큰 구멍이 뚫려 하늘을 마주 대하는 듯한 형상의 바위가 있어서 붙여진 이름이다.

464 백씨白氏 : 용암 선사의 고족高足 백암白岩을 가리키는 듯하다. 용암 선사와 백암이 진언을 모아 3권 3책으로 간행한 『眞言集』이 전한다.

465 필방畢方 : 전설상의 새 이름. 생김새는 학과 비슷하며 다리는 하나이고 푸른 바탕에 붉은 무늬, 흰 부리를 갖고 있다고 하는데, 이 새가 출현하면 화재와 같은 재앙이 발

생한다고 한다.
466 화성化城 : 신통력으로 만든 성.
467 문병門屛 : 밖에서 집안을 들여다보지 못하도록 대문이나 중문 안쪽에 가로막아 놓은 담이나 널빤지.
468 정백精魄 : 정령精靈. 만물의 근원을 이룬다는 신령스러운 기운.
469 돌로 표를 세운다 : 『文選』에 있는, 동진東晉 시대 손작孫綽의 〈遊天台山賦〉에서 "적성에는 노을이 일어 표지를 세운다.(赤城霞擧而建標)"라고 한 구절을 염두에 둔 표현이다.
470 선구旋具 : 선旋은 '신이한 기략을 주선함(周旋神機)', 구具는 '항상 만법을 갖춤(備常萬法)'을 뜻한다. 『乘門衍會辨』 참고.
471 육정六丁 : 도교의 신명으로 화신火神을 가리킨다. 육갑六甲 중의 정신丁神, 곧 정축丁丑·정묘丁卯·정사丁巳·정미丁未·정유丁酉·정해丁亥의 여섯 신이 여기에 해당한다.
472 경전들은 완연히~변하지 않았다 : 이 대목은 『법원주림』 등에 나온다.
473 사주寺主 : 사찰을 관리하는 직책, 또는 그 일을 맡은 승려.
474 서명사西明寺의 사주寺主~목험目驗이 이야기한 : 이 표현은 『법원주림』 등에 나온다.
475 진陳나라 상서복야尙書僕射~시대에 드러나서 : 강총江摠은 어려서부터 총명하고 문재文才가 있었다. 진 후주陳後主가 즉위하자 상서령尙書令이 되었는데 정무는 돌보지 않고 후주와 함께 후원에서 연회에만 골몰하면서 염정시를 써내 압객狎客으로 불렸다. 문집 30권이 있었지만 없어졌고, 명나라 때 만들어진 『江令君集』이 전한다. 100여 편의 시가 남아 있다.
476 두 왕씨王氏 : 동진東晉 시대 서예가 왕희지王羲之와 그의 일곱째 아들 왕헌지王獻之를 가리킨다.
477 삼가三賈 : 전한前漢 시대 최고의 천재 학자로 알려진 가의賈誼, 후한 때 약관의 나이에 오경五經 본문과 『좌씨전』을 암송한 가규賈逵, 당나라 때 예학禮學에 정통한 가공언賈公彦을 지칭하는 듯하다.
478 사자獅子의 자리 : '자리(座)'가 『변정론』에는 '臺'로 되어 있다.
479 개황開皇 : 수 문제隋文帝의 연호. 581~600.
480 인수仁壽 : 수 문제隋文帝의 연호. 601~604.
481 양주揚州 : 양자강 하류에 있는 도시. 수 양제가 대운하를 건설한 곳이고, 그의 무덤이 있는 곳이기도 하다.
482 진陳나라 상서복야尙書僕射~29,173부 903,580권이었다 : 이 부분은 『辯正論』 권3에서 인용한 것이다.
483 「행원품行願品」 : 『화엄경』의 편명. 원제는 「보현행원품普賢行願品」. 보현보살이 선재

동자에게 부처의 공덕을 성취하기 위해서는 열 가지 광대한 행원行願을 닦아야 한다고 설한 내용이다.

484 「정행품淨行品」: 『화엄경』의 편명. 문수보살이 청정한 믿음의 실천을 설하는 내용이다.

485 벽과擘窠 : 글자 크기가 고르고 격식이 분명한 모양.

486 예성인자睿聖仁慈하고 문무돈후文武敦厚하신 : 지혜롭고 인자하며 문무를 겸비하였다는 뜻이다.

487 금륜성왕金輪聖王 : 수미산須彌山의 사주四洲를 통치한다는 제왕이다.

488 팔짱을 늘어뜨리고 세상(八荒)을 다스리시며 : 성군聖君이 옷을 늘어뜨리고 팔짱을 낀 채 아무 일도 하지 않으면서도 세상이 잘 다스려지는 무위지치無爲之治를 뜻한다. 『서경』「武成」.

489 오제五帝가 여섯이~될 것입니다 : 삼황오제三皇五帝는 신화상의 제왕들로 사료에 따라 차이가 난다. 사마천司馬遷의 『史記』에서는 삼황을 천황天皇, 지황地皇, 태황泰皇, 또는 인황人皇으로 지칭하고 있으며, 『風俗通義』에서는 삼황을 복희伏義, 신농神農, 여와女媧로 구분하고 있다. 오제五帝에 대해서는, 『사기』에서는 황제黃帝, 전욱顓頊, 제곡帝嚳, 당요唐堯, 우순虞舜으로, 「尙書序」에서는 황제 대신 소호少昊를 오제 자리에 넣고 있다.

490 대왕대비 전하 기유생 김씨 : 순조의 비. 영안 부원군永安府院君 김조순金祖淳의 딸인 순원왕후純元王后.

491 진실로 한漢나라~수 있도록 : 이 구절은 당나라 제법사濟法寺의 사문 법림法琳이 『破邪論』을 써서 올린 계啓에서 인용한 것이다.

492 패엽根葉 : 패엽貝葉, 패다라엽貝多羅葉. [S] Pattra. 인도에서 종이 대신 글자를 쓰는 데 사용하는 나뭇잎. 옛적부터 인도에서는 일반적으로 이 나뭇잎에 글자를 새겼으며, 삼장三藏의 경전을 이 잎에 썼다.

493 태임太妊 : 주 문왕의 모친.

494 선인宣仁 : 송나라 영종英宗의 비妃이며, 철종哲宗의 모후母后인 선인태후宣仁太后를 말한다. 성性은 고씨高氏. 철종이 어릴 때 수렴청정하면서 왕안석王安石을 물리치고 사마광司馬光 등 많은 유현儒賢을 등용하였다. 이 시기를 원우元祐의 치治라 하며, 세상 사람들이 여자 중의 요순堯舜이라고 칭송하였다.

495 왕대비 전하 무진생 조씨趙氏 : 익종의 비. 풍은 부원군豊恩府院君 조만영趙萬永의 딸인 조대비趙大妃.

496 옥호玉毫 : 부처님 미간에 있는 흰 털. 거기에서 큰 광명을 발산하여 시방세계를 비춘다고 한다.

497 금륜金輪 : 바퀴 모양의 무기武器로 칠보七寶의 하나인데, 이것이 향하는 곳마다 모

두 귀복歸伏한다고 한다.
498 장추長秋 : 한나라 때 태후가 거처하던 궁전.
499 장신長信 : 한나라 때 태황태후太皇太后가 거처하던 궁전.
500 사미사제思媚思齊 : 『시경』「大雅」〈思齊〉, "거룩하신 태임이 문왕의 어머니이시니, 시어머니 태강께 효도하시며 왕실의 주부 노릇 하셨네.(思齊太任。文王之母。思媚周姜。京室之婦。)"라고 하였다.
501 문안무정헌경성효文安武靖憲敬成孝 순종대왕純宗大王 : 문안무정헌경성효는 순조의 시호로서 문文으로 편안케 하고 무武로 안정시켰으며 공경과 효성을 다했다는 뜻이다. 순종대왕은 묘호廟號이다.
502 아뇩지阿耨池 : 서천西天에 있는 연못.
503 돈문현무인의효명敦文顯武仁懿孝明 익종대왕翼宗大王 : 돈문현무인의효명은 익종의 시호로서 문을 돈독히 하고 무를 드날렸으며 인자하고 효성스러웠다는 뜻이다. 익종대왕은 묘호이다. 익종은 순조의 세자. 1812년 왕세자에 책봉되었으며, 조만영의 딸을 맞아 혼인을 하고 헌종을 낳았다.
504 명통冥通 : 모든 현상을 떠나 어디에도 걸림 없이 자유자재하다는 뜻이다.
505 삼문三門 : 몇 가지 용례가 있는데, ① 법공法空·열반涅槃으로 들어가는 세 가지 해탈문解脫門, 즉 공문空門·무상문無相門·무작문無作門, ② 교敎와 율律과 선禪의 세 문, ③ 지혜·자비·방편의 세 문, ④ 문혜聞慧·사혜思慧·수혜修慧인 삼혜三慧의 문을 말한다. 또 삼문이라 하면 사찰의 누문樓門을 가리키기도 한다. 이는 ①과 같은 내용으로 사찰의 본당을 열반이라 비유하고, 삼문은 거기에 이르는 세 단계의 해탈문을 비유한 말이다. 이때의 삼문은 산문山門이라고도 한다.
506 나라의 빛을 보고 : 「觀卦」 육사六四의 "나라의 빛을 봄이니 왕의 손이 됨이 이롭다.(觀國之光。利用賓于王。)"에서 나온 말이다.
507 왕촉王蠋 : 전국시대 제齊나라 사람. 연燕나라의 침입을 받았을 적에 "두 임금을 섬길 수 없다." 하고 자살하였다.
508 수양睢陽에 비를 세웠습니다 : 당나라 현종 때 안녹산安祿山과 사사명史思明이 반란을 일으켜 수양성이 반란군에 포위되었다. 성안에 양식이 고갈되자 사람들은 모두 성을 버리고 도주하자고 하였으나 장순張巡과 허원許遠은 "수양은 강회江淮의 보장保障이다. 만약 이 성을 버리고 떠나면 적이 반드시 승세를 타고 깊이 쳐들어올 것이니, 그렇게 되면 강회는 없게 될 것이다." 하고 끝까지 수양을 지키다 전사하였다. 후에 당나라 한유韓愈가 조주 자사潮州刺史로 내려갔을 때 〈張中丞傳後敍〉를 써서 장순과 허원의 사적을 표창하였고, 그래서 그곳 사람들이 쌍충사묘雙忠祠廟를 지어 신으로 받들었다고 한다.
509 좋지 않음(不屯) : 비괘否卦와 둔괘屯卦. 비괘는 건괘乾卦와 곤괘坤卦가 거듭된 것으

로, 하늘과 땅이 서로 사귀지 못함을 상징하고, 둔괘는 감괘坎卦와 진괘震卦가 겹친 것인데, 비와 우레가 구름 밑에 있어서 아직 진동할 만한 상태에 이르지 못하고 있음을 뜻한다.

510 남제운南霽雲 : 당나라 현종 때 수양성에서 장순張巡과 함께 절개를 지켜 죽은 장수. 「張中丞傳後敍」 참고.

511 요광효姚廣孝 : 명나라 성조成祖 때의 승려. 원래 이름은 도연道衍으로 14세 때에 불문佛門에 들어갔다가 태조의 넷째 아들인 연왕燕王, 즉 성조를 도와 태조의 황태손으로 제위에 오른 혜제惠帝를 축출하고 정난靖難 일등공신에 책봉되었으며, 이때 광효라는 이름을 하사받았다. 『明史』권145.

512 옷을 찢어(裂裳) : 옷을 찢어 발을 감싼다는 '열상과족裂裳裹足'의 준말. 급히 서둘러 간다는 뜻이다. 공수반公輸般이 초楚를 위해 운제雲梯를 설치하고 송나라를 공격하려 하자, 묵자墨子가 이를 듣고는 "노魯나라에서 가야 하니, 옷을 찢어 발을 싸매고 밤낮으로 쉬지 않아야겠다." 하고는 10일 밤낮을 걸어 영郢에 도착하여 초왕楚王을 설득하였다는 이야기가 『戰國策』「宋衛策」에 나온다.

513 좌단左袒 : 웃옷의 왼쪽 어깨를 벗는다는 뜻으로, 남에게 편들어 동의함을 이르는 말이다.

514 낭심狼瞫 : 전국시대 진晉나라 장수. 진秦나라 군사와 팽아彭衙에서 싸울 때 몸을 바쳐 분전하고 죽으니, 진晉나라 군사가 뒤따라가 싸워 크게 이겼다. 『춘추좌씨전』「文公」2년.

515 주려柱厲 : 주려숙柱厲叔. 춘추시대 거莒나라 오공敖公을 섬기다가 자기를 알아주지 않자 그를 떠나 해변에서 살았는데, 오공이 환란을 당했다는 소식을 듣고는 급히 달려가 목숨을 바치면서 "신하를 몰라주는 후세의 임금들을 부끄럽게 하기 위함이다."라고 했다는 이야기가 『列子』「說符」에 나온다.

516 구공九攻 : 아홉 번 공격. 묵자墨子가 성을 지킬 때 기묘한 술책으로 공수반公輸般이 아홉 번 공격하는 것을 모두 잘 방어하였다는 데서 나온 말이다.

517 삼판三板 : 세 번 판자를 묶어 쌓은 정도의 높이밖에 안 되는 낮은 성이란 의미로 방비와 시설이 매우 열악한 곳을 이른다.

518 양을 몲(牽羊) : 육단견양肉袒牽羊에서 나온 말이다. 춘추시대 초나라 임금이 정鄭나라를 침략하여 항복시키자 정백鄭伯이 웃옷을 벗어 몸을 드러낸 채 양을 몰고 초나라 임금을 맞이하였다는 고사에서 유래하는 말로, 상대방에게 항복함을 뜻한다. 여기서 양을 몰고 간 행위는 항복하는 마당에 양을 손수 잡아 요리를 만드는 사람이 될 것을 표하는 것이다.

519 자식을 바꾸니 : 춘추전국시대 때에 초인楚人이 송宋나라를 포위하였으나, 송인宋人들이 자식을 바꾸어 먹고(易子而食) 뼈를 갈라서 땔감으로 사용하며(析骸而爨) 항복

하지 않았다고 한다. 『춘추좌씨전』「哀公」 8년.

520 장홍臧洪 : 한나라 동군 태수東郡太守. 194년에 장초張超가 장막張邈과 함께 조조曹操를 반대하고 여포呂布를 맞았다가 조조에게 옹구雍丘에서 포위를 당하게 되자, 장홍은 원소袁紹에게 구출할 것을 청하였는데 원소가 따르지 않아 장초는 죽고 말았다. 이 때문에 장홍이 원소를 원망하고 말을 듣지 않자 원소가 장홍을 포위하여 공격하였다. 성안에 식량이 다 떨어져서 결국 사로잡혔는데도 장홍은 굴복하지 않았고, 그래서 처형되었다. 이날 장홍의 마을 사람 진용陳容이 원소에게 말하길, "장군이 천하를 위해 포악함을 제거한다고 하고서 의로운 이를 죽이니 어찌 하늘 뜻에 부합하겠는가?"라고 했다. 이에 원소가 장홍의 무리라 살려두지 않겠다고 하니, 진용은 "장홍과 같은 날 죽는 게 낫지 장군과 살지는 않겠다."라고 하며 죽음을 맞았다. 본문 이 구절의 앞에 나오는 열사는 '진용'을 말한다.

521 채공蔡恭 : 남조 송나라 무관 채도공蔡道恭을 가리킨다. 504년에 북위北魏가 사주司州를 포위하였는데, 성안에는 5천 명 정도밖에 없었고, 식량도 반 년 정도 지탱할 것밖에는 없었다. 위나라 군대가 공격을 밤낮으로 쉬지 않고 했으나, 사주 자사司州刺史 채도공이 군사들을 독려하여 목숨을 돌보지 않고 싸워 백여 일을 맞섰다. 성을 함락시키지 못하자 북위는 퇴각하려 했는데 채도공이 병들어 죽음을 알고는 공격을 가해 함락시켰다. 송나라 조정에서는 영주 자사郢州刺史 조경종曹景宗을 보내 구원하게 했는데, 착현鑿峴에 이르러서 군사를 주둔시키고 더 이상 진전하지 않아 결국 성이 함락되었다. 이에 어사중승御史中丞 임방任昉이 조경종을 탄핵하는 글을 올렸는데, "도공이 죽음이여, 성을 몇 십 일 지켰도다. 경종의 삶이여, 하루아침에 갑옷을 버렸도다. 산 조경종과 죽은 채도공의 우열이 이와 같도다.(道恭云逝. 城守累旬. 景宗之存. 一朝棄甲. 生曹死蔡. 優劣若是.)"라는 문구가 있다. 앞 구절의 '바른 신하'는 임방을 가리킨다.

522 열사烈士의 항거하는~일을 애석해했습니다 : 이 문장은 당나라 유종원柳宗元의 문집 『柳河東集』의 「唐故特進贈開府儀同三司揚州大都督南府君睢陽廟碑」에 나온다.

523 표충사表忠寺 : 밀양시 단장면 구천리 재약산載藥山에 있는 절. 원래 표충사는 밀양시 영취산에 있던 백하암白霞庵 자리에 있었으며, 사명 대사의 제사를 모시기 위하여 나라에서 사원祠院을 세우고 봄가을로 제사를 지냈다. 그 뒤 병자호란이 일어나 승려들이 흩어지고 폐허가 되었던 것을 1714년(숙종 40)에 밀양 군수 김창석金昌錫이 사당을 다시 세울 것을 계획하고, 관찰사 조태억趙泰億에게 보고하여 조정에 계啓를 올려 나라에서 제수祭需를 내릴 것을 청하였다. 그리하여 사당을 다시 세워 사명 대사와 그의 스승인 서산 대사西山大師, 임진왜란 때 금산 싸움에서 전사한 기허당騎虛堂의 영정을 모셨다. 그 뒤 남붕南鵬이 크게 중창하고자 1738년(영조 14)에 사명 대사의 행적을 임금에게 올리니, 임금이 교지를 내려 경상도 관찰사에게 중수하도록 명하였

다. 이때 사명 대사의 영정을 중앙에 모시고 동쪽에 서산 대사, 서쪽에 기허당을 각각 모셨다. 1839년에 영정사靈井寺 자리로 옮기게 되었다.

524 진악산進樂山 : 충남 금산에 있는 산.
525 색칠을 하는~언제 나오겠습니까 : '색칠을 하는 데에 정밀함을 다함(彩腹窮精)'과 '바위 골짜기의 맑은 기운(岩洞共淸)'은 최치원의 「大嵩福寺碑銘並序」에서 인용한 것이다.
526 옥촉玉燭 : 사시四時의 기운이 화창한 것. 『이아』「釋天」에서 "사시의 기운이 화창한 것을 일러 옥촉이라 한다."라고 하였다.
527 선기璇璣 : 선기옥형璇璣玉衡. 천체의 운행과 그 위치를 측정하여 천문시계의 구실을 하였던 기구. 『서경』에서 "순舜이 선기옥형이란 천문天文 기계를 만들어서 일월 오성日月五星을 다스렸다."라고 하였다. 북두칠성을 가리키기도 한다.
528 「유행儒行」 : 『禮記』의 편명. 이하 「曲禮」도 『예기』의 편명이다.
529 「계사係辭」 : 미상. '積善降之百祥'과 유사한 '作善降之百祥'이란 구절은 『서경』「伊訓」에 나온다. 이하 본문에 나오는 「湯誥」도 『서경』의 편명이다.
530 작은 선이라고~것에서 쌓인다 : 『書經大全』 권4 「伊訓」의 주석에 있다.
531 선을 지극히~향기가 난다 : 『서경대전』 권6 「泰誓中」의 주석에 있다. 『서경대전』에는 '積善'이 '爲善'으로 되어 있다.
532 해백삼奚百三이 한~절로 떨어졌고 : 해백삼은 가난한 사람인데 우연히 어떤 도인이 가게 앞에서 화연化緣하는데 가게에서 보시를 하지 않는 것을 보고는 주머니에 있던 1문전文錢을 도인에게 보시하였더니, 그날 밤 꿈에 도인이 나타나 해백삼의 혹을 제거해 주었다는 이야기가 『太上感應篇』에 나온다.
533 금재金財가 두 냥을 보시하고 : 금재 비구는 부처님 제자. 그가 예배할 때면 매번 두 냥이 생기곤 해서 제자들이 부처님께 그 이유를 물으니, 금재 비구가 전생에 가난한 나무꾼으로서 나무를 하여 번 돈 두 냥을 보시한 일이 있어서 그 이후 계속 재물을 마음대로 쓰게 되었다고 하였다. 『賢愚經』「金財因緣品」.
534 악생惡生이 세 냥을 보시하고 : 구류사 나라의 악생왕이 공원에 나아갔다가 황금 고양이 한 마리가 가는 것을 보고는 땅을 파서 금전이 가득한 구리 단지를 여러 개 얻었다. 그 연유가 이상해서 존자 가전연迦栴延의 처소에 나아가 물었더니, 과거 91겁 이전에 비바시불毘婆尸佛이 열반에 들고 유법遺法이 남아 있을 때 여러 비구들이 시주를 청하고 있었는데, 어떤 가난한 사람이 땔감을 팔아서 얻은 돈 3문文을 시주하였고, 그 가난한 사람이 지금 왕으로 태어난 것이라 하였다. 『雜寶藏經』 권9.
535 금천金天이 병의 물을 보시하고 : 금천 부부는 부처님 당시 사위국舍衛國의 부유한 사람. 비바시불이 열반에 들고 유법遺法이 남아 있을 때 승려들의 행차에 시주할 게 없어 괴로워하던 가난한 부부가 창고를 뒤져서 동전 한 냥과 거울 하나를 얻었다. 그

래서 새 병 하나에 깨끗한 물을 담아서 동전을 물에 넣고 거울을 위에 붙여 승려들에게 시주하였더니 승려들이 그 물로 발우를 씻고 마시니 부부가 기뻐하였고, 이 인연으로 부유하게 태어난 것이라 하였다. 『현우경』「金天品」.

536 보천寶天이 흰 돌을 보시하고 : 비바시불이 중생을 제도하실 때에 거사들이 승려들에게 갖가지로 공양하였는데 어떤 가난한 사람은 공양할 게 없더니 보석처럼 보이는 하얀 돌이 있어서 그것을 승려들에게 주면서 큰 서원을 발했고, 그 인연으로 보천 비구가 되었다고 한다. 『현우경』「寶天因緣品」.

537 내녀㮈女가 절을 짓고 : 주 263 참조.

538 무우왕無憂王 : ⑤ Aśoka. 찬드라굽타(Candragupta)가 마가다국(Magadha國) 난다(Nanda) 왕조를 무너뜨리고 세운 마우리야(Maurya) 왕조의 제3대 왕. 인도 남단부를 제외한 전 인도를 통일하였다. 재위 B.C. 270~B.C. 230년경. 즉위 8년에 동부 해안에 있던 칼링가국(Kaliṅgā國)을 정복하는 과정에서 빚어진 살육의 참상에 양심의 가책을 느껴 무력 정복을 포기하고 비폭력과 정의에 기초한 다르마(dharma)에 의한 통일을 시도하였다. 불교에 귀의하여 수많은 탑과 사원을 세웠고, 수많은 사절들을 인도 전역에 파견하여 불교를 전파하였다. 특히 자신의 아들 마힌다(Mahinda)와 딸 상가밋타(Saṅghamittā)를 스리랑카에 파견하여 그곳에 불교를 전하였다. 왕의 주선으로 도읍지인 화씨성華氏城의 아육승가람阿育僧伽藍에서 천여 명의 비구들이 제3차 결집을 행하여 삼장三藏을 정리하였다.

539 동태사同泰寺 : 양 무제가 수도인 건강建康(현재 南京)에 세운 사찰. 521년에 공사를 시작하여 527년에 완성하였다.

540 경문대왕景文大王이 숭복사崇福寺를~함께 청명하고 : 숭복사는 경상북도 경주시 외동면 말방리 토함산 기슭에 있던 절이다. 신라 선덕왕 이전에 파진찬波珍湌 김원량金元良이 창건하여 '곡사鵠寺'라 하였는데, 원성왕이 죽자 이곳에 능을 만들고 지금의 위치로 절을 옮겼다. 그 뒤 경문왕이 즉위하여 꿈에 원성왕을 보고 이 절을 증축한 뒤 능원 수호와 명복을 빌게 하였다. 헌강왕 때 이 절의 이름을 '대숭복사'로 하였다고 한다.

541 왕순王珣이 집을~호구사虎丘寺로 삼고 : 춘추 말기에 오왕吳王 합려闔閭를 이곳에 장사하였더니 후에 호랑이가 그 위에 걸터앉아서 호구산이라는 이름이 붙여졌다고 한다. 일설에는 언덕 모양이 호랑이가 앉아 있는 것 같다고도 한다. 동진東晉 시대에 사도司徒 왕순王珣과 동생 왕민王珉이 호구산에 집을 지었다가 후에 집을 희사하여 절로 삼았다고 한다.

542 왕형공王荊公은 장산蔣山의~반산사半山寺를 지었습니다 : 북송 때 왕안석王安石(1021~1086)이 만년에 불교를 신봉하여 강녕江寧으로 물러나 종산鍾山에서 살았는데, 오래된 거처가 있어서 반산원半山園이라 하였다. 희녕熙寧 9년(1076)에 다시 재상

직에서 물러나 여기서 은거하였고, 원풍元豊 7년(1081)에 큰 병이 들자 신종神宗이 의원을 보내 치료하게 했다. 왕안석은 집을 사찰로 만들어 줄 것을 주청하였고, 신종은 '보녕報寧'이라는 사액寺額을 하사했는데 왕안석은 '반산半山'이라 불렀다. 그래서 보녕선사報寧禪寺를 속칭 반산사半山寺라고 한다.

543 복 있는~기반이 있다 : 임제 의현臨濟義玄이 한 말이다. 『宗門拈古彙集』 권20.

544 축수祝手 : 손을 비비며 빈다는 뜻이다.

545 등촉을 받들어~처하지 않는다 : 일치하는 경전은 찾기 어렵고 『佛爲首迦長者說業報差別經』에 다음과 같이 표현되어 있다. "중생이 등명燈明을 보시함이 있으면 열 가지 공덕을 얻으니, 하나는 세상을 등불처럼 비춤이요, 둘은 태어나는 곳에 따라 육안이 훼손되지 않음이요, 셋은 천안을 얻음이요, 넷은 선법과 악법에 대해 선한 지혜를 얻음이요, 다섯은 큰 어둠을 없앰이요, 여섯은 지혜의 밝음을 얻음이요, 일곱은 세간에 유전하매 항상 어둔 곳에 처하지 않음이요, 여덟은 큰 복의 보답을 갖춤이요, 아홉은 명이 다하매 하늘에 태어남이요, 열은 속히 열반을 증득함이니, 이를 '등명을 받들어 보시하여 얻는 열 가지 공덕'이라 한다.(若有衆生奉施燈明。得十種功德。一者。照世如燈。二者隨所生處。肉眼不壞。三者。得於天眼。四者。於善惡法。得善智慧。五者。除滅大闇。六者。得智慧明。七者。流轉世間。常不在於黑闇之處。八者。具大福報。九者。命終生天。十者。速證涅槃。是名奉施燈明得十種功德。)" 『勸發菩提心集』 권하 「施燈十功德門」에도 같은 내용이 축약되어 실려 있다.

546 반목蟠木 : 전설의 산 이름. 부상扶桑이라고도 한다. 『大戴禮記』 「五帝德」에서 "전욱이 용을 타고 사해에 이르니, 북으로 유릉에 이르고 남으로 교지에 이르고 서로 유사에 이르고 동으로 반목에 이르렀다.(顓頊乘龍而至四海。北至於幽陵。南至於交趾。西濟於流沙。東至於蟠木。)"라고 하였다. 공광삼孔廣森은 보주補注에 이르길, "『海外經』에 이르길, '동해에 산이 있으니 도색度索이라 하는데, 그 위에 큰 복숭아 나무가 있어서 3천 리에 걸쳐 서려 있다. 배인裴駰이 말한 반목蟠木이 이것이다'라고 했다."라고 했다.

547 청삭請朔 : 부용附庸(종속국)이 종주국의 정삭正朔을 봉행할 것을 청하는 것. 번속藩屬(변방 속국)이 되기를 바란다는 뜻이다. 삭朔은 정삭正朔을 가리키니, 개국開國한 제왕이 새로이 반포한 역법曆法이다.

548 읍양揖讓의 날에~움직이지 않고 : 왕유王維의 시 가운데 "오제 삼왕은 예로부터 천자라 불리는데, 창칼로 겨루거나 읍양(예로 사양함)하였으니, 필경 누가 옳은가.(五帝與三王。古來稱天子。幹戈將揖讓。畢竟何者是。)"라고 하였듯이 읍양이나 군복은 제왕의 자리를 교체하는 대비되는 방식을 가리킨다.

549 마麻와 보리를~과보를 얻었고 : 석가모니가 출가하여 니련선하尼連禪河에서 6년간 고행하며 하루에 한 번 마麻나 보리를 먹었다고 한다.

550 문창성文昌星 : 학문을 맡아 다스린다고 하는 북두칠성의 여섯째 별.
551 경천위지經天緯地 : 천지를 경영한다는 뜻이다.
552 자미성紫微星 : 북두칠성의 동북쪽에 열다섯 개로 벌여 있는 별. 자미성은 천제天帝에 비유된다.
553 금선대金仙臺 : 금선은 부처님을 지칭한다. 금선대는 묘향산과 운달산 등에 남아 있다.
554 윤필암尹弼庵 : 윤필암潤筆庵을 말하는 듯하다. 윤필은 붓으로 글을 다 쓴 후에 붓에 남아 있는 먹물을 씻어 낸다는 말이다. "이색이 왕의 명으로 나옹懶翁의 부도명浮屠銘을 지었는데, 그 무리들이 윤필물潤筆物(원고료)을 바쳤다. 이색은 받지 않고 폐한 절을 수리하게 하였기 때문에 암자 이름으로 삼았다."라는 기록이 『신증동국여지승람』 제8권 경기 지평현砥平縣 항목에 나오고, 「지평현 미지산彌智山의 윤필암潤筆菴」에 대한 기문」이 『목은문고』 제4권에 있다.
555 구위九圍 : 구주九州. 천하. 중국 고대에 전국을 아홉 개의 주로 나눈 것에서 유래한다.
556 정鼎은 원형리정元亨利貞이라~금 고리라 : 『주역』 「鼎卦」에서는 "정은 크고 상서롭고 형통하다.……육오는 솥의 누런 귀와 황금 고리이니 정고貞固한 것이 이롭다.(鼎。元吉亨。……六五。鼎黃耳金鉉。利貞。)"라고 하였다.
557 오황於皇 : 아름다움을 감탄하는 말. 오於는 탄사歎詞이고, 황皇은 미美의 뜻이다. 『시경』 「周頌」 〈臣工〉에 나온다.
558 칠여래七如來 : 북두칠성 여래. 망자의 영혼들에게 극락왕생의 길을 열어 준다고 한다. 명호는 나무다보여래南無多寶如來, 나무다보승여래南無多寶乘如來, 나무묘색신여래南無妙色身如來, 나무광박신여래南無廣博身如來, 나무이포외여래南無離怖畏如來, 나무아미타여래南無阿彌陀如來이다.
559 일곱 돼지가~재앙에서 구하였습니다 : 당나라 현종 때 일행 대혜一行大慧 선사의 이야기. 평소 일행 선사를 공양하던 노파가 자식이 형벌에 걸려 처형당하게 되자 일행 선사에게 구원을 요청하였다. 일행이 불쌍히 여겨 제자에게 생물을 잡아오게 했더니 꿩과 돼지 일곱 마리를 가져왔다. 일행은 하나씩 항아리에 넣고 범어로 주문을 외웠다. 그렇게 7일이 되자 북두칠성이 사라졌고, 조정에서도 놀랐는데 황제가 일행에게 물으니, 일행은 대답하기를, 이는 다른 게 아니라 요마妖魔인데 무릇 진노하는 마음은 일체 선을 무너뜨리고, 자비의 마음은 일체 요마를 항복시키니, 사면령을 내리면 요마가 활동하지 못한다고 하였다. 황제가 그렇게 여겨 사면령을 내렸고, 노파의 아들이 이로써 구출되었다. 일행이 날마다 돼지 한 마리를 꺼내니 별이 하나씩 나타나서 7일이 되자 북두칠성이 예전과 같아졌다. 『歷代編年釋氏通鑑』 권9.
560 구족九族 : 구족의 범위에 구체적으로 어떤 사람들이 포함되는지에 대해서는 두 가

지 설이 있다. 하나는 고조로부터 증조, 할아버지, 아버지, 자기, 아들, 손자, 증손, 현손까지의 직계친을 중심으로 하여 방계친으로 고조의 4대손 되는 형제, 종형제, 재종형제, 삼종형제를 포함하는 동종同宗의 친족을 가리킨다. 이 설을 고문가설古文家說이라고 하며, 이에 따른 구족을 구속九屬이라고도 한다. 다른 하나는 동성인 부계 친족뿐 아니라 이성異姓인 모계 친족과 처계 친족을 포함시키는 설로서, 이 경우의 구족은 부족父族 넷, 모족母族 셋, 처족妻族 둘을 일컫는다. 이 설을 금문가설今文家說이라고 한다.

561 금경金鏡 : 당나라 현종玄宗의 생일 때에 신하들이 모두 거울(寶鏡)을 올렸는데, 장구령張九齡이 "거울로는 자신의 모습을 비추어 보시고 인물로는 길흉을 비추어 보소서." 하면서, 전대前代의 흥폐興廢 원인을 기술하여 『千秋金鏡錄』이라는 책자를 만들어 올렸다. 천추는, 황제의 생일을 천추절이라 한 데에서 나온 말이다. 이후로 거울삼을 만한 역사적 사건이나 인물을 기록하여 군주를 풍자적 수법으로 깨우쳐 주는 문장이나 서적을 가리킬 때에 금경록이라는 어휘를 사용하였다.

562 옥형玉衡 : 선기옥형璿璣玉衡의 약칭. 혼천의渾天儀라고도 한다. 해, 달, 별의 천상天象을 그려서 천체의 운행과 위치를 관측하던 기계이다. 『서경』「舜典」에서 "선기와 옥형을 살펴서 칠정을 고르게 했다.(在璿璣玉衡。以齊七政)" 하였는데, 칠정은 일월日月과 수水, 화火, 금金, 목木, 토土 오성五星이다. 옛날에는 일월성신의 운행이 세상의 치란治亂과 관련된다고 여겼다.

563 나옹 대사懶翁大師 : 1320~1376. 법명은 혜근惠勤, 또는 혜근彗勤. 나옹은 호, 강월헌江月軒이라고도 한다. 중국의 지공指空, 평산 처림平山處林에게 인가를 받고 무학無學에게 법을 전하여 조선시대 불교의 초석을 세웠다.

564 꽃다운 숲~갖추어질 것입니다 : 이 구절은 『변정론』 권3에서 인용한 것이다.

565 개금改金 : 불상에 다시 금칠을 입히는 것.

566 옛날에 가섭迦葉은~쾌락을 받았고 : 옛날 비바시불이 열반에 든 후 사부四部 제자들이 칠보탑을 세웠는데, 탑에 있는 불상의 금색이 조금 모자란 데가 있었다. 당시 어떤 가난한 여인이 구걸을 하다가 금주金珠 하나를 얻고는 불상의 모자란 부분을 보태고 싶어 했다. 가섭은 당시 단금사鍛金師였기에 여인은 가섭에게 가서 자기 뜻을 전했다. 가섭은 기뻐하며 같이 서원을 세워 항상 부부가 되어 몸은 금색이고 항상 수승한 즐거움을 받자고 하였다. 이때부터 91겁 동안 몸은 금색이고 천인天人 중에 태어나 쾌락이 다함이 없었다. 후에 마갈국摩竭國의 바라문 니구율타尼俱律陀의 자식으로 태어나 역시 몸이 금색인 여인을 만나서 같이 출가하여 부처님의 제자가 되었다. 『法苑珠林』 권33 등.

567 자마금紫磨金 : 수미산 남쪽의 염부제閻浮提(S jambu-dvīpa)의 큰 강바닥에서 나는 사금. 붉은빛과 누른빛에 보라 불빛을 띠었다 한다.

568 태양에 나아가는~구름을 바라는 : 요堯 임금의 인자함이 하늘과 같고 그 지혜가 신神 같았으므로 신하들이 태양을 향하듯, 구름을 바라보듯(就之如日。望之如雲。) 숭앙했다는 고사가 전한다. 『史記』「五帝本紀」.

569 구목九牧 : 구주九州의 장관.

570 태양에 나아가는~바칠 것입니다 : 이 구절은 『변정론』 권3에서 인용한 것이다.

571 팔지八地 : 수행 단계인 십지十地 가운데 보살에 해당하는 경지.

572 불지佛地 : 모든 번뇌를 완전히 끊어 열반을 성취한 부처의 경지.

573 삼보三報 : 과보를 받는 시기에 따라 셋으로 구분한 것. 순현보順現報는 이 몸을 가지고 지은 업을 이 몸으로 있을 때 과보를 받게 되는 것이고, 순생보順生報는 금생에 지어 다음 생에 받는 것이고, 순후보順後報는 금생에 지어 3생 후에 받는 것을 말한다.

574 부정업不定業 : 과보를 받는 시기가 정해져 있는 것을 정업定業이라 하고, 시기가 정해져 있지 않은 것을 부정업不定業 또는 순부정수업順不定受業이라 한다. 정업에 세 가지가 있으니, 앞에 있는 삼보三報가 그것이다.

575 덕을 세우시고~베푸실 것입니다 : 이하의 말들은 『변정론』 권3에서 인용한 것이다.

576 소자첨蘇子瞻 : 소식蘇軾(1037~1101). 자첨은 자. 동파 거사東坡居士는 호.

577 기記 : 「廣州東莞縣資福禪寺羅漢閣記」. 『蘇軾集』 권38에 있다.

578 〈십팔나한찬十八羅漢讚〉 : 〈十八大阿羅漢頌〉. 『소식집』 권20에 있다.

579 감응하면 반드시~인연을 맺으시길 : 이 구절은 최치원의 「대숭복사비명병서」의 구절을 변용한 것이다. "結大緣者。金元良。有感必通。"

580 하나를 얻어~한가로이 거니시리로다 : 이 구절은 『변정론』 권3에서 인용한 것이다.

581 용이 한~화를 면하였고 : 『佛說海龍王經』 「金翅鳥品」에 다음과 같은 내용이 있다. "용왕들이 세존께 아뢰었다. 이 바다에 무수한 용들이 있는데, 금시조가 있어서 용들을 잡아먹어 두려워하고 있으니 보호해 달라는 것이었다. 이에 세존은 입고 있던 조의皂衣를 벗어 용왕에게 주며 이 옷의 한 가닥만 보더라도 금시조가 범하지 못할 것이니 용왕들에게 나누어 주라고 하였다. 용왕들이, 조의가 작은데 어떻게 용왕들에게 모두 나누어 줄까 의심을 하니, 세존께서 말씀하시길, 가령 삼천대천세계의 인민들이 각각 여래의 조의를 나누어 갖더라도 부족함이 없을 것이라고 하셨다."

582 삼상三象 : 해, 달, 별.

583 오악五嶽 : 산악에 대한 신앙으로 전국시대 이후 오행사상五行思想에 의하여 오악의 개념이 생겼다. 우리의 경우 백두산, 금강산, 묘향산, 지리산, 삼각산을 말한다.

584 만유萬有에 도道를~편히 하시리라 : 이 구절은 『唐護法沙門法琳別傳』 권상에서 인용한 것이다.

585 생민生民(백성)들이 재조再造의~풍속으로 돌이키시리라 : 이 구절은 『당호법사문법

림별전』권상에서 인용한 것이다.

586 영암靈岩 : 전라남도 지명. 덕진면은 영암 군청 위쪽에 있고, 덕진면과 영암 군청 사이를 흐르는 영암천에 덕진교가 있다.

587 십호十號 : 부처님의 공덕을 기리는 열 가지 이름. 곧 여래, 응공應供, 정변지正遍知, 명행족明行足, 선서善逝, 세간해世間解, 무상사無上士, 조어장부調御丈夫, 천인사天人師, 불세존佛世尊.

588 천뢰洊雷 : 『주역』「震卦」의 상사象辭에 있는 말. "천뢰洊雷가 진震이니 군자가 본받아서 두려워하며 반성한다.(洊雷。震。君子以。恐懼修省。)" 하였다. 이에 대해 정자程子가 풀이하길, "천洊은 거듭함이다. 천둥이 거듭하여 이어지면 위엄이 더욱 크니 군자가 하늘의 위엄을 두려워하여 자신을 닦아 발우고 허물을 살펴서 고치려고 생각한다." 하였다. 「象傳」에서 "나가서 종묘사직을 지켜 제주祭主가 될 수 있다.(出。可以守宗廟社稷。以爲祭主也。)"라고 하여 장자가 지위 계승하는 것을 뜻한다.

589 명리明離 : 『주역』「離卦」의 상사象辭에 있는 '명량작리明兩作離'의 준말. 이 괘의 괘상인 이상이하离上离下, 곧 두 개의 밝음(明)이 합쳐져서 이괘를 이룬다는 뜻. '명량작리' 뒤에 "대인은 이 괘로써 밝음을 이어 사방에 빛나게 한다.(大人以繼明照于四方)"라는 말이 있어, 대개 세자를 가리키는 말로 사용된다.

590 여와씨女媧氏가 돌을~하늘을 보완하고 : 여와씨는 복희씨伏羲氏의 여동생. 여와씨가 하늘이 뚫린 것을 보고 오색의 돌을 불려서 하늘을 메웠다는 신화가 있다.

591 하후씨夏后氏가 물을~이루게 하였으니 : 하후씨는 하夏 왕조의 시조인 우왕禹王. 요堯의 치세에 대홍수가 발생하여 섭정인 순舜이 그에게 치수治水를 명하자 천하를 직접 다니며 실정을 고찰하여 물을 다스렸다고 한다.

592 둔비屯否 : 둔괘屯卦와 비괘否卦. 어려운 상황을 뜻한다. 둔은 초목의 싹이 처음 힘들게 땅을 뚫고 나오면서 충분히 신장되지 못하고 구부러진 모습을 그린 문자이다. 여기에서 '어렵다(難)'라는 의미가 파생되었다. 비괘는 하늘 아래에 땅이 있는 형상으로, 가벼운 천기는 위로 올라가고 무거운 지기는 아래로 내려와 두 기운이 교합, 소통되지 못하여 막혀 있는 것을 상징한다.

593 하늘 문의~스스로 교화되며 : 이 구절은 『破邪論』권상에서 인용한 것이다. 『파사론』의 구절은 "공구의 사랑하고 공경하는 예를 집행하여 천하가 효와 자애를 행하리이다.(執孔丘愛敬之禮而天下孝慈)"라고 하여 차이를 보인다.

594 좌씨左氏 : 좌구명左丘明. 춘추시대 노魯나라 학자. 『좌씨전』, 『國語』의 저자로 일컬어진다. 인용된 구절은 『좌씨전』「隱公」 6년에 나온다.

595 날마다 사용하고~하는 길 : 주희가 『禮記集說』 등에서 도道를 설명한 구절, 즉 "주자가 말하길, 도라는 것은 날마다 사용하는 사물과 마땅히 행해야 하는 이치이다.(朱子曰。道者。日用事物當行之理。)"에서 나온 표현이다.

596 천지 귀신이~위에 임하니 : 한유韓愈의 「맹간 상서에게 보내는 편지(與孟簡尙書書)」 등에서 인용한 표현이다.
597 아라한은 응당~복전(應供福田)이 되니 : 아라한(arhan)은 응공應供이라 번역된다.
598 오랑캐가 오면~것과 같습니다 : 오랑캐와 한족 구절은 『楞伽阿跋多羅寶經卷第一義疏上』에서 인용한 표현이다.
599 부씨鳧氏 : 종을 만드는 일을 담당했던 관직. 『周禮』「考工記」에 나온다.
600 종소리를 들으면~중생을 제도한다 : 게송은 『沙門日用』이나 『增修敎苑淸規』 등에 보이는데, '出三界'가 '出火坑'으로 되어 있는 등 표현이 조금 다르다. "聞鐘聲。罪業輕。智慧長。菩提生。離地獄。出火坑。願成佛。度衆生。"
601 탕湯·무武 : 탕湯은 탕왕湯王, 무武는 무왕武王을 말한다. 탕왕은, 하夏의 걸왕桀王이 포악하여 제후들이 덕망이 있는 탕을 섬기게 되자, 드디어 군사를 이끌고 명조鳴條에서 격파하여 패사시키고 박亳에 도읍하여 국호를 상商이라 정하여 제도와 전례를 정비하고 13년간 재위하였다. 무왕은 아버지 문왕文王의 뜻을 이어받은 은殷나라 서부 제후의 맹주로서 은나라 토벌의 전쟁을 일으켜 하남성河南省 목야牧野에서 주왕紂王의 대군을 격파하여 은나라를 멸망시키고 지금의 서안西安 부근인 당시의 호경鎬京에 서울을 정하여 주나라를 창건하였다.
602 한漢·위魏 : 한漢은 한 무제漢武帝를, 위魏는 위 무제魏武帝(曹操)를 가리킨다. 한 무제는 기원전 141년에 즉위하여 흉노에 대한 굴욕적인 화친 정책을 버리고 강력한 흉노 정벌 정책을 채택하였고, 위 무제는 후한 말에 황건의 난을 평정하는 데 공을 세움으로써 두각을 나타내고 동탁이 죽은 뒤 헌제를 옹립하여 실권을 장악하였다.
603 공화불사空花佛事 : 부처님이 설법하실 때 하늘에서 꽃이 비처럼 내리던 현상.
604 가지작법加持作法 : 가지(adhiṣṭhāna)는 부처의 가피력으로 병이나 재난을 면하기 위해 행하는 의식. 작법은 재齋를 올릴 때 추는 모든 춤.
605 십이류十二類의 중생 : 『능엄경』에서 중생을 분류한 것. 난생卵生, 태생胎生, 습생濕生, 화생化生, 유색有色, 무색無色, 유상有想, 무상無想, 약비유색若非有色, 약비무색若非無色, 약비유상若非有想, 약비무상若非無想. 유색은 형색形色이 있는 것으로 휴구정명休咎精明의 무리이니, 별 중에 길한 것은 휴休, 흉한 것은 구咎, 반딧불과 진주 등이 정명精明에 해당한다. 무색은 형색이 없는 것으로 흩어져 소멸하는 것이니, 무색계의 외도外道가 해당한다. 유상은 회상으로 발생하는 것이니, 신귀神鬼와 정령精靈의 무리이다. 무상은 상심想心이 혼미함을 깨닫지 못하는 것으로 정신이 토목土木과 금석金石으로 변한 것이니, 황두 외도黃頭外道가 돌로 변한 것이 해당한다. 비유색은 형색은 있으나 임시로 성립한 것이니, 수모水母(해파리)가 새우로 눈을 삼은 것이 해당한다. 비무색은 소리내어 불러서 형체가 성립한 것이니, 주문으로 생겨난 것이다. 비유상은 다른 몸을 빌려 성립한 것이니, 포로蒲盧 등이 다른 바탕으로 이룬 것

이 해당한다. 비무상은 친하면서 원망하고 해를 끼치는 것이니, 파경조破鏡鳥가 독수과毒樹果를 포옹하여 자식을 만든 다음에 부모가 그 먹이가 되는 것이 해당한다.

606 용정봉혈龍庭鳳穴 : 용과 봉황의 거처. 훌륭한 인물들이 있는 곳을 비유한다.

607 일역린주日域麟洲 : 일역은 해 뜨는 곳, 린주는 봉린주鳳麟洲로서 바다에 신선이 사는 10주洲의 하나. 10주는 봉린주 외에 조주祖洲·영주瀛洲·현주玄洲·염주炎洲·장주長洲·원주元洲·유주流洲·생주生洲·취굴주聚屈洲이다. 동방삭東方朔의 『십주기十洲記』.

608 용정봉혈龍庭鳳穴에서 기운을~모습으로 변하리이다 : 이 구절은 『변정론』 권1에서 인용한 것이다.

609 조중봉趙重峰 : 중봉 조헌趙憲(1544~1592). 본관은 배천(白川), 자는 여식汝式, 호는 중봉重峯·도원陶原·후율後栗. 임진왜란이 일어나자 옥천에서 의병을 일으켜 영규 등 승병과 합세해 청주를 탈환하였다. 이어 전라도로 향하는 왜군을 막기 위해 금산 전투에서 분전하다가 의병들과 함께 모두 전사하였다.

610 고제봉高霽峰 : 제봉 고경명(1533~1592). 본관은 장흥長興, 자는 이순而順, 호는 제봉霽峰·태헌苔軒. 금산 싸움에서 왜군과 싸우다가 전사하였다.

611 종용사從容祠 : 충남 금산군 금산읍 금성면에 있는 사당. 1647년(인조 25)에 건립되었다.

612 혈식血食 : 산 짐승을 잡아 제사를 지낸 데서, 나라의 의식으로 제사 지냄을 말한다.

613 운잉雲仍 : 운손雲孫과 잉손仍孫이라는 뜻으로, 먼 후손을 이르는 말이다.

614 불곡不穀 : 본래는 임금이나 제후의 자칭自稱으로서, 곡식은 사람을 기르는 물건인데 임금이나 제후는 백성을 잘 기르지 못하니 곡식보다 못하다는 뜻이다. 그러나 여기서는 그저 자기를 겸칭하는 말로 사용되었다.

615 중조산中條山 : 전라남도 화순군의 남동부 이양면 증리와 보성군 복내면 계산리 경계에 있는 산이다. 계당산桂棠山이라고도 한다.

616 광상廣桑에 가고자~만나지 못하고 : 한황韓滉은 당나라 재상으로 자못 강한强悍하다 자부하였다. 하루는 상인 이순李順이 경구京口 언덕 아래 배를 대 놓았는데 밤 깊어 줄이 끊어져 배가 표류하였다. 아침에 어느 산 아래 이르러 기슭에 올라가 한참 길을 가니 옛날 복장을 한 어떤 이가 맞이하여 화려한 궁궐로 들어갔다. 그곳에 들어가니 어떤 사람이, 금릉金陵의 한 공韓公에게 편지를 전해 달라고 하였다. 그래서 이순은 이곳이 어디고 어떻게 한 공에게 편지를 전하냐고 물었더니, 이곳은 동해 광상산廣桑山이고, 부탁한 이는 노나라 선부宣父 중니仲尼인데 득도하여 진관眞官이 되어서 이곳을 다스리고 있고, 한 공은 중유仲由인데 성격이 강인하므로 부자께서 그가 형벌에 걸릴까 봐 걱정되어 편지를 보내는 것이라고 했다. 이순이 돌아와서 한 공에게 편지를 주었는데, 편지가 옛날 글자로 되어 있어서 읽을 수 없었다. 그리고 이순이

꾸며댄 이야기라고 생각했다. 그러던 어느 날 옛날 복색을 한 이가 와서는 그 글을 읽어 주었고, 한 공은 묵묵히 한참을 있다가 광상산의 일을 기억해 내고 이순에게 사례하였고, 이때부터 공손한 태도를 지녀 몸을 보존할 수 있었다는 이야기가, 오대五代 촉蜀나라의 두광정杜光庭이 지은『神仙感遇傳』에 나온다.

617 영지궁靈芝宮에서 왕평보王平甫를 따르지 않으면 : 왕평보가 영희永熙(북위 효무제) 계축년(533)에 숭문관崇文館에서 숙직하다가 꿈을 꾸었는데, 어떤 이가 데리고 바다로 갔다. 바다에 궁전이 성대하고 음악이 크게 울리는데 이름이 영지궁이라 하였다. 왕평보가 들어가려 하자 아직 때가 아니라면서 훗날 다시 오게 될 것이라 했다. 잠이 깨어서 시를 지어 기록하였다는 이야기가, 남송南宋의 석혜홍釋惠洪이 지은『冷齋夜話』에 나온다.

618 응당 부용성芙蓉城에서~따라 노니리라 : 송나라 석만경石曼卿은 어려서 시와 술로 호방하게 지냈는데 죽어서는 친구의 꿈에 나타나 자신이 신선이 되어 부용성 주인으로 있는데 친구를 불러 노닐고 싶으나 그러지 못한다고 하였다는 이야기가『事實類苑』등에 나온다.

619 상향尙饗 : 제물을 받기를 바란다는 뜻으로 제문 끝에 쓰는 말이다.

620 쓰러진 나무에서 돋아난 새싹처럼 :『서경』「盤庚上」의 "若顚木之由蘖"을 인용한 것이다.

621 퇴음부退陰符·진양화進陽火 : 단전의 기를 독맥을 통해 위로 끌어올리는 것을 진양화라 하고, 니환궁에서 임맥을 거쳐 기를 내려보내는 것을 퇴음부라 한다.

622 하거운전법河車運轉法 : 혀로 윗잇몸을 문질러서 생기는 침을 세 번에 나눠 삼키는 법. 하거河車는 혀를 뜻한다.

623 이 글은『全唐文』권681에 실린 백거이白居易의「미지 제문(祭微之文)」의 표현을 차용한 것이다.

624 임진년 : 신묘년의 오류.

625 천종天鍾 : 하늘이 부여한 성품.

626 아도雅度 : 고상한 도량. 상대방을 높이는 표현.

627 인서人瑞 : 사람의 상서. 덕망 있고 장수함을 가리킨다.

628 선량한 군자시여~누리지 않으리오 :『시경』「曹風」〈鳲鳩〉의 구절.

629 대속할 수만~번이라도 하리라 :『시경』「秦風」〈黃鳥〉의 구절.

630 결활契活 : 결활契闊. 멀어서 소식이 막힌다는 뜻이다.

631 유공권柳公權 : 778~865. 당나라 서예가. 왕희지, 구양순, 안진경과 함께 '서법사대가'로 불린다. '안근유골顔筋柳骨(안진경의 글씨는 힘줄 같고, 유공권의 글씨는 뼈처럼 굳세다)'이라 칭해진다.

632 백장산百丈山 : 강서성江西省 봉신현奉新縣에 있는 산.

633 법석法席을 완성시킨~것은 법정이니 : 이 표현은 『五燈會元』 권4 '백장산열반화상百丈山涅槃和尚' 등의 것을 차용하였다.

634 황벽黃蘗·고령古靈 : 황벽은 황벽 희운黃檗希運, 고령은 고령 신찬古靈神贊 선사를 가리킨다. 백장 회해百丈懷海 선사(720~814)의 법사法嗣이다.

635 무익황武翊黃 : 당나라 사람. 자字는 곤여坤輿. 헌종憲宗 원화元和 원년(806)에 병술과丙戌科 진사에 급제. 해서楷書를 잘 썼는데, 821년에 백거이白居易가 찬술한 장의張禕의 비가 곧 그의 글씨다. 『全唐詩』에 그의 시 1수가 전한다.

636 이하의 내용은 『변정론』 권1 「三教治道篇」에서 차용한 것이다.

637 오위五緯 : 금金·목木·수水·화火·토土 다섯 개의 별. 이십팔수二十八宿는 왼쪽으로 돌기 때문에 경經이라 하고, 오성五星은 오른쪽으로 돌기 때문에 위緯라고 구분하였음.

638 말가末伽 : 말가리구사리末伽梨瞿舍利(Ⓟ Makkhali-Gosāla). 그릇된 생활 방법을 취하는 사명 외도邪命外道. 그는 인간이 번뇌에 오염되거나 청정해지는 과정과, 인간의 고락과 선악에는 아무런 원인이나 조건이 작용하지 않고, 오직 자연의 정해진 이치에 따른 것이라고 한다.

639 어진 선비가~가슴을 쳤습니다 : 진 경공晉景公의 총애를 받던 사구司寇 도안가屠岸賈가 조씨 가문을 무고하여 조동趙同과 조삭趙朔 등을 섬멸하였고, 후에 이 일로 진 경공은 꿈에 대려大厲(귀신)가 머리를 헝클어뜨린 채 나타나 가슴을 치고 뛰며, 자기 손자를 죽인 것은 의롭지 않다고 하였다. 이 일로 진 경공은 병을 얻어 죽게 된다. 『좌전』「成公」 10년.

640 장평長平 : 성 이름. 전국시대 진秦나라 백기白起가 조趙나라 조괄趙括의 군사를 대파하고, 항졸降卒 40여 만 명을 땅에 파묻어 죽였다. 『史記』 권43 「趙世家」.

641 신안新安 : 지명. 진나라의 군사들이 항우에게 투항하고, 항우는 장한章邯의 군대를 합한 45만의 대군과 함께 진나라의 수도 함양으로 가는데 도중에 진나라 군사들이 반란을 도모한다는 소문을 듣자, 항우는 투항한 진나라 병사 20만 명을 모두 구덩이에 몰아넣어 살해했다.

642 승주乘舟의 노래 : 『시경』「邶風」 〈二子乘舟〉를 말한다. 전국시대 위 선공衛宣公의 두 아들 급伋과 수壽가 계모의 흉계에 의하여 피살된 일을 읊었다. 『左傳』「桓公」 16년.

643 황조黃鳥의 읊음 : 『시경』「秦風」 〈黃鳥〉를 말한다. 진 목공秦穆公이 죽었을 때, 자거씨子車氏의 세 아들인 엄식奄息·중행仲行·침호鍼虎로 순장殉葬을 하자, 이들은 진秦나라의 현신賢臣이었으므로 나라 사람들이 그들을 애석하게 여겨 노래한 것이다.

644 몽택夢澤 : 지명. 초나라 왕이 여기서 사냥을 했다고, 한漢나라 사마상여司馬相如의 〈子虛賦〉에 나온다. 앞의 패천灞川은 〈上林賦〉에 나오는 상림上林을 지나가는 패수灞水인 듯하다. 패수는 위수渭水의 지류이고, 〈자허부〉는 초나라와 제나라 제왕의 정

원과 수렵의 모습을, 〈상림부〉는 천자가 장안 서쪽의 상림원上林苑에서 사냥하는 것을 풍간한 것이다.

645 물고기를 먹여~꽃에 감동했고 : 『변정론』에는 『金光明經』에 보인다는 협주가 있다.

646 개미를 구한~원인이 되었습니다 : 『변정론』에는 『賢愚經』에 보인다는 협주가 있으나, 『雜寶藏經』에 보인다. 어떤 나한 도인羅漢道人이 사미를 데리고 있었는데 이 사미가 7일 후에는 목숨이 다하리라는 것을 알고 집에 갔다가 7일째 돌아오라고 했다. 사미가 스승을 떠나 집으로 가다가 개미들이 물에 떠내려가는 것을 보고는 자비심이 생겨 가사를 벗고 흙을 담아 물을 막고는 개미들을 마른 곳에 옮겨 살게 했다. 7일이 되어서 스승에게 돌아가니, 스승이 괴이히 여겨 입정入定 상태로 천안天眼으로 보니 개미를 구한 인연 때문이라는 것을 알게 되었다.

647 탑 속에서~갑자기 났고 : 구루손불拘樓孫佛 때에 어떤 장자가 어떤 음녀婬女를 보고는 탐착심이 생겼는데 줄 것이 없어서 탑에 가서는 꽃을 훔쳐 여자에게 주고는 동침을 하였다. 다음날 새벽에 보니 몸에 악창惡瘡이 나서 너무 아팠다. 의사를 불러 치료하게 하니, 우두전단牛頭栴檀을 발라야 나을 수 있다고 했다. 그래서 장자는 향을 사서 몸에 바르고는 생각하기를, 내 병은 마음의 병이라 하고는 우두전단을 가루로 만들어서 탑에 가서 발원하기를, 여래께서 고행을 닦으시어 중생을 제도하시리라 서원하셨으니, 그 자비로 제 병을 없애 주시기를 기원한다고 하였다. 그리고는 향을 탑에 발라 꽃값을 배상하고 참회하니 악창이 나았고, 천인天人 중에 태어나 무상無常을 깨우쳐 벽지불辟支佛이 되었다고 한다. 『百緣經』「授記辟支佛品」.

648 경전을 손상하여~문드러지게 되었으며 : 송나라 승려 지통智通은 서울 정간사簡靜寺의 비구니다. 원가元嘉 9년(432)에 스승이 죽자 시집을 가서 아이를 낳았다. 아이가 일곱 살이 되었는데 집이 가난하여 옷이 없었다. 지통은 승려였을 때 지니고 있던 『무량수경』과 『법화경』 등을 훼손하여 찢어 옷을 만들어 아이를 입혔다. 1년이 되자 병이 나서 놀라 살펴보니 온몸이 문드러져 불에 덴 듯했고, 작은 벌레들이 수없이 많아서 통증으로 아이는 밤낮을 부르짖었다. 허공에서 소리가 나기를, 경전을 훼손하여 옷을 만들었으니 이러한 응보를 받는 것이라 하였다. 아이는 10여 일이 되어 죽었다. 이 이야기는 『冥祥記』 출전으로 『법원주림』 18에 실려 있다.

649 양가楊家에서는 검은~송아지가 나왔고 : 수나라 양주楊州에 사는 변사유卞士瑜라는 이가 말하길, 자기 아버지가 인색하여서 인부에게 일을 시키고 임금을 주지 않고는, 만약 내가 거짓을 행했다면 죽어서 네 소가 되겠다고 하였다. 얼마 있다가 그의 아버지는 죽었고, 그 해 소가 누런 송아지를 낳았는데 허리에 검은 무늬가 있어서 마치 사람의 허리띠 같았다. 그리고 오른쪽 사타구니에 흰 무늬가 있어서 상홀象笏 같았다. 소 주인이 말하길, 변 공卞公은 왜 나를 배반했냐고 물으니, 송아지가 무릎을 꿇고 머리를 조아렸다고 한다. 『법원주림』 57.

650 이신李信은 사람~절을 했습니다 : 당나라 거사 이신李信이 삭주朔州로 가는 중에 눈보라가 심해서 수십 리 가다가 말이 더 이상 가지 않았다. 이신이 채찍을 여러 번 치자, 말이 사람처럼 말을 하길, "나는 네 어미다. 생전에 죄를 지어 이런 보응을 받았다. 그런데 너는 왜 그리 고통스럽게 하느냐?"라고 하니, 이신은 놀라서 눈물을 흘리며 사과하였다. 그리고 말하길, 만약 어머니라면 집으로 가 보라고 하고는 고삐를 놓았더니 말이 알아서 집을 찾아갔다. 그리하여 형제들이 애통해하며 따로 말 거처를 마련하고 모친 봉양하듯 하고, 불도에 전념하였다. 이 이야기는『冥報拾遺』출전으로『법원주림』52에 실려 있다.

651 돼지 몸으로 갚게 되었습니다 : 수나라 때 의주성宜州城의 황보씨皇甫氏 집안에 네 형제가 있었는데 둘째가 나쁜 친구들과 사귀었다. 모친이 시장에 가려고 탁자에 60전錢을 두고서 잠깐 자리를 비운 사이에 둘째가 가져가 버렸다. 모친이 그것을 모르고 집안사람들을 매질해 대니 모두 원망하였다. 후에 둘째가 죽어서는 돼지로 태어났다. 2년이 지나서 돼지를 팔았는데, 돼지가 끌려가기 전에 부인 꿈에 나타나 내가 남편인데 모친의 돈을 훔쳤다가 이런 고초를 받고 있으니 살려 달라고 했다. 모친의 꿈에도 동일하게 나타났다. 그래서 돼지를 산 사람에게 간청하여 겨우 목숨을 부지하게 되었다고 한다.『법원주림』74.

652 말희妺喜가 하夏나라를 망하게 하였고 : 하夏나라 걸桀의 비妃 말희(妹喜라고도 함)가 매우 미색이 뛰어나서 걸이 밤낮으로 그와 함께 질탕하게 음주나 하고 정사政事를 돌보지 않으므로 은 탕왕殷湯王이 마침내 역산歷山에서 걸을 대파大破하여 남소南巢의 산으로 내쫓아 죽게 하였다.

653 달기妲己가 은殷나라를 무너뜨렸고 : 은殷나라 주紂의 비妃 달기는 미색이 뛰어나서 주가 술과 음악을 좋아하고 달기를 몹시 사랑한 나머지 정사는 돌보지 않고 달기와 함께 날마다 황음荒淫을 일삼자, 주 무왕周武王이 마침내 주를 쳐서 주의 목을 베고 달기를 죽였다.

654 포사褒姒가 주周나라를 전복시켰고 : 주周나라 유왕幽王이 비妃 포사를 웃게 하고자 하여 일이 없는데도 봉화烽火를 들어 제후를 모이게 하였다. 포사가 웃자, 이렇게 하기를 세 번이나 하였다. 그 뒤에 신후申侯가 견융犬戎을 데리고 주나라를 공격하니, 유왕이 봉화를 들었으나 제후들은 장난이라 여겨 이르지 않고, 결국 주나라가 멸망하게 되었다.

655 여희驪姬가 진晉나라를~한 것이며 : 춘추시대 진晉나라 헌공獻公의 후처 여희는 참소를 하여 헌공의 아들 중이重耳를 죽이게 하였다.

656 일각선一角仙이 여인을~태운 욕됨과 : 세존의 전신인 일각선이 발이 불편한 차에 산에 오르다가 발을 다쳐 화가 나서 비가 내리지 못하게 하였다. 가뭄이 들까 걱정이 된 왕은 선인의 신통력을 없애면 큰 상을 내리겠다고 하였고, 이에 음녀 선타扇陀가

자신이 신통력을 없애고 신선의 목을 타고 오겠다고 했다. 음녀는 맛있는 음식과 미녀들을 데리고 선인에게 가서 선인을 봉양하였다. 음식과 미녀들의 환락에 빠진 선인은 음식이 떨어지자 음식을 구할 수 없냐고 물었고, 음녀는 음식 있는 곳에 함께 가자고 했다. 둘이 동행하면서 음녀는 다리가 아프다고 하니 선인은 여인을 목에 올라타라고 했다. 그렇게 해서 선인은 신통력을 잃었고 비가 다시 내렸다. 이후 선인은 자신의 과오를 뉘우치고 다시 산으로 돌아와 정진하여 신통력을 회복하였다.『법원주림』71.

657 술파가術婆伽가 몸을~재앙들이 있었으니 : 어떤 국왕에게 구모두拘牟頭라는 딸이 있었는데 어부 술파가가 길에서 멀리 누각 위에 있는 공주를 보고는 연모하는 마음이 사라지지 않아 음식을 먹지 못하였다. 그 까닭을 안 모친은 좋은 물고기 등을 공주에게 바치면서 돈을 받지 않았다. 그 이유를 공주가 묻고 술파가의 사정을 알게 되었다. 술파가를 동정한 공주는 갑천사甲天祠 천상天像 뒤에서 만나기로 하였다. 약속한 날이 되어 그곳에 갔는데, 천신天神이 이러한 소인에게 공주를 욕되게 할 수는 없다고 생각하여 술파가를 잠들게 하였다. 공주는 그를 흔들어 보았지만 깨지 않아서 자신이 온 표시로 영락瓔珞을 남긴 채 돌아왔다. 후에 잠에서 깬 술파가는 공주가 왔었다는 것을 알고는 음화婬火가 발발發發하여 스스로를 태우고 죽었다.『大智度論』,『법원주림』21.

658 소처럼 마시다가 나라를 잃었고 : 소처럼 마신다는 것은 몸을 숙여 마시는 게 소와 같음을 말한다.『韓詩外傳』권4에서 "배를 띄울 정도로 넓게 걸왕이 술못을 만들었는데 술지게미 쌓인 게 족히 10리가 되었고, 한 번 북을 울리면 소처럼 마시는 이가 3천 명이었다.(桀爲酒池。可以運舟。糟丘足以望十裏。一鼓而牛飲者三千人)"라고 했다.

659 중산中山은 천~수면睡眠에 곤란했으며 : 진晉나라 장화張華의『博物志』권10에 나오는 이야기. 중산 사람 적희狄希가 천일주千日酒를 빚을 줄 알았으니, 그 술을 먹으면 천 일 동안 취하게 된다. 유현석劉玄石이란 이가 술을 좋아하여 천일주를 구해서 먹고는 취해 쓰러졌는데 죽은 것 같았다. 그래서 집안사람들이 매장했는데 천 일이 지나 깨어났고, 아직 남아 있던 술기운 때문에 무덤을 연 사람들이 3개월 동안 취해 쓰러졌다고 한다.

660 35가지 과실의~같이 일어났고 :『대지도론』권13에서 술에는 35가지 과실이 있다고 하였다. ① 현세의 재물을 허비함. ② 질병의 원인. ③ 싸움의 이유. ④ 벌거벗어도 부끄러워하지 않음(裸露無恥). ⑤ 더러운 명성. ⑥ 지혜를 무너뜨림. ⑦ 얻어야 할 것을 얻지 못하고 얻은 것도 잃어버림. ⑧ 숨긴 것들을 타인에게 발설함. ⑨ 사업들을 철폐하고 하지 않음. ⑩ 근심의 근본. ⑪ 체력이 약해짐. ⑫ 몸이 망가짐. ⑬ 부친을 공경하지 않음. ⑭ 모친을 공경하지 않음. ⑮ 사문을 공경하지 않음. ⑯ 바라문을 공경하지 않음. ⑰ 삼촌과 어른들을 공경하지 않음. ⑱ 부처를 공경하지 않음. ⑲ 법을 공경

하지 않음. ⑳ 승려를 공경하지 않음. ㉑ 악인과 어울림. ㉒ 현인을 멀리함. ㉓ 계율을 지키지 않음. ㉔ 부끄러움이 없음. ㉕ 육정六情(六根)을 지키지 않음. ㉖ 여색에 방탕함. ㉗ 타인이 미워함. ㉘ 귀중한 친척과 아는 이들이 주는 것을 물리침. ㉙ 불선법不善法을 행함. ㉚ 선법善法을 버림. ㉛ 현명한 이들이 신용하지 않음. ㉜ 열반에서 멀어짐. ㉝ 어리석음의 인연을 심음. ㉞ 죽어서 악도惡道 니리泥梨(Ⓢ niraya, 지옥)에 떨어짐. ㉟ 사람으로 환생하더라도 어리석게 됨.

661 나복羅卜의 모친이 지옥에 들어갔고 : 목건련目犍連의 어릴 때 이름이 나복이다. 부친 부상傅相을 여읜 나복이 금지국金地國으로 장사하러 떠난 사이 모친 청제 부인靑提夫人은 온갖 악행을 저지르고 그 업보로 급사한다. 모친의 시묘侍墓를 마치고 출가하여 목련 존자目連尊者가 된 나복은 모친을 찾아 여러 지옥을 두루 돌아다니다가 아비지옥에서 모자가 상봉한다. 목련이 부처의 법력을 빌어 모친을 인간으로 환생시키고, 모친으로 하여금 도리천궁忉利天宮에 나아가 화락을 누리게 한다.『佛說大目連經』.

662 법림 대사法琳大師 : 572~640. 수말隋末 당초唐初 시기의 고승. 도교와 논쟁하여 불교를 잘 변호한 것으로 유명하다.『변정론』을 지었고, 위 내용이 권1에 담겨 있다.

663 버들에 햇살~부는 듯하고(楊柳風) : 이 구절은 송나라 시인 범성대范成大의 시〈鷓鴣天〉에서 사용된 바 있다. "버들은 맑은 바람에 가벼이 찡그리네.(楊柳光風淺淺顰)"

664 오동에 비~비치는 듯하니(梧桐霽月) : 앞 구의 버들은 도연명陶淵明, 뒤 구의 오동은 소옹邵雍의 풍모를 가리킬 때 자주 사용되는 표현이다. 예를 들어『訥齋先生文集』의「두곡 선생 제문(祭杜谷先生文)」에서는 "도강절이 창 앞에 무릎을 용납할 정도의 작은 집에서 산 것처럼 오류의 맑은 바람 같은 신세요, 소강절이 움집에서 편안히 지낸 것처럼 오동의 비 개인 달 같은 마음이었다.(陶靖節容膝窓前。五柳淸風之身世。邵康節安樂窩中。梧桐霽月之胷中。)"라고 했다. 인재는 최현崔晛(1563~1640)의 호다.

665 벽송碧松 : 벽송사를 가리키는 듯하다. 벽송사는 경상남도 함양군 마천면 추성리에 있는데, 서산 대사 휴정休靜의 스승인 벽송당 지엄碧松堂智儼의 영정이 안치되어 있다.

666 건륭乾隆 44년 계묘(1783) : 건륭 44년은 기해년(1783)이다. 48년이 계묘년인데, 계묘년에 출생한 것으로 알려져 있다.

667 글방(黌海)에서 힘씀이~감당할 정도요 : '횡해黌海'라는 표현은 용례를 찾기 어렵다. 최치원의「眞鑑和尙碑銘並序」에 "글방으로 돌아와 하나를 들으면 열을 알았으니(復歸黌海, 聞一知十)"라는 표현이 있으니, 여기서 차용한 것으로 보인다.

668 사생 구류四生九類 : 사생四生은 태생胎生, 난생卵生, 습생濕生, 화생化生. 구류九類(九類生)는 사생에 유색有色, 무색無色, 유상有想, 무상無想, 비유상비무상非有想非無想을 더한 것이다.

669 모후산母后山 : 전남 화순군 동복면에 있는 산.

670 팔영산八影山 : 전남 고흥에 있는 산.

671 칠불사七佛寺 : 지리산 서남쪽에 있던 사찰. 『속동문선』의 「遊智異山錄」참고.

672 금허 화상錦虛和尙 : 금허 법첨錦虛法沾(1824~1894). 본관은 천안, 성은 전씨全氏, 이름은 세원世元. 금허는 법호이다. 전라남도 나주 출생. 전라남도 해남 대둔사大芚寺에서 하의 정지荷衣正持를 은사로 출가하였다.

673 백운산白雲山 : 경상남도 함양군과 전라북도 장수군 사이에 있는 산인 듯하다.

674 건당建幢 : 불법佛法의 깃발을 세운다는 뜻이다. 비구계를 받은 후 오랜 기간 수행하여 남을 가르칠 수 있는 경지에 이른 승려가 스승의 법맥을 이어받고 법호法號를 받는 일을 말한다.

675 청량산淸凉散 : 답답한 속을 시원하게 뚫어 주는 약.

676 취서산鷲栖山 : 경상남도 양산시 하북면과 원동면에 걸쳐 있는 산. 영취산靈鷲山, 영축산, 축서산 등으로 표기하기도 한다.

677 화엄예참華嚴禮懺 : 『화엄경』을 위주로 하는 예참. 예참은 삼보三寶에 예배하고 그 경을 찬탄하는 것.

678 본사本師 : 근본이 되는 스승. 석가모니불.

679 수인修因 : 불과佛果를 얻게 되는 원인인 보살행을 닦는 것.

680 서방산西方山 : 전라북도 완주군 용진면 간중리에 있는 산.

681 가순궁嘉順宮 박씨朴氏 : 1770(영조 46)~1822(순조 22). 조선 제22대 왕 정조의 후궁. 본관은 반남潘南. 좌찬성 준원準源의 딸이며, 어머니는 원주 원씨原州元氏이다. 가순嘉順은 호, 시호는 현목顯穆이다.

682 호우湖右 : 대개 충북 지역을 가리키는데, 모악산과는 맞지 않으니 오류가 있는 듯하다.

683 금산錦山 : 전라북도 김제시 금산면 금산리에 있는 사찰.

684 무위진인無位眞人 : 진리를 깨달아 차별이 없는 자리에 있는 사람.

685 권루卷婁 : 팔다리가 굽은 사람. 『莊子』「徐无鬼」에서 "권루는 순임금과 같은 이들이다. 양고기는 개미를 사모하지 않지만 개미는 양고기를 사모한다. 양고기는 냄새가 난다. 순임금은 냄새나는 행동을 하여 백성들이 좋아했다. 그래서 세 번 옮겼으나 모두 도읍을 이루었고 등에 이르자 10여 만 가옥이 모였다.(卷婁者。舜也。羊肉不慕蟻。蟻慕羊肉。羊肉饘也。舜有饘行。百姓悅之。故三徙成都。至鄧之虛而十有萬家。)"라고 했다.

686 송산松山 : 송광사가 있는 조계산을 가리킨다.

687 은적암隱寂庵 : 송광사의 말사. 여수 돌산읍에 있는데, 고려 때 보조 국사 지눌이 창건했다고 한다.

688 벽송사碧松寺 : 경남 함양군 마천면 추성리에 있다. 조선 중종 시대인 1520년 벽송

지엄壁松智嚴이 창건하였다.

689 『범망경梵網經』: 대승계大乘戒에 관한 경전으로, 우리나라 불교 계율의 기초를 이룬다.

690 전제筌蹄: 전筌은 대나무로 만든 물고기 잡는 통발, 제蹄는 토끼 잡는 창애로서, 어떤 목적을 달성하기 위한 수단이나 공구를 말한다. 『장자』「外物篇」.

691 보법普法: 차별이 없고 원만하여 모든 중생에게 두루 통하는 가르침.

692 오교五交: 올바르지 않은 다섯 가지 사귐. 즉 세력 때문에 사귀는 세교勢交, 뇌물 때문에 사귀는 회교賄交, 말을 꾸며 사귀는 담교談交, 궁박할 때 사귀다가 변하는 궁교窮交, 저울질해서 사귀는 양교量交를 말한다.

693 삼흔三釁: 오교五交 때문에 발생하는 세 가지 틈. 즉 덕과 의를 손상하여 금수와 같아지는 게 하나요, 쉽게 헤어져 소송이 많아지는 게 둘이요, 탐욕에 빠져 수치스럽게 됨이 셋이다. 『文選』에 수록된 유효표劉孝標의 「廣絶交論」에 나온다.

694 좌양左羊: 춘추시대 연나라 사람인 양각애羊角哀와 좌백도左伯桃를 가리킨다. 둘이서 초나라 왕이 인재를 대우해 준다는 말을 듣고 초나라로 가다가 양식은 떨어지고 추위를 만났다. 둘이 같이 살 수는 없음을 짐작하고 좌백도는 자기 옷과 음식을 양각애에게 주고 자기는 숲으로 가서 죽었다. 양각애는 초나라로 가서 이름을 날리고 후에 좌백도의 시체를 찾아 매장해 주었다. 한漢 유향劉向의 『列士傳』.

695 유종兪鍾: 춘추시대 초나라 유백아兪伯牙와 종자기鍾子期를 가리킨다. 유백아의 거문고 음악을 종자기가 알아주었는데 종자기가 죽고 나자 유백아는 그만 거문고 줄을 끊어 버리고 연주하지 않았다고 한다.

696 예로부터 인의로~안에 있도다: 양각애와 좌백도의 우정을 읊은 칠언절구 중의 1, 2구.

697 영평永平: 경기도 포천.

698 하안거夏安居: 승려가 여름 장마 때 밖에 나가지 아니하고 한 방에 모여서 수행하는 일.

699 결제結制: 안거安居를 시작한다는 뜻이다.

700 승평昇平: 전남 순천.

701 송산松山의 요사한~병영에서 참수하였다: 이 사실은 『순조실록』에 기재되어 있다. 실록에 따르면 순조 19년(1819)에 송광사의 죄승 어감을 본도로 압송하여 효수하였으니, 흉악한 말을 조작하여 고을 사람들을 무고하였기 때문이라 하였다.

702 새가 나무에~멀리해야 한다: 송나라 자운慈雲 법사(963~1063)의 〈書紳〉의 구절. 『佛祖統紀』 권50.

703 졸렬함을 자랑하고~때는 움츠리니: 이 문장은 표현을 바꾸어서 의미가 모호해졌다. 원문은 다음과 같다. "졸렬함을 자랑하고 공교함을 부러워하니 그 덕이 크지 않

고, 이름은 두터우나 행실이 얕으니 그 높음이 속히 붕괴되고, 높을 때 펴고 낮을 때 움츠리니 그 쓰임이 항상하지는 않는다.(誇拙羨巧其德不弘, 名厚行薄其高速崩, 隆舒汚卷其用不恒。)"

704 명성이 널리~슬프지 않은가 : 이 부분은 『속고승전』 권7의 「周渭濱沙門釋亡名傳」에서 부분적으로 차용한 것이다.

705 검산령劒山嶺 : 평안남도 영원군 대흥면과 함경남도 정평군 고산면 사이에 있는 고개.

706 법안장法眼藏 : 일체법을 분명하게 비춰 보는 눈인 법안을 간직한다는 뜻으로 석존이 깨달은 정법正法을 가리킨다.

707 체백滯魄 : 사람이 죽은 후 사정이 있어서 사라지지 않고 남아 있는 혼백.

708 구월산九月山 : 황해도 신천군 용진면과 은율군 남부면, 일도면에 걸쳐 있는 산.

709 원적산圓寂山 : 경기도 이천시 백사면과 광주시 실촌면, 여주군 흥천면에 걸쳐 있는 산.

710 잠저潛邸 : 잠룡潛龍의 거처. 즉 왕위에 오르기 이전의 시절을 말한다.

711 진晉나라 제왕齊王 대유大猷 : 사마유司馬攸(248~283). 대유는 그의 자字. 사마소司馬昭의 차자次子, 제왕齊王에 봉해졌다. 서진西晉이 건립될 때 활약하여 인심을 얻었고, 무제를 계승할 것으로 일컬어졌으나 참언 때문에 한을 품고 병이 들어 죽었다. 문집 2권이 있다.

712 송宋나라 임천왕臨川王 의경義慶 : 남조 송의 초대 황제인 무제武帝(363~422)의 동생 장사경왕長沙景王의 차남. ?~444.

713 팽성왕彭城王 의강義康 : 남조 송 무제의 아들. 409~451.

714 남초왕南譙王 의선義宣 : 남조 송 무제의 아들. 413~452.

715 건안왕建安王 휴인休仁 : 남조 송 문제의 열두 번째 아들. 452년에 건안왕이 되었다.

716 진 혜제晉惠帝가~짝을 맺었는데 : 이상의 내용은 『辯正論』 권3 「十代奉佛上篇」의 내용을 간추린 것이다. 그런데 "안평왕安平王의 지절志節과 의양왕義陽王의 이사입신理思入神과 하비왕下丕王의 독지경술篤志經術"은 잘못 인용한 것이다. 『변정론』을 보면 안평왕은 "절개가 있고 행동이 엄하다.(志節峻擧)" 하였고, 의양왕은 "이치를 생각함이 신의 경지에 들었다.(理思入神)" 하였으며, 하비왕은 "경술에 독실하게 마음을 기울였다.(篤志經術)"라고 협주를 달아 설명한 것인데, 그것을 '진왕 홍도'의 경우처럼 이름으로 기술한 것이다. 아울러 송나라 왕들을 거론한 후에 "글재주를 품고서 크게 불경을 익혔소."라는 언급은 송나라 왕들에게만 해당되는 것이고, 진나라 왕들에 대해서는 "이들 왕들은 훈업勳業을 돕고 불교를 널리 숭상하여 좌우 부락部落들에게 모두 육재六齋를 하도록 하고 오계를 받도록 했다.(此等諸王。莫不翼佐勳業。廣崇佛教。左右部落。咸使六齋。合第尊卑。皆受五戒。)"라고 하였다.

717 불환不還 : 불환不還. 번뇌가 사라져 다시 윤회하지 않는다는 뜻이다.
718 원당願堂 : 죽은 사람의 진영眞影과 위패位牌를 모시고 원주願主의 명복을 기원하던 법당.
719 안흥사安興寺 : 기기암寄寄庵 또는 안덕사安德寺라고도 한다.
720 금강계단金剛戒壇 : 불사리佛舍利를 모시고 수계 의식授戒儀式을 집행하는 단.
721 결계結戒 : 계율을 결성하여 지키다.
722 대행大行 : 임금이나 왕비가 죽은 뒤 시호諡號를 아직 올리기 전의 칭호.
723 추천追薦 : 죽은 사람을 위하여 공덕을 베풀고 그 명복을 빌다.
724 이 글은 『동의보감』 가운데 「도를 배움에 빠르고 늦음이 없다(學道無早晚)」와 「인심이 천기에 부합하다(人心合天機)」 일부를 초록한 것이다.
725 『연수서延壽書』 : 『三元參贊延壽書』. 송말宋末 원초元初 이붕비李鵬飛가 1291년에 찬집한 양생학養生學 관련 저술이다.
726 건은 순양純陽의 괘다 : 건괘는 아래위 여섯 효가 모두 양으로 되어 있다.
727 수은은 줄어들고 납은 비어 : 수은과 납은 음양의 성질로서, 단약丹藥의 재료로 일컬어진다.
728 박괘剝卦가 다하지~돌아오지 않고 : 산지박괘山地剝卦(䷖)는 상구上九 한 효만 양이다. 전부 음이 되면 곤괘坤卦, 첫째 효가 양이 되면 지뢰복괘가 된다. 『주역』에서는 박괘 다음에 복괘가 배치되어 있다.
729 유해섬劉海蟾 : 오대五代 때의 인물. 종남산終南山에서 수도하여 신선이 되었다고 전해진다.
730 그와 같이~되는 것이니 : '晞之則是'의 용례는 송나라 조맹견趙孟堅의 오언시 〈범문정공 사당에 절하다(拜范文正公祠)〉에 보인다.
731 여순양呂純陽 : 이름은 암嵒(혹은 巖), 자는 동빈洞賓. 순양純陽은 그의 호이다. 그의 기록을 모아 엮은 『呂祖全書』가 있다.
732 갈선옹葛仙翁 : 갈홍葛洪. 삼국시대 오吳나라 단양丹陽 사람. 『抱朴子』를 지었다.
733 이 이하의 표현은 『동의보감』과 다르다. 저자가 불교에 맞게 수정한 것이다.
734 도는 마음을~천심天心의 마음이다 : 이 단락의 여기까지는 『동의보감』 「인심이 천기에 부합하다(人心合天機)」 부분에 해당한다.
735 이 글은 『동의보감』 「도를 배움에 빠르고 늦음이 없다(學道無早晚)」 앞에 있는 글이다. 처음 시작은 "白玉蟾曰"로 시작한다. 백옥섬(1194~1229)의 「玄關顯秘論」에서 초록한 것이다.
736 온갖 행위가~이루는 기본이다 : 이 문장 다음부터 '송제구' 이전까지는 『동의보감』에는 "형체를 단련하고, 정신을 모으고, 기를 모으고 단전을 이루어야 한다."라는 도교적 내용이 있는데, 이것을 빼고 위 내용을 저자가 보입補入한 것이다.

737 송제구宋齊丘 : 887~959. 자字는 자숭子嵩. 아버지 성성誠은 종전鍾傳과 기병起兵하였고, 고병高駢이 홍주 절도사洪州節度使로 있을 때 부관이 되고 그곳에서 죽었다. 송제구는 글을 잘 지었고, 종횡장단縱橫長短의 설을 좋아하였다.

738 하문下問 : 윗사람이 아랫사람에게 묻다.

739 의무려산醫巫閭山 : 요녕성遼寧省 북진北鎭에 있는 산.

740 여진女眞 : 만주 동부에 살던 퉁구스 계통의 민족. 여기서는 그쪽 지역을 가리킨다.

741 예맥穢陌 : 예맥濊貊. 맥貊 또는 예濊라고도 약칭하였다.

742 오회吳會 : 오의 서울. 오나라 땅이 형주荊州와 양주揚州의 교차 지점에 있어 오회 또는 오도吳都라 했다.

743 천위씨千衛氏 : 위만衛滿을 가리키는 듯하다.

744 증지增地 : 지금의 평안남도 증산군甑山郡.

745 패수가 서쪽으로~바다로 들어간다 : 이 기록은 『漢書』「지리지」의 기록이다.

746 안평安平 : 하북성河北省 형수衡水에 있는 현縣.

747 만문수萬文殊 : ⓢ Mañjuśrī. 문수보살은 만수시리滿殊尸利 또는 만수실리曼殊室利라고도 한다.

748 이승휴李承休 : 1224~1300. 자는 휴휴休休, 자호自號는 동안 거사動安居士. 『帝王韻紀』를 지었다.

749 동천洞天 : 신선이 사는 경치 좋은 곳.

750 송담서원松潭書院 : 강릉시 구정면 언별리에 있는, 율곡 이이의 위패를 모신 서원.

751 양근楊根 : 경기도 양평의 옛 지명.

752 조광조趙光祖 : 1482~1519. 본관은 한양, 자는 효직孝直, 호는 정암靜菴. 중종반정 후 조정에 출사, 유교적 이상 정치를 구현하려는 다양한 개혁을 시도하였다.

753 수구水口의 나성羅星이니 : 수구는 물이 나가는 곳, 나성은 수구로 새어 나가는 기운을 막아 주는 섬을 가리키는 풍수 용어이다.

754 붕홍崩洪 : 기운이 강하여 물을 건너 석맥石脈으로 이어지는 현상.

755 손돌목(孫石項) : 지명의 유래는 다음과 같다. 고려시대 왕이 바닷길로 강화도에 갈 때 뱃사공 손돌(孫石)이 배를 저어 갔다. 가던 중 어떤 험한 구석으로 가자 왕이 그의 행위를 의심하기 시작했으며 몹시 노했다. 그래서 명령을 내려 그의 목을 베어 죽였는데, 잠시 후에 위험에서 벗어난 일이 있었다. 손돌이 억울하게 죽음을 당한 10월 20일에 그의 원한이 남아 강풍이 불고 추위를 준다고 한다.

756 남수문南秀文 : 1408~1442. 본관은 고성固城, 자는 경질景質·경소景素, 호는 경재敬齋. 사가독서賜暇讀書를 하였으며, 집현전 직제학直提學을 지냈고, 『고려사절요』 초고를 썼다.

757 송시열宋時烈 : 1607~1689. 본관은 은진恩津, 아명은 성뢰聖賚, 자는 영보英甫, 호는

우암尤菴 또는 우재尤齋. 주자학의 대가로서 이이의 학통을 계승하여 기호학파의 주류를 이루었다.

758 송준길宋俊吉 : 1606~1672. 본관은 은진恩津, 자는 명보明甫, 호는 동춘당同春堂. 송시열과 같은 경향의 성리학자로서 특히 예학에 밝았다.

759 김장생金長生 : 1548~1631. 본관은 광산光山, 자는 희원希元, 호는 사계沙溪. 예학사상가.

760 남사고南師古 : 1509~1571. 조선 명종 때의 철인으로 울진 사람이다. 그는 『주역』을 깊이 연구하여 천문, 지리에 통달해서 예언이 적중했다고 한다. 호는 격암格庵 또는 경암敬庵이다.

761 산 위에 맺은 형국(山上結局) : 바깥은 험하고 안은 평탄한 지형을 가리키는 풍수 용어.

762 성충成忠 : 정충淨忠이라고도 한다. 벼슬이 좌평佐平에 이르렀다. 656년(의자왕 16) 왕이 주색酒色에 빠져 정사가 어지러워지자 이를 극간極諫하다 죽음을 당했다.

763 성삼문成三問 : 1418~1456. 자는 근보謹甫, 호는 매죽헌梅竹軒, 시호는 문충文忠. 집현전 학사 출신으로 목숨을 바쳐 신하의 의리를 지킨 사육신死六臣 중의 한 사람이다.

764 목은牧隱 : 이색李穡(1328~1396)의 호. 자는 영숙穎叔. 고려 말 삼은三隱의 한 사람이다.

765 가정稼亭 : 이곡李穀(1298~1351)의 호. 본관은 한산韓山, 자는 중보仲父. 원나라 제과制科에 급제한 후 원제元帝에게 건의하여 고려에서의 처녀 징발을 중지시켰다.

766 남연년南延年 : 1653~1728. 본관은 의령宜寧, 자는 수백壽伯. 1728년 이인좌李麟佐의 난 때 청주영장 겸 토포사로 있다가 역도들에게 살해되었다. 난이 평정된 후에 좌찬성으로 증직되었고, 청주 표충사에 위패가 봉안되었다.

767 이봉상李鳳祥 : 1676~1728. 본관은 덕수德水, 자는 의숙儀叔. 1702년 무과에 급제하여 훈련대장 등을 지냈고, 이인좌의 난 때 충주에서 난군에게 살해되었다.

768 이언적李彦迪 : 1491~1553. 본관은 여주驪州, 자는 복고復古, 호는 회재晦齋·자계옹紫溪翁. 기氣보다 이理를 중시하는 주리적 성리설을 주장했고, 이것이 이황에게 계승되어 영남학파의 중요한 성리설이 되었다.

769 김종직金宗直 : 1431~1492. 본관은 선산善山, 자는 효관孝盥·계온季昷, 호는 점필재佔畢齋. 영남학파의 종조이며, 그가 지은 「弔義帝文」이 그가 죽은 후인 1498년(연산군 4) 무오사화가 일어나는 원인이 되었다.

770 김굉필金宏弼 : 1454~1504. 본관은 서흥瑞興, 자는 대유大猷, 호는 사옹蓑翁·한훤당寒喧堂. 김종직의 문하에서 학문을 배웠고, 1498년 무오사화가 일어나자 평안도 희천에 유배되었는데, 그곳에서 조광조趙光祖를 만나 학문을 전수하였다.

771 장현광張顯光 : 1554~1637. 본관은 인동仁同, 자는 덕회德晦, 호는 여헌旅軒. 당대 산림의 한 사람으로 왕과 대신들에게 도덕정치의 구현을 강조했고, 인조반정 직후에는 공신들의 횡포를 비판하였다.

772 최선문崔善門 : ?~1455. 본관은 화순和順, 자는 경부慶夫, 호는 동대東臺. 지평·공조판서 등을 역임하다가 세조가 계유정난을 일으켜 정권을 장악하자 벼슬을 그만두고 향리로 내려갔다. 성리학에 조예가 깊고 뜻이 고결하여 사림의 존경을 받았다.

773 김우옹金宇顒 : 1540~1603. 본관은 의성義城, 자는 숙부肅夫, 호는 동강東岡·직봉포의直峰布衣. 1573년(선조 6) 홍문관 정자를 시작으로 여러 관직을 역임하고 임진왜란 때 임금을 호종하였다. 「天君傳」의 작자.

774 정구鄭逑 : 1543~1620. 본관은 청주淸州, 자는 도가道可, 호는 한강寒岡. 임진왜란이 일어나자 통천 군수通川郡守로 재직하면서 의병을 일으켜 활약하였다. 만년에 정치적으로 남인으로 처신하지만 서경덕徐敬德·조식 문인들과 관계를 끊지 않았기 때문에 영남 남인과 다른 점들이 많았으며, 뒤에 근기남인 실학파에 영향을 주었다.

775 조식曹植 : 1501~1572. 본관은 창녕昌寧, 자는 건중楗仲(또는 健中), 호는 남명南冥, 시호는 문정文貞. 김우옹金宇顒과 곽재우郭再祐는 그의 문인이자 외손녀 사위이다. 그와 그의 제자들은 안동을 중심으로 한 이황의 경상좌도 학맥과 더불어 영남 유학의 두 봉우리를 이루었다.

776 정온鄭蘊 : 1569~1641. 본관은 초계草溪, 자는 휘원輝遠, 호는 동계桐溪·고고자鼓鼓子. 남명 조식의 학맥을 이었으며, 병자호란 때에는 이조참판으로서 화의를 적극 반대하고, 강화도가 함락되자 관직을 단념하고 덕유산에 들어가 죽었다. 절개와 충절이 높아 숙종 때 영의정에 추증되었다.

777 정여창鄭汝昌 : 1450~1504. 본관은 하동河東, 자는 백욱伯勖, 호는 일두一蠹·수옹睡翁. 1504년 죽은 뒤 갑자사화에 연루되어 부관참시剖棺斬屍되었다. 성리학의 대가로서 특히 체용體用의 학문을 연구하여 수행을 중히 여겼다.

778 혜근惠勤 : 1320~1376. 속명은 아원혜牙元惠, 호는 나옹懶翁 또는 강월헌江月軒. 혜근惠勤(또는 彗勤)은 법명. 원나라 연경燕京 법원사法源寺에서 인도 승려 지공指空의 지도를 받고, 자선사慈禪寺의 평산 처림平山處林을 참견參見하여 그의 법을 이은 후, 무학無學에게 법을 전하여 조선시대 불교의 초석을 세웠다.

779 정경세鄭經世 : 1563~1633. 본관은 진주晉州, 자는 경임景任, 호는 우복愚伏. 임진왜란 때 의병을 일으켜 공을 세우고 경상도 관찰사까지 역임했다. 예론에 밝아서 김장생 등과 함께 예학파로 불렸다. 시문과 서예에도 뛰어났다.

780 이준李埈 : 1560~1635. 본관은 흥양興陽(고흥의 옛 지명), 자는 숙평叔平, 호는 창석蒼石. 선조 대에서 인조 대에 이르는 복잡한 현실 속에서 국방과 외교를 비롯한 국정에 대해 많은 시무책時務策을 제시했으며, 정경세와 더불어 유성룡의 학통을 이어받

아 학계에 중요한 위치를 차지하였다. 정치적으로는 남인 세력을 결집하고 그 여론을 주도하는 중요한 소임을 하였다.

781 기대승奇大升 : 1527~1572. 전라남도 나주 출신. 본관은 행주幸州, 자는 명언明彦, 호는 고봉高峯·존재存齋. 이황李滉의 문인으로, 이황과 서신 교환을 통하여 조선 유학사에 지대한 영향을 미친 사칠논변四七論辨을 전개하였다.

782 이항李恒 : 1499~1576. 본관은 성주星州, 자는 항지恒之, 호는 일재一齋. 1566년(명종 21) 명경행수明經行修하는 선비를 뽑을 때 첫 번째로 추천된 바 있다.

783 김인후金麟厚 : 1510~1560. 장성 출신. 본관은 울산蔚山, 자는 후지厚之, 호는 하서河西·담재湛齋. 을사년 이후 관직에 전혀 나아가지 않고 학문과 후학 양성에 전념하였으며, 소쇄원 등에서 문사들과 교유하는 등 호남 시단의 중추적인 역할을 담당하였다.

784 박상朴詳 : 1474~1530. 본관은 충주忠州, 자는 창세昌世, 호는 눌재訥齋. 청백리淸白吏에 녹선錄選되었으며, 성현成俔·신광한申光漢·황정욱黃廷彧 등과 함께 서거정徐居正 이후 사가四家로 칭송된다.

785 고경명高敬命 : 1533~1592. 본관은 장흥長興, 자는 이순而順, 호는 제봉霽峰·태헌苔軒. 광주 압보촌鴨保村 출생. 임진왜란 때 의병장으로 금산 싸움에서 왜군과 싸우다가 전사하였다.

786 김천일金千鎰 : 1537~1593. 본관은 언양彦陽, 자는 사중士重, 호는 건재健齋. 나주 출신. 임진왜란 때 나주에서 의병을 일으켰고, 왜적의 전라도 침입을 막기 위해 격전을 벌이다 진주성이 함락되자 자결했다.

787 정지鄭地 : 1347~1391. 고려 후기의 무신. 본관은 나주, 초명은 준제准提. 1383년에 진도에서 화포를 사용하여 왜구 선단을 물리쳤다.

788 정충신鄭忠信 : 1576~1636. 본관은 하동, 자는 가행可行, 호는 만운晩雲. 아버지는 금천군錦川君 윤綸. 임진왜란 때 광주 목사光州牧使 권율權慄의 휘하에서 종군하여 이후 무장의 길을 걸었다. 저서로 『만운집』·『錦南集』·『白沙北遷日錄』 등이 있다.

789 윤선도尹善道 : 1587~1671. 본관은 해남海南, 자는 약이約而, 호는 고산孤山·해옹海翁, 시호는 충헌忠憲. 치열한 당쟁으로 일생을 거의 유배지에서 보냈으나 경사經史에 해박하였고, 특히 시조時調에 더욱 뛰어났다.

790 이상형李尙馨 : 1585~1645. 본관은 전주, 자는 덕선德善, 호는 천묵재天默齋, 시호는 충경忠景. 김장생金長生의 문인. 인조 때 성균관 학록成均館學錄이 되었다가 시강원 설서侍講院說書, 홍문관 부수찬 등을 역임하였다. 경서經書에 정통하였고, 음양陰陽, 지리에도 밝았으며, 특히 역학易學에 뛰어났다. 이조판서에 추증되었고, 남원南原의 요계서원蓼溪書院에 제향되었으며, 저서로는 『天默齋遺稿』가 있다.

791 오겸吳謙 : 1496~1582. 본관은 나주, 자는 경부敬夫, 호는 지족암知足庵·국재菊齋.

명종 때 호조참판, 예조판서, 의금부판사 등을 지냈고, 춘추관지사가 되어 『명종실록』 편찬에 참여하였고, 우의정에 이르렀다.

792 이상진李尙眞 : 1614~1690. 본관은 전의全義, 자는 천득天得, 호는 만암晩庵. 현종 때 이조참판, 대사간, 내사헌을 역임하였다. 숙종 때 이조판서, 우의정, 중추부판사를 지냈고, 기사환국으로 유배된 후 죽었다. 청백리에 녹선되었다.

793 백광훈白光勳 : 1537~1582년. 본관은 해미海美, 자는 창경彰卿, 호는 옥봉玉峯. 최경창崔慶昌·이달李達과 함께 삼당시인三唐詩人이라고 불렸다.

794 최경창崔慶昌 : 1539~1583. 본관은 해주海州, 자는 가운嘉運, 호는 고죽孤竹. 전라도 영암 출생. 삼당시인三唐詩人으로 불렸고, 문장에도 뛰어나 이이·송익필 등과 함께 팔문장八文章으로 일컬어졌다.

795 이삼만李三晩 : 1770~1847. 본관은 전주, 자는 윤원允遠, 호는 창암蒼巖. 전라북도 정읍 출생. 어린 시절에 당대의 명필이었던 이광사李匡師의 글씨를 배웠고, 글씨에만 몰두하여 가산을 탕진하기까지 하였다.

796 신말단申末丹 : 신숙주申叔舟의 동생.

797 이계맹李繼孟 : 1458~1523. 본관은 전의全義, 자는 희순希醇, 호는 묵곡墨谷 또는 묵암墨巖. 1506년(중종 1) 중종반정이 일어나자 대사헌으로 승진했으나 이듬해 박경朴耕의 옥사로 진도에 유배되었다. 곧 억울하게 연루되었음이 밝혀져 풀려나 동지중추부사가 되었다. 전주의 서산사西山祠, 여산의 향사鄕祠, 김제의 용암서원龍巖書院에 배향되었다.

798 이후백李後白 : 1520~1578. 본관은 연안延安, 자는 계진季眞, 호는 청련青蓮. 청백리에 녹선되었고, 종계변무宗系辨誣의 공으로 광국공신光國功臣 2등으로 연양군延陽君에 추봉되었다. 문장이 뛰어나고 덕망이 높아 사림의 추앙을 받았다.

799 임담林墰 : 1616~1652. 본관은 나주, 자는 재숙載叔, 호는 청구淸臞, 시호는 충익忠翼. 병자호란에 지평持平으로 임금을 남한산성에 모시고 총융사로 남격대南格臺를 지켜 적을 격파하였다. 그 뒤 호남 지방의 민란을 평정한 공으로 가의대부嘉義大夫·평안 감사가 되었고, 뒤에 형조·예조·병조 참판, 대사간·도승지를 거쳐 이조판서를 역임하였다.

800 남궁두南宮斗 : 1526~1620. 전라북도 함열 출신. 1555년(명종 10)에 진사과에 급제하였다. 이수광李睟光의 『芝峯類說』에 따르면 그의 나이가 90살이 되었어도 거의 늙지를 않았고, 언제나 명산대천을 떠돌아다녀 사람들은 그를 지선地仙이라 하였다고 한다.

801 권극중權克中 : 1585~1659. 본관은 안동安東, 자는 정지正之, 호는 청하青霞. 전라도 고부古阜에서 태어났다. 그가 55세(1639) 때 쓴 『참동계주해』(필사본)는 내단內丹 사상의 기본 경전인 『周易參同契』를 주석한 것으로서 조선 도교사상을 대표할 만한 저

서이다. 그는 『참동계주해』에서 유가와 도가를 회통하려는 『주역참동계』의 입장을 받아들이면서 선불교의 사상도 적극 수용하는 입장을 취했다.

802 설파雪坡 : 1707~1791. 설파는 법호. 법명은 상언尙彥, 속성은 전주 이씨. 연담과 함께 서산西山 대사 휴정休靜의 4대 법손으로서 영조 1년(1725)에 김제 금산사에서 화엄 대법회를 열어 대성황을 이루었던 환성 지안喚惺志安(1664~1729) 대사의 법손이다. 『화엄경』의 여러 판본들이 서로 다른 점을 보완하기 위하여 해인사에 있는 모든 판본들을 교합하여 80권본의 정본을 만들어서 낙안樂安의 징광사澄光寺에 봉납한 바 있다.

803 연담蓮潭 : 1720~1799. 연담은 법호. 법명은 유일有一, 속성은 천씨千氏, 자는 무이無二. 서산의 의발衣鉢을 전수함으로써 선교禪敎의 총본산인 전라남도 해남 대흥사大興寺의 12대종사大宗師 중 한 사람이 되었다. 31세 때 강석講席을 연 뒤 30여 년 동안 강의하면서 사집·사교 및 『華嚴玄談』·『拈頌』에 대한 사기私記를 저술하되, 기존 사기를 면밀히 검토하여 후학들의 현혹됨이 없게 하였다.

804 안우산安牛山 : 안방준安邦俊(1573~1654). 본관은 죽산竹山, 자는 사언士彥, 호는 은봉隱峰·우산牛山·빙호氷壺. 80평생을 주로 초야에서 보내면서 시종 성리학에 침잠했으나 학문적 경향과 처세, 처신에 있어서 상기尙氣(기를 숭상함)의 경향이 있었다. 일찍이 정철·조헌·성혼 등 서인계 인사를 추종한 데서 정치적 성향은 서인 편에 섰다.

805 정송강鄭松江 : 정철鄭澈(1536~1593). 본관은 연일延日, 자는 계함季涵, 시호는 문청文淸. 송강은 호. 가사문학의 대가.

806 김학성金鶴城 : 김성일金誠一(1538~1593). 본관은 의성, 자는 사순士純, 호는 학봉鶴峯. 임진왜란 때 경상도 관찰사로서 의병 활동을 지원하였다.

807 영주瀛洲 : 동해의 신선이 산다는 삼신산三神山의 하나.

808 읍치邑治 : 관아가 있는, 고을의 중심 공간.

809 방성房星 : 말을 상징하는 별자리. 고려 때 원 세조가 탐라를 방성 분야라 하여 말을 놓아 기르게 했다는 기록이 『五洲衍文長箋散稿』 「御馬辨證說」 등에 보인다.

810 세공歲貢 : 해마다 바치던 공물貢物.

811 왕령王靈 : 왕의 위엄.

812 첨사진僉使鎭 : 첨사가 머무는 진영. 첨사는 종삼품 무관. 첨절제사僉節制使의 약칭.

813 최우崔瑀 : ?~1249(고종 36). 뒤에 이怡로 개명. 시호는 광렬匡烈, 본관은 우봉牛峰. 충헌忠獻의 아들. 1219년(고종 6) 충헌이 죽자 추밀원부사樞密院副使로 뒤를 이어 집권했다.

814 노사나불盧舍那佛 : 부처님의 진신眞身을 나타내는 보신불報身佛.

815 비라금점 가사緋羅金點袈裟 : 붉은 비단에 황금빛 점이 찍힌 가사라는 뜻.

816 애장왕哀莊王 : 788(원성왕 4)~809(애장왕 10), 재위 800~809. 성은 김씨, 이름은 청명清明. 뒤에 중희重熙라 개명하였다. 태종무열왕과 문무왕의 묘당廟堂을 세웠고, 해인사를 창건하였으며, 일본과 우호를 증진하였다. 숙부 김언승의 반란 때 살해되었다.
817 미친 듯 층층 바위를 달린다 : 『孤雲集』 권1 〈가야산 독서당에 쓰다(題伽倻山讀書堂)〉의 구절.
818 비보裨補 : 풍수지리적으로 허虛한 것을 보충하고 도와주는 각종 형상.
819 보안각普眼閣 : 현재 해인사에는 보안문普眼門을 들어서면 두 채의 건물이 남북으로 길게 배치되어 있는데, 남쪽 건물은 수다라장修多羅藏, 북쪽 건물은 법보전法寶殿이라고 한다.
820 장군대좌형將軍大坐形 : 장군이 우뚝 앉아 있는 모습이라는 뜻의 풍수 용어.
821 대각 국사大覺國師 : 1055~1101. 고려 중기의 승려. 속명은 왕후王煦, 호는 우세祐世, 법명은 의천. 경기도 개성 출신. 아버지는 고려 제11대 왕인 문종이며, 어머니는 인예왕후仁睿王后 이씨李氏이다. 천태종天台宗을 개창하였다.
822 풍취라대형風吹羅帶形 : 귀인이 입은 관복이 바람에 나부끼는 모습이라는 뜻의 풍수 용어. 마을을 감싸는 좌우 산 능선이 흔들리는 모습.
823 보조 국사普照國師 : 1158~1210년. 고려 중기의 승려. 성은 정씨鄭氏, 자호는 목우자牧牛子, 법명은 지눌. 황해도 서흥瑞興 출신. 정혜결사定慧結社를 조직해 불교의 개혁을 추진했으며, 돈오점수頓悟漸修와 정혜쌍수定慧雙修를 주장하며 선교일치禪教一致를 추구했다.
824 석간石澗 : 산골짜기 돌 많은 곳에 흐르는 시내.
825 우화각羽化閣 : 송광사 대웅전으로 들어가는 통로인 다리(삼청교) 위에 지은 건물.
826 고향수枯香樹 : 보조 국사가 짚고 다니던 지팡이를 땅에 꽂았더니 나무가 되어 자랐는데 국사가 입적하던 날 나무도 시들어 죽었다고 한다. 지금은 앙상한 기둥만 남아 있다.
827 16국사國師 : 고려시대 수선사修禪社의 사주社主로서 국사의 칭호를 받았던 15인과 조선 초기에 송광사를 중창하였던 고봉高峰을 합쳐서 16국사라고 칭한다. 현재 송광사의 국사전國師殿에는 16국사의 영정이 봉안되어 있다. 이에 따르면, 1세 보조普照, 2세 진각眞覺, 3세 청진淸眞, 4세 진명眞明, 5세 원오圓悟, 6세 원감圓鑑, 7세 자정慈靜, 8세 자각慈覺, 9세 담당湛堂, 10세 혜감慧鑑, 11세 자원慈圓, 12세 혜각慧覺, 13세 각진覺眞, 14세 정혜淨慧, 15세 홍진弘眞, 16세 고봉高峰의 순서로 되어 있다.
828 능견난사能見難思 : 눈으로 볼 수는 있지만 만들기는 어렵다는 뜻. 음식을 담는 데 사용하던 그릇의 이름. 송광사 제6대 원감 국사가 원나라에 다녀오면서 가져왔다고 전해지며, 만든 기법이 특이하여 위로 포개도 맞고 아래로 포개도 맞게 되어 있다.

829 유수 장자流水長者 : 석가모니의 전신前身. 이 이야기는 『金光明經』「流水長者子品」에 나온다.

830 구횡九橫 : 구뇌九惱·구죄보九罪報라고도 한다. ① 음녀婬女 손타리孫陀利로부터 비방 받음. ② 바라문인 전차旃遮란 여자로부터 비방 받음. ③ 제바달다提婆達多 때문에 넘어져 엄지발가락을 상함. ④ 걸식하다가 나무에 다리를 찔림. ⑤ 비루리왕毘樓璃王 때문에 두통을 앓음. ⑥ 아기달다阿耆達多 바라문에게서 말이나 먹는 곡식을 받음. ⑦ 찬바람으로 인하여 등통背痛을 앓음. ⑧ 성도成道 전의 6년 고행. ⑨ 바라문의 마을에 들어가 먹을 것을 빌었으나 얻지 못한 것이다.

831 오복五福 : 수壽·부富·강녕康寧·유호덕攸好德·고종명考終命. 『書經』「洪範篇」.

832 육화六和 : 불교에서 교단의 화합을 위하여 설정한 여섯 가지 계율. ① 신화경身和敬 : 함께 예배하여 신업身業을 닦는 것. ② 구화경口和敬 : 함께 찬영讚詠하여 구업口業을 닦는 것. ③ 의화경意和敬 : 같은 신심으로 의업意業을 밝혀 가는 것. ④ 계화경戒和敬 : 모두 계율을 지켜서 불법을 함께 따르는 것. ⑤ 견화경見和敬 : 모든 법의 공空한 이치를 바로 보고 함께 실천하는 것. ⑥ 이화경利和敬 : 의식을 함께하여 이익을 고루 나누는 것이다.

833 예수함합별문預修緘合別文 : 예수는 '예수시왕생칠재預修十王生七齋'의 줄임말이다. 예수預修란 미리 닦는다는 말로서 천도재가 죽은 이를 위해 사십구재를 지내는 것에 반해 예수재는 산 사람을 위한 재로, 살아 있을 때 사십구재를 미리 지내는 것이다. 함합은 별문을 함께 봉합한다는 뜻이다.

834 십사十使 : 오리사五利使와 오둔사五鈍使. 이는 그 성품이 예리하고, 우둔함에 의하여 항상 마음을 어지럽게 하는 번뇌를 말한다. 곧 신견身見·변견邊見·사견邪見·계취戒取·견취見取·탐貪·진嗔·치癡·만慢·의疑. 오리사五利使는 오견五見과 같다.

835 업경業鏡 : 염마왕閻魔王이 가지고 있다는 거울. 죄인의 업을 비춰 나타낸다고 한다.

836 동태사同泰寺 : 양 무제가 수도인 건강建康(현 南京)에 세운 사찰. 521년에 공사를 시작하여 527년에 완성하였다.

837 사덕四德 : 열반에 갖추어져 있는 네 가지 성질·특성. ① 상常 : 영원히 변하지 않음. ② 낙樂 : 괴로움이 없고 평온함. ③ 아我 : 대아大我·진아眞我의 경지로, 집착을 떠나 자유자재하여 걸림이 없음. ④ 정淨 : 번뇌의 더러움이 없음.

838 삼심三心 : 정토淨土에 왕생하기 위해 닦아야 하는 세 종류의 마음. 『관무량수경』에서 지성심至誠心·심심深心·회향발원심廻向發願心의 삼심을 갖춘 자는 반드시 왕생할 수 있다고 하였다.

839 사직사자四直使者 : 사람이 태어난 해, 월, 일, 시를 각각 다스리는 네 명의 사자.

840 철성鐵城 : 대초열지옥大焦熱地獄의 성. 맹렬하게 불타는 철성의 철실鐵室과 철루鐵樓 속에 들어가 가죽과 살이 타는 고통이 극심하며, 죄가 소멸되기까지는 죽지도 못

한다고 한다.
841 빈번蘋蘩 : 개구리밥과 산흰쑥이라는 뜻으로, 변변하지 못한 제수祭需를 비유한 것이다.
842 덕을 닦아서(聿修) : 『시경』〈文王〉의 "너의 조상을 생각하지 않느냐? 그 덕을 닦을지어다. 길이 천명에 짝하는 것이 스스로 많은 복을 구하는 길이니라.(無念爾祖。聿修厥德。永言配命。自求多福。)"에서 나온 말이다.
843 무연자비無緣慈悲 : 부처가 모든 중생에게 차별 없이 베푸는 절대 평등의 자비.
844 보덕사報德寺 : 북제北齊 세조世祖가 지은 사찰.『洛陽伽藍記』.
845 흥국사興國寺 : 수 양제隋煬帝가 장안長安에 세운 사찰.『釋氏稽古略』권2.
846 삼륜三輪 : 보시하는 데 있어서 보시하는 사람, 보시 받는 사람, 보시하는 물건을 말한다.

찾아보기

가순궁嘉順宮 박씨朴氏 / 214
가야산 / 220
견성암見性庵 / 91
『경률이상』 / 273
『고운집孤雲集』 / 340
고제봉高霽峰 / 193
곤륜산崑崙山 / 64, 231
곽경순郭景純 / 69
곽박郭璞 / 66, 71
관음점觀音占 / 120, 122
『구당서舊唐書』 / 280
구산 양씨龜山楊氏 / 140
구월산九月山 / 115, 218
『근사록近思錄』 / 269
『금강반야경金剛般若經』 / 89, 127, 128
금강산 / 115, 216, 218
『금낭경錦囊經』 / 72
금담金潭 선사 / 154
금성錦城(나주) / 212
금허錦虛 화상 / 213
『기신론起信論』 / 89
기암 / 115
기허 영규騎虛靈圭 / 99, 167, 193, 241

나옹懶翁 대사 / 180

낙봉樂峰 선사 / 99, 193
남계南溪 / 216
남헌 장씨南軒張氏 / 140
『노자老子』 / 268
노청櫓淸 도인 / 54
『논어論語』 / 127, 274, 275, 303
『누탄경樓炭經』 / 64
『능엄경』 / 270
『능엄정관소楞嚴正觀疏』 / 220
『능엄정해楞嚴正解』 / 220

『당서唐書』 / 233
대각 국사大覺國師 / 256
『대대례기大戴禮記』 / 317
대둔산 / 156
「대숭복사비명병서」 / 288, 289, 320
대은大隱 / 154
『대통경大通經』 / 269, 270
『대학大學』 / 269
덕유산德裕山 / 217
덕홍 각범德洪覺範 / 118
『도경조립천지기道經造立天地記』 / 66
『도덕경道德經』 / 278
〈도찬圖贊〉 / 66
『동국지리지東國地理志』 / 233
『동의보감』 / 333
두류산 / 216, 217

두륜산頭崙山 / 218
둔법遁法 / 151

마곡사摩谷寺 / 241
마하암摩訶庵 / 152
마하연摩訶衍 / 94, 152, 220
『맥결휘변脈訣彙辨』/ 270
『맹자孟子』/ 269, 277
명암明庵 선사 / 161
모악산母岳山 / 212
모후산母后山 / 212
묘향산 / 115
무경無竟 선사 / 99, 193
『무량수경』/ 149
무인 장로茂仁長老 / 212
문선文宣(공자) / 83

『반야경』/ 37, 163
백거이白居易 / 103, 324
백련사白蓮社 / 217
『백론百論』/ 89
백운산白雲山 / 213, 216
『범망경梵網經』/ 216
법림法琳 대사 / 207
『법원주림法苑珠林』/ 220
『법화경』/ 86, 135, 136, 149, 163, 164, 215
벽송碧松 / 210

벽송사碧松寺 / 216
『변정론辨正論』/ 281, 320, 323, 325, 326, 332
「변정론서辯正論序」/ 284, 285
보림寶林 대사 / 91
보일普一 / 101
『보장론寶藏論』/ 280
봉민奉旻 / 198
봉서사鳳栖寺 / 214
봉자사鳳字寺 / 214
『부남전扶南傳』/ 65
북한산 / 219
분양삼구汾陽三句 / 132
『분충록奮忠錄』/ 193
불명산佛明山 / 91, 142, 219
불지암佛地庵 / 218
불함산不咸山 / 231

사행강목 / 37
『산해경山海經』/ 65, 231
『삼교양진보감』/ 40, 43, 48
삼요三要 / 132
삼종선三種禪 / 132
삼현三玄 / 132
상백운암上白雲庵 / 213
『서경書經』/ 70, 76, 266, 275, 276, 280, 315, 324
『서경대전書經大全』/ 315
서방산西方山 / 214
서불사西佛寺 / 213
『석가방지』/ 273

『석가씨보釋迦氏譜』/ 66, 273
『석문문자선石門文字禪』/ 118
석암石岩 화상 / 216
『선문염송禪門拈頌』/ 130
선암사仙巖寺 / 101, 213, 256
『선요禪要』/ 140
설파雪坡 / 247
섭탄攝坦 / 101
『성광자成光子』/ 65
소식蘇軾 / 292
『소식집蘇軾集』/ 320
소자첨蘇子瞻 / 183
『속고승전』/ 332
송광사松廣寺 / 99, 256
송산松山 / 215, 217
송암松岩 선지식 / 91
송제구宋齊丘 / 228
『수경水經』/ 65
수미산 / 64
수선사修禪寺 / 101, 215
『수은집睡隱集』/ 274
수충사 / 167
순응順應 대사 / 254
순종대왕純宗大王 / 214, 220
승평昇平 / 101, 217
『시경詩經』/ 201, 267, 276, 282, 293, 312, 324, 325, 342
『신이경神異經』/ 65
심적암深寂庵 / 217
『십승기十勝記』/ 241
『십주기十洲記』/ 65
쌍계사雙溪寺 / 142, 143, 154
쌍봉사雙峰寺 / 195

안흥사安興寺 / 220
양주楊州 / 91
어감語鑑 / 217
『업보차별경業報差別經』/ 271
여래선如來禪 / 130
『역본의易本義』/ 140
『연경蓮經』/ 116
연담蓮潭 / 247
연보사행강목年譜事行綱目 / 38
『연수서延壽書』/ 225
『열반경』/ 135, 136, 203
『열자列子』/ 279
『염송拈頌』/ 130
영각사靈覺寺 / 161, 220
영니永尼 / 149
영안 부원군永安府院君 / 80, 83, 122, 128, 135, 201, 218
영암靈岩 / 186
영원사靈源寺 / 80, 83
영원암靈源庵 / 83, 130, 218
영천암靈泉庵 / 99, 193
영평永平 / 216
『예기禮記』/ 277, 315
예 대아芮大雅 / 54
완부完府(전주) / 91
왕기륭王起隆 / 141
용산 / 204
용악 계정龍嶽啓定 / 216
용암龍岩 선사 / 91, 152, 161, 212, 252, 247
용진산龍珎山 / 212
용천사龍泉寺 / 212

용하龍河 / 216
운문삼구雲門三句 / 132
운제사雲際寺 / 251
『원각경』 / 37
원미지元微之 / 103
원응圓應 선사 / 213
원적산圓寂山 / 218
원효元曉 / 95
월송月松 선사 / 152
월출암月出庵 / 218
『유마경』 / 163
유마사維摩寺 / 212
유점사楡岾寺 / 213
육조六祖(慧能) / 228
윤성潤成 대사 / 195
율봉栗峰 화상 / 37, 152, 213, 247
은신암隱身庵 / 217
은적암隱寂庵 / 215, 216
응천凝川(밀양) / 115
의리선義理禪 / 130, 132
의상義湘 / 94, 95
『이아爾雅』 / 66
이윤성李潤性 / 204
이정利貞 대사 / 254
이화연李化淵 / 120
익묘翼廟 / 219
익종대왕翼宗大王 / 218
일행一行 / 71, 76
임제삼구臨濟三句 / 132

자장 율사慈藏律師 / 251

『장자莊子』 / 265, 266, 271, 294
장 처사 / 126
재윤再允 / 101
적천사 / 170
전유사典卣師 / 210
『전형제고경轉形濟苦經』 / 66
정암사淨岩寺 / 215
정자程子 / 70, 71
정해定海 / 213
제월霽月 선사 / 91
조계산 / 210, 257
조사선祖師禪 / 130, 131
조중봉趙重峰 / 193
조헌趙憲 / 167
종남산終南山 / 251
종용사從容祠 / 193
『주례周禮』 / 76, 267, 278, 322
『주시周詩』(『시경』) / 122
『주역周易』 / 70, 76, 77, 177, 185, 267, 278, 279, 318, 321
주자朱子 / 70, 271
『주자어류朱子語類』 / 308
주희朱熹 / 277
『중론中論』 / 270
중봉重峰(趙憲) / 168
중조산 / 196
〈증도가證道歌〉 / 124, 270
지리산 / 115
진박陳搏 / 71
진악산進樂山 / 168
진천鎭川 / 198
진허 인일震虛仁一 / 91
「집고금불도론형서集古今佛道論衡序」 / 281

ㅊ

천관산天冠山 / 256
천불암千佛庵 / 218
천축산天竺山 / 213
청봉靑峰 / 95
청오자靑鳥子 / 71
청허淸虛 / 37, 95
최고운崔孤雲 / 254
취서산鷲栖山 / 198, 213, 251
취잠就岑 선사 / 91
칠불사七佛寺 / 213
『칠성경七星經』 / 151
칠성전 / 151

ㅌ

『태식경胎息經』 / 270
『통고경洞古經』 / 269
통도사通度寺 / 198, 213, 220, 251

ㅍ

파릉삼구巴陵三句 / 132
『파사론破邪論』 / 321
팔공산 / 220
팔영산八影山 / 213
표충사表忠寺 / 168
표훈表訓 / 95

ㅎ

〈하도河圖〉 / 66
하백운암下白雲庵 / 214
『한서漢書』 / 233
한유韓愈 / 322
향로암 / 101
향산香山(묘향산) / 218
『향산집香山集』 / 103
헌종 / 220
혜근惠勤 / 245
호암虎岩 / 95
『홍낭경紅囊經』 / 72
홍泓 선사 / 69
『화엄경』 / 37, 124, 135~137, 149, 203, 213, 214, 218, 270
『화엄경합론華嚴經合論』 / 220
『화엄론華嚴論』 / 89, 149, 220
『화엄론절요華嚴論節要』 / 268
『화호경化胡經』 / 66
『회남자淮南子』 / 66, 267
『효경孝經』 / 269
흔연관昕涓舘 / 135
흥국사興國寺 / 263
「흥기행경서興起行經序」 / 66
희랑希浪 조사 / 254

응운 공여應雲空如
(1794~?)

율봉 청고栗峰靑杲(1738~1823)의 맥을 이은 용암 혜언龍巖慧彦(1783~1841)의 제자. 1812년 가을 가야산에서 열린 용암 대사의 무차대회에 참석했고 용암 대사께 선학禪學을 받았다. 1826년 33세 가을에 저명한 관리이자 문인인 김조순金祖淳(1765~1832)을 만났다. '공여空如'라는 호는 김조순이 붙여 준 것이다. 1835년 42세에 용암 대사의 명으로 가야산에 들어가 『화엄론華嚴論』을 간행하였다.

옮긴이 이대형

연세대학교를 졸업하고 현재 동국대학교 불교학술원 조교수로 근무하고 있다. 저서 『금오신화 연구』, 공저 『옛 편지 낱말 사전』, 번역 『용재총화慵齋叢話』와 『수이전殊異傳』 등, 공역 『요람要覽』과 『삼방록三芳錄』 등, 논문 「김시습의 잡저雜著 연구」와 「화악 지탁華嶽知濯의 간찰에 드러난 성속의 조화와 문장관」 등이 있다.

증의 및 윤문
김석군(동국대학교 불교학술원 전임연구원)